스포츠의 사회운동적 이해

스포츠의 사회운동적 이해

지은이 | 김동규 · 김영갑
펴낸곳 | 영남대학교 출판부　　주소 | 712-749 경북 경산시 대동 214-1
전화 | 053) 810-1801~4　　FAX | 053) 810-4722
초판발행 | 2006년 1월 15일
초판 2 쇄 | 2007년 2월 26일
등록일 | 1975년 9월 5일 경산　제16-1호
가격 | 15,000원

HOME | http://book.yu.ac.kr

ISBN 89-7581-277-4　93690

스포츠의 사회운동적 이해

김동규 · 김영갑

영남대학교출판부

머리말

지난 60여 년 동안 스포츠는 한국사회를 도약시키고 성장시키는 원동력이었다. 물론 경제와 정치가 한국사회를 이끈 선봉장이었지만 힘든 일상에서 잠시나마 해방의 기회를 만끽할 수 있었던 시간은 스포츠가 연출되는 TV를 바라볼 때였다. 한편에서는 스포츠가 대중들의 정치적 무관심을 야기시킨다고 비판을 하지만 그들의 얼굴에 웃음을 준 것은 분명 스포츠였다.

한국의 근대사는 근대화 지향의 혁명적 사회운동의 시기였고, 전쟁과 쿠데타의 상흔으로 점철된 역사이기도 하다. 자유를 찾기 위한 대중들의 얼굴엔 항상 창백하거나 상기된 모습만 가득했고, 희생과 침묵만 강요당해야 했다. 우리는 이 책의 집필에 앞서 광복 60주년을 맞이하여 한국 근대사에서 국민들이 가장 환희한 사건으로 2002년 한일월드컵대회가 선정된 것에 주목할 필요가 있다. 2002년 한일월드컵에서 첫 승을 거둔 날부터 4위를 확정짓는 날까지 남녀노소 모두 사상 유례 없이 실로 많은 이들이 길거리에 나와 신명나게 대한민국을 외쳤기 때문이다. 특히 그 당시의 응원문화를 이끌었던 붉은악마의 존재는 각 분야에서 자의적인 해석을 통해 사상적 명분과 미래 한국사회에 대한 희망적 메시지로 표현되곤 하였다.

2002년 한일월드컵은 한국의 역동적 이미지를 세계에 홍보한 대회이기도 하였다. 월드컵의 경제적 이득뿐만 아니라 경기력, 시설, 응원문화 등은 세계적 수준으로 도약될 수 있는 가능성이 확인되었기 때문이다. 그리하여 2002년 한일월드컵은 한국 스포츠 60년사에 매우 중요한 의미를 부여하였으며, 이를 통한 가장 큰 변화는 스포츠를 외부의 간섭 없이 대중 스스로 즐기게 되었고, 또한 이를 적극적으로 수용하려는 움직임이 일어났다는 것이다. 이제 한국사회에서 스포츠는 주요한 문화의 한 부분으로 정착되었다.

그렇다면 이러한 현상에 대한 학문적인 해석은 어떻게 수행되어야 할 것인가? 이에 대해 우리는 2002년 한일월드컵을 계기로 독특한 응원문화를 창출하여 중요한 문화현상으로 부각된 '붉은악마'를 집합행동의 일 영역인 사회운동의 관점에서 접근할 필요가 있다고 보았다. 왜냐하면 그들은 대중의 축구 응원문화 향유라는 공동이익의 추구를 위해 사회변동을 지향했으며, 기존의 가치, 응원방식, 제도 등을 변화시킬 목적으로 다수의 개인들이 조직적으로 행동했기 때문이다. 붉은악마는 엄청난 수의 축구 팬들이 대안적 축구환경의 제도화를 위해 인적·물적 자원을 동원하여 조직적으로 활동한 집합적 행동, 즉 사회운동으로 이해할 수 있다. 다양한 의미로 생산된 붉은악마 및 서포터즈의 행위속성을 사회운동적 관점에서 분석함으로써 체계적인 스포츠 집합행동으로의 프레임을 확보할 필요가 있게 된 것이다.

이 책에서는 이러한 문제의 매듭을 풀기위해 사회운동이란 용어를 대입시켜 한국축구 응원문화의 표출성향을 해석하고자 하였다. 즉 2002년 한일월드컵을 기점으로 한국사회에서 목격되기 시작한 축구응원문화를 사회운동적 관점에서 접근한 것이다. 그리하여 이 책의 소재는 당연히 스포츠와 사회운동이다. 책의 구성에 있어 전반부는 스포츠를 쉽게 이해하기 위한 몇 개의 장으로 구분되었다. 제1장에서는 스포츠의 역사와 특성을 중심으로 현대적 의미를 고찰하면서 미래사회의 스포츠는 어떠한 역할과 과제를 설정할 수 있는가를 살펴보았다. 제2장에서는 현대스포츠가 가장 거리를 두려했던 정치와 돈의 관점에서 이들의 작동원리를 진단해 보았다. 제3장에서는 스포츠 대중화와 상업화의 촉진요인으로 대중매체와 테크놀로지를 설정하여 '윈윈게임'의 관계를 다루었다. 그리고 제4장에서는 스포츠와 사회운동의 이론적 적용과정을 중심으로 스포츠 집합행동의 이론체계를 재구성하였고, 제5장에서는 현대스포츠에서 표출된 사회운동적 의미와 체육 관련 비정부단체를 설정하여 사회운동조직의 역할과 방향을 살펴보았으며, 한국축구 응원문화의 사회운동적 주체를 붉은악마로 간주하고, 그들의 신문화운동적 함의를 탐색하였다. 마지막으로 제6장에서는 붉은악마의 표출행위는 과연 어떠한 성향을 내포하고 있는가라는 물음을 던지면서 4가지 범주로 접근하여 해답을 찾고자 하였다. 수십 년 간의 강의경험과 비슷한 유형의 집필경력이 제법 누적되어 있어 이 책의 작성도 그리 어렵지 않게 접근되리라 생각했었으나 막상 부딪혀보니 만만치 않은 작업이었다. 또한 스포츠에 사회운동을 접목시키는 작업은 체육학내에서 그동안 논의의 대상이 되질 못해 접근하기가 어려웠던 것도 사실이다. 그럼에도 불구하고 이 책을 완성하고 보니 부족하긴 하나 2002년 한일월드컵대회를 기점으로 변화되고 있는 한국 스포츠문화의 새로운 패러다임을 감지할 수 있는 바로미터가 되었으면 하는 바람은 있다. 위안이라면 이번의 작업을 통해 스포츠와 사회운동의 관계에 대한 좀 더 진지한 관심을 진작시켜야 되겠다는 확신이 생겼다는 점이다. 마지막으로 원고를 출판부로 넘기면서 영남대학교 대학원 체육학과 연구실 동료 및 후학들의 관심과 협조, 그리고 출판을 허락한 영남대학교 출판부 측에 감사하다는 말을 전하고 싶다.

2006년 1월

거울 못 앞에서 김동규 · 김영갑

차례

제1장 스포츠론

제1절 스포츠의 본질 / 14

1. 스포츠의 어원과 발달과정.....14
2. 놀이, 게임, 스포츠의 특성.....16
3. 스포츠의 정의.....19
4. 현대스포츠를 이해하는 필수요소.....21
5. 놀이·스포츠의 분류.....26

제2절 사회변동과 스포츠 / 32

1. 사회변동과 스포츠의 목표.....32
2. 포스트모더니즘과 스포츠.....34

제3절 현대스포츠의 본질과 특성 / 37

1. 스포츠의 본질.....37
2. 현대스포츠의 특성.....39

제4절 미래사회와 스포츠 / 42

1. 미래사회의 전망.....42
2. 미래 스포츠의 형태.....44
3. 미래 스포츠의 전망.....47
4. 미래 스포츠의 연구 과제.....50

참고문헌 / 53

제2장 현대스포츠의 작동원리－정치와 돈

제1절 스포츠와 정치 / 56

1. 스포츠와 정치의 관계.....56
2. 스포츠는 정치로 가득 차 있다.....60

3. 스포츠와 정치는 잘 뒤섞인다. 그렇다면 왜?.....62
4. 스포츠와 정치의 기능.....64
5. 올림픽과 정치에서 표출되는 주제들.....67
6. 올림픽의 정치적 저항.....69

제2절 스포츠와 돈 / 74
1. 비즈니스로서 스포츠.....74
2. 지칠 줄 모르는 스포츠산업의 성장.....80
3. 스포츠마케팅이 전쟁이다.....89

참고문헌 / 104

제3장 현대스포츠의 작동원리 – 매스미디어와 테크놀로지

제1절 매스미디어의 개념과 이론 / 108
1. 매스미디어의 의미.....108
2. 매스미디어의 역할과 기능.....111
3. 매스미디어의 종류.....114
4. McLuhan의 미디어 이론.....116
5. 매스미디어에 대한 이론.....118

제2절 스포츠와 매스미디어의 관계 / 122
1. 스포츠가 매스미디어에 미치는 영향.....122
2. 매스미디어가 스포츠에 미치는 영향.....128

제3절 스포츠와 테크놀로지 / 138
1. 테크놀로지의 사회적 맥락성.....139
2. 스포츠 테크놀로지 바로보기.....145
3. 미래 테크놀로지 사회에서의 스포츠 사유.....149

참고문헌 / 154

제4장 스포츠의 사회운동적 이해

제1절 사회운동의 스펙트럼 / 160

1. 집합행동과 사회운동의 개념.....160
2. 사회운동의 유형.....168
3. 사회운동의 행위주체.....173
4. 사회운동의 발생여건.....183

제2절 스포츠 집합행동의 이론체계 / 185

1. 사회운동의 이론적 구조 및 주제의 변화.....185
2. 스포츠 집합행동의 주요 이론.....194

참고문헌 / 199

제5장 현대스포츠와 사회운동

제1절 현대스포츠와 사회운동의 연관성 / 204

1. 현대스포츠에 표출된 사회운동적 의미.....204

제2절 사회운동조직의 역할과 방향 탐색 : 체육관련 비정부단체(NGO) / 213

1. 비정부단체(NGO)에 대한 이해.....215
2. 체육관련 비정부단체(NGO)의 현황 및 평가, 그리고 필요성.....218
3. 체육관련 NGO의 정책참여에 대한 사례.....228
4. 새로운 관심과 과제.....231

제3절 한국축구 응원문화의 사회운동적 주체 : 붉은악마 / 233

1. 붉은악마의 베리타스.....233
2. 한국의 문화변동과 신문화운동으로서의 붉은악마.....242

참고문헌 / 247

제6장 한국축구 응원문화의 표출성향 해독

제1절 응원문화의 새로운 패러다임: 사회운동적 접근 / 252

제2절 축구의 저항: 사회일탈적 접근 / 262

1. 축구관중의 폭력성과 집단성......262
2. 축구관중의 유형.....265
3. 폭력적 집합행동의 발생원인.....268

제3절 응원문화의 충돌과 문화변용: 비교문화적 접근 / 275

1. 붉은악마와 훌리건의 비교문화적 접근.....275
2. 축구응원문화의 비교.....285

제4절 축구의 상징체계: 이데올로기적 접근 / 296

1. 민족주의와 상업주의적 이데올로기.....296
2. 승리주의적 이데올로기.....310
3. 권위주의적 이데올로기.....312

참고문헌 / 320

제1장 스포츠론

스포츠는 현대사회를 이해하는 필수적인 키워드이자 생활문화이다. 스포츠는 역사의 투쟁과정에서 특정계급의 '전유물'에서 '공유물'로 전환되어 대중의 삶 속에서 스포츠를 제외시킨다는 것은 불가능한 일이 되어버렸다. 그럼에도 불구하고 스포츠란 무엇인가? 스포츠의 현대적 의미는 어떻게 해석해야 하는가? 사회의 변화에 따라 스포츠는 우리에게 어떠한 방식으로 접근되고 있는가? 등에 대한 해답은 그리 간단하지 않다.

본장은 스포츠라는 피라미드 구조에서 스포츠를 이해하는 가장 기본적인 단계이다. 따라서 복합적인 문화현상으로 인식되고 있는 스포츠를 단순한 것으로 재배열하기 위해 어원과 발달과정에서부터 개념적 접근을 시도하고, 사회변동에 따라 스포츠의 텍스트가 어떻게 해석되어졌으며, 미래사회에서 스포츠는 어떠한 역할과 과제가 설정될 수 있는가를 조망하고자 한다.

제1절 스포츠의 본질

1. 스포츠의 어원과 발달과정

스포츠의 나이는 얼마나 될까? N. Yaloris(1979)에 의하면 4,000살 정도로 추정된다. 기독교시대 이전 2,000년 이상 전에 자신이 '진정한 체육정신'이라고 부르는 것이 존재했다는 증거를 찾았기 때문이다. 지금까지 스포츠의 어원은 경쟁성의 정의와 문화적 환경 및 행위에 대한 의미의 접근에 따라 시기적으로 달리 해석되어 왔다. 그러나 스포츠의 어원은 중세 로만스어(Romance)에서 나왔다고 하는 학설이 일반적으로 받아들여지고 있다. 그리고 스포츠는 라틴어의 'disportare'가 아닌 'desportare'에서 유래했다는 확증도 밝혀졌다. 이는 '운반한다', '들고 간다'는 의미이며, 이에 다시 '기분전환'의 뜻인 불어 동사 'deporter'나 'desporter'로 변해 남성명사 'desport'가 만들어졌다. 그 후 11세기 경에 영국으로 들어가서 'disport'로 변형되었으며, 16세기 경에 'sport'라는 영어가 되었다(Mehl, 1966). 이와 같이 성립된 sport란 용어는 영국으로부터 프랑스로 역수입됨과 동시에 미국, 독일 등 세계 여러 나라로 확산되었으며, 19세말 기독교 선교사들에 의해 우리나라에도 소개되었다. 스포츠의 진화과정을 그림으로 요약하면 <그림 1-1>과 같다.

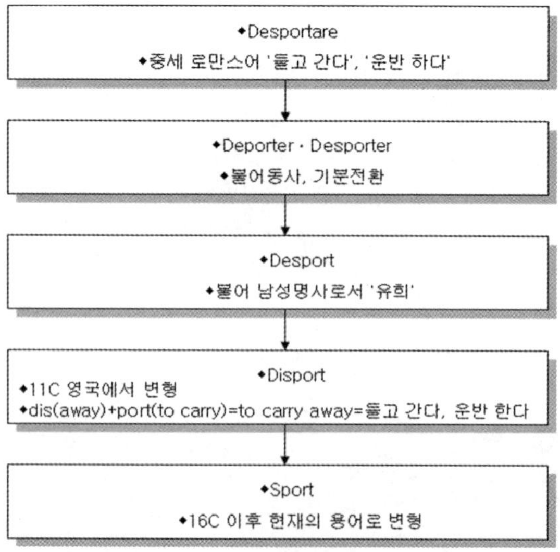

그림 1-1. 스포츠의 진화과정

스포츠의 원래 뜻은 위에서 밝혔듯이 기분전환, 장난, 위로, 유희 등을 의미한다. 따라서 스포츠는 광범위한 놀이전체를 포함한다고 볼 수 있다. 그리고 영어의 sport란 용어에는 play와 마찬가지로 교육적이고 지적인 것과 신체운동적인 것이 포함되어 있었으나 시대와 함께 변화되었다. 즉 스포츠란 용어는 상당히 오래 전부터 야외에서의 즐거운 '신체운동'의 의미로 사용되어 왔으며, 이 어의가 점점 지배화 되어 오늘에 이르렀다. 스포츠의 구성요소 및 의미는 play, game, sport 등을 비교함으로써 이해가 쉬워진다. 왜냐하면 play, game, sport의 개념은 공통점과 상이점을 동시에 소유하고 있기 때문이다(한광걸, 김동규, 2001).

'play'는 체육학에서 우리말로 놀이, 유희 등으로 이해되며, 그 의미는 가장 소박하고 단순하며 미발달된 수준에 놓여 있는 인간의 기본활동이다. 그러므로 play는 가장 원시적인 형태의 것으로서 game과 sport의 기초가 된다. R. Caillois(1961)에 의하면 놀이란 일정한 시간과 공간의 한계 속에서 자유롭게 동의한 그러나 완전히 구속력이 있는 규칙에 따라 행해지며, 그 자체에 목적이 있고 긴장과 즐거움의 감정, 아울러 일상생활과는 다르다는 의식을 동반하는 자발적인 행위나 활동이다.

'game'은 우리말로서의 적당한 용어선정이 어려워 통상적으로 게임으로 사용된다. 이는 play가 발달해 좀 더 조직화되고 역할분화가 이루어진 형태의 인간활동이다. 즉 질서개념이 뚜렷하지 못한 play에 세련된 규칙을 조직화하고, 쾌락의 욕구충족을 만족시키는 개별성의 속성을 소유한 play에 경쟁의 요소를 도입하여 복수의 개념이 확립된 것이 game이라고 할 수 있다. 그러므로 game은 play나 sport로 이어지는 중간단계의 교량적 역할을 맡고 있는 활동이며, sport의 기초단위가 된다.

한편, 'sport'는 game이 더욱 조직화되고 역할의 분화가 다양하며, 다종의 규범과 다양한 형식적 규범을 소유한 형태의 표현활동으로서 세 형태의 인간활동 중에서 가장 근래에 발달된 것이다. 이러한 sport는 탁월한 신체기량과 그 능력을 암시하는 측면이 강조되는 점에서 다른 유사현상과 비교적 뚜렷이 구분된다. 즉 play나 game은 정신적이고 확률적인 형태의 활동이 비교적 상당한 부분을 점유할 수 있으나 sport에는 주로 신체적 활동을 위주로 하여 신체적 기량을 중심과제로 행해지는 활동인 것이다.

2. 놀이, 게임, 스포츠의 특성

J. Huizinga(1955)의『Homo Ludens, A study of the play element in culture』를 살펴보면 현대문명에서의 놀이요소 중의 하나인 스포츠는 예술, 음악, 드라마처럼 인간행위에 내재된 놀이충동에서 유래한다. 대부분의 학자들은 스포츠가 놀이의 재현이고, 놀이의 제도화된 형태들이라는 것이 동의하고 있다.

Huizinga의 놀이론을 비판적으로 계승하고 있는 Caillois(1961)는『놀이와 인간』에서 놀이의 특성들을 세분화시켰다. 이는 지금까지 놀이, 게임, 스포츠를 토론하고 분석할 때 가장 일반적으로 인용되고 있다. 놀이의 특성은 각각의 연속체로 나타나며 스포츠가 어떻게 놀이로부터 유래하였는지 보여주는 단서로 활용된다. 여기에서는 놀이에서 스포츠까지의 특성을 살펴보고 모호하지만 이들의 경계선을 구분 짓기로 한다.

■ 자유성(free): 놀이는 강요에 의해서 행해지는 것이 아니라 자유시간에 자발적으로 행해지며 시작과 끝이 자유롭다. 놀이가 자유롭고 자발적인 활동이며, 즐거움과 재미의 원천으로 정의되어야 한다는 것에는 의문의 여지가 없다. 참가를 강요당하는 놀이는 곧 놀이가 되지 못할 것이다. 놀이의 자유성은 게임과 스포츠에도 흡수되어 있어 내적 동기에 의해 자발적으로 참여했을 때 가장 재미있게 된다는 것은 주지의 사실이다. 이러한 특성은 현대사회에서 프로스포츠의 등장과 이와 함께 노동가치의 창출이라는 측면에서 새로운 해석에 직면해 있다.

■ 분리성(separate): 놀이는 행위가 이루어지는 동안 공간적 또는 시간적으로 현실과는 분리된 장소에서 행해진다. 본질적으로 생활의 다른 부분과 분리되고, 주의 깊게 구별된 활동으로서 처음부터 정해진 명확한 공간과 시간의 범위 내에 한정되어 있다. 이러한 놀이의 특성이 오늘날 대부분의 스포츠에서도 명확하게 재현되고 있다. 왜냐하면 시합시간(전·후반전, 피리어드, 쿼터, 이닝, 라운드, 프레임, 세트 등)과 경기장소(개별스포츠의 경기장)의 한계가 미리 정해진 특정한 환경에서 이루어지고 있기 때문이다.

■ 불확실성(uncertain): 놀이의 진행과정과 결과는 미리 결정될 수 없다. 놀이의 전개가 결정되어 있지도 않으며, 결과가 미리 주어져 있지도 않다. 우리가 스포츠에 열광하거나 몰입수준이 높은 이유는 불확실성에 기인하다고 해도 과언이 아니다. 또한 스포츠가 각본 없는 드라마로 설정되는 이유도 여기에 있다. 이와 같이 스포츠현장에서 경기결과에 대한 불확실성은 경기에 긴장과 긴박감을 제공한다. 현대스포츠가 조직화되면서 동등한 경쟁을 보장하기 위한 많은 노력(핸디캡, 체급, 드래프트, 경기리그 등)이 불확실성의 작동원리로 해석된다.

■ 비생산성(economically unproductive): 놀이는 그 자체로서 새로운 물질적 재화와 요소를 만들어내지 않는다. 놀이하는 자들 간의 소유권 이동을 제외하면, 게임시작 때와 똑같은 상태에 이른다. 이는 놀이가 새로운 잉여가치를 창조하지 않을 때 가장 재미있다는 것이다. 만약 새로운 부가 창출된다면 활동의 재미는 반감된다는 가정을 전제하고 있다. 가령 'zero-sum'이 적용되는 돈 놀이에서 생산적 의미는 소유권의 이동이지 부의 생산이 아니다. 현대사회에서 프로스포츠의 등장은 놀이의 자유성에 언급한 바와 같이 비생산성의 특성에 모호함을 가져오고 있다. 놀이가 노동이나 예술과 다르다는 전제는 비생산성에 기인하며, 놀이는 순수한 소비의 기회이기 때문이다.

■ 허구성(make-believe): 놀이는 현실생활에 비하면 이차적인 현실 또는 명백히 비현실이라는 특수한 의식을 수반한다. 놀이의 경우에는 허구, 즉 '마치 …인 것' 같은 감정이 규칙을 대신해서 그것과 완전히 똑같은 기능을 한다. 근본적으로 비현실이라는 의식이 놀이를 일상생활과 구별 짓게 한다. 따라서 스포츠현장에서 발생하는 반칙은 현실의 법체계와 법 논리를 초월한다. 스포츠의 사회적 순기능 중 사회적 안전판(safety value)의 역할과 설정은 허구성과 관련이 깊다.

■ 규칙성(governed by rules): 놀이는 약속에 따르는 활동이다. 이 약속은 일상의 법규를 정지시키고 일시적으로 새로운 규칙을 확립하며, 이 규칙만이 통용된다. 스포츠는 표준화되고 성문화된 규칙들에 의해 지배되

고 있다. 승부 판정에 있어서 엄격한 규칙의 적용은 공정함을 보장하기 위함이다. 따라서 개별 스포츠는 독자적인 규칙을 확립시켜 다양한 형태로 전개시키고 있다.

■ **경쟁성(competition)** : 경쟁은 둘 이상의 상대가 우열을 가리기 위한 투쟁이다. 즉 상대를 희생시켜 어떤 목표를 획득하기 위해 노력하는 대립관계로 정의된다. 만약 경쟁적 요소가 없다면 그 활동은 게임이 되는 것을 포기한 것이다. 즉 경쟁성은 놀이와 게임을 구분 짓는 설명력이다. 따라서 스포츠는 신체적 기술과 전략의 결합들을 포함하는 게임인 것이다. 여기에서 경쟁의 상대는 인간과 인간, 자연, 생물, 무생물간의 경쟁관계까지도 포함하여 해석된다.

■ **탁월한 신체적 기량** : 스포츠와 게임을 구분하는 가장 중요한 속성 중 하나는 신체활동의 잠재성이다. 스포츠는 경쟁에서 승리하기 위해 고도의 신체적 기술과 능력을 요구한다는 점에서 게임과 구분될 수 있다. 고도의 신체적 기술과 능력을 개발한다는 것은 훈련과 학습을 의미하는 것이며, 스포츠경기에서 복합적 신체기능(협응성, 민첩성 등)과 신체기량(속도, 근력, 지구력 등)의 발현은 경쟁에서 승리할 수 있는 중요한 기준이 된다.

<그림 1-2>는 놀이, 게임, 스포츠의 일상적 영역뿐만 아니라 특성을 기준으로 우리에게 구분 가능한 1차적 단서를 제공해 준다. 예를 들어 '모든 놀이는 게임이다', '모든 게임은 스포츠이다'와 '모든 스포츠는 게임이다', '모든 게임은 놀이이다'는 명제가 있다고 가정한다면 어떤 것이 참이고 거짓일까? 특성을 기준으로 관찰할 때 '모든 게임들이 스포츠인 것은 아니며 모든 스포츠는 항상 게임이다'는 식의 참 명제는 이 그림을 통해 접근이 가능하다. 그럼에도 불구하고 현대사회의 불확실성은 스포츠에도 투영된다. 따라서 놀이, 게임, 스포츠를 가로지르는 경계선은 명확하지 못하다. 현대사회에서 스포츠를 탐색하기 위해서는 1차적 단서를 기준으로 해석 가능한 여러 가지 준거점을 동원해야 한다. 이러한 문제점들은 스포츠의 정의에서 자세히 살펴보기로 한다.

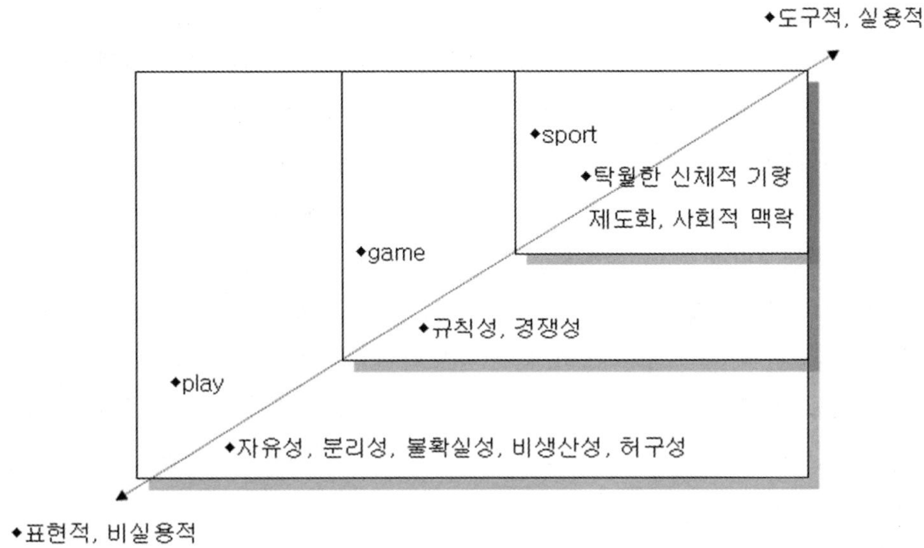

그림 1-2. play, game, sport의 특성 및 개념적 도식

3. 스포츠의 정의

스포츠의 정의는 P. C. McIntosh가 "스포츠라는 말을 정의한다는 것은 곤란하다. 이 용어는 스웨덴의 'idrott', 독일의 'speil', 미국의 'athletics'와 같이 명확한 적용범위를 갖지 못 한다." 라고 언급할 정도로 매우 다의적이고 복합적인 개념이다. Webster's Dictionary에 의하면 스포츠는 "재미를 위해 행하는 신체활동"으로 정의된다. 여기서 재미란 속성이 스포츠를 이전 사회에서부터 지금까지 선명하게 범주화하기 어렵게 만든다. 특히 근세 영국의 스포츠적 의미는 유희라는 행위 가운데 오직 한 부분만을 지칭하는 근대에서의 스포츠가 포괄하는 범주보다 훨씬 더 광역의 의미로 쓰였던 것으로 추정된다. 스포츠를 지칭하는 단어인 ludus(pl. ludi)는 영국 문헌에서 최소 5세기경부터 쓰여 왔는데 원래 게임이나 경기를 지칭하던 말이었으나 이후 다양한 스포츠활동을 일컫게 되었다(Carter, 1992).

한편, 오늘날의 스포츠 정의는 Coakley(1986)에 의해 선명하게 제시되어지고 있다. 그는 '스포츠활동의 형태', '스포츠활동의 조건', '참가자의 주관적 성향'의 요소를 중심으로 스포츠의 개념을 전개하고자 하였다.

첫째, 스포츠는 신체활동 유형이 일정 조건 하에서 발생해야 한다. 즉 인간의 활동 가운데 정신적, 정서적 활동을 배제한 신체기능, 신체기량, 신체발현을 포함하는 활동이 전제되어야 한다는 것이다. 특히 조직화된 경쟁적 스포츠상황에서는 참가자의 신체활동 능력이 무엇보다 중요시된다.

둘째, 일정 신체활동이 스포츠로 분류되기 위해서는 특정 환경의 상황 하에서 발생되어야 한다. 신체활동의 참가는 다양한 형태로 개입되고 있지만 일반적으로 스포츠를 공식적, 조직적 조건 하에서 발생하는 경쟁의 형태로 특징짓는다. 즉 스포츠현상은 제도화된 경쟁적 신체활동을 포함한다는 것이다. 제도화가 스포츠를 구체적으로 정의내릴 수 있는 중요한 요소임을 의미한다. 스포츠적 제도화가 과연 무엇인가는 '생각거리 Ⅱ'에서 살펴보기로 한다.

셋째, 참가자의 주관적인 성향이 스포츠를 정의하는 본질적 요소이다. 스포츠는 참여의 내적 만족에 기초한 동기가 순수한 신체적 표현의 즐거움으로부터 이와는 분리된 외적 보상에 기초한 동기와 공존할 때 창출된다. 만일 이 균형이 깨어져서 내적 동기가 외적 동기를 대치하면 활동은 순수놀이가 되며, 외적 동기가 내적 동기를 대치하면 스포츠는 구경경기로 변하게 된다. 그러나 현대사회에 있어서 스포츠는 내적 동기로만 성립될 여지는 축소되는 반면 외적 동기가 내적 동기를 대치할 가능성이 크다. 따라서 스포츠의 존속여부는 내·외적 동기사이의 균형유지에 의존한다고 할 수 있다(임번장, 1998). 이제까지 논의한 세 가지 논거에 비추어 스포츠를 정의하자면 "스포츠는 공인된 경기규칙과 표준화된 조건 하에서 대결하는 신체적 경쟁활동"이라고 할 수 있다.

> 스포츠는 "내적 또는 외적 요인의 결합에 의하여 참가가 동기유발 된 개인에 의해서 이루어지는 활발한 신체발현을 포함하거나 혹은 비교적 복합적 신체기능을 구사하는 제도화된 경쟁적 활동"이다.

지금까지 살펴본 현대사회에서 스포츠라는 용어의 의미는 경쟁적 스포츠에 국한되어 해석되어지는 경향이 있다. 이제 스포츠는 경쟁적인 스포츠뿐만 아니라 레저활동과 피트니스(fitness)도 포함하여 광범위하게 사용되어야 한다는 요구에 직면해 있다. 이는 스포츠라는 용어가 대부분 스포츠현장 중심에서 사용되어 왔고 전부인 것처럼 생각되어졌기 때문이다(Siedentop, 1990). 한 가지 주목해야 할 사실은 지금까지 스포츠는 생성과 소멸의 진화과정을 거치면서 발전해 왔다는 점이다. 따라서 스포츠는 고정적이라기보다 연속적 변화의 개념으로 접근해야만 한다. 이는 스포츠가 사회집단들 간의 경쟁, 갈등, 타협의 산물임을 의미하기 때문이다. 지금까지 우리가 목격한 다양한 시대적, 사회적 요인들의 개입은 스포츠 개념도 변화될 수 있음을 시사한다. 현대스포츠를 이해하는 필수요소에서 자세히 살펴볼 문제지만 '사회적 맥락성'이 스포츠를 이해하는 중요한 요소로 고려되어야 할 시점이다. <그림 1-3>은 현대사회에서 스포츠의 개념을 명확하게 하기 위한 단계를 그림으로 표현한 것이다.

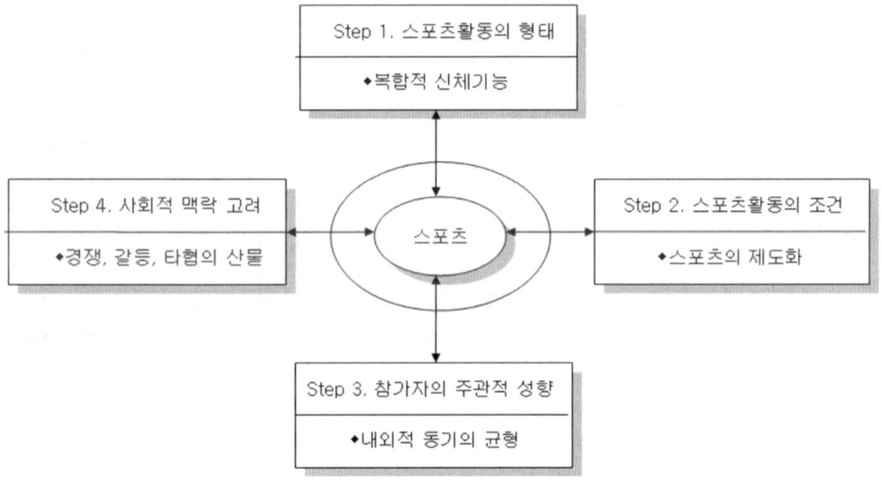

그림 1-3. 스포츠의 해석 기준 및 단계

4. 현대스포츠를 이해하는 필수요소

스포츠에 대한 가장 대중적인 정의는 규칙이 지배하는 경쟁적 신체활동이라는 것이다. 이 정의에는 규칙, 경쟁, 신체활동의 세 가지 요소가 포함되어 있다. 이 정도 정의라면 대부분의 스포츠에 비교적 무리 없이 적용될 수 있을 것 같다. 그러나 세심하게 따져보면 논란의 여지없이 이 세 요소를 모두 적용할 수 있는 스포츠가 그리 많지 않다는 것을 알 수 있다(정준영, 2003). 여기에서는 몇 가지의 관점에서 스포츠를 이해하는 필수요소를 다시 생각해보기로 한다.

■ 생각거리 Ⅰ: 복합적 신체기능 판단의 모호성

체스, 바둑, 장기, 다트 등이 과연 스포츠인가? 신체활동이 강조되는 전통적인 스포츠논리에 위배되지만 유럽사회에서 체스, 브리지 게임, 다트 등은 정신적 스포츠(mental sport)로 인정되고 있다. 일명 두뇌게임의 올림픽진입은 20세기 말부터 나타난 하나의 추세였다. 서양장기인 체스는 1990년 국제올림픽위원회(IOC)로부터 스포츠종목으로 인정되었으며, 카드게임의 하나인 브리지게임은 2002년 솔트레이크시티 동계올림픽에서 시범종목으로 채택되었다. 두뇌게임은 두뇌스포츠로 발전시키기 위해 두뇌게임과 관련된 협회들이 IOC의 깃발 아래 2007년에 두뇌올림픽을 개최할 계획을 추진하고 있다.

한국사회도 바둑을 스포츠로 보기위한 시도와 시기상조론을 주장한 진영에서 뜨거운 논쟁이 가열되어 왔다. 체육관련 학회에서는 바둑이 복합적 신체기능과 신체발현이 결여되어 있기 때문에 대체적으로 스포츠로 인정하는데 동의하지 않았다. 그럼에도 불구하고 2002년 1월 25일 대한체육회 이사회는 한국기원을 인정단체로 승인하고 제도권으로 편입시켜 버렸다. 따라서 2003년과 2004년 2년 연속 바둑이 전국체전의 전시종목으로 채택되었고, 대한체육회가 제시한 11개 이상 시·도지부 설치의 커트라인도 2005년 1월까지 전국 13개 시· 도지부를 창설시켜 기준을 통과한 상태이다. 이제 바둑은 체육관련 학계의 논의핵심인 스포츠의 복합적 신체기능의 판단을 뛰어넘어 스포츠해석의 또 다른 기준점인 제도화를 구축하는 사회적 맥락성이 고려되었다고 볼 수 있다.

그렇다면 복합적 신체기능 판단의 모호성과 바둑을 대입시켜 스포츠의 타당성을 살펴보기로 하자. 스포츠와 마찬가지로 바둑을 둘 때도 팔이나 손 정도는 움직여야 하며 때때로 상당히 자주 움직여야 할 때가 있다. 그러나 그것을 거창하게 신체활동이라고 부르기는 어렵다. 매일 식사 시간에 수저를 움직이는 것만으로도 그 정도의 운동량은 충분히 될 것이기 때문이다. 사실 바둑을 두는 과정에서 가장 활발히 움직이는 신체부분은 바로 두뇌이다. 그러나 일반적으로 스포츠에 대해 얘기할 때는 외적으로 드러나는 신체활동을 논의의 중심으로 놓고 이야기하지 내장의 활동 같은 것을 논의의 대상으로 삼지는 않는다. 두뇌활동까지 신체활동에 포함시킨다면 인간의 행위 가운데 스포츠에 포함되지 않는 활동이란 거의 없을 것이다(정준영, 2003).

그러나 복합적 신체기능의 유무를 판정하는 기준은 모호하며, 신체와 비신체, 복합과 단순, 그리고 활발함과 비활발함의 구분이 매우 주관적이라는 단점이 있다. 바로 이러한 점이 바둑을 스포츠로 보는데 일정 부분 설득력을 제공하고 있다. '바둑은 스포츠다'는 주장은 전통적인 서양의 이분법적 사고가 스포츠를 신체운동으로만 국한시켜 해석될 수밖에 없었음을 강조한다. 따라서 심신의 통합적 사고의 관점에서 스포츠의 개념은 변해야 되며, 오히려 스포츠의 신체동작은 정신작용과 분리되어 행해지는 것이 아니라 고도의 정신기능과 결합된 활동이라는 것이다. 예들 들어 사격이나 양궁에선 방향에 대한 판단과 함께 정신을 가다듬는 마인드 컨트롤(mind control)이 수반된다. 축구선수는 머릿속으로 거리와 방향을 계산한 뒤 볼을 찬다. 스포츠의 이런 정신기능이 무시된다면 신체운동은 넋이 없는 로봇동작과 별로 다를 바 없을 것이다. 이것은 어떻게 해석해야 할 것인가? 이와 같이 스포츠의 가장 큰 특성인 복합적 신체기능은 뚜렷이 구분되기보다 해석자의 주관성에 따라 달리 해석될 수 있는 소지가 여전히 존재할 수 있다. 따라서 스포츠의 개념은 변화되고 있음을 알 수 있다.

■ 생각거리 Ⅱ : 스포츠의 제도화

'생각거리 Ⅰ'에서 스포츠의 복합적 신체기능 판단의 모호성을 제기하고 정신적 활동을 주로 하는 두뇌게임인 체스와 바둑 등을 중심으로 또 다른 해석의 가능성을 살펴보았다. '생각거리 Ⅱ'에서는 정신적인 부분을 제외하고 순수한 신체의 활동에만 스포츠를 국한시키더라도 여전히 많은 문제가 제기될 수 있으며, 이는 어떻게 스포츠로 명확하게 구분할 수 있을까에 대한 해답을 찾고자 한다.

놀이터에서 뛰놀며 친구들과 숨바꼭질을 하는 아이들의 행동은 스포츠일까? 학교 운동장에서 또래 친구들과 뒤엉켜 축구시합을 하는 청소년들의 행동은 어떤가? 친구간의 다트경기, 부부간의 볼링경기, 아버지와 아들의 낚시경기 등은 스포츠일까? 축구경기를 하는 청소년들은 분명히 스포츠활동에 참여하고 있다. 그렇다면 다트경기, 볼링경기, 낚시경기, 숨바꼭질을 하는 이들은? 다트경기, 볼링경기, 낚시경기, 숨바꼭질에도 규칙이 있고 경쟁의 요소가 존재하며, 분명한 신체활동이 개입한다. 그러나 전국체전에 숨바꼭질, 친구간의 다트경기, 부부간의 볼링경기, 아버지와 아들의 낚시경기 종목을 포함시키자는 건의를 진지하게 받아들인 사람은 아무도 없을 것이다.

이와 같은 시나리오에서 가장 중요한 것은 신체활동을 전제로 하고 스포츠의 특성을 포함하고 있지만 정형화된 사회적 제도를 갖추고 있지 못해 스포츠로 인식되지는 못한다는 것이다. 그렇다면 만약 이들 경기가 공식적으로 조직되고 후원된 공식경기로 이어진다면 스포츠일까? 이는 스포츠로 보아야 할 것이다. 스포츠의 해석에 있어서 제도화는 중요한 기준으로 작용된다는 사실을 알 수 있다. 따라서 스포츠의 영역은 결코 고정되어 있는 것이 아니다. 과거 남성들이 즐기는 단순한 오락으로 분류되었던 당구라든지 퇴폐적인 여가행위로 인식되었던 스포츠댄스가 오늘날 당당히 스포츠의 일종으로 분류되고 있다는 점이 이를 증명한다. 이외에도 청소년들이 즐기는 스케이트보드, 산악자전거, 인라인 스케이트 등의 극한 스포츠(extreme sports · X-game)들도 규칙체계를 갖추고 독자적인 조직기구가 형성되면서 점차 스포츠의 영역으로 들어오고 있다(정준영, 2003).

우리가 스포츠를 제도화되고 경쟁적인 신체활동이라고 규정할 때 제도화의 요소는 일반적으로 다음과 같은 내용을 포함한다(임번장, 1998). 첫째, 스포츠활동의 규칙은 표준화되어 있다. 둘째, 규칙의 시행은 공인된 규제기관에 의해 대행된다. 셋째, 스포츠활동의 조직적, 전문적 측면이 강조된다. 넷째, 경기기능의 학습이 형식화된다.

■ 생각거리 Ⅲ : 사회적 맥락성

'생각거리 Ⅱ'의 스포츠 제도화를 수용한다면 특정 활동만이 스포츠로 분류되고 다른 활동들은 스포츠에서 배제되는 맥락성에 대해 고려할 수 있다. 포스트모던 이후 스포츠는 외형적 형태 및 구조의 변화를 가져왔다. 또한 대중의 기호나 필요에 의해 선택된 스포츠는 다양화 현상을 경험하고 있다. 1990년대부터 우리에게 선보인 각종 신종경기의 출현, 환경관련 스포츠(eco-sports), 기술관련 스포츠(techno-sports), 활주스포츠(gliding sports), 극한스포츠(extreme sports·X-game), e-sports, cyber-sports, 이종격투기(hybrid sports) 등과 스포츠영역으로 진입하기 위해 대기 중인 아웃도어 게임(outdoor games)들이 그것이다. 왜 이들이 갑자기 스포츠로 분류되기 시작했을까?

중세시대의 대표적인 스포츠활동 중의 하나였던 마상창(joust) 시합이나 독일의 사회학자 N. Elias가 스포츠의 특성을 잘 보여주는 스포츠라고 주장했던 여우사냥은 왜 오늘날 더 이상 스포츠로 간주되지 않을까? 즉 어떤 스포츠는 생성되고 어떤 스포츠는 소멸되는가? 이런 질문은 스포츠영역 내에만 머물러서는 스포츠관련 논의를 제대로 펼칠 수 없다는 점을 시사한다. 우선 스포츠에 대한 정의자체가 사회집단들 간의 경쟁, 갈등, 타협의 산물로서 생성과 소멸의 변화과정을 경험한다는 점이다. 스포츠진화의 과정에서 다양한 사회적 요인들이 교차되어 현재에 이르고 있다는 사실을 알 수 있다. A. Guttman의 『Sports Spectators』의 끝 부분에 "우리는 우리가 보는 것에 의해 만들어진다(we are what we watch)"라는 말을 기술하였는데 이는 스포츠가 어떻게 역사적 변화의 바로미터로 사용될 수 있는가를 잘 요약하고 있는 문구이다(정준영, 2001). 따라서 현대스포츠의 해석에 있어 사회적 맥락성은 스포츠를 이해하는 또 하나의 중요한 열쇠라고 할 수 있다.

■ 생각거리 Ⅳ : 놀이와 노동의 이해

서양의 사고방식을 특징짓는 이분법은 노동과 놀이, 정신과 신체의 대비에서 확연하게 드러난다. 그중에서도 노동과 놀이는 인간 삶을 구성하는 하위영역으로서 대립적인 관계로 규정된다. 노동은 생산의 영역인데 반해 놀이는 비생산의 영역이다. 이러한 삶의 이해는 동시에 양 영역에 대한 가치규정을 낳는다. 즉 생산활동은 비생산활동에 비하여 더욱 많은 물질적 유익함을 제공하기 때문에 노동은 놀이에 비하여 더욱 가치 있다는 사고방식을 형성한다. 놀이는 자유로움과 비생산성을 바탕으로 하기 때문에 강요된 노동보다 창조적 인간실현의 가능성이 풍부하다. 그럼에도 불구하고 놀이는 노동 우위의 사고방식으로 인하여 그 가치를 정당하게 인정받고 있지 못하다. 이러한 사고방식은 몸 움직임을 핵심으로 하는 인간의 스포츠활동에 대한 이해에서도 지배적 역할을 한다.

스포츠는 놀이에 기원을 두고 있기 때문에 근본적인 면에서 놀이의 그늘을 벗어날 수 없다. 따라서 스포츠는 놀이와 마찬가지로 비생산적인 것이 된다. 노동과 놀이를 구분하고 노동을 우위에 두는 사고방식은 이미 서구화된 사회에 살고 있는 현대인들에게 구체적으로 각인되었고 일상 속에서 실천되고 있다. 그 결과 자연스럽게 현대인은 노동과 놀이를 구분하고 자유와 창조적 놀이를 위하여 노동을 하기보다는 오히려 노동 생산성을 향상시키기 위한 여가나 오락정도의 놀이를 하고 만다. 심지어 스포츠나 레크리에이션의 가치와 그것의 존재 근거조차 노동생산성 향상과의 관련 속에서 찾아야 할 정도이다(정응근, 2002). 노동과 스포츠의 언어적 의미가 각인되어 있는 현실에서 스포츠세계에 대한 새로운 이해는 노동과 놀이의 언어적 의미를 망각하고, 이분법적 사고방식을 초월함으로써 시작됨을 다시 생각할 필요가 있다.

5. 놀이 · 스포츠의 분류

1) R. Caillois의 놀이 분류

Caillois는 경쟁, 우연, 모의, 현기증이라는 네 개의 역할 중 어느 것이 우위를 차지하는가에 따라 놀이를 네 개의 주요항목으로 구분할 것을 제안하였다. 그 항목들은 Agon(그리스어로 시합, 경기를 뜻함), Alea(라틴어로 주사위 놀이, 우연, 요행을 뜻함), Mimicry(영어로 흉내, 모방, 의태를 뜻함), Ilinx(그리스어로 소용돌이를 뜻함)로 명명하였다.

■ Agon(競爭) : 어느 일정 분야에서 자기 자신의 우월성을 나타내려는 욕구가 이의 원동력이며, 개인이나 집단으로 경기 또는 경쟁의 형태를 취한다. 승패가 명확하므로 이의를 제기하지 않도록 평등한 기회와 조건이 인위적으로 설정된다. 평등은 경쟁의 본질적인 요소로서 스포츠현장에서는 다양한 제도로 설정되어 있다. 즉 핸디캡, 체급, 권투 글러브의 온스(크기, 무게), 추첨(제비뽑기, 동전토스, 토너먼트, 리그전) 등이 평등을 위한 조건들이다. 경쟁의 대상은 스피드, 지구력, 근력, 기억력, 기술, 정확성 등과 같은 능력적 자질, 즉 기능인데 일정 한계 내에서 자기 자신의 최고의 능력을 발휘함으로써 우열을 겨룬다. 따라서 승리에의 의욕은 공통된 규칙에 의해서 통제된다. 규칙에 따른 우열성의 증명은 끊임없는 노력, 주의, 적절한 훈련 및 강인한 의지를 전제로 한다. 스포츠에서 Agon의 완전한 형태를 찾아 볼 수 있다. 또한 능력본위와 만인평등의 현대사회는 어느 사회보다도 Agon의 사회라 할 수 있다.

■ Alea(確率, 偶然) : 운(運)이나 우연(偶然)에 결과를 맡기는 확률적인 놀이로서 Agon과 마찬가지로 평등하고 공통적인 규칙에 의하나, Agon이 오로지 자신의 능력에 의존하여 승리를 추구하는데 반하여 Alea는 활동자의 능력을 부정하고, 운수(運數)나 재수(財數)와 같은 우연성에 일체를 맡긴다. 놀이하는 자는 완전히 수동적이며, 자신의 자질이나 능력, 기량, 솜씨, 지능이라는 수단을 발휘하지 못한다. 따라서 위험과 이익의 균형을 빈틈없이 잡는데 주의를 기울이게 된다. 전문적인 능력, 규칙성, 훈련성은 배제되어 있는 반면에 심리적 통찰력과 성격은 포함되어 있다. 스포츠현장에서의 나타나는 경기도박, 경마, 경륜, 경정, 스포츠 토토 등이 여기에서 연루하고 있다.

■ Mimicry(擬態, 模倣) : 모의, 모방 또는 가장(假裝)의 놀이로서 자신의 인격을 일시적으로 망각하고 위장(僞裝)해서 개별의 인격으로 화(化)함으로써 타인이 되어 느끼는 해방의 기쁨이 활동의 원동력이 된다. 그러나 진정 타인으로 전화(轉化)되는 것이 아니라 일시적으로 타인의 행세를 취하는 것이고, 그것을 믿고 인정해 주는 허구(虛構)의 상황이 규칙을 대신한다. 영

화나 연극은 이의 전형적인 형태이다. 또한 일반인들이 운동선수의 동작을 흉내 내고, 동일시하는 것만으로도 Mimicry라 할 수 있다. 즉 유명선수의 타격 폼을 따라 한다든가, 등번호가 쓰인 모자를 쓰고 다닌다든가, 아니면 국가대표 축구팀 유니폼을 따라 입는 행위가 모두 여기에 속한다. 오늘날 스포츠 경기는 유니폼, 엄숙한 개회식, 적당한 의례, 규칙에 따른 진행에 의해서 그 자체가 하나의 구경거리가 되고 있다. 관중의 손에 땀을 쥐게 하고 전율을 느끼게 하며, 흥분하게 만드는 것은 물론 한쪽을 기쁘게 하고, 한쪽을 실망시키기도 한다. 스포츠 자체는 Agon의 성질을 지니고 있지만 밖으로 나타나는 모습은 연극의 성격을 띤 것이라 할 수 있다. 따라서 Mimicry는 끊임없는 창작의 과정이다.

■ Ilinx(危險, 眩暈): 현기증 놀이 또는 쾌감놀이로서 감각이나 지각의 안정을 파괴하고, 의식상태를 혼란에 빠뜨려 어지러움이나 짜릿한 현기(眩氣)를 추구하는 행위이다. 그네, 미끄럼, 맴돌기, 급속회전, 초고속의 추구 등에 의해 일시적으로 현실과 자신과의 관계를 통제하고 있는 지각이나 의식을 혼란시킴으로써 가벼운 공포를 즐기는 것이다. 최근 젊은층을 중심으로 유행되고 있는 극한스포츠가 Ilinx적인 속성의 발현으로 나타난 현상이다. 그들은 극한스포츠의 행위에 내재된 속도감으로 쾌감, 환희, 전율, 짜릿함 등의 경험을 추구하고자 한다. 이것을 '스포츠의 열광'이라 표현하기도 한다.

2) P. C. McIntosh의 스포츠 분류

스포츠의 분류는 여러 학자의 주장이 있으나 McIntosh의 분류가 보편적인 것으로 받아들여지고 있다. McIntosh는 스포츠의 범주를 우월성의 추구를 위한 욕구에 따라 세분하여 기능스포츠, 투쟁스포츠, 극복스포츠, 그리고 율동적 무용체조 등의 4가지로 제시하였다. McIntosh의 분류는 스포츠를 활동 그 자체가 아닌 스포츠가 가져다주는 만족의 동기나 특성에 의한 것으로서 타당성 있는 분류 방식으로 볼 수 있다.

■ **기능스포츠(skill sport)**: 미리 동의한 한계 내에서 자신 또는 자기 팀이 상대방이나 상대 팀에 비하여 우월하다는 점을 증명하려는 것은 모든 경쟁스포츠의 목적이며 목표이다. 활동의 주체자가 그 자신의 우월성을 증명하려는 기능스포츠의 분야는 다양하고도 가변적이다. 이와 같은 활동은 육상경기, 각종의 구기운동 등 많은 부분을 점유하고 있다.

■ **투쟁스포츠(combat sport)**: 제2의 범주는 투쟁스포츠이다. 투쟁스포츠 역시 경쟁자의 목적은 상대방에 대한 자신의 우월성을 증명하려는 활동이다. 수족(手足)이나 신체를 통한 상대방과의 직접적인 인격의 접촉이나 검(劍) 또는 봉(俸)을 통한 인격의 간접적인 접촉이 투쟁스포츠가 독자적인 범주를 이루는 가장 두드러진 특징으로 나타난다. 투쟁스포츠는 자신과 상대가 밀접하게 상호 관련되어 있으며 기술의 단위는 이 양자의 활동전체가 포함된다. 현대스포츠에서 태권도, 유도, 검도, 공수도 등과 같이 무도스포츠로 발전된 것이 대표적인 종목이다.

■ **극복스포츠(conquest sport)**: 제3의 범주는 극복스포츠이다. 극복스포츠에서의 도전은 상대방의 개인이나 집단에 의해서 제공되는 것이 아니라 환경이나 상황에 의해서이다. 등산은 극복스포츠의 한 예이다. 특히 McIntosh는 근대스포츠의 특성을 극복스포츠의 등장에서 찾는다. 대표적인 것이 등산이다. 근대의 등산은 자연에 대한 인간의 도전과 정복으로 특징지어진다. 이것은 두려움과 경외의 대상이었던 자연이 개발되고 착취되는 정복의 대상으로 변모하는 근대적 자연관의 출현과 관련되어 있다. 극복스포츠를 택하는 대부분의 참가자는 단순히 비인격적인 자연에의 도전에 매료된다. 수영, 산악자전거, 하이킹, 캠핑 등의 활동은 극복스포츠에 참가할 기회를 주고 있다. 오늘날 극복스포츠는 eco-sports(환경관련 스포츠)로 더욱 발전되고 있다.

■ **율동적 무용체조(eurhythmics)**: 율동적 무용체조는 경쟁성이 내포되어 있지 않음에 의해 제4의 스포츠범주로 보기는 어려우나 이의 유사성에 의해 스포츠에 포함해서 고려할 필요가 있다. 율동적 무용체조의 목표는

탁월성이나 우월성의 추구가 아닌 신체운동이나 신체지각을 구사하는 과정을 통하여 자아개념이나 감정을 표출하고 전달하는 것이다. 무용, 무용극, 리듬체조 등이 이 범주에 귀속된다.

3) 기타 스포츠 분류

(1) 생산력의 창출

■ 아마추어 스포츠(amateur sport) : 아마추어 스포츠는 영리나 보수를 목적으로 하지 않으며, 흔히 프로스포츠와 반대의 의미이다. 프로선수가 되기 위하여 초, 중, 고, 대학에서 운동을 하는 특기생을 비롯하여 직장 조기회, 체육 향우회 등에서 여가활용과 취미활동을 위해 참여하는 스포츠 형태이다.

■ 샤마추어 스포츠(shamateur sport) : 아마추어 스포츠와 프로스포츠의 중간단계를 형성하고 있는 스포츠로 이해된다. 아마추어 선수들은 금전적인 지원을 배제하고 있지만 사실상 일정한 물질적 재화를 지급받고 운동경기를 지속하는 경우가 흔하게 발생된다. 이 영역이 샤마추어 스포츠로 명명될 수 있으며, 세미프로페셔널(semi-professional)과 유사한 개념으로 파악된다.

■ 프로페셔널 스포츠(professional sport) : 스포츠를 직업으로 하며, 자신을 스포츠상품으로 제공하여 그에 합당하는 보상을 추구하는 스포츠를 의미한다. 즉 프로선수가 특정 팀에 자신을 제공하고 계약금과 연봉을 지급 받아 생계를 유지하는 형태의 스포츠이다. 실업팀 선수의 경우에도 기업의 이미지 및 광고효과를 추구하기 위한 방편으로 운영되며, 더불어 특정 수준의 봉급을 보상으로 받기 때문에 프로페셔널 스포츠라 할 수 있다. 초, 중, 고, 대학 운동선수들은 실업팀이나 프로팀으로 스카우트되는 동시에 프로페셔널 스포츠의 일원이 된다.

그림 1-4. 아마추어 스포츠, 샤마추어 스포츠, 프로스포츠의 관계 도식

(2) 스포츠기술의 전문성

■ 엘리트스포츠(elite sport) : 엘리트스포츠는 관리와 조정역할을 하는 연맹을 갖추고 있으며, 타인의 지원 및 후원을 통해 운영되는 스포츠이다. 이는 정기적인 연습과 시합을 기본으로 하며, 운동기능과 운동기술의 향상을 통해 명예, 지위, 부, 계층의 상향이동을 추구하는 스포츠이다.

예) 프로스포츠, 초/중/고/대학 운동부, 실업스포츠 등

■ 대중스포츠(mass sport) : 대중스포츠는 일반인들이 여가시간을 이용하여 참여동기, 개인의 체력, 경제적 능력, 선호하는 종목 등을 고려하여 자발적으로 참여하는 스포츠를 의미한다.

예) 생활체육, 사회체육, sport for all

(3) 참가자의 범위와 투입되는 수

스포츠 종목에 투입되는 참가자의 범위와 수적 특성에 따라 아래의 세 가지로 분류될 수 있다.

■ 개인스포츠(individual sport) : 체조, 수영, 육상 등

■ 대인스포츠(inter-personal sport) : 1 vs 1 또는 2 vs 2의 경기

■ 팀스포츠(team sport) : 3인 이상 경기

제2절 사회변동과 스포츠

1. 사회변동과 스포츠의 목표

사회변동의 설명력은 순환론과 진화론의 고전이론에서부터 유물론, 기술결정론, 관념론을 거쳐 D. Bell(1973)의 후기산업사회론, A. Toffler(1971)의 정보화사회론, J. Naisbitt와 P. Aburdine(1990)의 메가트렌드이론, P. Drucker(1993)의 후기자본주의이론에 이르기까지 다양하다. 이처럼 사회변동의 시각은 다양하게 전개되고 있지만 기본적인 것은 시간의 요소가 전제되어 있다는 것이다.

사회변동은 넓은 의미로 해석할 때 당면하고 있는 사회구조와 사회조직들의 유의미한 변화로 정의할 수 있다. 사회변동의 원인에 대해서는 일반적으로 사회적, 문화적 조건들이 주요인으로 분석되고 있다. 즉 G. W. F. Hegel(1967)은 정신문명, K. Marx(1959)는 경제적 요인(물질적 생산요인과 분배), W. Ogburn(1966)은 기술의 발전에 따른 물질문화의 변동, P. A. Sorokin(1957)은 정신적 문화와 관념적 문화를 사회변동의 주요인으로 간주하였다.

지금까지 스포츠는 그 사회의 다양한 문화나 제도를 반영하면서 지속적으로 발전하고 있다. 따라서 사회구조의 변동에 따라 스포츠의 현상도 달라질 수 있음을 의미한다. 사회적 현상에 관한 변동의 요인이나 내용은 다양한 해석이 필요하나 스포츠의 사회적 구조와 관련해서 변화의 요인들은 종속적인 성향이 강하다. 사회변동에 따라 스포츠에 대한 사고방식, 스포츠형태(기술, 규칙, 매너, 시설, 설비, 용구, 복장 등), 스포츠구조가 변화되는 것이 그것이다.

한편, Saeki(1991)는 현대사회의 변동을 3단계로 구분하여 산업화에 따른 가치관의 변화와 스포츠의 목표를 <표 1-1>과 같이 제시하고 있다. 즉 첫 번째 단계인 산업화 이전의 후진사회에서는 삶의 방식과 수준을 생리적 차원에 두고 있으며, 스포츠의 목표 또한 건강을 위한 신체적성(physical fitness)의 육성이라는 신체적인 면에 국한되어 있다. 이는 동물적 차원에서 크게 벗어나지 못한 단계를 의미하는 것이다.

산업화로 접어든 두 번째 단계(개발도상국, 중진국 등으로 불림)에서는 소유욕이 삶의 목표가 되어 사회적 욕구수준이 증가된다. 스포츠의 목표 또한 사회적인 면에 관심이 고조되어 타인과의 경쟁(competition)이 가장 중요한 문제로 부각된다. 스포츠에의 목표가 승리를 추구하는 것이 되었다. 동물적인 저차원과 인간적인 고차원의 중간단계, 즉 과도기적 차원으로 해석할 수 있을 것 같다.

마지막 단계인 선진사회에서의 삶의 방식은 많은 것을 소유하고 상대와 경쟁하여 이기겠다는 의식에서 보다 높은 단계의 차원으로 격상하게 된다. 즉 인생이 무엇인가라는 철학적 의문도 던지게 되고, 문화적 생활의 영위가 소유추구의 삶보다 얼마나 가치 있고 인간다운 삶인가를 느끼게 된다. 그리하여 스포츠의 목표도 건강추구나 경쟁에서 승리하겠다고 하는 하층욕구에서 타인과 나눈다는 상층욕구, 즉 휴머니티가 발현되는 것이다. 스포츠에서의 승리추구를 위해 학생선수들에게 수업결손이라는 비교육적 행위를 자행한다든가 금전거래로서 인간을 거래하는 행위가 자취를 감추게 된다. 스포츠현장에서 발현되는 휴머니티의 출현이야말로 미래사회가 추구해야 할 선진스포츠의 목표인 것이다. 우리 한국사회의 스포츠가 위 3단계 중 어느 단계에 와 있는가를 되돌아보게 하는 제안이라 하지 않을 수 없다.

표 1-1. 사회변동에 따른 스포츠의 목표

단계	사회	삶의 방식	욕구 수준	스포츠의 목표
Ⅰ	산업화 이전	to survive (생존)	생리적 수준	신체적인 면 : 신체적성(physical fitness)을 위한 스포츠
Ⅱ	산업화 단계	to have (소유)	사회적 수준	사회적인 면 : 경쟁(competition)을 위한 스포츠
Ⅲ	산업화 이후	to be (존재)	문화적 수준	문화적인 면 : 인간성(humanity)을 위한 스포츠

2. 포스트모더니즘과 스포츠

현대라는 사상적 변혁의 물결 속에서 주목의 대상 중 하나가 포스트모더니즘(post-modernism)이다. 포스트모더니즘에 관한 이해의 전제는 접두어 '탈(脫)', '후기(後期)', 또는 '-이후(以後)'를 의미하는 포스트(post)가 시사하듯 모더니즘의 이해로부터 시작되어야 한다(Lyotard, 1984). 포스트모더니즘은 모더니즘 이후 발생한 예술·문화운동으로 1960년대 이래 유럽과 미국에서 시작된 일련의 새로운 문화조류이다. 즉 건축, 문학, 미술, 시 등의 예술분야와 철학, 미학, 사회학, 정치학 등에서의 기본적인 인식체계의 변화를 포함하는 학제적 현상으로 최근의 변화를 지칭한다.

포스트모더니즘의 이론적 토대를 제공한 학자들로는 철학분야의 J. Derrida, J. F. Ryotard, 역사분야의 M. Foucault, 정치·철학분야의 H. Marcuse와 J. Habermas, 과학·철학분야의 T. Kuhn, 문학이론분야의 R. Barthes 등을 들 수 있다. 다양한 영역의 포괄성에 나타나듯이 포스트모더니즘의 범위는 인문과학은 물론 사회과학과 자연과학의 영역에까지 미치고 있음을 알 수 있다. 또한 포스트모더니즘의 특징은 불확정성, 상대성, 다원성 등으로 요약된다. 차이가 강조되는 포스트모더니즘의 이념은 스포츠에 어떠한 형태로든 그 영향을 미치고 있다. 두 가지의 상반된 양상이 영향의 범주로서 포괄될 수 있다. 긍정적인 시각으로서 포스트모더니즘은 기존의 현대스포츠가 수반하고 있는 이념과 특성을 초월하여 보다 개방적이고 미래지향적인 스포츠의 가치와 구조의 장을 형성, 촉진하고 있다. 반면 부정적 시각으로서 포스트모더니즘은 그것은 해체적이고 상대주의적인 경향으로 인하여 기존의 현대스포츠의 구조와 가치를 방향성 없이 떨어뜨릴 수 있다. 그러나 분명한 것은 현시대의 스포츠발전에 있어서 포스트모던의 양상으로 나타날 수 있는 현상은 위의 두 현상이 동시다발적이라는 점이다(신현군, 1996).

스포츠에 있어 포스트모더니즘의 영향은 다음과 같은 세 가지의 양상이 도래될 것으로 예측된다.

첫째, 외형적 형태 및 구조의 변화이다.

테크놀로지의 진보로 기존 스포츠의 형태변경이 이루어지고 구조적인 면에서 스포츠의 수행규정과 규칙이 변화된다. 또한 신종경기의 출현, '환경관련 스포츠(eco-sports)'와 '기술관련 스포츠(techno-sports)'의 부각, 그리고 고도의 멀티미디어와 위성 TV에서 간헐적으로 방영되는 전자기술 의존형태의 신체게임 등이 바로 포스트모던 양상으로서의 스포츠를 대변한다고 할 수 있다.

'환경관련 스포츠'는 기존의 경쟁적 및 신체우위성, 전략성 및 상업성을 수반하는 현대스포츠와는 달리 그것에의 참여는 자연적, 자발적, 놀이형태의 행위 등의 특성을 내포하고 있다. 산악자전거 경주(mountain biking), 하이킹(hiking), 오리엔티어링(orienteering), 수상관련 스포츠 등이 바로 그러한 형태의 스포츠이다.

현대스포츠와 과학문명과의 결합은 고도의 과학기술들이 스포츠의 구조와 특별히 경기수행력의 차원에서 기능적 우월성을 향상시키는데 지대한 역할을 하고 있다. 그러나 포스트모더니즘의 시각에서 볼 때 '기술관련 스포츠'는 스포츠 자체의 외형적 발전과 함께 전통적 스포츠의 가치체계를 흔들어 놓았다. 과학기술과 스포츠의 결합은 인간의 스포츠경험의 가치체계를 파괴시킬 위험성을 내포하고 있는 것이다. 과학기술과 스포츠에의 결합은 스포츠경기의 승부에 대한 예측을 보다 확실하게 해 줄 수 있다는 점에서 스포츠의 비예측성, 경쟁성에 대한 속성들을 감소시킬 수 있다. 보다 심각하게 예견되는 점은 아마 인간행위에 대한 과학기술의 대체화에 대한 위험성이다. 스포츠는 근본적으로 인간 심신활동의 통합적 잠재성에 대한 작용에 의해서 행해진다. 진보된 과학기술들이 인간의 이러한 역할을 대체할 때 인간의 주체성은 대상화되고 만다. 스포츠 내에서 이루어지는 인간의 창의적, 예측불허적 및 우연적 행위들이 감소되기 때문이다.

둘째, 스포츠가 자체적으로 수반하고 있는 내재적 가치의 변화가 이루어진다.

이는 기존의 현대스포츠에 대한 비판으로부터 야기되어지는 현상이다. 현대스포츠의 고도의 상업성 및 전문성으로 인하여 비약적으로 발전되어

온 '관람으로서의 스포츠(sport as spectation)'가 '참가로서의 스포츠(sport as participation)'로 그 양상과 인식이 전환점을 의미한다. 이는 '엘리트 스포츠'로부터 '대중스포츠'로의 의식전환을 의미하기도 한다.

20세기 후반의 제도화된 스포츠에 대한 비판의 초점은 현대스포츠가 지향하는 극단적이고 무모한 경쟁들의 강조에 의한 '승리지상주의(win at all cost)'라는 이데올로기의 추구와 계량화(qualification)의 가치수용에 있어 왔다. 인간의 '신체성에 대한 타락과 부정'이라고 까지 지적되는 현대스포츠에서의 이러한 양상들은 포스트모더니즘 시대에 있어서 스포츠의 가치체계에 대한 회복운동으로 나타나고 있으며, 이는 포스트모던의 특성을 반영하는 것이라 할 수 있다. 다시 말해서 스포츠를 포함한 우리 인간 경험의 가치는 우리 신체에의 복귀를 통하여 '재인간화됨(re-humanization)'을 추구하는 것이라 할 수 있다.

셋째, 페미니즘에 의한 여성스포츠가 강화된다.

포스트모더니즘에 의한 페미니즘의 출현은 인류의 반을 차지하고 있는 여성들이 스포츠세계에서 어떻게 살아남아 성장하고 발전할 수 있을까에 대한 논쟁의 출발점이다. 그동안 스포츠문화에서 억압과 소외의 대상이었던 여성이 차별이 아닌 차이의 존재로 인식되기 시작한 것이다. 현재 여성스포츠 프로그램은 더욱 강화되고 있다. 남성이 오랜 시간을 두고 스포츠에서 보였던 신체적 능력에 비해 여성이 스포츠에 적응해 나가는 속도는 엄청나다. 과학기술에 의한 양성성 지향과 기록추월의 가능성이 현실로 나타날 가능성은 크기 때문이다.

제3절 현대스포츠의 본질과 특성

1. 스포츠의 본질

본질(本質)의 개념은 서양철학사에 있어서 중요한 논의의 대상으로서 '사물의 궁극이 무엇인가'를 규정하는 것이다. 문제는 그 '무엇'이 무엇으로 이루어져 있으며, 어디에 있고, 사유에 의해서 있는 것인가 실재(reality)로 있는 것인가, 그리고 현존하는 사물과 어떤 관계에 있는 것인가라는 점이다. 그리하여 스포츠의 본질에 대한 시각도 다양하다. 전통적인 관점에서의 스포츠본질에 대한 연구는 사회문화적 접근, 유물론적 접근, 미학적 접근으로서 이루어져 왔으며, 이현옥(2000)은 그의 박사학위논문『스포츠의 공격성에 대한 사회생물학적 고찰』에서 사회생물학적 접근을 시도하였다. 이를 요약하면 다음과 같다.

스포츠의 본질에 대한 사회문화적 관점은 스포츠가 '놀이'의 본질에서 시작되어 사회상황에 따라 제도화되어 가는 것으로, 결국 스포츠가 문화로 정착된다는 것으로 정의될 수 있다. 놀이는 스포츠본질을 사회문화적 관점으로 볼 수 있는 주요 관점의 하나인 것이다. 스포츠는 경쟁화된 놀이이며, 놀이는 결국 사회화를 통한 문화로의 발전을 이루고 있다.

스포츠본질의 유물론적 관점은 인간이 도구를 가지고 '노동'을 시작한 것에 기원을 두고 노동을 위한 연습의 필요에 따라 운동과 스포츠가 만들어졌다는 결론을 내리고 있다. 그리고 스포츠는 사회상황을 그대로 반영하므로 역사의 발전이 경쟁과 투쟁의 역사인 것처럼 스포츠도 '경쟁과 투쟁'으로 정의되고 있다. 스포츠본질을 경쟁과 투쟁으로 보는 학자들은 신체활동 속에 포함된 경쟁에 우선적인 가치를 두고 있다. 투쟁을 경쟁과 유사한 의미로 해석하고 인간의 싸움에서 유래되었다고 보는 것이다.

스포츠의 본질을 미학적으로 보는 관점은 결과를 중요시하는 것이 아니라 스포츠를 행하는 '과정'에서 느끼는 경험을 중시하고 있다. 스포츠활동 중의 미적 체험(aesthetic experience)을 통하여 자아실현을 이룰 수 있으며, 각 개인에 따라 주관적인 체험이 다르고, 자유로운 선택에 의해 이루어져야 함을 주장하고 있다. 과정중심으로 스포츠의 본질을 주장하는 학자들은 스포츠를 행하는 과정을 통하여 인간이 자연적으로 습득할 수 있는 체험을 가치론적 입장에서 주장하고 있다. 승리와 목적을 통해 얻을 수 있는 가치가 아니라 스스로의 행위에 중점을 두고 자아실현 또는 수행의 도(道)를 추구하고자 하는 것에 가치를 두려는 것이다.

스포츠본질의 사회생물학적 관점은 기존의 스포츠본질에 대해 전통적인 관점이 간과하고 있는 인간의 내적 욕구, 충동, 그리고 본능에 대한 단서를 제공하고 있다. 기존의 문화적 관점에서 규정한 인간행동의 범주를 탈피하여 사회생물학적 시각으로 스포츠를 바라봄으로써 포괄적인 인간상을 구현할 수 있는 시발점이 될 수 있다. 또 사회생물학적 접근은 인간 신체활동으로서의 스포츠본질을 이해하고, 나아가 기존의 인식을 수정·보완할 수 있다. 전통적인 관점에서 나타난 내적 욕구나 충동이 인간의 기본적 욕구로 간주되고, 스포츠도 인간본능의 사회화된 공격성의 형태로 표현된다고 보았다. 그러므로 사회생물학 연구에서의 '공격성'이 스포츠의 본질로 이해될 수 있는 것이다.

이상을 종합하면, 스포츠본질의 사회문화적 관점인 놀이, 유물론적 관점인 투쟁과 경쟁, 미학적 관점인 절대가치에서 공통적으로 발견되는 요소는 스포츠가 인간의 본능인 욕구에서 시작된다는 점이다. 이에 비해 사회생물학적 관점은 스포츠를 비교행동학적 관점에서 본능적 행위로, 진화론적 관점에서 종(種) 특유의 행동으로 간주하면서 스포츠의 본질이 동물과 인간의 공격성에 있음을 보여 주고 있다. 공격성이 스포츠의 역사적 발달에 중요한 요소로 등장한 것이다.

한편, 스포츠는 다양한 가치를 다양한 사람들에게 제시하는 것으로서의 의미가 있다. 다양한 관점은 그것이 생산적인가, 과정적인가의 가치체계에 달려 있다. 스포츠는 수단과 목표가 연결되어 있으므로 목표가 생산적이면 승리하는 것이 가장 중요하고, 과정적이면 게임 그 자체에 의의가 있는 것으로서 양자는 상호 배타적이라고 할 수 있다.

스포츠의 패러다임(paradigm)에 대해 Lawson과 Morford는 흥미나 직업, 승리에 강조를 둔 생산지향적 패러다임, 참여나 레크리에이션에 강조를 둔 과정지향적 패러다임, 양쪽이 적절히 조화된 생산과정지향적 패러다임으로 구분하여 제시하였다.

첫째, 생산지향적 패러다임에서는 승리가 성공의 기준으로서 가장 중요하다. 따라서 이는 자본주의적 윤리라고 불리어지는데 그 이유는 개인의 능력을 극대화하는 것을 중요시하는 사회적 분위기를 그대로 반영하기 때문이다. '승리는 가장 중요한 것이 아니라 유일한 가치인 것이다.'라는 관념 하에서 선수, 구단주, 코치 등 모든 집단은 자신의 관심을 극대화하고, 운동경기라는 시장에서 자신의 상품가치를 높이려고 한다.

둘째, 과정지향적 패러다임은 승리가 중요한 것이 아니라 어떻게 게임에 임하느냐가 중요한 것이다. 경쟁이 협동으로 대치되고, 통치는 권위로, 승리는 즐김이나 자기표현의 성취로 나타난다. 따라서 그 동기는 자기 수용적이고, 지도력은 일반적으로 자원봉사이며 민주적이다. 모든 스포츠가 남녀 똑같이 이러한 과정을 체득한다면 매우 고무적인 교육과정이 될 것이다.

셋째, 생산과정지향적 패러다임은 스포츠가 생산과 과정지향을 동시에 수행할 수 있으며, 수단은 목표에 의하여 정당화되지 않는다는 것이다. 경쟁과 협동은 공동적인 관계를 가지고 있으며, 강조점이 과정에 있다 하더라도 승리는 중요한 것이다. 이러한 개념은 항상 과정의 범위 내에서 진행되며, 인간적이고 윤리적인 측면이 있다. 따라서 행위의 목표는 실천, 자기성취, 자기실현을 통하여 뛰어날 수 있다. 항상 개인의 헌신과 자유와 규율, 협동, 경쟁사이의 균형이 있으며, 경쟁과정은 온화한 스포츠맨십으로 수행된다.

2. 현대스포츠의 특성

21세기에는 전통적인 생산수단으로서 노동과 자본의 중요성이 감소되는 반면에 정보에 기초한 지식의 중요성이 유일한 생산요소로 인식되고 있다. 특히 테크놀로지의 발전속도는 사회변동을 가속화시켜 다양한 사회제도에 의한 인간의 의식을 강제시켜 다양한 가치를 창출시킨다. 속도는 경쟁 지향적이기에 인간이 더욱 사회변화에 민감하게 대처할 수밖에 없게 만든다. 이 과정에서 선택과 수용이 이전보다 빠르게 이루어질 수밖에 없다. 사회의 공유된 가치관은 스포츠로 침투되어 이전 사회에서 경험하지 못한 다양한 특성을 출현시킨다.

첫째, 스포츠의 다양화 현상을 들 수 있다. 스포츠는 인간의 수렵활동에서 출발하여 사회계층에 따른 스포츠활동의 불평등을 경험하였고, 계층의 확대로 취향과 기호에 의해 선택된 활동으로 변모되었다. 특히 포스트모던 문화를 주도한 후기산업사회의 중간계급은 경제자본을 바탕으로 문화적 행위로의 노력을 경주하였다. 그들은 정체성을 확립하는 과정에서 스포츠를 선택했으며, 그들의 기호욕구에 따라 스포츠도 다양화되었다. 명칭도 생소한 유사 스포츠 용어들이 출현되었고, 앞으로 다가올 스포츠도 대기 중에 있다. 이는 지금까지 행하여 온 것처럼 소수 정예선수를 목표로 하는 경기스포츠, 비만의 예방이나 특정의 건강회복을 목표로 하는 건강·의료스포츠, 스포츠를 각각의 생활규범 속에 편성시켜 가고자 하는 평생스포츠, 여가의 일환으로서 스포츠를 적극적으로 받아들이고자 하는 레저스포츠, 대자연 속에 자신을 파묻고 능력에 따른 모험을 즐기고자 하는 모험스포츠 등에서 그 성향을 찾아 볼 수 있다.

*Roll-in/Roll-out Pitch 시스템을 이용한 일본의 삿포로 돔구장은 버튼 하나로 축구, 야구 잔디가 5시간 만에 교체 가능하다.

둘째, 스포츠의 과학화 및 탈 과학화 현상이다. 스포츠에 기록이 없다면 과학이 스포츠에 매력을 가질까? 과학은 스포츠를 실험하여 가설을 증명해 보이려고 한다. 현대스포츠는 최상급을 지향하기 위해 과학에 의존하기에 이른다. 이러한 경향은 스포츠과학이 스포츠 고유의 전문과학의 지류로서 발전하는 토대를 형성하였다. 그러나 과학화의 맹점인 인간의 도구화가 논의되면서 탈과학화를 주장하는 입장도 나타나고 있다. 이들은 과학만능주의와 서구 합리주의에서 비롯된 과학기술 이성주의에 의한 인간소외 현상, 비인간화 현상 등의 문제에 관심을 기울이는 신인문주의자의 성향을 띠고 있다.

셋째, 스포츠의 상품화 현상이다. 냉전시대의 종식은 세계화의 시작이며, 실용적인 경제적 가치가 대두될 것임을 의미하였다. 과거 스포츠이벤트가 정치외교적인 이념논쟁의 장소였다면 이제는 경제적인 가치를 창출하기 위한 무대로 전환되었다. 특히 스포츠정보가 극치에 이른 것은 1984년 제23회 LA올림픽대회였다. 이 대회에서 스포츠정보는 올림픽 사상 최초로 상품으로서 본격적으로 대두되었다. 또한 1984년 LA올림픽 조직위원장 피터 유베로스(P. Ueberroth)가 "올림픽에서 가장 필요한 것은 대규모 경기장이 아니라 TV 카메라를 놓을 수 있는 공간이다"라고 언급할 정도로 스포츠이벤트는 'show business'를 제공하는 장이 되고 있다. 특히 TV는 스포츠 영웅을 아이콘으로 가공하여 추종자에게 정보를 제공할 뿐 아니라 이해관계의 다국적 기업에게 유혹의 손길을 보낸다. 1990년대 모든 스포츠이벤트가 스포츠마케팅의 개념을 이용하여 사업화 되는 등 스포츠산업은 날로 발전하고 있다. 스포츠경영, 스포츠이벤트, 스포츠산업, 스포츠홍보, 스포츠 마케팅, 스포츠의학과 운동처방, 프로스포츠와 용병, 스폰서십, 건강실버산업, e-비즈니스 등의 용어사용은 스포츠산업의 발전을 의미하고 있다. 이제 스포츠는 아마추어리즘의 터널을 통과하여 스포츠산업이라는 터미널에 잠시 정차해 있으며, 속도를 가속화시키기 위해 새로운 신호를 대기하고 있다.

넷째, 평생스포츠화 현상이다. 현대사회의 각 국은 저출산과 맥락을 같이하는 고령화를 비롯하여 기술혁신에 의한 급격한 사회변동, 인간소외, 운동부족, 환경파괴 등의 문제에 대응할 수 있는 평생교육이 요구되어지고 있다. 이의 해결방안으로서의 '평생스포츠'의 형태가 요구되고 그러한 맥락에서 스포츠수요가 증가하고 있다. 이러한 단서는 1968년 유네스코(UNESCO)의 스포츠선언(declaration on sport)이다. 이어 1975년 유럽회의에서 '모든 사람을 위한 스포츠헌장'이 채택되었으며, 1978년에는 유네스코

총회에서 스포츠국제헌장이 채택되어 '모든 사람을 위한 스포츠(sport for all)'는 전 세계의 주요 과제가 되었다. 평생을 통한 스포츠의 기반을 확고하게 하였던 것이다.

다섯째, 스포츠의 국제화현상이다. 스포츠의 국제화란 모든 스포츠문화를 단일논리로서 재편하고 통합하여 그것을 국제적으로 조직하고 관리하는 것을 의미한다. 따라서 지구상에 살아가는 모든 사람들이 스포츠문화의 존재를 특정의 가치관이나 이데올로기에 입각하여 상하·우열의 차별을 두지 않고 모두 동등하게 인정하는 것이다.

제4절 미래사회와 스포츠

1. 미래사회의 전망

현대사회에서는 급격한 변화가 어디에서나 빈번히 일어나고 있다. 현재보다는 미래가 보다 많은 변화를 가져올 가능성이 높다. 그러나 혹자들이 예견하는 것처럼 미래가 그렇게 신속하고 극적으로 전개되지는 않을 것이며, 미래사회의 변화는 사회구성원들의 행위와 사회상황 간에 이루어지는 조화적인 힘에 의해 그 폭과 속도가 결정된다고 하겠다. 이러한 맥락에서 볼 때, 결국 미래사회는 지금까지 진행되어온 사회변동의 연속선상에서 다음과 같은 변화가 있을 것으로 전망된다.

첫째, 과학기술이 고도로 발전할 것이다.

지난 두 세대 동안 이루어졌던 과학기술의 혁신은 앞으로 더욱 가속화, 첨단화될 것이 분명하다. 이와 같은 과학기술의 급속한 발달은 경제적 윤택과 생활의 편의를 제공해주지만 환경오염이나 천연자원의 고갈에 대한 공포와 도덕적 가치관의 혼란 등을 초래할 수 있는 양면성을 지니고 있다. 따라서 과학기술과 스포츠는 지금보다 더 밀접한 관계를 유지하면서 발전함과 동시에 사회문제도 표출시킬 것이다. 즉 첨단기술 제공이라는 측면에서 낙관론이 우세하지만 스포츠 행위자의 몸과 관련된 부정적인 문제가 발생함으로써 비관적인 현상도 경험하게 될 것이다.

둘째, 지식과 정보가 폭증할 것이다.

과학기술의 혁신에 수반하여 일어나는 지식과 정보의 폭발적인 증가는 자연과학뿐만 아니라 사회과학, 인문학, 그리고 인간움직임을 다루는 스포츠과학에도 많은 영향을 미칠 것이다. 그러나 지식의 증가는 이러한 긍정적인 측면을 내포하고 있는 반면, 사회구성원들에게 증가된 지식과는 별도로 인간소외를 경험하게 될 가능성이 크다.

셋째, 인구 증가현상이 심화될 것이다.

과거 100년 동안 농업기술이 놀라운 진보를 이룩하였음에도 불구하고 식량자원과 에너지원의 고갈과 같은 인간생존의 위협은 지금까지의 기하급수적 인구증가에 의해 초래된 문제이다. 인구증가 현상은 누적적인 성격을 띠고 있어 미개발국가일수록 더욱 높은 인구 출산율의 경향이 있으며, 이로 인해 미래의 인구는 계속 증가할 전망이다. 한편, 선진국에서는 저출산과 맥락을 같이하는 고령화 사회가 심각한 사회문제로 대두될 것이다. 이는 전통적인 인구 구성비율이 삼각형에서 역삼각형의 구조로의 역전됨을 의미한다.

이외에도 노동의 축소, 사이버공간의 일상화와 새로운 공동체의 출현, 급속한 도시화나 사회조직의 다양화, 제도적 혼란 현상, 그리고 다원사회의 이해갈등 등이 초래될 가능성이 있으며, 이러한 변화들로 인해 미래사회의 개인들은 전반적인 제도와 가치규범의 혼란 속에서 삶의 의미를 재정립하지 않을 수 없는 상황에 처할 수 있다.

---

* 본 내용은 스포츠사회학 세미나(1991)에서 논의된 '미래사회와 스포츠', J. J. Coakley의 저서(1986) 'Sport in Society', 그리고 이종영의 논문(1993) '후기 산업사회와 스포츠사회학' 등에서 발췌 요약되었음.

2. 미래 스포츠의 형태

21세기의 스포츠는 어떻게 전개될 것인가? 이러한 의문은 1970년대 중반 'Sport Illustrated'의 집필가인 W. O. Johnson에 의해 제기되었다. 그는 사회학자와 미래학자의 견해를 분석한 결과, 미래 스포츠는 기술관련 스포츠(techno-sport)와 환경관련 스포츠(eco-sport)의 두 가지 형태가 될 것이라고 결론지었다. 또한 Eitzen과 Sage(1978)는 정보화 사회에 있어서 스포츠는 정보화 사회가 노동과 자본 중심의 사회에서 정보 중심의 사회로 전환됨에 따라 스포츠 역시 신체적인 투쟁보다는 지식, 기술, 정보에 기초한 경쟁이 중시될 것으로 전망하였다.

특히 Johnson(1974)에 의하면 '기술관련 스포츠'는 과학기술과 경쟁스포츠의 결합에 연계되어 있고 '환경관련 스포츠'는 인간의 자유에 대한 욕구, 사회적, 자연적 환경에의 조화, 신체활동에 참여하는 대중의 일부분이 되려는 욕구 등의 결합에 관련되어 있다. 미래 스포츠의 두 형태가 서로 전혀 상이함에도 불구하고 Johnson은 서구사회의 상황과 지배적인 가치관에 의해 자연적으로 발전된 논리적 결과로서 서술하고 있다. 그러나 기술관련 스포츠와 환경관련 스포츠 모두 극단적인 형태는 현재의 스포츠에 대한 파괴를 전제하고 있다.

1) 기술관련 스포츠(techno-sport)

스포츠와 과학기술의 결합은 새로운 것이 아니다. 과학기술은 운동선수의 경기력을 향상시키고 관중의 참여를 확대시키며, 스포츠를 보다 흥미롭게 하는데 이용되어져 왔다. 미래에는 과학기술이 운동선수들에게 초인간적인 근력과 지구력을 가져올 수 있도록 하는 화학적, 기계적 방법을 제공하게 될 것이다.

기계화된 신체부위가 경기력의 향상을 위해 이용될 수 있다. 예를 들면 보다 효율성 높은 심장이 지구력 향상을 위해 이용될 수 있다. 신경계에 연결된 휴대용 충전 찜질팩을 이용하여 타박상에 의한 고통을 느끼지 않게 함으로써 운동상해가 최고수준의 경기력을 발휘하는데 장애가 되지 않도록 한다. 통신기술 덕분에 관중들은 작전지시, 라커룸, 심지어는 선수의 가정 등 개인적 프라이버시까지 침투하게 된다.

경기 중에 느끼는 선수의 정서적 경험이 대리참가의 형태를 원하는 팬들에게 전자방식에 의해 전달된다. 그러나 미래의 스포츠가 단순히 기술적 가능성의 결과에만 의존되지는 않을 것이다. 그 이유는 과학기술과 스포츠의 결합이 선수와 관중들에게 스포츠경험의 중요한 부분을 파괴할 수 있는 잠재력을 지니고 있기 때문이다. 기술관련 스포츠는 과학기술과 스포츠의 결합이라는 차원 이상의 무엇을 포함하고 있다.

기술관련 스포츠는 경기를 보다 예측 가능한 것으로 하는 계획성과 함께 증가된 조직력을 포함하고 있다. 극단적인 형태의 기술관련 스포츠는 완벽한 경기를 위해 실수, 실책, 실패, 실망 등과 같은 '인간적인' 요소들을 배제한다. 이는 인간의 잠재력이 외부의 지시와 통제에 의해서만 발휘된다는 생각에 기초를 두고 있는 것이다. 스포츠에 대한 이러한 접근 방식은 창조의 가능성을 파괴할 뿐만 아니라, 사전에 계획된 행동 중 우연적이며, 예상치 못한 돌발적 상황에서 나타나는 놀이의 기본적인 요소인 자유성, 자발성, 표현성, 불확정성 등을 감소시킨다. 그러나 다행스럽게도 선수와 관중들이 이러한 형태의 변화를 받아들이고 있지 않는 것 같다. 선수나 관중 누구도 조련사와 기술자간의 경쟁으로 축소된 경기에 흥미를 느끼지 않을 것이다. 인간의 자발성과 표현성이 결여된 경기에 참가하는 로봇 같은 선수와는 자신이 동일시될 수 없기 때문에 선수들은 이러한 경기에서의 인질이 되기를 거부하며, 관중들은 이러한 경기를 보고 싶어 하지 않을 것이다. 기술관련 스포츠의 발전은 기술관련 스포츠가 선수에 대한 관중의 동일시를 방해하는 한 제한될 가능성이 있다.

관중의 관심은 근본적으로 그들이 주시하고 있는 선수들이 자신들과 본질적으로 비슷하다는 사실에 기초를 두고 있다. 운동선수들도 승패에 대해 감정적으로 반응하여 실수를 저지르기도 하고 성공을 위해 노력하여, 경기력의 발휘가 잘되는 날이 있는 반면 그렇지 않은 날도 있다. 이러한 인간의 본질적인 면은 팬의 흥미를 유지하는데 결정적이다. 사람들은 과학기술의 산물로 조정된 선수들을 자신들과 동일시하는데 흥미를 느낄 것 같지는 않다. 스포츠는 경기하는 사람과 관람하는 사람 사이에 유사성이 있기 때문에 성공할 수 있다. 과학기술이 이러한 유사성을 흐리게 한다면 관중의 흥미는 감소될 것이다. 이러한 점이 기술관련 스포츠의 도래를 방해하는 근본적인 장애물이다.

2) 환경관련 스포츠(eco-sport)

기술관련 스포츠가 관중과 우수선수에게 영향을 미치는 변화 양상이라면, 환경관련 스포츠는 대중의 참여형태에 영향을 미치는 변화 양상이다. 환경관련 스포츠는 점차 보다 많은 사람들이 그들의 자유시간을 스포츠와 관련된 활동에 참가할 것이라는 가정을 기초로 하고 있으며, 그에 대한 참여는 근본적으로 자연적이고 자발적이며 놀이형태의 활동이라고 특징짓는다. 또한 환경관련 스포츠에서의 경기는 개방적이고, 유동적이며, 때로는 경계와 점수기록판도 없으며, 흔히 경기의 끝과 중간 또는 승패의 결정이 없는 형태로 진행된다.

G. Leonard는 환경관련 스포츠가 참여자에게 복잡하고 고도로 구조화된 작업환경에 대처할 수 있는 방법을 제공한다고 주장한다. 환경관련 스포츠는 인간을 일로부터 구원해 주며 구조를 지나치게 강조하고 참여가 수동적으로 이루어지던 전통적인 여가활동에 대한 대안을 제시하고 있다. 환경관련 스포츠의 형태는 하이킹, 사이클링, 등짐지기, 오리엔티어링, Fisbee(플라스틱 원반던지기), 또는 걷기, 달리기, 뜀뛰기, 던지기, 균형 잡기, 기초적인 텀블링 등과 같은 변형된 신체활동들을 포함하고 있다. 중요한 것은 자발적인 행위이며, 활동 그 자체가 규칙준수에 우선한다는 점이다.

환경관련 스포츠에 대한 철학과 참여가 증가할 것이라는 Johnson의 예언은 정확한 것이다. 이러한 방향으로의 변화가 이미 일어나고 있다. 그러나 환경관련 스포츠가 21세기 맞아 여전히 현재의 스포츠 형태들을 대신할 것인가에 대해서는 의문의 여지가 있다. 환경관련 스포츠는 Agon과 같은 스포츠경험의 본질적인 차원을 잃어버리고 있다. Agon은 스포츠에서 경쟁성을 의미하며, 투쟁성 또한 포함하고 있다. 경쟁은 여러 형태의 신체활동과 스포츠를 성립시키는 결정적 요인이다. 만약 스포츠에서 Agon의 요소를 배제하게 되면 스포츠경험을 통한 도전이 전반적으로 변화하게 된다. 이는 더 이상 능력에 대한 테스트나 우수성에의 추구를 포함하지 않게 된다. 환경관련 스포츠는 놀이의 요소를 고도로 조직화된 스포츠활동으로 전환시키려는 인식과 요구는 확실하지만 대부분의 사람들은 경쟁성과 투쟁성이 배제된 스포츠활동으로의 변화에는 반대할 것이다. 사람들은 신체활동의 참여를 통하여 개인적으로 다양한 경험을 하지만 대부분의 참가자들은 끊임없이 자신의 능력을 다른 사람과 겨루어 보거나 어떤 성취 기준에 비교하는데 관심을 갖고 있다. 서구사회의 지배적인 가치관은 계속적으로 결과, 경쟁, 성취, 우수성의 추구 등을 강조할 것이다.

3. 미래 스포츠의 전망

기술관련 스포츠나 환경관련 스포츠와 같은 새로운 스포츠의 형태가 나타난다는 것은 흥미 있는 전망이다. 그러나 21세기에도 스포츠의 기본적인 구조에 있어 중요한 변화가 있을 것 같지는 않다. 다양한 스포츠활동에의 참가인구가 증가할 것이고, 대중스포츠가 점차 발전될 것이지만 스포츠의 조직과 스포츠경험의 본질은 근본적으로 동일하게 남아있을 것이다. 미래 스포츠에 대한 일반적인 견해는 급진적인 변화를 예언하지 않고 일반적인 사회적 상황 및 관계변화와 맥락을 같이하게 될 것이다. 지난 세대의 팬이나 운동선수와 마찬가지로, 일반대중 역시 경기기록과 점수에 흥미를 갖고 있다. 아직도 일반대중은 계획된 노력과 전문기술을 통한 합리성, 고된 훈련, 우수성 추구, 목표성취 등에 가치를 두고 있다. 스포츠 참가는 여전히 성격형성, 국가위신, 애국심 등과 관련이 있으며, 사업적 이해관계에 기초를 두고 재정적 이득 또는 정치적 결과를 얻기 위해 오락의 형태로서 후원된다.

이와 같은 맥락 하에서 미래 스포츠의 변화는 현재의 스포츠가 지니고 있는 세속화, 대중화, 전문화, 합리화, 조직화, 수량화, 기록화 등의 특성들이 다음과 같이 확대된다는 것을 의미한다.

* 세속화 : 스포츠에 있어 물질적, 오락적 가치를 더욱 강조하게 될 것이다.
* 대중화 : 사회적 배경에 관계없이 많은 사람들이 스포츠활동에 참가할 수 있도록 스포츠경쟁을 개방하려는 시도가 보다 증가할 것이다.
* 전문화 : 경기력을 향상시킬 수 있는 전문화된 기술, 전략, 용구 등이 더욱 발달할 것이다.
* 합리화 : 스포츠 경기규칙을 정비하고 선수들이 이에 대비할 수 있도록 하는 보다 과학적인 방법이 사용될 것이다.
* 조직화 : 스포츠활동을 후원·통제·관리하기 위한 조직구조가 더욱 확대될 것이다.
* 수량화 : 팀과 선수 개인의 성적에 관한 통계자료가 보다 많이 발간될 것이다.
* 기록화 : 각종 기록을 수립하거나 경신하려는 요구가 더욱 높아질 것이다.

위에서 논의된 미래스포츠의 변화는 전혀 새로운 것이 아니며, 산업기술사회에서 일어나는 중요한 변화와 밀접하게 관련되어 있다. 결국 미래사회에서는 보다 많은 사람들이 스포츠활동에 참가할 것이 예견되지만 그들 역시 오늘날과 매우 유사한 방식으로 스포츠를 경험하게 될 것이다.

한편, 미래사회의 중심적인 특성으로 부상하는 여가의 증대현상은 사회의 근본적인 구조적 변화로 인하여 산업사회에 존재해 왔던 여가와는 특성을 달리한다. 즉 수단적 가치를 지향하며 행해졌던 현대 산업사회의 여가활동이 미래사회에서는 그 자체의 가치를 추구하는 자기 충족적 가치를 지향하게 된다. 현대사회에서의 여가와 스포츠는 노동과 같이 전개되고 일을 위한 도구적 가치로서 중시되었지만 미래사회에서는 일이 스포츠활동의 기회와 만족을 위해서 존재하는 변화를 겪게 될 것이다. 여가활동의 전개방향 역시 개인주의적이며 개방적이고, 대중적이며 자유방임적이고, 평등적이며 자율적인 형태를 띠게 될 것이다. 스포츠는 여가활동을 대표하는 영역으로 행해지기 때문에 이러한 여가활동의 전개방향은 스포츠 현상의 변화하는 추세를 반영하는 것이다.

위와 같은 유추적인 예측이 자연스럽게 시사하고 있는 바는 미래사회에서의 스포츠활동은 양적으로 팽창하고 질적으로 인간의 개인적 삶에 기여하는 정도가 높아진다는 사실이다. Bell에 의하면 미래사회에서는 경제부문의 구조변화에 따라 스포츠가 여가산업으로 사회의 중심적 역할을 수행할 것이며, 중심 직업이 전문기술 과학자로 전환되면서 스포츠전문가 역시 정보와 지식을 생산하고 통제하는 역할을 할 것이고, 스포츠의 정보의존도가 높아지고 인본주의적 경향이 증대될 것이다. 또한 스포츠행동의 연구가 실증주의적 경험주의에서 다양한 시스템방법으로 전환될 것이며, 시간적인 조망에서 장기적 예측이 중시된다는 것이다. Bell이 주장한 구체적인 변화 양상은 <표 1-3>과 같다.

표 1-3. 시대 변화에 따른 스포츠의 변화 양상

구 분	산업사회 이전	산업사회	후기 산업사회
*경제부문	스포츠의 부재	신체적, 심리적 재생을 위한 스포츠	스포츠자체가 산업의 중심부문화
*중심직업	신체활동에 부정적	스포츠직업이 보조화	중심직업으로 스포츠직업의 전문기술 과학자화
*테크놀로지	놀이형태의 신체활동	에너지 의존적 스포츠	정보 의존적 스포츠
*게임형태	자연을 극복하는 게임	제조물을 극복하는 게임	인간들 사이의 게임
*방법론	상식과 경험	경험주의와 실험	추상이론 : 모델, 실험모사 결정이론, 시스템 분석
*시간적 전망	전통적 놀이	근대 스포츠	새로운 스포츠의 출현
*기본원리	전통주의 : 자연발생적 스포츠	스포츠발달 : 투자와 통제의 중요성	이론적 지식의 중심성과 코드화에 의한 변화

Bell이 제시하는 미래사회의 스포츠에 관한 이론은 Toffler가 주장하는 정보화 사회의 이론과 매우 흡사하다. 미래사회에서 스포츠가 변화하는 방향을 Toffler의 정보화 사회 이론에 근거하여 예측하면 <표 1-4>와 같다.

표 1-4. 산업사회와 정보화 사회의 비교를 근거로 한 후기 산업사회의 스포츠 변화양상

구 분	산업사회	정보화 사회(제3의 물결)
*생산과 소비	프로 스포츠의 발달	참여 스포츠의 발달
*에너지의 의존	에너지 고의존 스포츠 발달	에너지 저의존 스포츠 발달
*주요산업과 생산방식	스포츠의 공해유발, 엄격한 규칙의 대중스포츠	스포츠와 공해 무관, 개성 있는 개인스포츠
*과학기술과 노동의 특징	결과의 결정이 신체적 능력에 의존	결과의 결정이 정보와 지식에 의존
*생활과 문화	규격화된 소수의 스포츠발달, 물질적 생활 수준 향상의 유용성	탈규격화된 다양한 스포츠 발달, 정신적 욕구충족의 유용성
*미디어	획일화된 대중스포츠 방영	소규모의 다양한 개인스포츠 방영
*지배적 6원칙	표준화, 분업화, 동시화, 집중화, 극대화, 중앙집권화	탈표준화, 탈분업화, 탈동시화, 탈극대화, 탈중앙집권화
*국가와 정부	체제의 우월성 경쟁에 의존	복지를 위한 스포츠

지금까지 논의된 미래 스포츠의 변화에 대한 예측은 도전이라는 맥락에서 받아들여질 수 있다. 변화는 변화를 원하는 사람들이 실제로 변화를 일으킬 경우에만 가능한 것이다. 스포츠의 의미가 개인적 차원이나 사회적 차원에서 바뀌어 질 수 있으며, 스포츠참가의 새로운 목표를 세우거나 이를 달성하기 위한 새로운 조직을 만들 수도 있다. 또한 스포츠를 단순히 현 사회를 반영하는 것 이상의 어떤 것으로 만드는 것도 가능하다.

4. 미래 스포츠의 연구 과제

스포츠가 지닌 중요성이 날로 증가함에 따라 사람들은 현재의 스포츠와 앞으로의 가능성에 대해 보다 주의 깊은 예측을 하게 된다. 실제로 1960년대 후반부터 1970년대 중반에 이르기까지 변화의 필요성에 대한 논의가 있어 왔다. 미래 스포츠에 대한 대부분의 논문들이 이 시기에 발표되었다. 그러나 많은 연구들이 스포츠가 변화해야 될 모습과 이러한 변화를 가능케 하는 방법을 제시하는데 실패하였다. 변화가 일어나기 위해서는 실제적인 전략들을 동반한 혁신적인 대안이 필요하며, 이들 전략은 효과적으로

실행에 옮겨져야 한다.

변화에 대한 접근방법에는 '혁신주의'와 '급진주의'의 두 가지 형태가 있다. 혁신주의자는 여성과 소수민족에 대한 차별, 폭력, 선수의 이용, 속임수, 불공정한 상업행위, 약물복용, 승리에 대한 지나친 강조, 과도한 금전주의와 국가주의 등 스포츠의 제반문제들을 일소하는데 관심을 두고 있다. 다시 말하면, 그들은 스포츠의 평등, 정의, 발달의 기회 등과 같은 문제들에 관심을 갖고 있다. 반면 급진주의자들은 스포츠 내의 문제들을 해결하는 것보다는 스포츠 자체의 본질을 변화시키는데 더 큰 관심을 갖고 있다. 즉 그들은 스포츠경험의 새로운 모형을 설정하고 새로운 스포츠조직을 만들기를 원한다.

현대 산업사회에서 스포츠가 급진적인 변화가 일어나야 한다고 생각하는 사람은 상대적으로 적다. 혁신주의자들은 스포츠의 본질에 대해서는 대부분 혁신 지향적이라기보다는 오히려 보수적인 성향이 강하다. 즉 그들은 현재상태의 스포츠가 그대로 유지되기를 원한다. 보수주의적 입장에서 볼 때, 사회의 다른 분야와 마찬가지로 스포츠에서의 변화 역시 전통적인 제한이나 경험, 그리고 조직적 구조 등을 강화하는 것에 지나지 않는다고 할 수 있다. 다시 말하면, 기존의 상태를 강화하는 것이 모든 문제를 가장 잘 해결하는 길이라는 것이다. 이러한 성향을 지닌 사람들은 혁신주의자의 생각에 대해 회의적이며, 또한 급진주의를 우려하고 있다. 그들은 양쪽 모두를 반대한다. 이와 같은 반대 입장은 미래에서의 변화를 원하는 사람들이 직면하게 되는 도전의 일면이다. 반대를 극복하기 위해서는 미래에 대한 보다 폭넓은 전망이 필요하며, 정치적인 상황에 개입하고 실재 관념을 실현시킬 수 있는 권력과 자원이 요구된다. 이러한 상황에서 일어나는 상호작용의 결과에 따라 스포츠의 미래가 결정될 것이다.

현대사회에서 스포츠가 지닌 중요성이 증가함에 따라 사람들은 미래 스포츠의 가능성에 대해 보다 주의 깊게 살펴보게 될 것이다. 아울러 급속한 사회변화에 따른 가치관의 혼란과 비인간화 현상을 초래하게 될 미래사회에 있어 이러한 문제점들을 해결하고 인간의 '삶의 질'을 높일 수 있는 미래 스포츠의 역할은 매우 중요한 것이다. 현대사회에서 나타나기 시작한 여가시간의 증가는 계속 확산될 것이며, 미래에는 보다 뚜렷한 여가활동의 요구들이 표출될 것이다. 이에 따라 대다수의 사람들이 앞에서 전망한 선수와 관중을 위해 고도로 조직화된 기술관련 스포츠에서 자연적이고 놀이성이 짙은 환경관련 스포츠에 이르기까지 다양하게 참여할 것이다. 이러한 전망을 토대로 볼 때 미래 스포츠가 자발성과 표현성이 상실된 기술관련 스포츠나 경쟁성과 투쟁성이 상실된 환경관련 스포츠의 극단적인 형태로 변화될 경우 참여자들에게 의미 있는 경험을 제공할 수 없다고 하겠다. 따라서 스포츠가 변화해야 될 새로운 모습을 보다 폭넓게 전망하고 이러한 변화를 가능케 하는 혁신적인 대안들이 제시되어야 할 것이다. 이를 위해 스포츠의 의미를 개인적 차원이나 사회적 차원에서 재조명해야 하며, 나아가 스포츠를 단순히 현대사회를 반영하는 것 이상의 어떤 것으로 만드는 것도 가능할 것이다.

참고문헌

김동규(2004). 체육원리의 제 문제. 경산: 영남대학교 출판부.

김영갑(2004). 스포츠 집합행동의 표출성향 및 이미지 해독. 미간행 박사학위논문. 영남대학교 대학원.

스포츠사회학세미나(1991). 미래사회와 스포츠. 미간행보고서.

신현군(1996). 포스트모더니즘과 스포츠의 관련성에 관한 연구: 현대스포츠의 특성을 초월하여. 한국체육철학회, 4(1).

엘리스 캐시모어, 정준영 역(2001). 스포츠, 그 열광의 사회학. 서울: 한울아카데미.

이종영(1993). 후기산업사회와 스포츠사회학. 한국스포츠사회학회.

이현옥(2000). 스포츠의 공격성에 대한 사회생물학적 고찰. 미간행 박사학위논문. 경북대학교 대학원.

임번장(1998). 스포츠사회학개론. 서울: 동화문화사.

정응근(2002). 월드컵과 운동문화. 계간 철학과 현실, 통권 53호. 서울: 철학과 현실사.

정준영(2003). 열광하는 스포츠 은폐된 이데올로기. 서울: 책세상.

조종혁(2002). 탈모더니즘의 시각에서 본 '붉은악마': 한국 미디어의 거대서사. 커뮤니케이션학 연구, 제10-2호.

최원기(2002). 한국의 문화변동과 신문화운동으로서의 '붉은악마' 응원문화. 계간 사상, 여름호.

한광걸, 김동규(2001). 스포츠의 사회학적 이해. 경산: 영남대학교 출판부.

Bell, D.(1973). The coming of post-industrial society. New York: Basic Books.

Caillois, R.(1961). Man, play and games. New York: Free Press of Glencoe.

Carter, J. M.(1992). Medieval Games: Sports and Recreations in Feudal Society. New York: Greenwood Press.

Coakley, J. J.(1986). Sport in society: Issues and controversies.(2nd ed.). St. Louis, MI: Time Mirror/Mosby College Publishing.

Drucker, P.(1993). Post-capitalist society. New York: Harper Collins.

Eitzen, D. S., & Sage, G. H.(1978). Sociology of American Sport. Dubuque, IW: WM. C. Brown.

Eyler, M.(1965). Sport historians. Proceedings of the National College Physical Education Association for Men.

Hegel, G. W. F.(1967). The phenomenology of mind. New York: Harper & Row.

Huizinga, J.(1955). Homo Ludens, A Study of the play Element in Culture. Boston: The Beacon Press.

Johnson, W.(1974). From here to 2000. Sport Illustrated 41(26).

Lyotard, J. F.(1984). The Postmodern Condition: A Report on Knowledge. Minneapolis: Univ. of Minnesota.

Marx, K. (1959). Lohnarbeit und Kapital(Labor and capital). In K. Marx & F. Engels, Werke Band 6 (Works: Volume 6) (pp. 397-423). Berlin: Dietz. (Original work published 1849).

Mehl, E.(1966)., Sport Kommt Nicht Von Disportare, Sondern Von Deportar. Leibeserziehung.

Naisbitt, J., & Aburdine, P.(1990). Megatrend 2000. Washington, D. C: Raphael Sagalyn, Inc.

Nevins, A.(1962). The gateway to history. Garden City, NY: Anchor Books.

Ogburn, W.(1966). Social change. New York: Dell.

Saeki, T.(1991). Quality life and sport-humanity-sport for all in achieving the future Japanese society. Elsevier Science Publishers B. V.

Siedentop, D.(1990). Introduction to physical education, fitness and sport. California, Mayfield Publishing Company. 316.

Sorokin, P. A.(1957). Social and cultural dynamic. Boston: Porter Sargent.

Toffler, A.(1971). Future shock. London: Bodley Head.

Yaloris, N.(1979). The eternal olympics: The art and history of sport. New York: Caratzas Brothers.

제2장 현대스포츠의 작동원리_ 정치와 돈

스포츠자체는 문화의 한 형태로서 정치와 경제의 이해관계에 대해 중립적인 것이다. 그러나 스포츠는 사회적 맥락에 따라 사회통합의 기초로, 저항의 수단으로, 지배의 수단으로 나타난다. 따라서 스포츠는 문화상품이면서 동시에 일종의 권력자원인 것이다. 정치적인 측면에서 스포츠는 정치적 상징의 수단을 제공함으로서 다양한 정치적 목적에 기여한다. 경제적인 측면에서도 스포츠는 후기산업사회의 발달한 생산력 수준하에서 새로운 자본축적의 장을 제공하고 있다. 스포츠가 정치와 경제의 대상이 되기 위해서는 스포츠만이 제공할 수 있는 고유한 이해관계가 존재해야 한다. 정치엘리트의 입장에서 볼 때 스포츠는 비합리적 상징으로서 현존 질서를 유지 및 정당화하는데 유용한 이데올로기적 수단들을 제공함으로써 사회통합, 갈등해소, 갈등의 은폐 및 전환 등의 상징 효과와 시장의 상업주의적 동기간의 상호 의존적인 관계는 확대된다. 그 결과 정치적 상징의 효과는 상업주의적 동기에 의해 증폭되고, 상업주의적 동기는 정치적 상징에 의해 보다 효과적으로 충족된다. 따라서 현대스포츠가 정치력과 경제력에 의해 발전되었지만 가장 거리를 두려 했던 두 가지도 정치와 돈이었다. 이 장에서는 현대스포츠를 움직이는 거대한 작동원리인 정치와 돈의 관계를 살펴보고자 한다.

제1절 스포츠와 정치

1. 스포츠와 정치의 관계

1) 정치의 개념

정치학 대사전에 의하면 "권력의 획득·유지를 둘러싼 항쟁 및 권력을 행사하는 활동을 정치활동이라 하며, 그 행동양상을 정치현상이라 한다. 정치활동이 전개되고 있는 환경이나 정치적 활동을 전개토록 하는 조건이 정치적 상황이다. 정치적 상황에 있어서 정치적 가치를 추구하고 있는 것이 정치적 인간이며, 정치가 일상화하는 것이 정치조직이다."라고 정치의 개념을 정의하고 있다(한국정치학회, 1975). 여기서는 정치를 권력의 획득 유지를 둘러싼 항쟁 및 권력을 행사하는 활동과 직결시키고 있다. 정치에 대한 이러한 개념은 현대 정치학에서 일반적으로 인정되고 있으나 학자들 간에는 이에 대한 견해 차이가 많은 것도 사실이다.

국가현상설의 관점에서 볼 때 정치는 국가의 목적, 기능, 존재양식과 관련된 모든 현상으로 규정할 수 있고, 정치현상은 권력현상이며 권력의 획득과 유지 및 확대와 관계를 갖는 모든 인간활동을 의미하게 된다. 그러나 정치를 국가에 국한하여 설명하고자 하는 국가현상설은 정치와 행정의 구분이 불명료하고 국가유형의 다양성 및 이질성으로 인한 정치개념의 모호성이라는 문제를 안고 있다. 이와 함께 정치를 국가에 국한시키는 생각에 큰 변화가 생기고 정치를 모든 사회의 공통된 지배, 피지배 관계로 파악하는 권력현상설이 대두되었다. 이 학설에 의하면 정치현상은 권력현상이며 정치는 권력의 획득과 유지 및 확대의 관계를 갖는 모든 인간활동을 의미하게 된다. 정치를 권력현상으로 볼 때 그것은 정복, 억압, 대립, 갈등, 투쟁, 복종 등의 여러 현상과 관계된다. 그러나 정치를 단순한 권력현상 또는 지배현상으로 보는 것에는 많은 제한이 따른다. 첫째, 지배, 피지배 현상은 정도의 차이는 있지만 인간의 모든 사회집단에 존재하고 있기 때문이다. 둘째, 민주사회에서는 지배자와 피지배자와의 구별이 없음을 원칙으로 하고 있다. 셋째, 인간은 특정 개인이나 집단에 복종하는 경우보다는 오랜 전통이나 관습에 복종하는 경우가 많다. 넷째, 사회질서는 권력질서만으로 유지되지는 않는다(구영록, 1992).

2) 현대스포츠의 정치적 속성

스포츠가 고도로 체계화될수록 스포츠의 내재적 특성인 경쟁성, 공개성, 협동성, 비언어적 전달성, 상징성 등은 국가 차원의 목적을 수행하는데 훌륭한 매개역할을 수행한다. 이에 대해 Natan(1969)은 "현대스포츠에서 정치적인 암시는 피할 길이 없으며, 정치성을 배제한 스포츠조직이란 존재하지 않는다."고 하였다. 그리고 McIntosh(1981)도 "경기스포츠는 개인을 어떤 집단과 일체화시키는 경향이 있고, 개인은 그 일체화를 환영한다."고 지적하였다. 이들의 속성을 결합하여 Eitzen과 Sage(1982)는 스포츠의 정치적 속성을 다음과 같이 제시하고 있다.

첫째, 스포츠경기에서 거행되는 의식은 후원기관에 대한 충성심을 상징적으로 재확인시키는 기능을 지니고 있다는 점에서 스포츠 참여자는 전형적으로 특정 사회조직 (학교, 직장, 지역사회, 국가 등)을 대표하며, 그 조직에 대한 강한 충성심을 지니고 있다. 특히 올림픽경기나 국제경기에 있어서 승리는 많은 국가와 시민들에게 자국의 우월성을 가늠할 수 있는 척도가 된다. 따라서 국제경기의 결과는 상당한 정치적 의미를 지니고 있으며, 이는 궁극적으로 한 나라의 군사력이나 정치·경제체제 및 문화적 우월성을 표출하여 주는 수단이 된다.

둘째, 스포츠와 정치의 밀접한 관계는 본질적으로 조직의 과정 자체에 존재한다. 스포츠가 점진적으로 조직화됨에 따라 많은 스포츠 팀, 리그, 선수, 결사단체 및 행정기구가 출현하게 되며, 이들 집단은 각각의 특성에 따라서 불평등하게 배분된 권력을 획득한다(Dahrendorf, 1959). 따라서 선수와 구단주 간(1981년 미국의 메이저리그 선수파업), 경쟁리그 간(미국 프로농구의 ABA 대 NBA), 혹은 다양한 행정기구 간(아마추어 스포츠조직 대 프로 스포츠조직, 전국단위의 협회 대 지역 및 하위연맹)의 권력투쟁이 존재하게 된다.

ABA

ABA(American Basketball Association, 아메리칸농구협회)는 1967년부터 1976년까지 9시즌 동안 있었던 프로농구리그였고, 목적이 '돈'에 있었던 만큼 리그 운영이 어려워지자 1976년에 NBA와 합쳐졌다. ABA는 NBA에서 상업적인 면을 부각시켜 만든 리그로서 농구를 통한 이윤창출이 그 목적으로 한 프로리그였다. 파랑, 노랑, 흰색이 들어간 3색 줄무늬의 독특한 공을 사용한 것도 상업성을 강조하기 위해서이다. 비록 9시즌밖에는 운영되지 않았지만 ABA가 지금의 미국프로농구에 끼친 가장 큰 영향은 3점 슛 규칙을 만들어 냈다는 것이다(http://www.remembertheaba.com). 3점 슛, 슬램덩크 대회, 3색 농구공의 '원조' ABA가 2000년 12월 27일 24년 만에 부활됐다. 'ABA 2000'으로 명명된 새 리그는 인디애나 레전즈, 캔자스시티 나이츠 등 동·서부지구 8개 팀으로 출범했다. ABA는 NBA보다 공격적인 농구, 재미있는 농구를 선보이기 위해 새로운 경기규칙을 들고 나왔다. 상대진영에서 공을 빼앗아 득점하면 1점을 더 주도록 했고, 6반칙을 해도 퇴장당하는 대신 상대팀에 자유투 2개와 공격권을 줘 '막판 뒤집기'의 가능성을 높였다. ABA선수들은 NBA에서 기량이 떨어진 노장들과 대학출신이 대부분이다. 이들의 평균 연봉은 6만여 달러로 NBA(300만 달러)에 비하면 헐값이다. 아직 평균 관중은 4,000여 명 선에 머물고 있지만 입장권이 20달러 안팎으로 싼 데다 NBA에 식상한 팬들을 끌어들일 흥미 있는 요소를 갖추고 있어 인기 스포츠로 뿌리내릴 잠재력은 충분하다(성진혁, 2001).

셋째, 스포츠와 정치의 결합은 정부기관이 개입되었을 때 명백하게 발생한다. 일례로 일반 기업가의 스포츠기구 참여시 조세감면 혜택이나 프로스포츠 구단의 조세감면 혜택을 들 수 있다.

넷째, 스포츠경기와 정치적 상황이 상호작용 효과를 지니고 있다는 점에서 스포츠와 정치의 밀접한 관계가 성립한다. 스포츠가 정치에 영향을 미친 예로는 1971년 미국의 탁구팀이 중공을 방문함으로써 두 국가 간의 외교적 관계가 정상화된 사실을 들 수 있으며, 정치가 스포츠에 영향을 미친 예는 엘살바도르와 온두라스 사이의 축구전쟁을 들 수 있다. 이외에도 남아프리카의 인종차별 정책으로 말미암아 이에 반대하는 많은 국가들의 올림픽 불참사태와 구(舊) 소련의 아프가니스탄 침공에 항의한 미국 주도의 1980년 모스크바 올림픽 불참은 소련 및 공산진영 국가의 1984년 LA올림픽 불참 사태를 가져오는 결과를 초래하였다.

핑퐁외교(Ping-pong Diplomacy)의 이해관계

중국은 한국전쟁 이후 미국에 의한 경제봉쇄정책으로 국제사회에서 고립되고 있었으며, 1960년대 말 중·소 영토분쟁에 시달리고 있었다. 마오쩌둥(毛澤東)은 소련을 견제하기 위해 서라도 미국 카드가 필요했다. 또한 1969년 1월에 출범한 닉슨 행정부 역시 당시 중국과 소련의 분쟁에 편승해 중국과의 대화채널을 만들고자 했다. 두 나라간의 이해가 맞아 들어가 1971년 4월 10일부터 17일까지 미국 탁구선수단이 중국을 방문해 친선 탁구시합을 벌였다. 이들은 1949년 10월 중국 공산당이 북경을 점령하고 중화인민공화국을 수립한 이후 요청에 의해 중국을 방문한 최초의 미국대표단이었다. 미국 탁구대표팀은 북경에서 우호적인 분위기 속에서 탁구경기를 가졌고, 이는 미중관계에 대한 양국의 분위기를 크게 호전시켰다. 이후 6월 10일 닉슨 대통령은 20년 넘게 계속해 오던 중국에 대한 무역금지조치를 해제함으로써 중국에 명백한 제스처를 취했다. 3월 28일 일본 나고야에서 열린 제31회 세계탁구선수권대회에 참석 중이던 중국대표팀이 미국대표팀을 초청할 뜻을 비쳤고, 미국이 이를 받아들임에 따라 두 차례 비밀접촉 끝에 전격적인 발표가 이루어졌던 것이다. 미국 탁구선수단의 중국방문은 미국에 강력한 영향을 미쳐 중국열풍을 일으켰을 뿐만 아니라 국제사회의 주목도 이끌어냈다. 핑퐁외교의 실질적인 주역은 중국의 저우언라이(周恩來, 중국 총리)와 미국의 헨리 키신저(Henry Alfred Kissinger, 백악관 안보담당보좌관)이다. 1971년 7월 9일 키신저는 극비리에 중국에 들어가 11일까지 머물며 저우언라이 중국 총리와 회담하고 닉슨 대통령의 중국 방문계획에 합의했다. 닉슨이 중국을 방문한 것은 1972년 2월(21-27)이었다. 중국의 공산화 이래 미국 대통령의 중국 방문은 처음이었다. 사실상 미국은 이 때 중국을 승인한 것이나 마찬가지이다.

1972년 4월 12일부터 29일까지 중국 탁구선수단이 미국을 답방하였다. 두 나라 탁구선수단의 방문은 국민들이 우호적으로 상대 국가를 왕래할 수 있는 길을 열었고, 두 나라 관계의 정상화를 촉진시켜 국제사회에서 '핑퐁외교'라는 칭호를 들었다. 이후 미-중 관계는 급진적으로 발전하여, 미국은 1978년 12월 대만과 국교를 단절하고 지미 카터 정권 때인 1979년 1월 1일에 중국과 수교했다. 중국은 경제봉쇄정책의 해제뿐만 아니라 1972년 10월 유엔 총회에서 중국의 유엔대표권이 승인되고 대만 정부의 유엔 추방이 가결시키기 등 다양한 반사이익을 얻었다. 결국 핑퐁외교는 스포츠의 정치적 순기능과 관련된 대표적인 사건이다.

다섯째, 스포츠와 정치의 밀접한 관계를 성립시켜 주는 마지막 요인은 스포츠의 제도적 특성에서 기인한다. 일반적으로 스포츠는 보수적인 성향을 지니고 있기 때문에 현존하는 질서를 지지하고 유지하려는 경향이 있다. 뿐만 아니라 스포츠경기에 수반되는 애국적인 의식은 정치체계를 강화시키는 역할을 수행한다.

엘살바도르와 온두라스의 축구전쟁 시나리오

제9회 멕시코월드컵을 통해 세계인의 뇌리에 각인된 나라는 엘살바도르였다. 그러나 엘살바도르가 기억되는 것은 축구 때문이 아니었다. 평화와 화합을 기원하며 만들어진 월드컵대회가 전쟁의 원인을 제공했던 적이 있었는데, 그 무대가 바로 멕시코월드컵이었다. 엘살바도르와 온두라스가 벌인 '축구전쟁'이 멕시코월드컵 예선 기간 동안 일어난 것이다. 엘살바도르와 온두라스는 홈 앤드 어웨이의 월드컵 2차 예선전을 가졌다. 1969년 6월8일 온두라스의 테구시갈파에서 열린 1차전은 1-0으로 온두라스가 승리했고, 일주일 후 벌어진 2차전은 엘살바도르 산살바도르에서 열려 엘살바도르가 3-0으로 이겼다. 이웃나라인 온두라스와 엘살바도르는 이전부터 서로간의 감정이 좋지 않았다. 엘살바도르가 이긴 뒤 엘살바도르 국민들은 원정응원을 온 온두라스 축구팬을 폭행했고, 이들은 만신창이로 트럭에 실려 추방당했다. 분노한 온두라스 국민은 엘살바도르 교민을 상대로 보복에 나섰다. 수십 명이 살해당하는 폭동 끝에 23일 양국은 국교를 끊었다. 당시는 골득실차로 승부를 가리지 않아 1승1패가 된 양국은 멕시코시티에서 최종전을 가졌다. 연장 끝에 3-2로 엘살바도르가 승리했다. 그러나 승부는 여기서 끝난 것이 아니었다. 엘살바도르는 7월 13일 온두라스에 선전포고와 함께 침공을 했고 전쟁이 시작됐다. 온두라스는 즉각 반격에 나섰으나 엘살바도르의 기세를 꺾지 못했다. 7월 18일 2,000명 이상의 사상자를 낸 온두라스의 굴욕적인 휴전으로 유명한 '축구전쟁'은 막을 내렸다. 최종적으로 엘살바도르는 아이티까지 누르고 월드컵 본선에 진출했다(주성원, 2002).

*1982년 아르헨티나와 잉글랜드의 포클랜드 전쟁은 거꾸로 '축구전쟁'을 야기한 경우이다. 전쟁 이후 양국 팀의 경기에는 항상 '포클랜드 전쟁'의 흔적이 따라 다닌다. 이러한 사건은 스포츠의 정치적 역기능 중 '국가 간 갈등의 원인과 결과'에 해당되는 대표적 사례이다.

2. 스포츠는 정치로 가득 차 있다.

"스포츠는 정치와 전적으로 무관하다." 이것은 1956년 에이버리 브런디지(Avery Brundage)가 국제올림픽위원회 회장의 자격으로 한 말이다. 그가 이 말을 했을 당시 그의 주장을 훼손하는 사건, 즉 헝가리와 수에즈에서 군사적 충돌이 빚어진 것에 항의해 6개 회원국이 1956년 맬버른 올림픽[1])

1) 호주 맬버른은 부에노스아이레스를 최종 투표에서 이기고 1956년 올림픽을 개최하게 되었으며, 남반구에서 열린 첫 번째 올림픽이었다. 한국은 7종목에 선수 35명, 임원 22명이 출전하였으며, 은 1개(복싱, 밴텀급)와 동 1개(역도, 라이트급)를 획득하였다.

에 불참하는 사건이 일어났다. 브런디지가 솔직하지 않았었는지, 위선적이었는지, 아니면 단순히 순진했던 것인지에 대해 우리는 결코 알지 못할 것이다. 그러나 역사를 보면 그의 진술은 명백히 부조리하게 보인다. '정치와 무관'하기는 커녕 스포츠는 정치로 가득 차 있다(정준영, 2001).

과거부터 지금까지 스포츠는 헤게모니를 획득한 집단의 권력을 유지하기 위한 수단으로 사용되어져 왔다. 고대 그리스의 펠로폰네소스반도에 위치한 각 폴리스들은 폐쇄적인 지형조건으로 독특한 문화를 형성하고 있었다. 도시국가들은 인구와 크기 면에서 매우 다양하였다. 지형적 조건의 극복은 전쟁이었으며, 제례경기의 개최는 지겨운 전쟁의 해방구였다. 오늘날 역사가들로부터 올림피아 제전경기는 종교, 예술, 군사훈련 등이 삼위일체를 이룬 헬레니즘 문화의 찬란한 결정체로 평가되고 있는 반면에 스포츠 정치화의 효시로 취급당하기도 한다. 고대올림픽은 특정 정치집단의 정책이 발표되거나 심지어 예술가들까지도 자신의 작품을 인정받으려는 장소가 되기도 하였다. 또한 선수의 우승이나 영광이 국가의 명예로 우선시 되고, 이들에게는 거액의 상금[2]이나 상품을 주기도 하였다.

고대 그리스의 올림피아 제전경기에서 근대올림픽을 조각한 쿠베르탱(Barron Pierre de Coubertin)은 1892년 올림픽부흥운동을 시작하여 1894년 국제올림픽위원회(IOC)를 창설하였다. 조국의 냉소적인 반응에도 불구하고 영국과 미국의 유학생활에서 경험한 스포츠를 통한 교육이 프랑스국민의 자질을 향상시킬 수 있는 주요한 도구가 될 것임을 확신한 결과이다. 쿠베르탱은 19세기 대영제국의 국력이 스포츠중심의 영국 공립학교 체제에서 기인된 결과라 판단하였다. 쿠베르탱은 교육개혁에 열성적이었으며, 그의 꿈을 실현하기 위해 1884년부터 1888년까지 럭비스쿨(Rugby School)이나 이튼스쿨(Eton School)과 같은 곳에서 공부하였다. 영국학교에서 그는 풋볼, 크리켓, 육상경기 등의 시합에 큰 감명을 받고, 이러한 활동이야말로 거대한 대영제국의 지배자를 육성하는 신체적 활동력과 도덕적 규율의 근원이

2) 올림피아 제전경기의 우승자 특권은 공식적으로 올리브의 잎으로 만든 관과 대회의 마지막 날에 '축연'에 초대되었을 뿐이었으나 실제로 자기 도시에 귀향하면 사회적 지위와 거액의 상금이 주어지는 것이 일반적이었다. 'drachma'는 그리스의 화폐단위이며, 희랍어로 '한줌'을 의미하는데 우승자에게 500 드라크마(1 드라크마는 노동자의 하루 품삯)를 지급하거나 노예를 상품으로 주기도 하였다.

되었다고 확신하였다(김동규, 2000).

그가 근대올림픽을 주장한 이유는 무엇일까? 1870년 프로이센과 프랑스의 전쟁(보불전쟁)에서 프랑스는 전쟁에서 패하고 엄청난 금액과 영토의 일부분을 비스마르크(Otto von Bismarck)에게 헌납하는 굴욕적인 사건을 경험하게 된다. 쿠베르탱은 프랑스가 프로이센에게 패한 원인이 프랑스 국민의 정신적 나약과 타락에 있음을 인식하고, 프랑스 국민의 사기진작을 위해 스포츠활동을 구상하였다. 즉 심신의 조화적 발달을 이루게 하는 스포츠활동을 통하여 조국의 주권회복을 도모하였던 것이다. 이와 같이 근대올림픽의 구상 배경에는 초창기부터 정치적인 의도가 내재되어 있었다.

3. 스포츠와 정치는 잘 뒤섞인다. 그렇다면 왜?

대중들은 스포츠행위를 어떻게 해석할까? 스포츠장면에 절대가치를 투영시킨 미학적 본질도 있지만 실제적인 것은 스포츠의 경쟁성으로 인해 상징성이 해석자의 의식을 지배하기도 한다. 만약 TV를 통해 축구 한일전을 시청하거나 실제로 스포츠경기장에 있다면 스포츠와 정치의 결합방법은 쉽게 목격된다. 상징에 기반 한 동일화는 스포츠에 몰입하게 되는 기본적인 메커니즘이다.

이와 같이 스포츠가 정치력을 수반할 수 있는 근본적인 이유는 스포츠는 의식으로 가득 차 있기 때문이다. 스포츠경기에서의 국기게양, 국가연주, 개·폐회식, 유니폼 등과 같은 다양한 국가적인 제 요소가 정치성을 동반한다. 따라서 스포츠와 정치의 결합은 상징, 동일화, 조작 등의 방법으로 우리에게 전달된다.

상징(象徵): 상징은 대체적으로 다른 어떤 무엇을 대리하고 지칭한다. 특히 정치적 상징은 감정적 수단으로 이용해 상징된 사물이나 상태보다는 그 상징이 조성하는 감정이나 행동으로 표출되는데 상징에 대한 공감을 국민적 지지로 감성화시켜 나가므로 국가와 사회의 체제유지에 기여한다. 스포츠에 있어 상징적 측면은 과시와 의식의 요소를 포함하는데 이를 정치가 이용할 경우 국가와 국가, 지역과 지역, 학교간의 운동경기는 단순히 개인이나 팀 간의 경쟁이 아니라 국가, 지역사회, 학교의 명예나 역량의 총체적 우월로 표현된다. 따라서 운동선수나 팀은 국가주의, 민족주의, 지역주의, 인종주의 등의 성격을 띠고 국가, 민족, 지역사회, 조직 등으로 상징화되는 것이다.

동일화(同一化): 동일화란 자아가 그 역할을 수행하기 원하는 타자에게 감정을 이입시키거나 타자와 일체가 되어 동화하는 것으로 타자와 자아가 혼동된 상태이다. 따라서 동일화는 사회적 동의성(同意性)을 갖는 근거이기도 하지만 불특정 일반인의 사고를 강제나 명령 없이 '우리'의 사고·감정을 형성함으로써 관념을 행동으로 나타내도록 하는 상징의 제2과정이라고 할 수 있다. 스포츠세계에서 정치는 스포츠라는 허구의 세계를 국민들로 하여금 실제 경험하는 사회환경으로 착각케 함으로써 스포츠에서의 승리를 국가발전과 민족의 명예를 드높이는 애국적 행동으로 동일화시키는 것이다. 또한 스포츠가 어떤 특정인이나 팀을 영웅시함으로써 팬들로 하여금 스포츠 영웅이나 스포츠 기업, 팀, 국가와 동일화시켜 자기가 소속한 집단이나 사회 속에서 자신의 존재의의를 인식하는 것처럼 착각케 한다.

조작(造作): 조작이란 행동하고자 하는 욕구가 큰 상황에서 반응을 통제하고 계속 압력을 증대시키고자 하는 목적에서 행해지는 상징 조정이다. 대개는 목적을 달성하기 위하여 수단과 방법을 가리지 않고 시도되기 때문에 윤리성과 합리성이 효율성과 수단 지향성에 매몰되기 쉽다. 특히 정치권력이 단시간 내에 어떤 효과를 얻고자 할 때는 상징, 동일화의 방법보다는 선동적 조작을 이용한다.

오늘날 스포츠는 고도화, 조직화, 대중화됨에 따라 정치적 측면에서 국가역량의 동원, 정부에 대한 지지 또는 국가정책이나 정치가의 실정, 비리, 부정 등을 은폐하는 수단으로 조작되어진다. 따라서 정치는 가정, 학교, 사회단체, 매스컴, 국가기관 등을 통하여 공식적, 비공식적, 명시적, 묵시적으로 국가 목적을 실현하기 위한 수단으로 스포츠를 이용하게 된다(한광걸, 김동규, 2001).

4. 스포츠와 정치의 기능

1) 스포츠의 정치적 순기능

첫째, 국민화합의 수단

스포츠에 대한 국민적 관심은 전 국민의 상징적 동일체인 자국의 선수나 팀을 통하여 국민적 일체감으로 발전하기 때문이다. 따라서 정치가들은 각종 국제대회에 참가하는 선수를 국가적이고 민족적인 상징물로 동일화시킴으로써 국민들로 하여금 민족주의적 감정을 불러일으키게 하여 자국민의 단결과 애국심을 고취하려 한다. 과거 사회주의 국가나 개발도상국가에서 정치가들이 스포츠를 국민화합의 적극적인 수단으로 이용한 전례가 허다한 것이다.

둘째, 국위선양

사회를 구성하는 다양한 제도들은 사회체계 내에 밀접히 관련되어 있다. 스포츠 역시 사회제도의 하나로서 정치·경제뿐만 아니라 교육·문화·과학·기술 등 다양한 사회제도와 밀접히 관련되어 있다. 따라서 국제 스포츠 무대에서 한 국가가 보여주는 탁월성은 스포츠뿐만 아니라 그 국가의 국력을 평가하는 척도로 인식되고 있다. 결국 한 국가가 성취하는 스포츠에서의 탁월성은 스포츠를 넘어서는 정치적 의미를 가지는 것이라 할 수 있다. 그리하여 각 국은 스포츠의 국제 경쟁력을 강화시키기 위하여 엘리트 스포츠의 육성을 위한 정책적 보완을 지속적으로 강구하고 있다. 이러한 현상은 친선과 화합을 도모하는 국제스포츠 교류의 이념과 무관하게 전 세계적으로 확산되고 있다.

셋째, 외교수단

한국의 경우 서울올림픽[3]을 유치하여 개최하는 과정에서 교류가 없었던

---

3) 한국은 1979년 9월에 제24회 하계올림픽을 서울에 유치하기로 결의하고, 1981년 2월에 IOC 본부에 올림픽유치신청서를 정식 제출했다. 같은 해 9월 30일 서독 바덴바덴에서 열린 제84차 IOC 총회에서 일본의 나고야를 52 대 27로 누르고, 개최지로 서울이 최종 선정되었다. 한국은 일본(1964년 동경올림픽)에 이어 아시아에서는 두 번째, 그리고 세계에서는 16번째로 올림픽경기대회 개최국이 되었다. 16년 만에 동서양 진영 선수단이 모두 참가하여 동서의 이념분쟁, 인종차별로 인한 갈등과 불화를 해소시킨 올림픽으로 평가되고 있다.

미수교국 인사의 한국방문이 300여 회에 이르러 외교개척에 획기적인 전기를 마련하였다. 뿐만 아니라 중국, 헝가리, 유고슬라비아 등의 공산권 국가들과 수교를 맺는 데에도 결정적인 기여를 하였다. 그 결과, 서울올림픽은 한국의 분단국 상황과 정치적 불안에 대한 세계 각 국의 우려를 불식시키는 계기가 되었다. 이러한 사실은 스포츠가 국가 간의 이해를 도모하고 협력을 증진하는 외교적 수단으로서 기여하고 있음을 입증하는 사례라고 할 수 있다.

한국의 스포츠가 정치적인 측면에 미친 영향 중 가장 큰 성과는 남북한의 스포츠교류에서 찾아볼 수 있다. 우리 정부는 그 동안 통일을 위한 초기단계라 할 수 있는 남북대화 및 교류를 증진하기 위해 여러 부문에서 다각적인 접촉을 시도하여 왔다. 특히 스포츠 분야에 있어서의 교류는 다른 어떤 분야보다도 남북관계에 긍정적인 영향을 미친 것으로 평가되고 있다. 결국 스포츠는 국민화합, 국위선양, 그리고 외교적 수단으로서 정치적 가치와 기능을 수행하고 있음을 알 수 있다.

넷째, 사회통합, 사회통제, 사회화, 사회이동[4)]

스포츠는 사회구성원을 결집시키고 조직의 일체감을 조성한다. 즉 스포츠는 주로 사회구성원이 지속적이고 건설적으로 업무에 종사하도록 유도할 수 있는 사회관계의 창출 및 강화에 기여한다. 이와 같은 특성으로 인하여 스포츠는 관중으로 하여금 동일 팀을 성원함으로써 자신이 속해 있는 학교, 시, 도, 국가와 일체감을 갖게 하여 사회통합과 국민화합을 이루게 한다. 또한 스포츠는 일반대중에게 사회의 기본적 가치와 규범을 가르친다. 따라서 스포츠의 사회통제 기능이란 스포츠 참여가 일반대중의 사고 감정 및 행동양식에 미치는 영향에 주로 관심을 둔다.

다섯째, 현대사회의 생산성 제고

스포츠에 있어서 엄격한 훈련과 금욕, 그리고 작전수행에 따른 승리는

---

4) 스포츠와 관련된 사회이동은 상향이동과 하향이동으로 구분될 수 있다. 즉 스포츠가 개인의 계층, 지위, 권력, 부의 상향 혹은 하향 이동수단이 될 수 있다. 예를 들면, 마이클 조던(Michael Jordan)이 흑인임에도 불구하고 미국사회에서 가장 선망 받는 인물이 된 것은 농구라는 스포츠가 만들어 준 상향이동이라 할 수 있다. 반대로 디에고 알만도 마라도나(Diego Armando Maradona)는 상향이동을 했으나 마약복용과 불건전한 사생활로 인하여 하향이동 한 경우도 있다.

칭찬, 보상, 출세 등과 같은 성공에 대한 보상이 주어지는데, 이와 같은 경쟁을 통한 능력본위의 스포츠체계는 현대사회의 주요 가치인 생산성을 제고하는데 기여한다. 이는 스포츠가 도덕적 결단이나 사회규범의 기능과 구조에 대한 통찰력을 제시하는 가치전달 체계로서의 기능뿐만 아니라 사회적 지위와 부의 축적 욕구를 자극하는 역할도 함께 지니고 있기 때문이다.

2) 스포츠의 정치적 역기능

첫째, 정치에 대한 무관심

현대사회가 복잡하고 전문화됨으로써 정치전반에 대한 이해가 난해하고, 또 알고자 하는 경향이 낮기 때문에 일반대중은 정치보다는 음악·영화·스포츠 등에 더욱 관심을 갖게 됨으로써 정치적 무관심을 초래하게 된다. 보통 권위주의적 정권들은 국민들의 정치참여 배제로서 스포츠(sport)·스크린(screen)·섹스(sex) 등 소위 '3S' 분야에 관심을 갖도록 시도한다는 비평이 있었다. 이는 결국 국민들의 합리적이고 시민적인 비판의식을 저해하며 권력독점과 부패현상을 조장하게 된다. 즉 현대사회에서 불안, 고독, 궁핍에 허덕이는 대중은 이성을 잃고 현실정치에 대한 좌절, 무력감, 절망감을 느끼게 되는데, 이를 극복하는 방법으로 정치는 스포츠를 이용하기도 하는 것이다. 따라서 권력자들은 각종 국제대회의 참가나 유치 등을 통해 국수주의적 국민의식을 조장하거나 이데올로기와 체제를 옹호하는 선전으로 이용하여 국민의 정치적 무관심을 유도하고 그들이 원하는 방향으로 인도하게 된다.

둘째, 국가 간 갈등의 원인과 결과

스포츠는 적대국가 간 대결의 장으로 이용되어 국제갈등의 원인과 결과가 되기도 한다. 그 대표적인 예가 1969년 엘살바도르와 온두라스간의 축구경기가 과열되어 양국의 해묵은 갈등에 불을 지펴 전쟁으로까지 발전한 사례이다. 정치적 관계는 상대방의 반응을 전제하기 마련이다. 정치권력은 그 자체를 유지하기 위한 수단으로 피치자의 반응으로 동의를 구하지 않으면 안 된다. 권력의 형성과 유지를 정당화하기 위해 피치자가 권력을 받아들이는 상황을 조성하지 않으면 안 되는 것이다. 권력을 피치자의 감정에 호소하여 신비롭고 장엄한 것으로 치장함으로써 지배의 정당성을 구하고자 한다.

셋째, 배타적 국수주의

국민은 자기 국가의 스포츠 팀과 국가를 동일시하는 까닭에 스포츠를 통해 국민적 통합이 이루어지며, 승패에 따라 국가의 지위가 달라진다. 그 결과 스포츠의 정치적 기능은 때에 따라 배타적인 국수주의를 낳기도 한다.

5. 올림픽과 정치에서 표출되는 주제들

스포츠는 어느 사회에서나 잠재적인 정치적 이슈이다. 이는 스포츠문화에 내재하고 있는 문화적 주제가 정치적 의미에서 이데올로기적 잠재력을 지니고 있기 때문이다. J. Hoberman(1984)은 『스포츠와 정치 이데올로기(sport and political ideology)』에서 "당장 마음속에 떠오르는 올림픽과 정치와 관련된 몇 가지 주제들이 있는데 '민족주의', '경쟁', '차별'이 그 중 대표적인 세 가지라고 지적하였다. 또한 그 모두 1936년 베를린올림픽에 나타났고, 스포츠에 한번이라도 순수의 시대가 있었다면 바로 그 해에 그 시대가 종결되었다고 언급하였다.

첫째, 민족주의의 심화

민족주의(nationalism)는 국가를 위한 충성과 헌신을 뜻하며, 자국을 타 국가보다 찬양하고 타 국가 및 타 민족 집단에 대항하여 자기 민족의 이익을 도모하는데 역점을 두는 민족의식을 말한다. 오늘날 민족주의의 강화는 국가수준의 정치적 결속과 세력확장을 야기하여 국가를 구성하는 모든 제도와 이념을 국가적 수준의 제한적 틀 속에 두게 하였다. 특히 올림픽경기에서의 민족주의는 올림픽의 정치 도구화 문제를 발생시키는 원인 중 하나이다.

이러한 민족주의는 역사적으로 인종, 종교, 언어, 거주지역, 문화 등과 같은 사회적 조건의 결합으로 발생한 것이다. 올림픽 경기에서 민족주의가 대두된 직접적인 원인은 국가별 입장, 국기표시의 선수복 착용, 국기게양,

국가연주, 메달성적 발표, 팀 스포츠의 존재 등이다. 이는 올림픽 경기에서 선수의 승리와 우승이 국가의 정치적, 이데올로기적 승리와 동일시되는 현상을 나타낸다. 그리하여 민족주의는 국가 간의 경쟁을 심화시키고, 올림픽 경기에서의 정치화 현상을 유발하는 요인으로 간주되고 있다. 민족주의적 성향의 부산물이 곧 정치개입임을 알 수 있다.

둘째, 상업주의의 팽창

올림픽 경기는 회를 거듭할수록 경제적 가치창출의 수단으로 활용되어 오고 있으며, 상업적 이익 추구를 위한 도구로 이용되어져 왔다. 고도의 상업적 이익을 위해서 스포츠를 독점하고 이를 광고 대상물로 간주하려는 성향은 올림픽 경기와 관련한 기업가들에 의해 현실화되었다. 이러한 현실은 올림픽 경기의 순수성을 저해하고, 올림픽 경기의 타락과 상업주의를 유혹하는 근본적인 원인이 되고 있다.

상업주의가 급속하게 팽창하는 요인 중의 하나가 전파매체의 출현 및 그 영향력이다. 또 최근에는 개최 도시마다 이전의 개최지보다 더 성대하게 올림픽을 개최해 나가는 것이 관례화 되어 있고, 각 국가는 이를 통해 주최 국가의 정치, 경제, 사회의 우월성과 동일시하여 왔다. 이는 올림픽 경기에서의 상업주의가 확대 팽창되는 계기가 되었을 뿐만 아니라 상업주의 자체가 올림픽 경기의 정치화를 야기하는 요인으로 작용하고 있음을 보여준다.

셋째, 정치권력의 강화·보상

오늘날 세계 각 국에서는 자국의 국가정책의 수단으로 스포츠를 이용하고 있다. 스포츠를 정치화하고 있는 것은 정치적 차원에서 스포츠가 외교적 도구로서 큰 효용성을 지니고 있기 때문이다. 특히 스포츠가 정치적 차원에서 정치체제의 강화나 국력 과시, 외교수단 등의 목적달성을 가능케 하는 잠재력이 크게 때문이다. 무력충돌을 통해 정치적 강화와 보상을 받던 국제정치의 양상이 스포츠 전쟁의 무대를 통해 스포츠 및 비 스포츠 분야에서 국제적 지위향상을 추구하는 대리전적 양상으로 동시에 변모되었다. 올림픽 경기의 결과가 정치적으로 해석되어 정치적 권위를 대변하게 됨으로써 세계 각 국의 정치권력의 강화 및 보상을 위한 수단으로 올림픽을 이용하게 되었고, 그 결과 올림픽 경기의 정치화를 초래하였다. 이는 올림픽 경기에 자국의 정책을 반영시켜 자국의 이데올로기 및 정치적 이익을 추구하려는 노력 때문에 발생하는 것으로서 올림픽 경기의 정치화를 초래하고 가속화시키는 요인이 되고 있다.

6. 올림픽의 정치적 저항

첫째, 1936년 베를린 올림픽대회

1933년 아돌프 히틀러(Adolf Hitler)에 의해 지배된 독일은 국가 사회 당원들이 주도권을 갖게 되었을 때 이미 1936년의 올림픽은 베를린으로 예정되어 있었다. 히틀러는 올림픽대회의 무대가 베를린으로 되어 있는 것을 마땅하게 생각하지 않았으나 그의 선전장관에게 촉구하여 선전의 목적으로 대회를 이용토록 사주했다. 전쟁준비에 있어서 그는 이 기회에 아리아인(Aryan)의 특징과 우위성을 올림픽 경기장 내외에서 보여주려 하였다. 베를린시는 페인트칠을 하는 등 하나의 개조된 면모를 보이면서 일련의 스포츠 행사를 준비했다. 경기장은 105,000석으로 만들어졌고, 올림픽 마을은 건축에 있어서 하나의 극치였다. 리포터들은 올림픽의 위치와 베를린의 인상적인 면들을 보도하였다. 금, 은, 동메달의 패는 그들 스포츠 조직과 독일 체육인들의 우위성에 있어서 불공평한 증거였다. 그러나 진정한 영웅은 제시 오웬스(Jesse Owens)라는 이름의 금메달을 4개 딴 미국의 흑인이었는데 그는 오하이오 주립대 학생으로서 100~200미터 경주와 멀리뛰기에서 우승하고 계주 팀의 일원으로 400미터서 우승했다. 흑인을 좋아하지 않는 히틀러는 오웬스가 단상에 등장할 때 특별석에서 떠났다.

*제11회 베를린 올림픽(1936)의 공식 포스터

둘째, 1952년 헬싱키 올림픽대회

소련은 정치이념에 따라 선수촌을 따로 쓸 수 있도록 요구하였다. IOC는 이를 받아들임으로써 올림픽 역사상 처음으로 선수들이 자신의 국가가 표방하는 정치이념에 따라서 선수촌을 양분해 수용하는 올림픽 헌장을 위배하는 기현상이 나타났다. 소련의 올림픽 참가는 세계인이 함께 하는 올림픽이 된다는 점에서는 고무적인 결과였지만, 올림픽의 새로운 국면을 도래케 하는 많은 문제점을 일으키는 도화선이 되었다. 소련은 헬싱키 올림픽 경기를 위한 성화 봉송에도 비협조적인 자세를 보였다. 아테네에서 채화된 성화 봉송로에 소련의 영토가 포함되었으나 소련은 세계 여론의 비난을 자초하면서까지 성화통과를 불허하였다. 대회가 진행되면서 미국과 소련의 치열한 경쟁은 예상대로 올림픽의 이상을 오염시키는 동·서간의 양극화 현상을 뚜렷하게 나타내었다. 즉 국가주의에 입각한 내셔널리즘이 치열한 메달경쟁의 올림픽으로 본격적으로 나타나게 되었다.

*제15회 헬싱키 올림픽(1952)의 공식 포스터

셋째, 1956년 멜버른 올림픽대회

멜버른 대회는 올림픽 개최에 악영향을 미치는 정치적 사건이 세계 도처에서 발생하였다. 수에즈 운하를 둘러싼 이집트와 이스라엘의 분쟁은 중동국가들은 물론 수에즈 운하의 소유권과 관계된 영국과 프랑스 등이 관여함으로써 심각한 분쟁을 일으키기에 이르렀다. 결국 이집트, 이라크, 레바논 등의 중동국가들은 이스라엘의 가자(Gaza) 지구 점

*제16회 멜버른 올림픽(1956)의 공식포스터

령은 침략이라고 규정하고 철수하지 않는 이상 올림픽 참가를 철회한다고 발표하였다. 국가의 분쟁에 올림픽을 연결시키는 또 하나의 사태가 발생하였는데 이는 소련의 위성국가인 헝가리에서 일어난 자유화운동이다. 이 사건도 올림픽에 심각한 영향을 미치게 된다. 자유와 독립을 주장하는 헝가리 국민들을 무력으로 제압한 소련의 폭거를 제어하려는 수단으로 올림픽이 이용되었다. 즉 스페인, 스위스, 네덜란드 등이 소련의 무력진압에 항의하여 멜버른 올림픽 참가 선수단을 철수시켜버린 것이다. 중국은 1952년 15회 헬싱키 올림픽에서 IOC가 대만과 함께 독립된 두 개의 국가로 취급하여 초청하자 이에 반대하여 불참하였다. 이어 16회 멜버른 대회에서도 대만을 독립된 국가로 올림픽에 참여시키는 것은 중국을 고의적으로 분할하려는 술책으로서 중공인민과 선수들은 이를 용납할 수 없다고 하여 대만 국기의 게양을 두고 중국이 항의하면서 선수단을 철수시켰다. 반면에 IOC는 1국 1위원회의 규정을 들어 동·서독에 단일 팀 파견을 조정해 단일 팀 구성에 성공하였다.

넷째, 1972년 뮌헨 올림픽대회

근대올림픽은 1972년 뮌헨대회 동안 침체기를 맞았다. 이 대회는 중동국가들이 끊임없이 다른 정치적 목소리를 낸 대회로 유명하다. 팔레스타인 무장단체(검은 9월단) 대원들은 대회 11일째인 9월 5일 아침 올림픽 선수촌에 침투하여 이스라엘 선수단을 습격하여 이스라엘 선수 11명, 무장단체 대원 5명, 경찰관 1명, 헬기조종사 1명 등 18명을 희생시켰다. 이 사건으로 인해 이집트, 쿠웨이트, 시리아의 운동선수들은 경기에 참석하지 않았고, 곧 보복이 두려워 고국으로 돌아갔다. 뮌헨 올림픽 대회는 아랍과 이스라엘 간의 민족주의적 대립이 폭발되어 얼룩진 대회로 기록되어 있다.

*제20회 뮌헨 올림픽(1972)의 공식 포스터

다섯째, 1976년 몬트리올 올림픽대회[5)]

많은 다른 올림픽과 같이 1976년 몬트리올대회는 정치적 싸움에 의해 파행적으로 끝이 났다. 대만은 IOC가 중국을 승인함에 의해 기타 국가들에 의해 축출되었다. 또한 24~30개의 아프리카 국가들도 IOC가 뉴질랜드만을 승인했기 때문에 참가를 거절했다. 이는 초창기의 뉴질랜드가 국가권력의 통제 아래 엄격히 인종분리 정책을 시행하고 있는 데에 대한 반발이었다. 게다가 민족격리 정책을 쓰고 있는 남아프리카에 럭비 팀을 파견한데 대한 항의의 표시이기도 하였다.

*제21회 몬트리올 올림픽(1976)의 공식 포스터

*제22회 모스크바 올림픽(1980)의 공식 포스터

여섯째, 1980년 모스크바 올림픽대회

구(舊) 소련 체제를 선전하려는 목적으로 개최된 모스크바 올림픽은 사회주의국가에서의 최초 올림픽 대회였으므로 참가국과 참가인원이 사상 최고를 기록할 것으로 예상되었다. 그러나 1979년 12월 소련의 아프가니스탄 침공으로 미국을 위시한 서방세계의 보이콧이 있었기 때문에 기대에 미치지 못하였고 신흥국의 참가가 두드러진 대회였다.

지미 카터 대통령은 아프가니스탄에서 구소련 군대를 철수시키기 위한 정치적 압력수단으로서 스포츠장에서의 보이콧을 이용하였

5) 한국선수가 올림픽에 처음 출전한 것은 1932년 LA올림픽이다. 일제치하에 있었기 때문에 선수들은 아쉽게도 일장기를 달고 마라톤의 김은배, 권태하, 권투의 황을수가 참가하였다. 대한민국이란 국호로 올림픽에 참가한 대회는 1948년 런던올림픽이며, 7개 경기에 67명이 출전하여 역도의 김성집과 권투의 한수안이 3위를 차지해 한국선수 중 처음으로 올림픽 메달리스트가 되었다. 우리가 올림픽에 도전한 지 28년만인 1976년 몬트리올 대회에서는 레슬링 자유형 페더급의 양정모가 우승하여 한국 올림픽 출전사상 첫 금메달을 획득하게 되었다.

던 것이다. 미국 국내경기연맹 중 일부는 정부의 정책에도 불구하고 대회에 참가하려 시도했으나 정부의 강력한 제지에 굴복하고 말았다(임번장, 1998). 1980년 올림픽 보이콧에 대한 미·소의 역할은 모든 국가에게 스포츠가 동서 양대 진영의 국가정책을 위한 정치적 도구로 유용하다는 점을 확실히 인식시킨 중요한 사건이었다.

일곱째, 1984년 로스앤젤레스 올림픽대회

1984년 로스앤젤레스대회는 소련과 소련의 보이콧 주장에 동조한 공산진영국가 불참함으로써 모스크바 올림픽에 이어 올림픽 경기의 정치도구화를 극명하게 표출되었다. 개회 직전 5월 8일에 소련이 선수의 안전확보를 이유로 불참을 표명하였지만 그 이면에는 두 가지 정치적 요인이 내재되어 있었다. 첫째, 서구진영의 모스크바 올림픽 보이콧에 대한 보복, 둘째, LA 올림픽 조직위원회가 상업적 이득을 도모하기 위하여 대회를 이용함으로써 올림픽 정신을 위반하고 있다는 사실을 공개하기 위한 목적 등이다(Coakley, 1986).

*제23회 LA 올림픽(1984)의 공식 포스터

국제정치사회에서 스포츠경기는 상대적 성공을 비교함으로써 국가의 우월성(정치 및 경제적 체계)을 과시하기 위한 선전수단, 외교관계의 향상, 그리고 자국의 국가정책을 합리화시키기 위해 다른 국가에 대한 제재를 가하거나 항의하기 위한 수단으로 이용되기도 한다. 이와 같이 올림픽경기의 정치 도구화는 올림픽경기가 국제정치의 체스게임에서 어떻게 정치적으로 이용당하는가를 극명하게 보여 주는 단서이다.

제2절 스포츠와 돈

1. 비즈니스로서 스포츠

초기 현대스포츠가 가장 거리를 두려 애썼던 영역이 있다면 그것은 바로 돈이었다. 올림픽의 창시자 쿠베르탱이 가슴에 품고 있었으며, 아직도 스포츠활동의 이상으로 널리 받아들여지고 있는 아마추어리즘이 그런 노력을 표상했다. 이런 노력에도 불구하고 현대스포츠와 돈의 관계는 갈수록 밀접해지고 있다. 프로스포츠의 발전, 스포츠의 상업화가 그 주요 배경 중 하나다. 현대스포츠가 발전할수록 스포츠와 돈이 관련되는 영역이 점점 늘어나고 있어, 이제는 돈을 빼놓고 현대스포츠를 이야기하기란 거의 불가능할 정도다(정준영, 2003).

스포츠와 돈이 연결되는 주요 고리를 살펴보면, 우선 많은 스포츠행위들은 이윤 극대화를 추구하는 하나의 사업으로 조직된다. 여기서는 더 많은 돈을 축적하기 위해 투자가 이루어진다. 프로권투, 경마, 자동차경주 등에서 이런 예를 확인할 수 있다. 두 번째 고리는 특별히 돈을 축적하려는 목적이 있는 것은 아니지만 어느 정도 수지균형을 맞춰 재정적인 독립성을 유지하려는 활동이다. 고도로 상업화되어 있기는 하지만 상당수의 조직스포츠가 여기에 해당한다. 세 번째로 스포츠활동이 간접적으로 자본축적에 도움이 되는 사례가 있다. 예를 들어 스포츠용구나 옷, 신발 등 스포츠활동과 관련된 재화나 서비스를 제공하는 부분이 여기에 해당한다. 마지막으로 스포츠 그 자체가 간접적으로 자본축적에 도움이 되는 사례가 있다. 스포츠활동과 무관한 회사가 스포츠활동의 스폰서가 되거나 스포츠중계 때 광고를 내보냄으로써 스포츠를 상품판매에 이용하는 것 등이 이에 해당한다(Hargreaves, 1982).

방송중계권료

오늘날 프로스포츠뿐만 아니라 스포츠이벤트를 주관하는 거대 스포츠조직(IOC, FIFA, IAAF 등)에서 입장료 다음으로 안정된 주된 수입원은 TV방송중계권료이다. 전통적으로 입장권 판매는 스포츠조직 수입의 중요요소이기는 하지만 예측이 불가능하기 때문에 실제적으로 TV방송중계권료가 가장 큰 수입원이다. 최근 2004년 아테네올림픽에서 국제올림픽위원회는 방송중계권 판매로 15억 달러(14억 9,800만 달러)를 벌어들여 사상 최고치를 기록했다. 이는 1980년 모스크바 올림픽 중계권 판매수입(1억 100만 달러)의 15배를 웃도는 수치이다. 올림픽과 월드컵이라는 메가 스포츠이벤트는 대중의 관심이 크고 이를 통한 경제적 파급효과가 크기 때문에 향후에도 기하급수적으로 증가할 것이다. 이른바 '수요와 공급의 원칙'이 철저히 적용되고 있는 공간이 스포츠시장이다. 또한 TV 중계 없이 스포츠가 없을 정도로(No TV, No Sport) 방송중계권료가 대회운영의 가장 큰 변수로 작용되고 있다. 반대로 스포츠세계에서 미디어 자본가의 영향력이 커지고 있다는 증거이기도 하다.

아마추어나 프로를 막론하고 현대의 스포츠이벤트는 이제 더 이상 단순한 스포츠경기가 아니라 비즈니스다. 아마추어 스포츠이벤트의 최고봉인 올림픽이 과거에는 전 세계의 건각들이 한자리에 모여 '보다 빠르게(citius, faster), 보다 높게(altius, higher), 보다 강하게(fortius, braver)'라는 올림픽 표어[6] 아래 서로의 실력을 가늠하는 자리였다면, 오늘날은 천문학적인 방송중계권료와 다국적 기업의 스폰서십이 연결된 하나의 거대한 비즈니스가 되었다(신영락, 강준호, 2003).

미디어자본가에 의한 비즈니스적 거래는 스포츠를 외형적으로 엄청난 규모의 산업으로 만들어 버렸다. 스포츠의 자본적 환산이 쉽게 목격되는 미국에서 스포츠산업은 이미 자동차산업규모를 앞서고 있다. 단적인 예로 2005년 2월 첫째 주 일요일 텍사스주 휴스턴에서 벌어진 제38회 슈퍼볼은 전 세계 11억 3,000만 명이 시청한 것으로 집계되고 있으며, 이와 함께 매년 치솟는 슈퍼볼 광고단가는 올해 30초짜리 전국광고가 230만 달러에 이르렀다. 이를 1초당 광고비로 계산해 보면 7만 6,660달러(한화 약 9,200만

---

6) 올림픽 표어(Olympic Motto)는 1979년경 쿠베르탱과 친교가 있던 부르고뉴 지방의 아르큐유 고등학교의 교장이었던 신부 디돈(P. Didon)이 자기 학교의 럭비선수들에게 말한 것을 채용한 것이다. 이 명언이 올림픽의 표어로서 1926년부터 올림픽기와 오륜기과 같이 공식적인 마크가 되었지만 1970년에 이것을 전권(專權)에서 떼어 내고 규약에서 제외되었다

원)에 달해 가히 천문학적인 액수라 할 수 있다. 그럼에도 슈퍼볼에 광고를 하겠다는 광고주들이 넘쳐나는 덕분에 올해 TV중계권을 가진 CBS는 손쉽게 광고주를 유치했음은 물론이고, 이로 인해 큰 수익을 남겼음은 의심할 여지가 없다.

* 슈퍼볼 경기장면

* 슈퍼볼 공식 사이트

표 2-1 미국의 상위 20개 산업분야 (단위 : 억 달러)

순위	산업분야	규모	순위	산업분야	규모
1	부동산	8,500	11	스포츠	1,520
2	소매업	6,399	12	화학 및 유사제품	1,410
3	도매업	4,810	13	전자 전기장비	1,385
4	건강서비스	4,434	14	산업기계 및 장비	1,385
5	건설	2,776	15	Insurance Carriers	1,154
6	비즈니스서비스	2,776	16	식품류	1,133
7	Depository Institutions	2,239	17	트럭운수 및 창고	1,006
8	Utilities	2,053	18	법률 서비스	1.005
9	기타 서비스	1,949	19	출판인쇄	897
10	전화 전신 통신	1,557	20	자동차 및 부품	887

*출처 : Alfie Meek(1997), Industry Analysis. Sport Marketing Quarterly, 6(4)의 내용을 재정리

스포츠와 돈 사이의 연결이 현대스포츠의 대세가 되면서 돈과 가장 거리가 멀 것이라 생각했던 올림픽조차 돈의 영향을 더 이상 피할 수 없게 되었다. 1976년 몬트리올 올림픽에서 엄청난 적자가 기록된 후 재정의 당면과제로 삼았던 국제올림픽위원회는 사마란치(Juan Antonio Samaranch) IOC 회장의 지휘 아래 올림픽의 수익사업화 방안을 광범위하게 모색하였

다. 그 중 가장 대표적인 것인 올림픽의 텔레비전 중계권료이다. 올림픽 중계권료는 올림픽 텔레비전 중계가 최초로 이루어진 1956년 맬버른 올림픽에서 생겨났으나 당시에는 미국과 유럽의 주요 방송사들이 이를 보이콧하여 실제 수입은 아주 미미했다. 그러나 2008년 베이징올림픽에서는 NBC가 8억 9,400만 달러의 중계권료를 지불할 만큼 엄청나게 확대되었다(정준영, 2003).

표 2-2. 올림픽과 월드컵의 방송중계권료 변화 추이

올림픽		월드컵		
대 회	방송중계권료 (US달러)	대 회	방송중계권료 (US달러)	시청자수
1992바르셀로나	6억 3,600만	1994미국월드컵	8,554만	321억 명
1996애틀랜타	8억 9,500만	1998프랑스월드컵	1억 500만	335억 명
2000시드니	13억 1,800만	2002한일월드컵	10억 1088만	420억 명
2004아테네	14억 9,800만	2006독일월드컵	11억 6640만	?

표 2-3. 올림픽과 월드컵의 비교

	올림픽	월드컵
주관기구	국제올림픽위원회(IOC)	국제축구연맹(FIFA)
대회성격	선수 개인 및 종목별 팀 간 경쟁, 문화교류	국가 간 경기, 상업이익추구
회원국	202	204
출전선수	아마추어와 프로구분 있음	구분 없음
대회기간	매 4년마다 15일 내외	매 4년마다 30일 내외
개최도시	원칙적으로 개최도시 한정	8∼12개 도시 분산
경기집중도	약함	강함
TV시청인원	203억 명(2000 시드니올림픽)	600억 명(2002 한일월드컵)

*출처 : 국민체육진흥공단(2003). 스포츠산업을 말한다 (4), 월드컵 비즈니스.

TV 시청인원, 대회기간, 경기집중도에서 올림픽을 능가하는 월드컵도 마찬가지다. FIFA의 7대 회장으로 취임한 아벨란제(Joao Havelange)는 재정적인 적자로 인하여 대회를 운영하기 힘든 월드컵에 대기업과 TV를 적극적으로 끌어들여 수백억 원을 창출해내는 기업으로 성장시켰다. 축구가 너무 상업화된 것은 아니냐는 비판에 아벨란제는 "축구에 너무 많은 돈이 몰린다고 말하는 사람들도 있다. 하지만 그런 사람들도 자신과 회사를 위해 일하지 않는가? 왜 모든 대기업이 이윤을 추구하며, 주식시장에 돈이 몰릴까? 축구라고 다를 것이 없다."는 식으로 응답하며, 1974년 이후부터 TV와 대기업을 축구에 끌어들인 그의 헌신을 정당화시키고 있다.

스포츠가 비즈니스화 되면서 감수해야 될 문제도 만만찮다. 스포츠가 고급화되면서 전통적인 노동자관중은 인상된 입장료에 외면당하고 있으며, TV시청자의 욕구를 충족시키고 시간대를 유지하기 위해 스포츠규칙이 강도 높게 디자인되면서 스포츠는 TV시청자를 위한 프로그램으로 전락되고 있다. 또한 비즈니스의 가치가 있는 스포츠는 더욱 발전하고 있는 반면 상업성이 떨어지는 비인기 스포츠는 소멸되어 아마추어들이 사라지고 있다. 가장 큰 문제는 견제 없는 자본주의사회가 스포츠의 경쟁적 보상구조를 확대시킴으로써 스포츠가치를 변형시키고, 스포츠일탈의 확률을 높이고 있다는 점이다. 스포츠에도 사회적 맥락에 따른 신다윈주의는 철저하게 적용되고 있는 것이다.

1998년 프랑스월드컵을 우승으로 이끈 에메 자케(Aime Jacquet)감독은 2002년 KBS 일요스페셜(축구, 세계를 사로잡은 열정)의 인터뷰에서 스포츠의 비즈니스화를 성토한다. "오늘날 스포츠(축구)는 비즈니스와 밀착되면서 위험수위에 다다랐다. 유럽축구는 물론 세계의 축구가 그렇다. 스포츠와 비즈니스는 이제 갈라설 때가 됐다. 물론 스포츠는 사업이다. 더 많은 스폰서를 끌어들임으로써 발전한 것도 사실이다. 그 덕분에 큰 자본이 필요한 일은 쉽게 해결되었지만 그러나 지금 이대로는 곤란하다."는 경고가 스포츠의 상업성 수위가 극에 달해 있음을 반증하고 있다.

표 2-4. 2002 한일월드컵대회 개최에 따른 경제적 파급효과 분석

직접효과	지출규모	파급효과 규모
투자·소비지출에 의한 유발효과 (계량분석 가능)	·총지출 : 3조4,707억 원 ·투자지출 : 2조3,882억 원 (경기장, 주변도로 등) ·소비지출 : 1조825억 원 (관광소비, 조직위 운영비등)	·부가가치 : 5조3,357억 원 (2000년 GDP의 1%) ·고용창출 : 35만 명 ·생산유발효과 : 11조4,797억 원
간접효과	·지출규모	·파급효과 규모
이미지 제고에 따른 무형의 파급효과 (계량분석 어려움)	·수출증대 ·관광산업 진흥 ·스포츠마케팅 산업 진흥 ·지방개최에 의한 지역경제 활성화	·노력 여하에 따라 ·직접효과를 훨씬 능가 장기적으로 지속

*출처 : 현대경제연구원(2002). 2002한일월드컵대회의 경제적 파급 효과.

2002 한일월드컵 개최국의 월드컵 수입

2002 한일월드컵의 공동개최국인 한국과 일본은 월드컵을 통해 얼마의 수익을 올렸을까? 한국은 2002 한일월드컵을 통해 일본보다 더 많은 수익을 낸 것으로 나타났다. 일본 월드컵조직위원회(JAWOC)는 "2002 월드컵에서의 총수입은 662억 5,100만 엔(약 5억 5,210만 달러)이고, 이 중 607억 6,800만 엔(약 5억 640만 달러)이 지출됐다"고 밝혔다. 이에 따라 일본은 132억 8,300만 엔(약 1,330억 원)의 순수익을 얻은 것으로 나타났다. JAWOC는 수익금 중 30억 엔(약 300억 원)을 새로 짓는 일본축구회관 부속 월드컵기념관 건립비용으로 사용할 계획이다. 또한 월드컵 기념행사와 아시아 국가들과의 축구교류, 10개 월드컵경기장 관리에 각각 10억 엔과 54억 8,300만 엔을 사용할 예정이다. 또한 38억 엔은 10개 개최도시에 분배된다.

반면 한국 월드컵조직위원회(KOWOC)는 2002 한일월드컵 기간에 FIFA 지원금과 입장권 수입, 스폰서 선정, 광고사업 등을 통해 1,690억 원의 잉여금을 남겼다. 이 돈은 10개 개최도시에 300억 원, 대한축구협회에 230억 원, 장애인복지진흥회에 150억 원, 대한체육회에 80억 원씩 배당했다. 국민체육진흥공단에 기탁된 나머지 850억 원은 축구 인프라 구축에 650억 원, 유소년 · 여자 축구 육성에 200억 원을 투입하기로 했다(김도균, 2003).

표 2-5. 2002 한일월드컵 한국 및 일본의 개최도시 및 시설 현황

경기장	수용규모	비고	경기장	수용규모	비고
서울	65,856석	전용구장	삿포로	42,000석	전천후경기장
인천	50,616석	종합경기장	미야기	49,000석	종합경기장
수원	43,923석	전용구장	니이가타	42,300석	종합경기장
대전	41,295석	전용구장	이바라키	42,000석	전용구장
전주	43,348석	전용구장	사이타마	63,000석	전용구장
대구	65,754석	종합경기장	요코하마	70,000석	종합경기장
광주	44,118석	전용구장	시즈오카	50,600석	종합경기장
울산	44,466석	전용구장	고베	42,000석	전용구장
부산	53,864석	종합경기장	오사카	50,000석	종합경기장
제주	42,778석	전용구장	오이타	43,000석	종합경기장

*출처 : 2002 한일월드컵조직위원회

2. 지칠 줄 모르는 스포츠산업의 성장

스포츠산업이 21세기 주요 전략산업으로 주목받기 시작한 것은 최근의 일이다. 종전까지 스포츠는 여가선용을 위한 소비활동의 대상으로 비생산적인 측면만 부각되었기 때문에 경제활력과 국가발전을 주도하는 핵심산업이라는 인식을 못해온 것이 현실이다. 그러나 새로운 경제환경은 스포츠를 하나의 상품으로 간주하고 적당한 투자를 통한 이윤창출과 함께 첨단산업의 주요 산업으로 스포츠산업이 등장하게 되었다. 이에 따라 스포츠산업경영관련 직종은 새로운 직업군으로 인식되어 수요층이 최근 급격하게 증가하고 있다(조영호 등 4인, 2004).

1) 스포츠산업의 개념[7)]

사회전반적인 변화와 함께 최근 스포츠산업이 급성장하면서 스포츠산업 관련분야의 경영 및 마케팅에 대한 열망이 그 어느 때 보다 강하게 분출되고 있다. 이에 비해 스포츠산업이란 일반산업과 달리 스포츠의 특성상

7) 스포츠산업의 개념과 분류는 최진우(2001)의 삼성경제연구보고서『스포츠산업 활성화를 위한 과제』에서 발췌 요약되었음.

일반적인 분류기준으로 규정하기 어려운 측면이 있다. 일반적으로 산업에 대한 정의를 내리고 분석자료를 집계할 때는 표준산업분류(Standard industrial Classification)[8]에 의존하나 스포츠산업의 경우, 스포츠산업의 하위 부문이 갖고 있는 산업적 특성이 다양하므로 일반적으로 통용되는 스포츠 산업이란 용어에 대응하는 실물경제를 구분하기가 어렵기 때문이다. 또한 스포츠산업 분류를 위하여 그 구성요소를 살펴보면 경기장 건설과 관련한 일반토건에서부터 테니스 강습처럼 어떠한 분류에 넣기 힘든 서비스에 이르기까지 다양한 요소로 구성되어 있기 때문에 스포츠산업의 정의는 외국에서도 명확치 않다. <표 2-6>에서 보는 바와 같이 국내외 관련학자들이 스포츠산업의 정의를 다양하게 시도하고 있지만 한국스포츠산업경영학회(2004)에서는 스포츠산업을 스포츠 및 그와 관련된 재화와 서비스를 생산, 유통시켜 부가가치를 창출하는 산업으로 규정하고 있다.

표 2-6. 스포츠산업의 정의

구분	정의
Mullin (1984)	스포츠, 스포츠시설, 스포츠장비에 주요한 초점을 두거나 깊은 의존성을 갖고 서비스 혹은 스포츠 서비스를 제공하는 조직이며, 스포츠, 스포츠시설, 스포츠 장비나 용품 등을 제작, 판매하거나 스포츠 제품 혹은 서비스를 제공하는 산업
김창규 (1997)	스포츠활동과 관련된 재화와 서비스를 제공하는 제조업이나 서비스업
한왕택 (1996)	스포츠활동에 대응하는 재화와 서비스를 제공하는 산업
박영옥 (1997)	스포츠활동과 관련된 재화와 서비스의 상업적 생산 혹은 시장을 통한 수급을 위한 생산활동과 이를 유통시키기 위한 활동
김치조 (1998)	스포츠라는 서비스를 상품으로 하는 서비스 산업의 일종이라는 범위를 넘는 광의적 개념으로 보아 일반적 스포츠 서비스 산업 이외에 대중오락에 관련된 영화, 음악, TV, 연극, 잡지 등을 포함한 오락산업과 여가산업을 총칭하는 문화산업의 일부까지도 포함
김 종 등 (1998)	스포츠를 '하는 사람들'과 '보는 사람들'의 두 가지 측면과 관련하여 발생하는 수요로 인하여 스포츠가 생산·판매된다고 파악. 그리하여 스포츠산업은 스포츠 및 그와 관련된 재화나 서비스를 생산 유통시켜 부가가치를 창출하는 산업

8) 한국 표준산업분류에서는 산업을 '사업체가 계속적으로 수행하는 주된 경제활동'이라고 정의하고 가사활동을 제외한 공공행정, 종교 및 비영리단체의 활동을 포함시킴.

2) 스포츠산업의 분류 및 규모

스포츠산업의 정의가 다양하게 제시되는 것과 같이 스포츠산업의 분류에서도 매우 다양한 의견이 제시되고 있다. Pitts, Fielding과 Miller(1997)는 스포츠산업을 그 제품과 구매자의 유형에 따라 분류하고 있다. 이는 Porter(1985)가 산업을 분류하기 위하여 4가지 변인(제품, 구매자, 경로, 지리)을 기준으로 활용한 방법이다. <표 2-7>과 같이 스포츠산업을 '스포츠행위부문', '스포츠제품 생산부문', '스포츠 촉진부문'의 3가지 영역으로 구분하여 분류를 시도하였다.

표 2-7. 제품과 구매자의 유형에 따른 스포츠산업 분류

구분	의미	종류
스포츠행위 부문	참여나 관람 제품으로서 소비자에게 제공된 제품	·운동경기-아마추어, 프로 스포츠, 민간 비스포츠 사업 ·민간 비스포츠 사업 ·세금이 지원된 스포츠 ·비영리 스포츠 조직 ·후원제가 지원된 스포츠 조직 ·스포츠 교육 ·휘트니스-스포츠회사
스포츠 제품생산 부문	스포츠 경기력 생산에 필요한 제품	·준비제품 - 장비, 의류 ·경기력 생산제품 - 휘트니스 훈련자, 의료, 스포츠시설
스포츠 촉진 부문	스포츠 제품을 촉진시키기 위하여 제공된 제품	·촉진 거래제품 ·촉진행사 ·미디어 ·후원 - 행사후원, 팀 및 개인 후원, 서킷트 또는 리그 후원, 공동후원 ·서포트광고 - 개인서포트광고, 팀 서포트광고, 팀 서포트 광고

*출처 : Pitts, B. G., Fielding, L., & Miller, L. K.(1994). Industry segmentation theory and the sport industry : Developing a sport industry segment model, Sport Marketing Quarterly, 3(1).

또한 김 종, 김현석, 박영옥, 정희윤(2000)은 제공되는 재화나 서비스의 특징을 기준으로 <표 2-8>과 같이 분류를 시도하였다. 이는 국내 스포츠업계의 실정을 고려하여 구분한 것으로 제공되는 재화나 서비스의 특징과 사업단위가 수행하는 경제활동의 특성을 반영한 것이다.

표 2-8. 관련된 재화나 서비스의 종류에 따른 분류

구분	의미	분류
스포츠 시설업	생활스포츠에서부터 올림픽 또는 월드컵 같은 국제대회를 치를 수 있는 경기장의 건설 및 운영업	· 스포츠시설건설업 - 스포츠시설 설치업, 경기장 시설 건설업 · 스포츠시설운영업 - 종목별 스포츠시설운영업, 리조트형스포츠 시설업, 스포츠시설 임대업
스포츠 용품 제조업	엘리트선수, 순수아마추어 및 생활체육동호인 사장을 표적으로 스포츠활동에 필요한 장비, 의류, 신발 등을 생산 판매하는 업종	· 스포츠 용품제조업 - 운동용구제조업, 스포츠어패럴제조업 · 스포츠 용품유통업 - 스포츠용품도소매업, 스포츠용품대여업, 스포츠용품수리업
스포츠 서비스업	관람스포츠를 중심으로 이뤄지는 업종으로 스포츠 마케팅대행, 이벤트 기획 및 관리, 선수사업 등이 포함	· 스포츠경기업 - 프로스포츠업, 아마추어스포츠업, 경륜, 경마, 경정, 스포츠이벤트업 · 스포츠마케팅업 - 스포츠마케팅대행업, 스포츠에이전트업, 선수양성업 · 스포츠정보업 - 스포츠신문·출판업, 스포츠방송업, 스포츠인터넷사업, 스포츠복권·복표업, 회원권판매업, 스포츠소프트웨어개발업

*출처 : 김 종 등(2000). 스포츠산업 육성 기본계획. 문화관광부.

특히 주5일 근무제의 도입으로 여가수요가 확산되는 가운데 국내 스포츠산업의 시장규모가 증가 추세이다. 문화관광부가 2004년 국정감사를 앞두고 국회에 제출한 자료에 따르면 스포츠산업 시장규모는 2002년을 기준으로 국내 총생산(GDP)의 2.05%인 14조 751억 1,000만 원인 것으로 밝혀졌다. 이 같은 수치는 미국의 2,555억 달러(약 305조원, GDP 대비 3.35%)와 일본의 19조 3,100억 엔(약 212조 원, GDP 대비 3.88%)에는 아직 못 미치지만 스포츠산업의 성장가능성이 아주 높은 것으로 평가되고 있다.

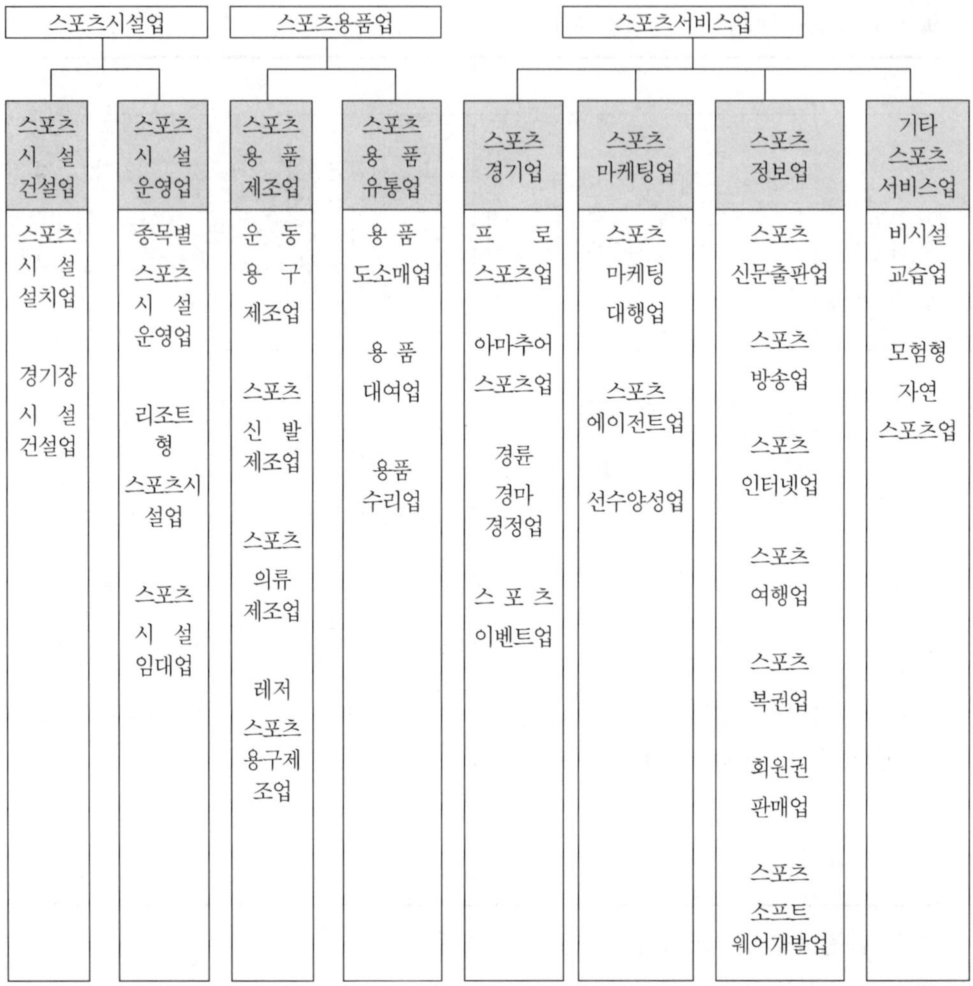

*출처 : 문화관광부(2003). 체육백서.

표 2-9. 한국·미국·일본의 스포츠산업 규모 비교

구 분 \ 국 가	한국(2002년)*	미국(2000년)	일본(1996년)
GDP	684조 2,635억 원	9조 8,828억 달러	500조 3,100억 엔
스포츠산업	14조 751억 1천만 원	2,555억 달러	19조 3,892억 엔
GDP대비 스포츠산업비율	2.05%	3.35%	3.88%
비 고		레저스포츠 부문 제외	

*출처 : 한국체육학회(2000). 스포츠산업육성기본계획, 문화관광부(2003). 체육백서.

또한 스포츠산업 관련 업체는 총 6만 9,000여개로 이중 '스포츠서비스업'은 경기와 마케팅, 정보 등을 담당하는 1만 8419업체에서 매출 4조 3,233억 9,000만원, '스포츠용품업'은 8,178업체에서 4조 1,190억 4,000만원, '스포츠시설업'은 4만 2054개 업체에서 5조 6,326억 8,000만원의 매출을 기록했다. 문화관광부는 올해의 경우, 스포츠산업의 고용인구가 13만 1,000명이지만 2008년에는 14만 6,000명으로 늘어날 것으로 전망하는 등 주 40시간제 도입으로 스포츠산업 규모가 더욱 증대될 것으로 내다봤다.

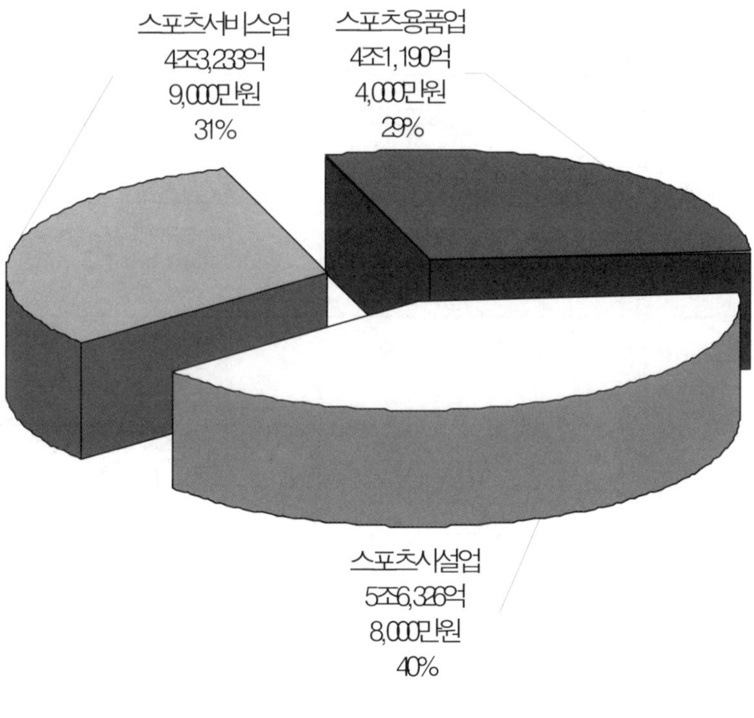

그림 2-1. 국내 스포츠산업 규모(2002년 기준)

표 2-10. 2002년 스포츠산업 하위시장 시장규모 (규모 : 억원)

<table>
<tr><th colspan="2">대 분 류</th><th colspan="2">소 분 류</th><th>소 계</th><th>합 계</th><th>비 고</th></tr>
<tr><td rowspan="5">스포츠용품업</td><td rowspan="3">스포츠
용품제조업</td><td colspan="2">운동용품</td><td>6,655.8</td><td rowspan="3">19,599.6</td><td rowspan="3">* 운동 및 경기용품 도매업 10,049.9억원, 운동 및 경기용품 소매업 9,876.7억원</td></tr>
<tr><td colspan="2">스포츠의류 및 신발</td><td>11,520.6</td></tr>
<tr><td colspan="2">스포츠음료제조업</td><td>1,423.2</td></tr>
<tr><td rowspan="2">스포츠유통업</td><td colspan="2">스포츠도소매업*</td><td>19,926.6</td><td rowspan="2">21,590.8</td><td rowspan="2">* 전자상거래(B2C) 5조 430억원 3.3%(통계청, 전자상거래 통계조사)</td></tr>
<tr><td colspan="2">스포츠용품 전자상거래*</td><td>1,664.2</td></tr>
<tr><td colspan="5">소 계</td><td>41,190.4</td><td></td></tr>
<tr><td rowspan="4">스포츠시설업</td><td rowspan="2">시설 건설업</td><td colspan="2">민간시설</td><td>1,610.0</td><td rowspan="2">10,790.8</td><td rowspan="2"></td></tr>
<tr><td colspan="2">공공시설</td><td>9,180.8</td></tr>
<tr><td rowspan="2">시설운영업</td><td colspan="2">시설이용 및 강습료</td><td>29,196.9</td><td rowspan="2">45,536.0</td><td>가구당 스포츠시설이용 강습비×가구수</td></tr>
<tr><td colspan="2">골프장 이용료</td><td>16,339.1</td><td>한국골프장경영협회 감사보고서</td></tr>
<tr><td colspan="5">소 계</td><td>56,326.8</td><td></td></tr>
<tr><td rowspan="8">스포츠서비스업</td><td rowspan="8">스포츠경기업</td><td colspan="2">경륜</td><td>8,999.7</td><td rowspan="8">37,441.4</td><td>총매출액
2조 9,999억원10백만
환급금 제외</td></tr>
<tr><td colspan="2">경마</td><td>21,448.1</td><td>총매출액
7조 6,491억원 중 환급금</td></tr>
<tr><td colspan="2">경정</td><td>367.0</td><td>총매출액 1223억 29백만원 중 환급액 제외</td></tr>
<tr><td colspan="2">아마추어스포츠</td><td>770.0</td><td></td></tr>
<tr><td rowspan="3">프로스포츠</td><td>팀스포츠</td><td>5.359.0</td><td>야구 1,753억, 축구 1,160억, 농구 570억원, 여자농구 123억</td></tr>
<tr><td>개인스포츠</td><td>79.7</td><td>골프(남·여)
씨름, 볼링, 복싱</td></tr>
<tr><td>해외선수진출</td><td>297.9</td><td>야구 - 147억
골프 - 75억4천
축구 - 75억5천</td></tr>
<tr><td colspan="2">스포츠 이벤트</td><td>120.0</td><td>120개 업체
평균 1억원 가정</td></tr>
</table>

대 분 류		소 분 류	소 계	합 계	비 고
스포츠서비스업	스포츠 마케팅업	스포츠마케팅대행업	225.0	375.0	250개업체 평균 연매출 1억5천만원
		스포츠에이전트업	75.0		
		선수양성업	75.0		
	스포츠정보업	스포츠신문/출판업	3,350.2	5,417.5	
		스포츠방송업	219.2		MBC스포츠, SBS축구, SBS골프, SBS스포츠 적용, KBS스포츠(신설)제외
		스포츠여행업	823.8		전체 여행사업 8,238억원(2002년 통계청)의 10%
		스포츠 복권 및 복표업	66.2		스포츠토토 220.5억 환급금 70% 제외
		회원권대행판매업	72.0		
		스포츠의학	292.0		스포츠시설교습 및 이용시장의 1%
		스포츠게임 (인터넷게임)	211.5		2002년 게임산업 온라인게임 4,500억의 4.7%
		음성정보서비스 및 온라인 스포츠정보	382.6		실사자료 2001년 대체사용
소 계				43,233.9	
총 계				140,751.1	

*출처 : 각 업종 내부자료, 일부 자료(용품업, 시설업 관련)는 한국체육학회(2000) [스포츠산업 육성기본계획], 통계청 [광공업통계조사보고서], 문화관광부 [전국 등록·신고체육시설업 현황]에 의한 추정치

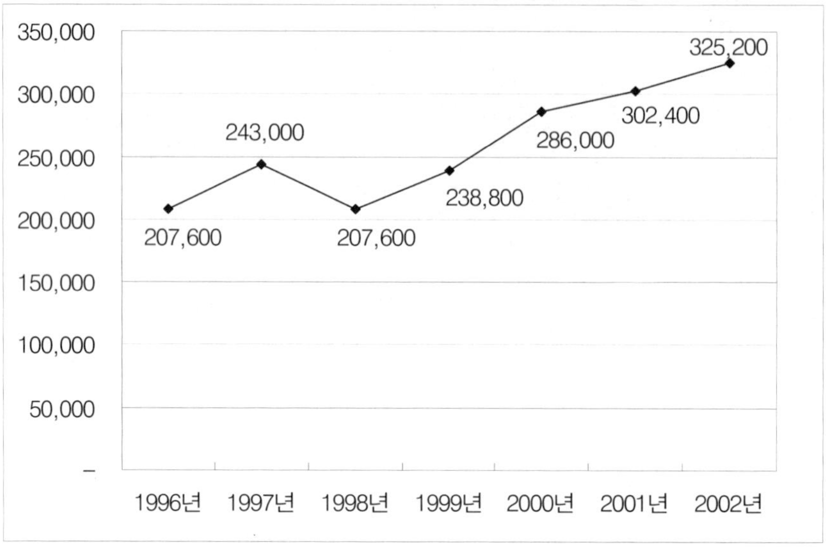

그림 2-2. 도시가구 연평균 스포츠소비 지출(원)
*출처 : 통계청 「도시가계연보 1996~2002」과 체육과학연구원,
「한국의 체육지표 1996~2002」에 의한 추정치

그러나 스포츠산업에 대한 인식의 변화와 외형의 성장에도 불구하고 정부 차원의 체계적인 지원시스템의 미비, 전문인력 부족 등으로 산업적 성장여건이 여전히 미흡한 실정이다. 또한 스포츠산업에 대한 법적 근거는 국민체육진흥법의 체육용구의 생산장려(제16조), 국민체육시설에 대한 지원(제20조)의 규정뿐이어서 아직까지 스포츠산업 전반을 아우를 수 있는 법적인 제도화가 이뤄지지 못하고 있다. 21세기 유망산업으로 떠오르고 있는 스포츠산업을 육성하고 지원해 국제경쟁력을 갖출 수 있게 하려면 스포츠산업 전반을 규율할 수 있는 관련 입법의 마련이 시급하다. 스포츠산업 육성·지원을 위한 입법내용과 관련, 다음과 같은 점들을 우선적으로 고려해야 한다.

첫째, 프로와 아마추어를 망라한 지역주민 참여형 스포츠클럽 육성책이 마련돼야 한다.

둘째, 정부나 지방자치단체 또는 기업의 후원을 통해 국민이 자유롭게 스포츠를 즐길 수 있는 스포츠 관련 시설의 확충 및 재정지원이 이뤄져야 한다.

셋째, 중·장기 진흥기본계획을 수립하고 전문인력을 적극 양성하는 등 스포츠산업의 경쟁력을 강화시키는 제도적 기반이 마련돼야 한다.

넷째, 스포츠산업 관련 민간기업에 대한 세제감액 등의 지원과 업체 간 집적화를 통해 규모의 경제를 실현할 수 있는 법적 근거를 마련해 주어야 한다.

다섯째, 지역 스포츠산업의 지원을 통한 지역 특성화와 정부·기업 및 학계 간의 체계적 지원시스템이 유기적으로 운영되도록 법을 제정할 필요성이 있다.

현재 정부는 '참여정부 국민체육진흥 5개년계획'(2003～2007년)에 따라 스포츠산업을 새로운 국가전략산업으로 인식하여 국제경쟁력 있는 스포츠용품을 세계 유명브랜드로 육성하고 체육시설업 관련 규제개선을 통한 자율성장을 지원하는 등의 다양한 시책을 추진하고 있다(주성훈, 2004). 즉 스포츠산업진흥을 위해 스포츠산업진흥법과 레저스포츠진흥기본법의 제정 및 시행, '스포츠경영관리사' 국가기술자격제도 시행, 스포츠서비스업 사업공모전 개최 및 스포츠산업 분야별 '스포츠산업대상' 시상, 스포츠용품 인증제 도입, 우수 체육용구 생산 지원 및 융자확대 등의 스포츠산업진흥 중장기 기본계획을 수립하여 스포츠여가산업 정책추진기반을 적극 추진할 예정이다. 특히 스포츠산업 관련법 제정이 현실화된다면 스포츠산업의 경쟁력 강화를 통해 스포츠를 통한 국민의 삶의 질 향상과 더불어 국민경제의 발전에도 이바지하게 될 것이다.

3. 스포츠마케팅이 전쟁이다[9].

1) 미국의 프로스포츠시장

미국의 경제전문지 포브스(Forbes)는 2004년 12월 전 세계 모든 스포츠구단을 통틀어 가장 경제적 가치가 높은 구단으로 박지성이 뛰게 될 잉글랜드 프로축구 맨체스터 유나이티드(11억 8,600만 달러, 약 1조 1,800억 원)라

9) 본 내용은 국민일보가 세계 스포츠시장을 탐색하여 한국스포츠가 나아갈 길을 모색하는 기획 시리즈에서 발췌 요약되었음.

고 발표했다. 이 구단은 2002년에 입장료와 TV 중계권료, 기념품 판매, 관광객 유치 등으로 9,100만 달러(약 920억 원)의 경상이익을 남겼다. 국제올림픽위원회 공식 후원사인 삼성은 지난해 아테네올림픽에 2억 달러(약 2,000억 원)를 쏟아 부었고, 세계적인 스포츠용품사인 아디다스는 2003년 영국 축구스타 베컴(David Beckham)과 1억 파운드(약 1,900억 원)에 종신 스폰서 계약을 체결했다.

이처럼 국제 스포츠무대는 치열한 시장원리가 지배하고 있으며, 세계 스포츠시장은 글로벌 기업들의 마케팅 전쟁터가 될 만큼 팽창을 거듭하고 있다. 최근 미국프로농구(NBA) 사무국은 2004~2005시즌 NBA 정규리그 전체 관중수가 2,130만 2,835명으로 역대 최다를 기록했다고 발표했다. 2004~2005시즌 한국프로농구가 플레이오프까지 포함해 110만 9,793명으로 역대 최다 관중을 기록한 것과 비교하면 19배가 조금 넘는 규모다. 2,130만 명이 농구코트에 뿌린 돈은 과연 얼마나 될까? 각 팀마다 다소 차이는 있지만 NBA 평균 입장료를 80달러로 계산하면 입장료 수입만 17억 달러(약 1조 7,000억 원)가 넘는다.

NBA 정규리그가 한창이던 2005년 1월 21일 미국 캘리포니아 주 로스앤젤레스의 스테이플스센터는 실제 소유주가 따로 있지만 스테이플스사가 1억 달러를 주고 20년간 경기장 이름에 대한 권리를 산 곳이다. 홈팀 LA 레이커스가 골든스테이트 워리어스와 경기를 갖는 날이었다. 슈퍼스타 코비 브라이언트(Kobe Bryant)가 직전 게임에서 부상당해 출장할 수 없는 상황이었지만 경기 시작(오후 7시) 3시간 전부터 팬들이 몰리기 시작했다. 1만 9,282명을 수용할 수 있는 경기장에 이날 입장한 관중은 1만 8,997명이었다. 100만원이 넘는 프리미어와 스위트 좌석을 제외하고 레이커스의 정규리그 입장료는 가장 싼 좌석이 25달러(약 2만 5,000원), 비싼 곳은 200달러(약 20만원)다. NBA 평균 입장료 80달러를 대입하더라도 레이커스의 이날 입장료 수입만 150만 달러(약 15억 원)가 넘는다. 여기에 관중들의 부대지출과 TV 중계료 및 각종 광고보드 수입까지 더하면 프로농구 한 게임으로 하룻밤에 수십억 원에 이르는 스포츠시장이 서는 셈이다. NBA 구단은 모두 30개이다. 여기에 직·간접으로 관련된 분야까지 대입한다면 한 해 시장규모는 상상을 초월한다.

2005년 1월 15일 미국프로야구 메이저리그 LA 다저스의 홈구장인 다저스타디움은 새 시즌을 맞이하기 위해 내야쪽 관중석을 그라운드쪽으로 확장하는 공사가 한창이었다. 이유는 비싼 입장료를 낸 팬에게 더 가까운 곳에서 선수들의 플레이를 볼 수 있도록 배려하기 위함이다. 한국이 프로야구단을 기업의 홍보수단으로 운영하는 것과 달리 미국은 야구단 자체를 수익을 내기 위한 하나의 기업으로 경영한다. 다저스는 선수 연봉만 9,000만 달러(약 900억 원)가 넘는 큰 기업이다. 선수단을 제외한 다저스의 직원 숫자만도 200명이 넘는다. 이들이 선수들과 함께 발로 뛰며 지난 시즌 다저스타디움에 유치한 팬만 348만 여명에 달했다. 2004시즌 한국프로야구 전체 관중(약 233만 명)을 훌쩍 뛰어 넘는 숫자다. 메이저리그 전체로는 30개 구단이 7,296만 8953명의 관중을 기록했다. 다저스타디움 바깥쪽 벽면엔 두 명의 한국인 메이저리거의 초대형 사진이 걸려 있는데 한 개는 2001시즌까지 다저스에서 활약했던 박찬호(텍사스 레인저스)를 담은 것이고, 나머지는 지난 시즌 플로리다 말린스에서 둥지를 옮겨온 최희섭의 수비 장면이다. 이들은 다저스가 LA에 거주하는 한국인들을 상대로 마케팅을 하는데 있어서 중요한 역할을 했다. 이들의 모습에서 미국의 스포츠마케팅이 팬 서비스, 스폰서십, 티켓 판매에 이르기까지 얼마나 비즈니스 마인드가 철저한지를 보여주는 대목이다.

NBA와 메이저리그 외에 미국 프로스포츠 빅4를 구성하는 프로풋볼(NFL) 경기엔 2004시즌 1,727만 486명의 팬이 입장했고, 북미아이스하키리그(NHL)엔 1,985만 4,841명이 몰렸다. 4대 프로스포츠 관중을 모두 합하면 1억 3,139만 7,115명에 이른다. 이들의 입장료가 평균 50달러만 된다 치더라도 4대 프로스포츠의 입장 수입만 65억 달러(6조 5,000억 원)가 넘는다는 계산이 나온다. 한국스포츠가 국위선양과 기업의 홍보수단에 머물 것인지, 아니면 황금알을 낳는 거위처럼 고부가가치 산업으로 성장해 나갈 것인지 선택해야 할 시점에 와 있다(조상운, 2005).

스타 키우는 에이전트

미국프로야구 메이저리그 LA 다저스에서 뛰던 박찬호가 텍사스 레인저스로 이적할 때 박찬호 못지않게 스포트라이트를 받았던 인물이 있었다. 박찬호의 에이전트인 스콧 보라스(Scott Boras)가 그 주인공이다. 보라스는 당시 텍사스로부터 박찬호가 5년간 6,500만 달러를 받는 계약을 이끌어 냈다. 보라스는 메이저리그 최고 연봉(2,500만 달러) 선수 알렉스 로드리게스(Alex Rodriguez, 뉴욕 양키스)의 에이전트이기도 하다. 프로스포츠의 천국 미국에서 빼놓을 수 없는 존재가 바로 에이전트다. 에이전트는 스케줄 관리 같은 단순한 일도 있지만 선수의 가치와 스타성을 키우는 것이 에이전트의 주업이며, 프로스포츠시장 확대의 주역이 되고 있다. 미국 4대 프로스포츠(야구, 농구, 프로풋볼, 아이스하키)에서 활동하고 있는 에이전트의 수는 약 1,500여 명이며, 메이저리그를 무대로 삼는 에이전트만도 300명이 넘는다. 특별한 자격이 필요한 건 아니지만 변호사나 회계사가 에이전트를 하는 경우도 많다. 스타급 선수들의 경우 에이전트가 세금과 부동산 관리까지 대행해주기 때문이다. 에이전트에게 가장 중요한 것은 인맥이다. IMG, Boras Corp, SFX처럼 기업화된 에이전트 집단이 굵직한 계약들을 성사시키며 만만치 않은 수입을 올리고 있는 것도 넓은 인맥 덕분이다. 그렇다면 에이전트들에게 떨어지는 이익은 얼마나 될까? 정해진 것은 아니지만 대부분 에이전트들은 선수 전체 계약금액의 5~7%를 받는다. 이 수치를 감안한다면 보라스의 경우 박찬호의 계약을 성사시킨 대가로 최소 375만 달러에서 최대 455만 달러를 번 셈이다. 스포츠시장이 커질수록 에이전트들의 수입은 증가되기 마련이다. 이것이 지금 이 시간에도 수많은 에이전트들이 바삐 움직이고 있는 이유다(조상운, 2005).

2) 중국의 스포츠시장

2001년 7월 13일 러시아의 모스크바에서 열린 국제올림픽위원회(IOC)의 총회에서 중국 베이징이 2008년 하계올림픽 개최지로 선정됐다. 당시 주석이었던 장쩌민(江澤民)이 “백년 올림픽 역사에 전 중화민족의 원을 풀었다”며 기뻐했을 정도로 중국 대륙은 열광했다. 중국은 올림픽을 통해 경제강국이자 스포츠 초강국의 중국을 전 세계에 알리고 싶어 한다. 베이징에서 올림픽이 개막하는 2008년 8월 8일, 전 세계의 이목이 베이징에 향해 있을 때를 대비하여 중국은 오늘도 분주히 돌아가고 있다.

그러나 올림픽은 단지 스포츠 행사에만 머무르는 것이 아니다. 올림픽은 4년에 한 번씩 세계 기업들을 흥분시키는 거대한 시장이기도 하다. 베이징 시내에 위치한 베이징올림픽조직위원회(BOCOG)는 올림픽이 열리는 기간에만 3억 위안(약 380억 원) 정도의 돈이 베이징으로 들어올 것으로 전망되고 있으며, 베이징올림픽의 후원업체들 중 일부는 이미 정해졌다. 삼성전자, 파나소닉, 코카콜라, 비자, 코닥 등 11개사가 IOC 공식후원업체(TOP)이고 아디다스, 폭스바겐, 중국은행 등 10개사가 베이징올림픽 공식 파트너로 참여했다. BOCOG는 그 외에도 20개 정도의 스폰서를 더 찾을 예정이다. 세계적인 맥주회사 버드와이저가 스폰서로 뛰어들었다. 22개의 글로벌 기업들이 베이징올림픽을 지켜보는 잠재적 고객들을 향해 뛰어들었고, 앞으로도 20여개의 기업들이 이 시장에 참여할 기회를 잡게 될 것이다.

중국은 베이징올림픽을 통해 새로운 도약을 노리고 있다. 이미 2004 아테네올림픽에서 미국에 이어 세계 2위에 올라 스포츠 초강국으로 떠오른 중국은 자국에서 세계 정상의 스포츠강국으로 등극하고자 한다. 단적으로 베이징의 체육과학연구소의 1년 연구경비는 1,100만 위안(약 14억 원)이지만 2005년에는 올림픽을 대비해 실험장비들을 교체하고 사무실의 인테리어를 바꾸도록 3,000만 위안(약 38억 원) 이상이 정부로부터 하달된 상태이다.

올림픽 파트너(The Olympic Partner · TOP)

올림픽 파트너(The Olympic Partner · TOP)란 IOC가 올림픽운동의 지속적인 재원조달을 위해 4년마다 직접 맺는 스폰서십 계약을 통해 선정된 후원업체를 말한다. 현금, 장비, 기술 등을 제공하는 올림픽 파트너는 대회의 성공적 개최에 핵심요소로 기능하기 때문에 세계 최고기업들로 구성되어 있다. 게다가 대회개최국 내에서는 물론이고 전 세계에서 올림픽마케팅을 펼칠 수 있는 독점적 권리를 지녀 글로벌 기업들은 올림픽 파트너가 되기 위해 사활의 노력을 기울이기도 한다. 올림픽 월드와이드 파트너(Worldwide Partner)로 불리는 TOP은 품목별 전 세계 최고의 기업들로 구성된 11개사를 의미한다. 한국에는 삼성이 참여하고 있다. 삼성전자는 1998년 나가노 동계올림픽 때부터 무선통신 부문 올림픽 파트너로 줄곧 참여하고 있으며, 당시 32억 달러에 불과하던 브랜드 가치를 2003년에 무려 108억 5,000만 달러까지 끌어올리는 대성공을 거뒀다. 올림픽 파트너를 통한 안정적인 후원 시스템인 'TOP 프로그램'은 사마란치의 작품이다. 1984년 LA올림픽의 상업적인 성공에 고무된 IOC가 1988년 서울올림픽부터 본격 도입한 TOP 프로그램은 이후 IOC 재원에 막대한 기여를 해왔다. IOC자료에 따르면 서울올림픽과 캘거리 동계올림픽을 후원한 1기 TOP의 경우 9,500만 달러의 수입을 쥐어 줬고, 이후 2기 1억7,500만 달러, 3기 3억5,000만 달러, 4기 5억 달러 등으로 후원 액수가 급격히 증가되고 있다.

경기력 향상을 위한 지원만 있는 것이 아니다. 중국은 5년쯤 전부터 스포츠마케팅에 대한 인력양성에 나섰다. 이를 위해 중국은 푸단대학(復旦大學)-칭화대학(淸華大學)-베이징대학(北京大學)-호주시드니대학과 네트워크를 형성해 체육분야 경제학석사(MBA) 과정을 개설했다. 대상은 체육총국 관원, 관련회사 경영자, 학생 등 다양하다. 이러한 조치는 스포츠마케팅 분야가 새로운 산업이고 잠재력이 엄청나 인재양성도 중요한 투자가 될 것이라는 전망 때문이다.

중국시장은 올림픽이 열리는 베이징을 제외하고도 거대한 시장이 있다. 중국은 각 성마다 성급 체육당국이 있고 그것을 후원하는 업체들이 있다. 스포츠 열기가 대단한 중국의 크고 작은 스포츠이벤트, 즉 탁구나 축구처럼 중국인들이 열광하는 스포츠시장으로 눈을 돌리면 올림픽 못지않은 틈새도 형성되어 있다. 베이징올림픽은 많은 변화를 가져다 줄 것이 틀림없다(문수정, 2005).

중국의 소비주체 신세대를 잡아라.

'소황제'의 나라, 중국은 2002년 말 이미 1억 명을 돌파한 소황제(한 부부 한 자녀 낳기 운동에 의해 1978년 이후 태어난 아이들을 일컫는 말)들이 새로운 소비주체로 급성장하고 있다. 이들은 아버지 세대가 즐겨 입던 어두운 색의 옷을 벗어던지고, 대신 노란색 아디다스 운동화를 신고, 파란색 나이키 티셔츠를 즐겨 입는다. 노동절 황금연휴를 이용해 탁구경기를 관람하며, '짜요(加油, 힘내라)'를 외치고, NBA에 열광하는 이들 젊은 세대들에게 스포츠와 패션은 삶의 중요한 부분이 됐다. 아디다스, 나이키와 같은 스포츠의류 기업들에 중국은 틀림없이 매력이 넘치는 시장이다. 나이키의 매장은 중국 대륙에 하루에 1.5개씩 생기고 있다. 특히 나이키의 스포츠마케팅 전략은 가능성 있는 스타선수들을 후원하는 것으로 유명하다. 야오밍(Yao Ming)이 NBA에 진출하며 NBA 열기가 뜨거운 중국에 나이키가 후원하는 르브론 제임스(LeBron James) 등의 스타파워가 상당하다. 반면 아디다스는 대회나 팀을 후원하는 전략을 펼치고 있다. 베이징올림픽 공식 파트너십으로 참여하는 아디다스는 올림픽이 성장의 기폭제가 될 것으로 기대하고 있다. 현재 중국의 250개 도시에 1,300여개의 아디다스 매장이 있지만 올림픽 뒤에는 400개 도시에 4,000개로 늘어날 것을 전망된다. 2010년엔 판매액이 10억 유로(약 1조 2564억 원)를 초과할 것으로 예상하고 있다. 경쟁사인 나이키보다 후발주자로 중국시장에 뛰어든 아디다스는 보다 공격적인 마케팅 활동을 펼치고 있다. 중국축구협회(CFA)와 야오밍이 뛰었던 프로농구팀 상하이 샤크를 지원하는 등 다양한 분야에서 스포츠 마케팅에 힘을 쏟고 있다. 중국에서 가장 부유한 도시 가운데 하나인 상하이에 아디다스와 나이키의 간판이 눈에 자주 띄는데 '최고를 원한다.'는 중국 소비자들에게 글로벌 기업으로 중국에 진출한 나이키와 아디다스가 꿈틀거리는 거대시장에서 스포츠를 마케팅에 접목시켜 브랜드 파워를 강화하고 있다(문수정, 2005).

3) 일본 스포츠용품업체의 월드마케팅

미 프로야구 메이저리그 120년 역사상 '명예의 전당'에 헌액 된 회원은 단 256명에 불과하다. 일본 프로야구가 낳은 불세출의 스타 스즈키 이치로(시애틀 매리너스)가 메이저리그 진출이후 맹활약을 펼치고 있지만 아직 명예의 전당에는 진입하지 못하고 있다. 하지만 그가 쓰던 야구방망이는 이미 명예의 전당에 들어갔다. 이치로가 메이저리그에 진출하기 직전인 2000년 명예의 전당이 일본 오릭스 블루웨이브 구단에 이치로가 사용했던 배트의 기증을 요청했기 때문이다. 당시 이치로는 메이저리그 선수가 아니었지만 그가 일본 프로야구에서 전인미답의 7년 연속 타격왕(퍼시픽리그)의 위업을 이룬 것을 기념하기 위해서였다.

미국 뉴욕 주 북부 쿠퍼스타운에 위치한 명예의 전당 박물관에 보관돼 있는 이치로의 방망이는 일본의 스포츠용품전문업체인 미즈노가 만든 제품이다. 메이저리그 진출이후에도 변함없이 미즈노 제품을 쓰고 있는 이치로의 방망이는 잘 부러지지도 않는다. 다른 선수들은 한 경기에 방망이를 서너 개씩 부러뜨리는데 이치로는 3~4개만 갖고도 2개월을 버틴다. 이쯤 되니 동료 선수들은 너나 할 것 없이 미즈노 방망이를 하나씩 찾는다고 한다. 이치로는 야구장에 들어서면 신발 빼고 옷과 헬멧, 야구방망이, 손목밴드 등 모조리 미즈노 용품으로 치장하고 나선다. 이런 모습이 TV중계 등을 통해 끊임없이 노출되면서 미즈노 브랜드의 미국시장 내 인지도와 호감도는 엄청나게 올랐고 제품 매출도 덩달아 껑충 뛰었다.

미즈노사의 총매출은 2000년 이후 소폭 감소세를 보이고 있지만 미국시장 내 매출은 매년 큰 폭으로 뛰고 있다. 미즈노의 대외담당 매니저인 마쯔다 타다시는 "2002년 미국시장 매출이 530억 원이었는데 올해 3월에 결산한 2004년 매출은 580억 원으로 집계돼 2년 만에 9.4% 증가했다"며, "내년에도 40억 원 증가한 620억 원의 매출을 예상하고 있다"고 말했다. 향후 1년 동안 6.9% 성장이 예상될 정도로 가파른 상승세를 보이고 있는 것. 마쯔다는 "이치로가 메이저리그에서 좋은 활약을 펼친 것이 큰 영향을 미쳤다"고 단언했다.

'스포츠진흥을 통한 사회공헌'을 경영이념으로 내걸고 1906년 창업한 미즈노는 올해로 꼭 100년째를 맞는 일본의 최대 스포츠용품업체이다. 창업 이후 줄곧 스포츠 관련 비즈니스에만 주력해온 미즈노는 일본 국내시장의 40%를 점유할 정도로 성장했다. 전 세계에서 팔려나가는 미즈노 제품은 한해 1조 5000억 원 어치 정도로 추산되는 세계 굴지의 종합스포츠메이커 중 하나다. 처음에는 야구방망이와 글러브 등 야구용품으로 시작했지만 러닝슈즈, 스포츠웨어, 골프클럽, 스키용품 등으로 제품을 다양화했다. 미즈노는 일찍부터 야구의 본고장인 미국 메이저리그에 야구방망이를 수출했지만 한동안 OEM(주문자상표부착생산) 방식을 벗어나지 못했다. 독자 브랜드를 갖고 미국시장에 뛰어든 건 댈러스에 미즈노 지사를 설립한 1979년 이후 겨우 26년밖에 되지 않는다.

하지만 현재 메이저리그에서 미즈노와 용품 후원계약을 맺고 미즈노 방망이를 쓰는 선수는 이치로와 마쓰이(뉴욕 양키즈) 등 일본출신 선수 뿐 아니라 올해 올스타전 MVP로 뽑힌 미겔 테하다(볼티모어 오리올스), 마이크 피아자(뉴욕 메츠) 등 내노라하는 강타자들을 포함해 180여명에 달한다. 미즈노는 '스타 마케팅'을 내세워 미국시장을 성공적으로 공략하는 한편 올림픽 등 국제대회의 스폰서십을 글로벌마케팅의 또다른 주요 수단으로 집중 활용하고 있다.

1924년 파리올림픽 장대높이뛰기 종목에 장대를 공급하면서 처음 국제대회를 공략하기 시작한 미즈노는 1964년 도쿄올림픽 후원업체로 참여하면서 세계무대에 이름을 알렸다. 이후 삿포로(1972년)와 사라예보(1984년) 동계올림픽 후원업체 자격을 잇달아 따낸 미즈노는 서울올림픽(1988년)부터 아테네올림픽(2004년)에 이르기까지 한 번도 빠지지 않고 올림픽에 참여했다.

또한 미즈노는 일본 뿐 아니라 북한과 중국, 쿠바, 캄보디아, 슬로베니아, 에티오피아 등 여러 나라의 국가대표 선수들에게 꾸준히 운동장비를 무상지원하고 있다. 1994년 히로시마 동계올림픽 때는 캄보디아 국가대표 선수들에게 전 종목의 운동장비를 모두 무상지원했다. 대개 형편이 넉넉지 않은 국가들이긴 하지만 장기적으로 보면 적은 비용으로 그 나라 엘리트 선수들에게 브랜드 이미지를 심어줘 시장선점 효과를 얻으려는 마케팅 기법이기도 하다. 미즈노는 제품의 기능 향상을 위한 기술개발에도 적지 않은 노력을 들이고 있다. 미즈노 연구소에는 연구인력만 100명이 넘는다. 오사카 본사 옆에는 신제품을 테스트하기 위한 육상트랙과 테니스코트가 딸려 있다(전석운, 2005).

日 스포츠산업단체연합회는

일본 정부는 1990년 스포츠산업을 21세기 성장유망산업으로 지정하면서 같은 해 스포츠산업단체연합회를 만들었다. 미즈노를 비롯해 16개 업체의 회장들이 대거 참여하고 있는 민간기구이지만 예산은 경제산업성과 각 경기단체에서 지원하는데다 상근 임원은 관료출신이 맡고 있어 정부 산하 단체 같은 성격을 띠고 있다. 우리나라에는 이와 유사한 기구가 아직 없다. 스포츠산업단체연합회의 설립목적은 주로 스포츠마케팅과 스포츠매니지먼트 등 스포츠산업분야의 인재양성을 위한 교육과 스포츠산업시장의 환경변화 예측 등 연구기능이다.

이 단체가 그동안 운영해온 스포츠전문 인재양성과정을 보면 실제 현장에서 유용한 커리큘럼으로 짜여져 있다. 내용을 보면 △스포츠 비즈니스의 경영전략 실제 △시장환경 변화에 따른 대응전략 △홍보전략과 미디어의 활용 △스포츠이벤트와 스폰서십 △2002 한일월드컵의 지역경제 효과 △나가노 동계올림픽과 지역활성화 실패사례 등이다. 교육대상은 스포츠용품회사, 경기단체, TV방송사, J리그 등 각 경기단체, 스포츠클럽 등 스포츠와 관련된 비즈니스 종사자 전원을 망라하고 있다. 이 단체는 외부강사 초청방식으로 이뤄져온 그동안의 교육과정과 수준을 한 차원 높이기 위해 내년 중 스포츠매니지먼트 대학을 설립키로 최근 이사회에서 의결했다(전석운, 2005). 이들은 스포츠산업을 막연하게 접근해서는 수익창출이 쉽지 않고 그럴수록 치밀한 시장조사와 스포츠마케팅 전문가의 체계적 양성이 필요함을 인지한 것이다.

4) 네덜란드 에인트호벤의 마케팅 전략

"스타가 없어도 빛날 수 있다." 이렇게 큰소리치는 유럽 프로축구클럽이 있다. 바로 네덜란드의 PSV 에인트호벤이다. 올 시즌 성적은 네덜란드 프로축구 정규리그 우승, UEFA 챔피언스리그 4강, 암스텔컵 우승에 빛난다. 명장 거스 히딩크(Guus Hiddink) 감독을 비롯해 한국의 이영표와 박지성 등 다국적 보통 선수들이 일군 기적이다. 에인트호벤은 1913년 유럽 최대

전자회사인 필립스의 노동자 축구 클럽으로 출발했다. 이번 시즌 에인트호벤은 성적뿐만 아니라 돈벌이에서도 전성기를 맞고 있다. 에인트호벤은 만성적자 구단이었다. 2002~2003시즌에 약 130억 원의 적자를 냈다. 지난 시즌 재정상황도 크게 호전되지 않은 것으로 알려져 있다. 그런데 올해 '짠물 구단'인 에인트호벤의 지갑이 전에 없이 두둑해지고 있다. 그 비결은 '토털 사커 마케팅'에 있다.

에인트호벤은 1997년 모기업 필립스로부터 완전 분리돼 독립채산제로 운영되고 있다. 에인트호벤의 연간 예산은 약 700억 원 정도이다. 잉글랜드 프리미어리그의 '부자구단' 첼시의 연간 예산 4,200억 원과 비교하면 16% 수준이다. 에인트호벤의 매출구조는 스폰서십 32%, 입장권 수입 20%(축구 경기가 열리는 날이면 전체 시민의 15%에 달하는 3만여 명이 필립스 스타디움을 찾아 홈팀을 응원한다), TV 중계권료 10%, 기타(이적료 수입, 경기 출전 수입, 머천다이징, 식음료 관련 수입 등) 38%로 이뤄져 있다. 연간 예산의 상당부분을 모기업의 지원에 의존하는 한국의 프로축구구단들과 비교하면 매출구조가 훨씬 건실하다.

에인트호벤은 비유럽 지역에서 젊고 유망한 선수들을 골라 싼값에 들여와 스타로 키워 빅리그에 내다 팔아 연명하는 구단으로 유명하다. 실제로 2002 한일월드컵 때 가능성을 보인 정도에 그친 박지성과 이영표는 에인트호벤에 와서 빅리그가 탐내는 스타가 되어, 2005년에 박지성은 이적료 600만유로(약 74억 원)에 계약하면서 잉글랜드 맨체스터 유나이티드로 둥지를 옮겼다. 2004년에만 에인트호벤은 아르옌 로벤과 마테야 케즈만 콤비를 첼시에 팔아 340억 원에 이르는 대박을 터뜨렸다. 1990년대 브라질 축구 영웅 호마리우, 호나우두(레알 마드리드), 뤼트 반 니스텔루이(맨체스터 유나이티드) 등이 에인트호벤을 거쳐 빅 리그로 진출한 대표적인 선수들이란 건 널리 알려진 사실이다.

에인트호벤의 축구 중계무역 뒤에는 네덜란드의 상술이 있다. 현대축구 전술의 대혁명을 가져온 토털 사커가 우연히 네덜란드에서 탄생한 것이 아니다. 히딩크 감독이 지난 한일월드컵 때 보여 준 모험심, 분석력, 실용주의, 열정적 리더십도 파격적이고 개방적인 상인정신의 산물인 것이다.

에인트호벤이 특별히 관심을 기울이고 있는 분야는 유소년팀이다. 8세에서 18세까지의 선수들로 이루어진 12개 유소년팀은 구단의 젖줄이다. 에인트호벤은 유소년팀을 운영함으로써 지역주민들의 관심과 애정을 이끌어내고 장기적으로는 선수층을 두텁게 하여 축구 수준을 향상시킴으로써 보다 많은 사람들이 경기장을 찾게끔 하는 효과를 거두고 있다.

또한 에인트호벤은 정보화 시대에 발맞춰 온라인 머천다이징 사업에 주력하고 있다. 에인트호벤이 미디어에 자주 노출될수록 구단홍보와 스폰서 이익에 도움이 된다고 인지하여, 이동통신사와 제휴해 휴대폰과 PDA를 통해 구단 뉴스, 휴대폰 통화연결음, 동영상 등 다양한 콘텐츠를 유료로 제공하고 있다. 홈페이지도 눈여겨볼 만하다. 한 달 평균 열람횟수는 800여만 건에 이른다. 순방문자 수는 한 달 평균 57만 명이며, 이 중 한국인은 약 5%이다. 2005년 3월 22일 에인트호벤은 중국어 홈페이지를 개설했다. 최대 스폰서인 필립스가 중국시장과 긴밀한 관계에 있기 때문이다. 반면 한국어 홈페이지를 작년에 개설하려 했지만 아쉽게 무산되었는데 그 이유는 한국에서 사업 파트너를 찾지 못했기 때문이다.

이밖에 관심을 끄는 것은 1년 전 개국한 인터넷 방송국 PSV.TV이다. PSV.TV에서는 경기 하이라이트, 선수들 인터뷰, 응원 스케치 등 다양한 분야를 제작 방송한다. 동영상 한 편당 평균 다운로드 수는 5만 여건이다. 이처럼 에인트호벤은 온라인 서비스를 통해 팬들과 더욱 긴밀한 관계를 유지하고 있다. 축구에서 최고의 마케팅은 좋은 성적이다. 성적이 좋으면 많은 서포터스를 확보하게 되고 매출이 늘어난다. 이번 시즌 뛰어난 성적을 거둔 에인트호벤은 구단 브랜드를 활용한 공격 경영으로 황금시대를 구가하고 있다(김태현, 2005).

필립스 스타디움, 어떻게 활용되나

에인트호벤의 사커 마케팅 중심엔 필립스 스타디움이 있다. 시 중심부에 있는 필립스 스타디움은 경기가 열리는 날이면 열성 팬들로 만원을 이룬다. 관중수용 규모는 3만 6,000명. 가장 눈길을 끄는 것은 관중석 위에 설치되어 있는 히터. 덕분에 팬들은 겨울에도 따뜻하게 경기를 관람할 수 있다. 비가와도 쾌적하게 경기를 즐길 수 있도록 지붕으로 덮인 관중석엔 12세 이하 어린이를 위한 특별코너가 있다. 장애인을 위한 편의시설은 기본이다. 이 구장의 장점은 그라운드 중심의 설계에 있다. 관중들은 선수들의 숨소리를 들을 수 있을 정도로 가까이서 경기를 즐기며 선수들과 교감을 나눌 수 있다. 이외에도 필립스 스타디움은 축구 박물관, 식당, 파티장, 팬숍, 체육시설, 여행사 등을 갖추고 있는 테마파크이기 때문에 경기가 없는 날에도 수백 명의 팬이 찾아와 각종 모임을 갖거나 식사를 하며 여유를 즐긴다. 필립스 스타디움엔 39개의 비즈니스 룸이 있다. 평균 25명을 수용할 수 있으며, 연간 이용권은 최소 1억 원이다. 구장 4층 한쪽 면 전체는 비즈니스 라운지이다. 미니바를 갖추고 있는 이곳엔 에인트호벤의 역대 우승 트로피가 전시되어 있다. 비즈니스 라운지는 사교의 장인 동시에 사업상의 접대가 이뤄지는 곳이기도 하다. 비즈니스 라운지 회원들에겐 경기를 마친 후 목을 축이러 찾아오는 선수들을 만나 친분을 쌓을 수 있는 특혜가 주어진다. 비즈니스 석은 모두 1,308개이며, 이 중 948개에는 안전을 위해 투명막이 설치돼 있다. 일반석 연간 회원권 가격은 3,900유로(약 480만 원). 결코 적지 않은 돈이다. 그렇지만 회원권은 없어서 못 팔 지경이다. 필립스 스타디움의 특징을 집어서 말하자면 목돈을 낸 만큼 대우를 받고 즐기는 시스템이란 것이다(김태현, 2005).

5) 한국 스포츠산업의 현주소와 진로

2005년 프로야구의 관중이 폭발적으로 늘었다. 올 시즌 개막이후 4개월만에 270만 4,406명의 관중(8월 2일 기준)이 입장해 8월 중순에는 300만 명 돌파가 예상된다. 프로야구는 1996년 449만 8,802명을 정점으로 관중 수가 점점 줄어들면서 2000년부터는 200만 명대로 급감했다. '관중 300만 명'은 당초 한국위원회(KBO)의 올 시즌 목표였다. 시즌이 중반을 조금 넘어선 시점에 목표를 초과달성하게 된 셈이다. 시즌이 끝날 때쯤이면 9년만의 400만 명 관중도 가능할 것이라는 예상도 나오고 있다. 지난해 관중 수는 233만 명을 조금 넘는 수준이었다.

그런데 이렇게 폭발적으로 관중이 늘어났다면 구단도 엄청난 흑자를 보고 있지 않을까? 관중 수로만 따지면 프로야구의 르네상스를 맞았지만 흑자를 달성한 구단은 한 곳도 없다. 흑자전환은 커녕 여전히 만성적자 구조에서 헤어나지 못하고 있는 게 현실이다. 왜 그럴까. 입장료 수입이 구단 전체수입의 10%도 안 되기 때문이다. 관중이 2배 이상 늘었다고 해봐야 전체 수입의 20%도 메우지 못한다.

산업연구원(KIET)이 추정한 바에 따르면 프로야구단의 전체 수입 중 입장료 수입 비중은 8.1%에 불과하다. 구단 스폰서인 모기업의 지원이 57.1%에 달할 정도로 재정자립도가 낮다. 선수연봉의 고액화와 스카우트 비용 등으로 적자 폭이 커지면서 모기업 의존도는 갈수록 커지고 있다. 프로야구는 출범이래 한 번도 흑자를 내 본 구단이 없다. 프로 역사가 야구보다 짧은 축구나 농구, 배구 등 다른 종목들은 말할 것도 없다. 프로축구도 올들어 박주영 신드롬이 폭발적인 관중 증가 현상을 만들어냈지만 관중 증가에 따른 수익구조 개선 기대효과는 미약한 수준이다.

표 2-11. 프로스포츠 종목별 관중변화 추이 (단위 : 명)

연도	프로야구	프로축구	프로농구(남)	프로농구(여)	계	전년대비 증감율
1985	1,688,365	452,972			2,141,337	
1990	3,189,488	527,850			3,717,338	73.6%
1994	4,194,428	936,394			5,130,822	38%
1995	5,406,374	1,491,606			6,897,980	34.4%
1996	4,498,082	1,911,347			6,409,429	-7.1%
1997	3,902,966	1,204,794	750,403		5,858,163	-8.6%
1998	2,639,119	2,179,288	788,104	30,000	5,636,511	-3.9%
1999	3,220,624	2,752,953	844,163	35,723	6,853,463	21.6%
2000	2,507,549	1,909,839	864,466	70,143	5,352,197	-21.9%
2001	2,991,064	2,306,861	1,100,379	130,343	6,528,647	22%
2002	2,394,570	2,651,901	1,043,531	140,010	6,230,012	-4.6%

*출처 : 연맹별 내부자료, *문화관광부(2003). 체육백서.

그렇다면 외국의 프로스포츠도 만년 적자일까? 박지성을 영입해간 영국의 맨체스터 유나이티드는 연간 3,400억 원의 매출을 올리며 300억 원 이상의 순이익을 내고 있다. 미국은 순이익만 1,000억 원대에 달하는 프로구단이 부지기수다. 미국에서 가장 인기종목인 미식축구를 보면 댈러스 카우보이즈는 지난 2000년 시즌 성적 5승11패로 90년 이후 최악의 성적을 냈지만 1,650억 원의 순이익을 남겼다. 클리블랜드 브라운스는 같은 해 3승13패라는 더 초라한 성적을 냈지만 1,600억 원의 순이익을 신고했다. 어떻게 이러한 현상이 가능할까? 선진국 프로구단들의 성공비결은 바로 마케팅에 있다. 맨체스터 유나이티드는 자기네 이름으로 호텔을 갖고 있고 소속 선수이름이 새겨진 유니폼과 수건에다 심지어 벽지까지 만들어 판다. 싱가포르와 두바이에 매장도 직접 운영하고 있다. 아시아투어는 글로벌 마케팅의 일환이다. 미국의 프로구단들 중에는 형편없는 성적에도 불구하고 다양한 마케팅 전략으로 협찬을 끌어오거나 차별화된 팬 서비스로 수익원을 다각화하는 사례가 많다. 히딩크 감독이 지휘하는 네덜란드 PSV 에인트호벤은 팀 성적과 구단 경영 모두 성공한 사례로 꼽힌다.

한국의 스포츠구단은 마케팅전략이 존재하지 않는다는 비판에 직면해 있다. 스폰서기업의 홍보수단으로만 여겨지는 풍토에서 구단의 제1의 존재가치는 '우승'뿐이다. 우승해야 구단의 미디어 노출 빈도가 높아지면서 덩달아 모기업의 브랜드 인지도도 올라갈 것이라고 생각하기 때문이다. 다양한 수익사업을 펼치려고 해도 인프라가 갖춰져 있지도 않다. 프로야구 8개 구단 중 돔구장은 고사하고 자체 구장을 갖고 있는 팀이 하나도 없다. 모두 지방자치단체 소유 경기장을 임대해 쓰고 있다. 잠실과 문학, 사직구장 정도를 제외하면 시설도 낡고 협소하다. 외국처럼 고급레스토랑이나 수영장이 딸린 경기장은 꿈도 못 꾼다.

그러나 이제는 달라져야 한다. 아무리 우승을 밥 먹듯이 하고 열성팬들이 응원하더라도 자립기반을 갖추지 못한 채 모기업의 지원에만 의존해서는 살아남기 어렵다. 해태 타이거즈는 프로야구 최다 우승(9회)의 금자탑을 세웠지만 기아에 팔려나갔다. 프로농구 2004~2005 시즌 챔피언인 원주의 TG삼보는 모기업인 삼보컴퓨터의 법정관리로 자칫 공중 분해될지도 모르는 위기에 처했다. SBS농구단은 프로농구 창설 멤버이면서도 재정적자를 이유로 구단운영에서 손을 떼고 KT&G에 팀을 매각했다. 프로씨름을 운영하던 LG투자증권은 회사가 매각되자 아예 팀을 해체했고 이로 인해 프로 씨름단은 단 2개만 남아 씨름판의 존립 자체가 위협받고 있다. 과거 기업의 홍보수단으로서 프로구단의 존재가치는 효력을 다 했으며, 비즈니스 모델을 재정립하지 않으면 살아남기 어렵다. 따라서 스포츠클럽 수익모델을 재정립하여 프로구단의 자립기반 구축이 그 어느 때보다 시급하다(전석운, 2005).

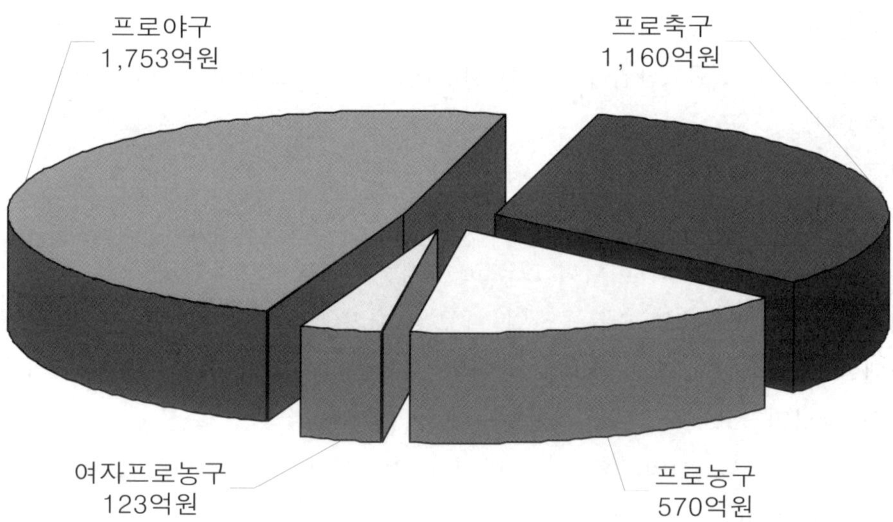

그림 2-3. 2002년 한국 프로스포츠 시장 규모

참고문헌

강준호, 조성식(2003). 스포츠산업을 말한다(2), 스포츠 미디어. 서울: 국민체육진흥공단.

구영록(1992). 정치학개론. 서울: 박영사.

김 종 등(1998), 한국스포츠마케팅 발전과제연구. 서울: 한국체육과학연구원

김 종, 김현석, 박영옥, 정희윤(2000). 스포츠 산업육성 기본계획. 서울: 문화관광부.

김도균(2003). 스포츠산업을 말한다(4), 월드컵 비즈니스. 서울: 국민체육진흥공단.

김동규(2000). 세계체육사. 경산: 영남대학교 출판부.

김범식 등 9인(2002). 현대사회와 스포츠. 서울: 도서출판 홍경.

김영석(2000). 스포츠와 미디어 그리고 마케팅. 서울: 신아출판사.

김치조(1998). 스포츠와 스포츠산업: 새로운 패러다임. 스포츠과학, 제63호.

김태현(2005, 7월 24일). [Sports, 마케팅 전쟁이다] (5) 에인트호벤의 마케팅 전략. 국민일보.

김태현(2005, 7월 24일). [Sports, 마케팅 전쟁이다] (5) '필립스 스타디움' 어떻게 활용되나. 국민일보.

김창규(1997). 한국 스포츠산업의 발전과 그 과제. 제1회 스포츠산업 세미나.

문수정(2005, 7월 10일). [Sports, 마케팅 전쟁이다] (3) 신흥 스포츠시장, 중국을 가다. 국민일보.

박영옥(1997). 한국 스포츠산업 실태 및 정책지원방안 연구. 서울: 한국체육과학연구원.

성진혁(2001, 1월 3일). 'NBA 라이벌' ABA 출범. 조선일보, 35면.

신영락, 강준호(2003). 스포츠산업을 말한다. ① 프로스포츠 비즈니스. 서울: 국민체육진흥공단.

엘리스 캐시모어, 정준영(편)(2003). 스포츠, 그 열광의 사회학. 서울: 한울아카데미.

이진영(2005, 2월 15일). 방법-시기 따라 8.6% 차이… '들쭉날쭉' 시청률 조

사. 동아일보, 25면.

임번장(1998). 스포츠사회학개론. 서울: 동화문화사.

전석운(2005, 7월 17일). [Sports, 마케팅 전쟁이다] (4) 日 스포츠산업단체연합회는. 국민일보.

전석운(2005, 7월 17일). [Sports, 마케팅 전쟁이다] (4) 일본 스포츠용품업체의 월드 마케팅. 국민일보.

전석운(2005, 8월 7일). [Sports, 마케팅 전쟁이다] (7) 한국 스포츠산업의 현주소와 진로. 국민일보.

정준영(2001). 열광하는 스포츠 은폐된 이데올로기. 서울: 책세상.

조상운(2005, 6월 26일). [마케팅 전쟁이다] (1) 미국 프로스포츠시장을 가다. 국민일보.

조영호, 조한범, 최종필, 박세혁, 이정학(2004). 스포츠산업·경영 교과과정 개발 연구. 한국스포츠산업·경영학회지, 9(1), 201-219.

주성원(2002, 4월 29일). [월드컵 그 때 그 얘기] 제9회 멕시코대회<하>. 동아일보, 44면.

주성훈(2004, 10월 17일). [국회 입법 전망대]스포츠산업 지원법 만들자. 파이낸셜뉴스, 1면.

최진우(2001). 스포츠산업 활성화를 위한 과제. 서울: 삼성경제연구소 연구보고서.

한광걸, 김동규(2001). 스포츠의 사회학적 이해. 경산: 영남대학교 출판부.

한국스포츠산업경영학회(2004). 스포츠산업· 경영 교과과정 개발 연구.

한국정치학회(1995). 정치학사전. 서울: 박영사.

한왕택(1996). 스포츠 산업학 개론. 서울: 태근.

현대경제연구원(2002). 2002한일월드컵대회의 경제적 파급 효과

Alfie, M.(1997), Industry Analysis. Sport Marketing Quarterly, 6(4).

Coakley, J. J.(1986). Sport in society: Issues and controversies. St. Louis, MI: Times Mirror/Mosby.

Dahrendorf, R.(1959). Class and class conflict in industrial society. Stanford, CA: Stanford University Press.

Eitzen, D. S., & Sage, G. H.(1982). Sociology of American sport(2nd Eds.).

Dubuque, IW: Wm. C. Brown.

Hargreaves, J.(1982). Sport, culture and ideology(ed.). London: Routledge Kegan & Paul.

McIntosh, P. C.(1981). Sport, politics and internationalism. In Hart, M., & Birrell, S.(ed.), Sport in the sociocultural process. 3rd ed., Dubuque, Iowa: Wm. C. Brown Company Publishers, 195-206.

Mullin, B. J.(1984). What is sport management?. Journal of Sport Management, 1(1).

Natan, A.(1969). Sport and politics. In Loy, J. W., & Kenyon, G. S(eds.), Sport, culture and society: A reader in the sociology of sport. New York: McMillan Publishing Co. 103-210.

Pitts, B. G., Fielding, L., & Miller, L. K.(1994). Industry segmentation theory and the sport industry : Developing a sport industry segment model, Sport Marketing Quarterly, 3(1).

Porter, M. E. (1985), Competitive advantage: Creating and sustaining superior performance. NY : The Press

http://www.joongboo.com/includes/ViewArticle.asp?ArticleID=144351/스포츠산업 시장 급선무.

제3장 현대스포츠의 작동원리_ 매스미디어와 테크놀로지

스포츠현장에서 대중매체는 대중화를 기반 한 상업화의 본질로 이해된다. 일반적으로 '미디어'와 '스포츠'란 두 개의 사회적 제도(social institution) 간에 미디어의 '힘'이 스포츠의 '힘'보다는 더욱 큰 것으로 간주되었다. 미디어가 본질적으로 정치적인데 반해 스포츠는 선언적이기는 하지만 비정치성이나 탈정치성을 표방한다. 또한 스포츠는 미디어의 콘텐츠가 될 수 있지만 그 반대의 관계는 설정되기 어렵다. 따라서 스포츠와 미디어의 관계는 대등하다기보다 '미디어의 영향을 받는 스포츠'로 표현될 수 있을 것이다.

그러나 스포츠와 미디어의 비대칭적 관계에도 불구하고 오늘날 스포츠와 미디어를 상호의존적 관계에서 보고자 하는 접근이 스포츠사회학이나 스포츠경영학에서 크게 대두되고 있다. 상호의존적 관계라 함은 스포츠가 미디어에 의존하지만 미디어도 스포츠에 상당히 의존하게 되어 서로 공생의 관계를 가지게 된다는 것이다. 특히 미디어는 스포츠의 상업화 과정을 더욱 촉진시켰고, 스포츠는 미디어산업의 발전에 기여하고 있다. 즉 스포츠와 미디어는 상호 비즈니스적 이해관계에 기초하여 '윈윈게임'을 벌이고 있는 친화적 관계를 형성하고 있다. 따라서 이 장에서는 현대스포츠의 작동원리 두 번째 단계로 매스미디어와 테크놀로지의 관점에서 스포츠를 조망하고자 한다.

제1절 매스미디어의 개념과 이론

1. 매스미디어의 의미

현대와 같이 복잡하고 광범위한 환경 속에서 인간들이 직접 경험하는 지식과 정보는 얼마 되지 않는다. 그리하여 인간은 간접적인 경험에 의존하지 않고는 많은 지식과 정보를 받아들일 수 없다. 간접적인 경험을 전달하는 매스미디어를 통해 인간들은 보다 많은 것을 경험하게 되었고, 이러한 매스미디어는 인간의 태도·행동·사고의 방향에 큰 영향을 주고 있다. Bryant(1977)는 "지리적인 거리를 단축시키고 새로운 인적 태도를 만들어 내며 새로운 사회· 문화적 문제를 발생케 하는 근대기술 중 가장 뚜렷한 것은 보도 및 전달기관의 개혁과 발명"이라고 하였다.

매스미디어는 전근대적인 사회에서 자본주의적·근대적 사회로의 이행과 더불어 출현·발달하여 왔다. 기술적으로 15세기 중엽에 개발된 활판인쇄가 미디어 본래의 역할을 가능하게 한 것이다. 그러나 신속 및 대량의 정보를 필요로 하는 사회의 형성이 그 배경이었음은 두말할 나위가 없다. 16세기 전반까지 유럽에서는 서적·팸플릿 등의 인쇄부수가 평균 1,000부에 지나지 않았고, 독자도 소수의 특권층이나 부유한 지식계급에 국한되어 있었다. 미디어의 영향이 본격화되기 시작한 것은 일간신문이 등장한 18세기에 이르러서이다. 19세기는 인쇄 미디어의 완성기로서 현대의 신문·출판의 주요 요소는 19세기 전반에 모두 갖추어졌으며, 통신사의 출현도 이 무렵의 일이다. 19세기말에서 20세기에 걸쳐 선진국에서는 격렬한 신문경쟁이 전개되었으나 제1차 세계대전 때까지 이들 국가의 대부분은 독점신문의 시대로 들어서고 있었다. 레코드·영화가 19세기 후반에 발명되긴 하였지만 1920년대와 1940년대에 각각 실용화된 라디오와 텔레비전이 인쇄매체 중심이었던 매스미디어의 양상을 일변시켰다.

서구에서 근대 신문의 출현이 필연이었던 역사적 원인

상공업의 발달과 시민계급의 출현, 합리주의 정신을 개발한 사회사상의 대두, 교육기관의 설립과 확대, 계속되는 전쟁과 지리상의 발견 등에 따라 폐쇄된 좁은 사회가 공개된 넓은 사회로 이행되고, 신흥시민계급이 절대주의 왕권과 대결하는 과정에서 대규모 소식의 전달수단이 필요했기 때문이다.

최근에는 다시 전파신문이나 비디오, 카세트 등의 새로운 미디어가 개발되고, 통신위성의 이용에 의한 매스미디어의 국제화가 추진되고 있다. 매스미디어에 대해 McPherson(1978)은 "비교적 적은 수의 사람들이 많은 수의 사람들과 신속하고, 동시에 메시지를 전달하는 과정"이라고 했으며, Weiss(1971)는 "다양한 사람들에게 신속하고 효과적으로 메시지를 전달하는 조직화된 수단"이라고 했다. 다시 말해 매스미디어는 매체(媒體)·수단(手段)이란 뜻으로서 불특정 대중에게 공적·간접적·일방적으로 많은 사회정보와 사상(事象)을 전달하며, 신문·TV·라디오·영화·잡지 등이 대표적인 것이다(Loy, McPherson & Kenyon, 1978). 오늘날의 매스미디어는 대부분 사기업으로 운영되는 특징이 있다. 사기업은 이윤의 획득과 경영의 안정이 우선시되기 때문에 내용의 저속화와 안이함, 그리고 타성으로 흐르기 쉬운데 비해, 독재 또는 전체주의 사회에서는 정부와 지배정당에 의해서 편집과 제작방침이 좌우된다.

오늘날 선진국에는 신문·라디오·텔레비전 등이 거의 모든 가정에 보급되어 있는 만큼 수용자에 대하여 미디어가 발휘하는 효과는 매우 크다. 특히 국민심리에 미치는 영향이 지대하여 의견·동향·취미 등은 매스미디어가 설정하는 방향으로 크게 기울기 쉽다. 그러므로 국가상황을 파악하는 가장 기본적인 요소는 매스미디어의 양상에 있다고 할 수 있다. 더욱이 텔레비전과 같이 어린이들에게 인기 있는 미디어는 그들의 정서를 좌우할 뿐만 아니라, 심층심리(深層心理)에까지 영향을 미치게 된다. 어느 국가를 막론하고 텔레비전이 어린이들에게 미치는 효과가 중요한 관심사로 대두되고 있는 것도 이 때문이다.

현대의 매스미디어는 사회적·경제적·기술적 조건에 의해 그 기구는 필연적으로 대규모적이며, 독점적인 것이 될 수밖에 없다. 그러므로 매스미디어는 자본주의·사회주의를 불문하고 체제화 되어 있으며, 그 사명에서 볼 때 국가권력이나 사적 세력에 구애됨이 없는 자유스러운 입장이 바람직하다. 그리고 매스미디어는 국민의 알 권리(자유)를 지킨다는 기본적인 의무에 충실해야 한다. 오늘날에 있어서 언론자유의 가장 큰 문제점은 매스미디어가 그 책임을 다하고 있느냐의 여부에 달려 있다. 매스미디어의 자유도가 거의 그대로 국민의 자유도로 평가되는 연유가 여기에 있다. 그러나 매스미디어가 지니는 강력한 영향력에 비추어 명예나 사생활 등 개인의 인격권을 함부로 침해할 수 없도록 하는 것도 매스미디어의 중요한 사회적 책임이라고 할 수 있다. 그리고 현대사회는 미디어의 발달로 인해 인쇄 미디어와 전파 미디어의 한계가 모호하게 되면서 각 미디어간의 경계를 허물어 버리는 방향으로 전개되고 있다. 뿐만 아니라 사회가 정보홍수의 혼돈상태에 빠져들 우려마저 낳고 있는데, 이러한 현상은 새로운 미디어가 등장할 때마다 예견된 사실이었다. 그리하여 인류사회의 보전과 발전은 새로운 미디어의 기술적 장점을 어떻게 활용하느냐에 달려 있다고 볼 수 있다.

매스미디어를 논할 때 항상 언급되는 것이 스포츠와의 상관성이다. 근대에서 미디어의 등장은 스포츠계에도 엄청난 영향을 미치게 되었다. 매스미디어를 좌우하는 광고업자들과 기업가들은 시청자나 청취자, 그리고 애독자들의 관심사를 파악하였다. 사람들의 관심사를 파악한 업자들은 매스미디어를 통해 스포츠에 대한 신속하고 정확한 정보를 제공함으로써 스포츠계를 발전시켰다. 그리고 아나운서나 기자들은 우상 창조, 비유, 은유 등을 통해 사람들로 하여금 스포츠경기를 흥미롭고 스릴 있게 만듦으로써 매스컴을 통한 스포츠 붐을 조성해 나갔다. 뿐만 아니라 과장된 어구와 기발한 아이디어로 스포츠를 주요 기업으로 승격시켰으며, 스포츠를 상품화시켜 금전적인 이윤을 추구하였다. 그리하여 대중매체를 좌우하는 업자나 방송관계 종사자, 그리고 스포츠 기업가는 스포츠를 제공하면서 동시에 이익을 추구하고 있다. 매스미디어와 스포츠는 동반자적 관계를 발전시켜 온 것이다.

2002 한일월드컵 기간 동안의 광고단가

2002 한일월드컵 축구대회 기간 동안 방송광고 판매실적을 보면, 방송 3사는 한국팀의 4강 진출에 힘입어 FIFA에 지급한 중계권료(3,500만 달러=약 456억 원)를 훨씬 초과한 총 1,377억 원의 수익을 올렸다. 그러나 광고 판매가의 인상으로 방송사들은 잇속을 챙긴 반면, 이에 따른 부담은 고스란히 광고주들과 소비자들에게 전가되었다.

KOBACO(한국광고공사)는 월드컵이 시작되기 전 한국전의 15초 광고요금으로 3,690만 원을 받았다. 이 광고단가가 워낙 높은 금액이었기 때문에 기업의 광고 담당자들은 의아해 했으나 한국 축구대표 팀이 예상 외로 승승장구 하면서 더 높은 금액을 책정하였다. 준준결승인 대 독일전은 15초에 1,200만 원 선인(MBC 뉴스데스크) 것을 감안하면 경이적인 가격이었다. 한국 팀의 성적이 좋게 나오지 않는 이상 책정될 수 없는 가격이었다고 한다(김도균, 2003).

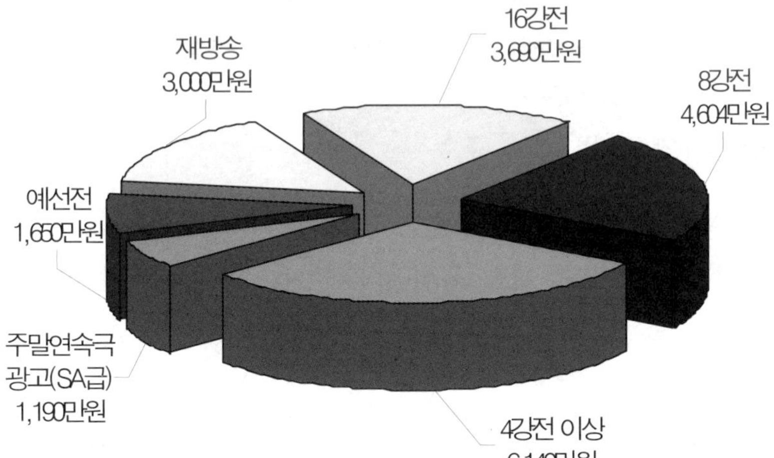

그림 3-1. 2002년 한일월드컵 광고 단가

2. 매스미디어의 역할과 기능

오늘날 신문, 방송 등의 매스미디어는 현대인의 일상생활에 중요한 역할을 하고 있다. 우리의 지각형태, 사고방식, 가치주입, 태도형성, 그리고 행위형태에 절대적인 영향을 미치는 것이 매스미디어이다. 이러한 매스미디어의 기능은 다음과 같다.

1) 감시 기능

사회에서 발생하는 사건이나 문제점 또는 특정사건 등에 대한 정보를 수집하여 전달하는 기능을 말한다. 현재 각 방송사에서 방영되는 시사 프로그램이나 고발 프로그램 등은 사회에서 발생하는 특정 사건을 전달하고, 그러한 사건들을 감시·방지하기 위한 프로그램이다. 미디어의 사회 감시 기능은 미디어의 공익적 차원에서 중요한 것이라고 할 수 있다.

2) 사회 각 영역의 연결 기능

사회 구성원의 상호이해를 촉진시키는 기능으로서 구성원의 여론형성을 수용하게 하며, 때로는 역사를 추진시키는 대중행동을 촉발하는 선도적 역할을 한다. 예를 들면, 방송의 시사토론회가 이러한 기능에 해당된다.

3) 사회유산의 전승 기능

사회구성원을 사회화시키는 원동력이 되는 기능을 말하며, 한 세대에서 다른 세대에게 가치, 정보, 관습, 규범 등을 전달하는 기능을 말한다.

4) 오락적 기능

각 미디어의 형태는 오락의 성격을 띠고 있다. 스트레스와 긴장감을 가지고 살아가는 현대인에게 오락을 제공함으로써 스트레스를 해소시키고 생활에 활력을 주는 기능이 있다. 승패를 겨루는 스포츠경기에 있어서는 이를 접하는 사람은 간접적으로 경기에 참여하는 것이 되며, 또한 더불어 즐기는 결과가 되므로 스포츠 보도나 중계방송은 흥미, 오락의 성격을 띠게 마련이다. 스포츠 기사를 읽는 독자가 많다는 사실과 스포츠 중계방송

때 텔레비전 앞에 시청자들이 모이는 것도 스포츠의 오락성 때문이다. 신문의 경우 나름대로의 특징과 유머를 지니고 있으며, 잡지나 책도 모험이나 유머, 신비 등의 이야기를 제공해 준다. 텔레비전 방송도 쇼 프로그램 등을 통해 사람들에게 오락적 요소를 제공하고 있다.

미디어의 오락적 기능이 증대되는 이유

영화나 음반은 주로 오락의 기능을 수행하지만 미국의 경우 일간신문 메시지 총량의 12%(스포츠기사를 포함할 경우에는 14%)는 오락용 기사들이다. 텔레비전의 경우에는 그 메시지의 4분의 3이 오락용이다. 이처럼 미디어의 오락적 기능이 증대되는 이유는 노동시간의 축소와 밀접한 관련이 있다. 과거에 오락기능은 거의 모두가 대인접촉을 통해 이루어졌지만 현재의 미디어는 많은 수용자들이 집단적으로 레저시간에 오락을 즐길 수 있도록 오락비용을 크게 줄일 수 있게 했다. 미디어 오락물이 산업적으로 흥행에 성공하고 성장하는 까닭은 큰 힘을 들이지 않고 앉아만 있어도 우리를 즐겁게 해주는 타인이 있기 때문에 오락을 위한 별도의 에너지가 매우 적게 소요된다(유일상, 2002).

5) 교육적 기능

미디어의 기능 중 하나는 교육적 기능이다. 어린이 프로그램인 '뽀뽀뽀'나 '혼자서도 잘해요' 와 같은 프로그램은 어린이들에게 교육적 정보를 제공해 주는 역할을 하며, 학생들과 일반인들도 교육방송을 통해 지식을 얻게 된다.

6) 문화적 기능

문화는 커뮤니케이션에 의존하고 있다고 해도 과언이 아니다. 여기서 말하는 문화적 기능이란 어떠한 환경을 기계적 수단(예를 들면 TV, 라디오 등)을 통하여 도시는 물론 시골까지 확대시키는 기능을 말한다. 요즘은 이러한 매스미디어의 기능 때문에 시골도 도시와 유사한 문화를 지니고 있다.

7) 정보전달 기능

매스미디어의 독특한 기능은 정보전달이다. 매스미디어는 스포츠를 비롯한 사회 모든 부문에 관한 정보를 제공해 준다. 스포츠의 경우, 게임의 결과나 선수와 팀 성적 등과 같은 구체적 사실을 전달해 주는 기능도 수행하고 있다.

8) 사회통합과 사회변동의 기능

매스미디어는 사회통합과 사회변동의 기능을 가지고 있다. 즉 매스미디어는 사회통합 기능을 통해 사회구성원들에게 공공의 구심점을 제공함으로써 공동의 규범이나 의식·가치들을 공유할 수 있게 한다. 이러한 사회통합에 미디어가 그 중추적 역할을 하고 있다. 미디어는 공유된 가치와 규범을 조장시키고 사회구성원들로부터 공동의 합의를 구할 수 있게 한다. 또한 매스미디어는 사회변동을 촉진시키는 기능을 한다. 사고와 사건에 대한 단순한 보도도 생활의 여러 분야에서 변화를 조장시키고 자극제가 될 수 있다.

9) 현실도피의 기능

매스미디어는 울적한 감정을 방출시킴으로써 현실에 묶여 있는 스트레스나 좌절을 없애는 기능을 한다. 현대사회에 있어서 사회구성원들은 생활의 많은 부분을 미디어가 주는 정보와 혜택에 거의 의지하고 있기 때문에 그에 의지하지 않고서는 생활 자체가 불가능하다고 할 수 있다. 동시에 사회구성원들은 매스미디어를 통하여 관심과 지식 내용을 넓힐 수는 있지만, 획일적인 정보를 계속적으로 동시에 전달받고 있기 때문에 대중의 사고와 행동은 점차 동질화되어 갈 수 있다는 위험성도 내포하고 있다.

3. 매스미디어의 종류

매스미디어는 미디어 콘텐츠의 제작기술과 제작방식(인쇄매체와 전자매체), 수용자의 사유정도(핫 미디어와 쿨 미디어), 이용자의 주된 용도(오락매체와 정보매체), 목표 수용자의 사회적 속성(엘리트 미디어와 대중 미디어), 미디어의 체계 등에 따라 여러 가지로 분류될 수 있다.

1) 제작기술과 제작방식에 의한 분류 : 인쇄매체와 전자매체

매스미디어는 그 제작에 필요한 기술과 방식에 따라 인쇄매체(print media)와 전자매체(electronic media)로 대별할 수 있다. 인쇄매체로는 도서(책), 잡지와 신문 등을 들 수 있고, 전자매체로는 텔레비전, 라디오, 음반과 비디오, 영화, 웹 등을 들 수 있다.

2) 사유와 인식의 정도에 따른 분류 : 핫 미디어와 쿨 미디어

McLuhan은 책, 잡지와 신문 등의 인쇄매체를 핫 미디어라 보고, 전자매체 가운데 특히 텔레비전을 쿨 미디어로 분류하였다. McLuhan이 말하는 핫 미디어와 쿨 미디어는 전달정보, 선명도, 전달정보량을 기준하여 미디어를 분류한 것이다.

3) 하위체계에 의한 분류

어떤 학자들은 경제적인 선진국에서 매스미디어가 매우 복잡하게 성장하고 있는 점을 주목하면서 전통적인 분류 대신에 미디어의 현 실태를 이해하면서 <표 3-1>과 같은 하위체계별 분류를 제안하고 있다.

표 3-1. 매스미디어의 하위체계에 의한 분류

하위체계	의 미
상업매체	전통적으로 비교연구의 핵심주제가 되는 이윤추구형 매체
정부매체	정부가 사실상으로 통제를 행하는 매체로 상업매체와 공존할 수도 있음.
공공매체	시민이나 정부의 재정지원을 받아 공공재가 될 수 있음.
조직매체	전문가단체, 종교기관, 기업체 등의 비정부단체를 위해 복무하는 매체
개인매체	개인의 필요와 관심에 익숙해져 온 매체
정치매체	정치적 당파가 사용하는 매체

4. McLuhan의 미디어 이론

사회에서의 미디어 역할에 관한 Marshall McLuhan의 혁신적인 아이디어는 전자시대의 미디어 및 커뮤니케이션 이론에 큰 변화를 일으켰다. McLuhan(1966)에 의하면 사회와 미디어는 상호 불가분의 관계에 있다고 보고, 특정사회는 그 사회에서 가장 지배적인 미디어 형태가 무엇이냐에 따라 성격이 특징 지워지기 때문에 미디어를 이해하는 것이 곧 그 사회를 이해하는 지름길이라 주장하였다. 미디어가 곧 메시지라고 생각하였던 그는 전달되어지는 미디어의 내용보다는 전달하고 있는 미디어 자체가 곧 그 사회의 진정한 메시지라고 보았다.

사회의 역사적 발전과 미디어의 형태에 관한 McLuhan의 견해는 인간역사를 전 문자시대, 문자시대, 후 문자시대로 구분하고 있다. 각 시대는 그 시대에 발견되는 지배적인 미디어 형태에 의해 특징 지워질 수 있다. 즉 전 문자시대에서는 구두 의사소통 사회이므로 직접적으로 인간들이 얼굴을 맞대고 의사소통을 하는 전체감각의 연장시대인데 비하여, 인쇄기술이 발전하면서 커뮤니케이션은 직선형을 강조하는 시각의 연장을 요구하게 되었다. 근래에 이르러서는 텔레비전이나 컴퓨터 전자제품의 발명으로 후 문자시대가 대두되었으므로 결국 미디어를 통하여 세계는 작은 촌락과 같은 지구촌을 형성할 수 있게 되었다. 따라서 미디어를 통하여 메시지를 수용할 경우 시각, 청각 등의 총 감각을 이용한 수용방법에 의하여 커뮤니케이션이 이루어지고 있다.

미디어의 영향력은 미디어 자체가 지닌 정의성(definition), 수용자의 감각 참여성(participation), 감각 몰입성(involvement) 등에 의해서 결정된다. 즉 미디어의 영향력을 구분하는데 다음 두 가지 조건을 들 수 있다.

첫째, 미디어 자체가 지니고 있는 정의성의 상태
둘째, 미디어를 수용하는 수용자의 수용방법

예컨대 신문·잡지·라디오와 같은 미디어들은 그 자체가 높은 정의성을 지니고 있기 때문에 이들은 미디어 수용자에게 낮은 감각의 참여와 몰입을 요구하게 되는 반면, 텔레비전·만화·영화 같은 미디어들은 이와 반대로 그 자체가 낮은 정의성을 지니고 있으므로 이를 받아들이는 미디어 수용자에게 높은 감각의 참여와 몰입을 요구하게 된다. 이와 같은 사실을 토대로 하여 McLuhan은 미디어 그 자체의 정의성과 수용자의 감각 참여성, 감각 몰입성을 기준으로 하여 미디어를 핫 미디어(hot media)와 쿨 미디어(cool media)로 구분하였다. 그리하여 문자시대에 적합한 미디어는 핫 미디어로 보았으며, 전·후 문자시대에 적합한 미디어는 쿨 미디어로 분류하였다(McLuhan, 1966). 다시 말하여 McLuhan은 미디어 속에 담긴 메시지의 상태와 이를 수용하는 수용자의 감각적 태도나 감각동원 방법에 의하여 미디어 형태를 핫 미디어와 쿨 미디어로 구분하였다.

핫 미디어는 전달되는 메시지의 내용에 관계없이 전달되는 메시지 상태가 논리적이며 사전 계획적이고 직접적으로 전달되는 메시지로서 그 자체가 높은 정의성을 지니게 되므로 이를 수용하는 미디어 수용자는 낮은 감각의 참여와 낮은 감각의 몰입을 통하여 메시지를 수용할 수 있다. 즉 신문, 잡지, 라디오, 화보 등의 핫 미디어들은 메시지의 정의성이 높게 충만되어 있으므로 수용자의 감각 참여성과 몰입성이 낮게 요구되고 논리성이 높은 특징이 있다. 그리고 일시적인 전달보다는 장시간을 통하여 개별적으로 수용하기에 적절한 미디어의 형태를 핫 미디어라고 부른다.

쿨 미디어는 핫 미디어와는 반대로 미디어 자체가 낮은 정의성을 지니고 있기 때문에 미디어 수용자들은 높은 감각의 참여와 높은 감각의 몰입을 통하여 전달되어지는 메시지를 수용할 수 있다. 이와 같은 미디어들은 전자시대에 적합한 미디어로서 TV, 영화와 같이 전달되어지는 메시지 상태가 즉흥적이고 일시적이며 비논리적이기 때문에 주어지는 정보 제공량은 적은 반면, 전달하려는 메시지의 내용은 충분하게 채워져 있으므로 메시지를 수용할 때 수용자의 주관이 개입하기에 적당하고 수용자의 심리적 반응효과가 크다. 즉 쿨 미디어는 전달되는 메시지 형태가 일정한 방향을 이루기보다는 분산되고 확산되어 복잡한 형태로 전달되어지므로 이러한 미디어를 접하는 수용자는 모든 감각을 집중시켜 받아들여야 만족스럽고 충족한 메시지를 전달받을 수 있게 된다. 이러한 형태의 쿨 미디어에는 TV, 비디오, 만화, 영화 등이 포함된다(McLuhan, 1966). 그러나 핫 미디어와 쿨 미디어의 구별은 매우 상대적이며, McLuhan 자신도 인정하듯이 상당히 혼란스럽고 서로 모순되기까지 하다.

5. 매스미디어에 대한 이론

1) 개인차 이론

개인차 이론(individual differences theory)은 매스미디어가 관람자(viewers)의 퍼스낼리티 특성에 호소하는 메시지를 제공한다고 주장한다. 즉 개인의 독특한 심리욕구를 만족시키기 위해 매스미디어를 이용한다는 것이다. Katz, Gurevitch, 그리고 Hass(1973)는 매스미디어가 해결해 주는 욕구로 다음 네 가지를 들었다.

첫째, 인지적 욕구(보다 많은 정보, 지식 및 이해)
둘째, 정의적 욕구(심미적, 감정적 경험)
셋째, 통합적 욕구(진실성, 신뢰성, 지위, 가족 및 친구들과의 접촉)
넷째, 도피적 욕구(규범적인 사회 역할로부터의 긴장 완화 및 도피)

스포츠의 경우에 있어서 Birrell과 Loy(1979)는 매스미디어가 다음의 4가지 결과를 가져다준다고 주장하였다.

첫째, 인지적 욕구인 정보의 기능에 있어서 매스미디어는 게임의 과정에 대한 지식, 게임의 결과에 대한 지식, 그리고 경기자와 팀에 대한 통계적 지식을 제공해 준다.

둘째, 통합적 기능에 있어서 매스미디어는 사회집단과 친화하게 하고 다른 관중과 사회적 경험을 공유하게 한다.

셋째, 각성 또는 정의적 기능에 있어 매스미디어는 흥분을 제공해 준다.

넷째, 도피적 기능에 있어 매스미디어는 불안, 초조, 욕구불만, 좌절 등의 감정을 정화해 준다.

스포츠에 있어서의 인지적 욕구는 신문과 잡지에 의해 가장 잘 충족되며, 그 다음 TV와 라디오라고 설명하고 있다. 그리고 통합적 욕구는 하나의 사건에 참여함으로써 가장 잘 충족되고, 그 다음 TV, 라디오, 신문의 순이며, 정의적 욕구는 직접적 참가와 TV를 통해 가장 잘 충족되고, 도피적 욕구는 모든 형태의 매스미디어에 의해 충족되지만 특히 TV의 경우에서 두드러진다고 주장하고 있다.

2) 사회범주 이론

사회범주 이론(social categories theory)은 산업사회의 도시에는 이미 노출되었던 일련의 자극에도 불구하고 거의 똑같은 반응을 보이는 대다수의 집단이나 집합체 또는 사회범주가 있다고 주장한다(De Fleur, 1970). 달리 표현하면 매스미디어에 대하여 상이하게 반응하는 하위집단이 널리 존재하고 있다는 것이다. 이 이론은 스포츠의 소비형태가 연령, 성, 사회계층, 교육수준, 결혼여부 등에 따라 차이가 있다는 사실에 근거하고 있다. 이러한 접근에 있어서 한 가지 제한점은 사회범주에서 고립되어 있고 교육정도가 낮은 하위 계층의 50대 흑인여성은 보통 인정되지 않는다는 것이다. 즉 특수한 하위집단의 생활습관은 대개 간과된다는 것이다. 이러한 접근방법은 매스미디어의 영향과 접촉이 비록 중요할지라도 서로 다른 하위집단의 구성원에게 획일적으로 영향을 미치지 않는다는 사실을 일깨워 주는 것이다.

3) 사회관계 이론

사회관계 이론(social relationships theory)은 "비공식적인 사회관계는 개인이 매스미디어가 제공하는 메시지에 대해 반응하는 태도를 수정하게 하는 중요한 역할을 담당한다."고 주장한다(De Fleur, 1970). 학자들은 이 이론이 청소년의 스포츠 소비자 역할 사회화 과정에 대한 연구에서 정립되었다고 주장한다(McPherson, 1976). 청소년이 스포츠 소비자 역할로 사회화되는 것은 다음 요인과 관계가 있다는 것이다.

첫째, 스포츠를 소비하는 중요 타자의 수
둘째, 중요 타자의 스포츠 소비의 빈도
셋째, 스포츠를 소비하는 중요 타자와의 상호작용의 정도
넷째, 스포츠에 자발적으로 참여하는 가족 구성원으로부터 받은 스포츠 소비에 대한 승인의 정도
다섯째, 부모가 즐기는 여가활동의 위계서열 중 스포츠의 중요도
여섯째, 청소년기의 일차적 스포츠참가
일곱째, 청소년기의 사회환경에서 스포츠참가의 기회

따라서 개인의 매스미디어 스포츠소비의 유형은 중요 타자의 가치와 행동에 의해 다양하게 영향을 받는다고 할 수 있다(Guttman, 1986).

4) 문화규범 이론

문화규범 이론(cultural norms theory)은 매스미디어가 현존의 사상이나 가치를 선택적으로 제시하고 강조한다고 주장한다. 예컨대 다음과 같은 관념이 스포츠를 보도하는 미디어를 통하여 선택적으로 주입될 수 있다는 것이다.

첫째, 스포츠소비가 가치 있는 여가활동이다.
둘째, 노화는 신체적·사회적 활동에의 참가를 감소시킨다는 것을 의미하지 않는다.
셋째, 젊은 성인남자는 작업이나 게임이 끝난 후 맥주를 마신다.

De Fleur(1970)는 매스미디어가 다음의 세 가지 방법으로 개인의 규범적 인지에 영향을 미친다고 강조한다.

첫째, 기존의 규범과 유형이 강화된다.
둘째, 새로운 사상이나 규범이 창조된다.
셋째, 기존의 규범이 바뀔 수 있고 새로운 행동유형이 대두된다.

비록 증거는 불충분하나 북미에서 매스미디어가 스포츠를 취급하는 양태는 수많은 스포츠 영역에서 태도와 행동의 변화를 가져오는데 일조한다고 볼 수 있다. 그 예로서 매스미디어 소비의 결과로 인해 국민들이 흑인과 여성운동 선수에 대한 자신들의 부정적 고정관념을 변화시켜 왔으며, 아마추어리즘, 프로페셔널리즘, 올림픽 이상에 대한 태도, 생애주기에 따른 일차적 및 이차적 스포츠참여의 장점에 대한 신념 등이 변화되었다. 특징있는 4명의 노파가 등장하는 미국의 TV 쇼인 'The Golden Girls'를 보면 각 등장인물은 신체적으로나 사회적으로 매우 활발한 생활을 영위하고 있다. 이에 대해 문화규범 이론은 미디어에서 노령 여성을 위한 활동적인 생활양식을 제공함으로써 나이 든 사람과 그들이 상호작용하는 사람의 태도가 그러한 방향으로 수정될 것이라고 주장한다.

매스미디어는 또한 우리의 삶이 시간이 지남에 따라 어떻게 변천해 왔는가에 대한 성찰의 시각을 제시한다. 특히 신문은 특정시대의 사회생활에서 고유한 규범, 신념, 가치, 여론, 사실에 대한 최상의 직접적, 간접적 원천이 되어 왔다. 신문을 시대에 따라 검토해 봄으로써 우리는 우리 삶의 특정국면에서, 그리고 우리의 가장 중요한 몇몇 사회제도에서의 변화를 인지할 수 있다.

제2절 스포츠와 매스미디어의 관계

1. 스포츠가 매스미디어에 미치는 영향

1) 스포츠의 우월성

매스미디어는 신체적, 시간적, 사회적 거리가 협소한 다수의 사람들에게 비교적 소수의 사람들이 신속하고 동시적으로 정보를 전달할 수 있는 기술체계를 말하는데 일반적으로 신문, 잡지, 책 등과 같은 인쇄미디어와 라디오, TV, 영화 등과 같은 방송미디어로 구성되어 있다. 이러한 매스미디어는 스포츠와 서로 역동적이면서 순환적인 관계를 갖는다. 매스미디어를 통한 스포츠보도는 스포츠행위를 사회적 커뮤니케이션의 커다란 부분으로 변화시켰으며, 특별한 사회적 위상을 갖도록 유도하고 있다. 스포츠뉴스가 중요한 미디어정보라는 사실과 우리나라에서 TV를 통한 스포츠 중계방송이 높은 시청률을 보이는 것은 매스미디어에 있어서 스포츠에 관한 논쟁이 커뮤니케이션학의 새로운 영역으로 편입되어야 한다는 논제로 연결된다(송해룡, 1993).

역대 TV 스포츠프로그램과 드라마 시청률 현황을 살펴보면 월드컵 축구대회 혹은 올림픽 축구경기의 중계방송이 인기 드라마를 앞설 정도로 높은 시청률을 올리고 있다. 이러한 결과는 국제스포츠이벤트의 비중이나 축구의 인기와도 상관관계가 있겠지만 TV를 통해 누릴 수 있는 재생효과, 경기해설, 그리고 음향효과 등의 장점이 상호 작용되어 나타난 결과라 할 수 있다. TV 방송사에 있어서 스포츠는 매우 매력 있는 프로그램 장르라 할 수 있다. 그 이유는 TV 스포츠 중계방송이 대본이나 배우 등을 필요로 하지 않는 자연성을 지니고 있기 때문이다. 즉 선수자체가 배우이며 경기장이 무대가 된다. 대본이 없음에도 불구하고 극적인 장면이 자연스럽게 연출되며, 관중의 열광적인 응원은 음향을 대신하기에 충분하다. 재현되는 경기장면을 그대로 방송만 하면 되는 것이다.

표 3-2. 역대 TV 스포츠 프로그램 시청률 현황(1994–2005)

순위	스포츠			
	일시	대진국	시청률	행사명
1	1998. 06. 14	멕시코	78.1%	'98프랑스월드컵 본선
2	1998. 04 .01	일본	73.3%	'2002년 월드컵 공동개최 기념
3	1996. 09 06	일본	70.5%	'96애틀란타 올림픽 지역예선
4	1997. 10 18	우즈베키스탄	69.3%	'98프랑스월드컵 지역예선
5	1997. 11. 09	UAE	64.1%	'98프랑스월드컵 지역예선
6	1994. 06. 02	볼리비아	63.7%	'94미국월드컵 본선
7	1997. 11. 01	일본	63.4%	'98프랑스월드컵 지역예선
8	1994. 10. 04	UAE	59.6%	'98프랑스월드컵 지역예선
9	2005. 06. 03	우즈베키스탄	59.6%	'06독일월드컵 지역예선
10	1994. 10. 09	일본	57.8%	'94아시아축구 준준결승전

*스포츠 시청률은 TNS미디어코리아와 닐슨미디어리서치[10]의 집계 중 가장 상위에 해당되는 수치를 채택함.

표 3-3. 역대 TV 드라마 시청률 현황(1992–2005)

순위	드라마				
	일시	프로그램	방송사	시청률	시청점유율
1	1997. 04. 20	첫사랑	K2TV	65.8%	82%
2	1992. 05. 24	사랑이 뭐길래	MTV	64.9%	82%
3	1995. 02. 16	모래시계	STV	64.5%	76%
4	2000. 04. 24	허준	MTV	63.8%	-
5	1995. 11. 12	젊은이의 양지	K2TV	62.7%	74%
6	1998. 04. 12	그대 그리고 나	MTV	62.4%	62%
7	1993. 03. 21	아들과 딸	MTV	61.1%	75%
8	2001. 05. 20	태조 왕건	K1TV	60.2%	-
9	1992. 02. 06	여명의 눈동자	MTV	58.4%	81%
10	1998. 10. 12	보고 또 보고	MTV	57.3%	73%

*드라마 시청률은 TNS미디어코리아와 닐슨미디어리서치의 집계 중 가장 상위에 해당되는 수치를 채택함.

10) 국내 시청률 조사회사는 닐슨미디어리서치와 TNS미디어코리아 두 곳이다. 조사회사에 따라 시청률 집계 결과가 차이가 나는 이유는 조사대상이 되는 표본집단이나 집계시스템이 다르기 때문이다. 닐슨은 전국의 1,550가구를, TNS는 1,500가구를 대상으로 시청률을 조사한다. 또한 닐슨은 시청자가 보는 채널의 주파수를, TNS는 화면을 잡아 시청률을 집계한다. 따라서 조사방법과 조사시기에 따라 약 8.6% 차이가 나타날 수 있다(이진영, 2005).

또한 <표 3-4>에 나타난 바와 같이 스포츠 프로그램은 다른 프로그램에 비해 제작비가 적게 든다는 매력성이 있다. TV 방송 3사가 제작·방영된 드라마 중 시청률이 높게 나타난 모래시계와 용의 눈물이 28억 원 내지는 160억 원의 막대한 제작비가 소모된 반면, 박찬호 경기의 독점 중계권료는 13억 원에 불과하다. 즉 스포츠 중계방송은 화제성이 크고 흥미진진해 아군과 적군이 생동감 넘치는 연기를 보이며, 역동적이고 극적인 장면까지 연출된다(최영환, 1999). 이처럼 경기시간의 불규칙성만 제외하면 스포츠만큼 완벽한 TV 프로그램은 없다. 단적인 예로 1984년 LA 올림픽 조직위원장인 피터 유베로스(Peter V. Ueberroth)[11)]는 "올림픽에서 가장 필요한 것은 대규모 경기장이 아니라 TV 카메라를 놓을 수 있는 공간이다"라고 말할 정도로 TV의 광파성 효과는 실로 엄청나다(김범식 등 9인, 2002).

표 3-4. 스포츠 중계방송과 드라마 제작비 비교

구 분	박찬호 경기	모래시계	용의 눈물	태조 왕건
제작비	13억 원	28억 원	160억 원	332억 원
편당 제작비	1,200만원	1억 1,600만원	1억 60만원	2억
평균 시청률	17%	30%	26%	42.6%
제작기간	없음	2년	2년 이상	2년 이상

*출처 : 김영석(2000). 스포츠와 미디어 그리고 마케팅. 서울: 신아출판사.

매스미디어는 그 자체의 기능을 통하여 대중에게 스포츠에 대한 각종 정보를 제공하고 전문지식을 전달함으로써 스포츠에 대한 관심과 흥미를 유발시키고 있는데 국내외에서 거행되는 경기의 결과 및 성적 등의 보도를 통하여 국내외의 스포츠현상을 알 수 있게 해주며, 각국의 스포츠문화, 체육시설 등을 교류할 수 있도록 도와줌으로써 스포츠 발전에 상당한 도움을 주고 있다(김동하, 1980). Shecter(1970)에 의하면, 미디어는 스포츠현장에서 간과하기 쉬운 이미지를 생생하게 묘사하여 재현시켜 줄 수 있으며,

11) 유베로스는 1984년 LA올림픽에서 상업화 개념을 도입하여 흑자 올림픽의 원년을 기록한 장본인이다. 특히 그는 방송중계권료만으로 대회운영의 반 이상을 충당했다. LA올림픽의 재정흑자는 스포츠의 미디어 가치를 꿰뚫고 있기 때문에 가능했다.

스포츠경기의 하이라이트를 재생시켜 주고, 경기에 대한 지식과 정보를 통계적으로 제공하는 장점이 있다고 하였다.

미국의 경우, 스포츠에의 가장 큰 참여는 TV, 라디오, 책, 잡지 등을 통해 일어남을 알 수 있는데, Robinson은 미국 성인의 30%가 매일 TV 스포츠를 시청한다고 보고했으며, Kenyon은 그의 연구 표본의 50% 이상이 스포츠를 라디오에서 듣거나 TV를 통해 적어도 일주일에 한 번은 본다고 하였다(Loy, McPherson & Kenyon, 1978). 그리고 한국 갤럽조사 연구소의 '한국인의 매스미디어 접촉실태' 조사에 따르면, 어느 미디어보다 TV 접촉률이 79.6%로 가장 높고, 그 다음이 일간신문 51.6%, 월간잡지 30.8%, 주간잡지 20.2% 순으로 나타났다(김문겸, 1993). 이렇게 스포츠는 TV, 라디오 등의 프로그램과 신문 및 정기 간행물의 보도내용 가운데 많은 부분을 차지하고 있기 때문에 미디어의 스포츠 의존도는 날이 갈수록 증대되고, 스포츠가 발전함에 따라 매스미디어는 각종 스포츠관련 기사를 중요하게 다루게 되어 보도량은 증가하게 된다. 이러한 스포츠지면의 폭발적 증가는 여가활동과 대중소비, 그리고 매스미디어의 발달과 함께 촉진되었다.

스포츠가 현대사회에 미치는 영향이 크기 때문에 각 방송사와 언론사들은 방송 프로그램과 신문기사에 화제성이 있는 스포츠경기를 방영 및 보도하려고 치열한 경쟁을 벌인다. 그리하여 스포츠에 대한 TV 시청시간이 괄목할 정도로 증대되었다. 방송국 측에서는 방송프로그램을 채우기 위해 스포츠에 상당히 의존한다. 미국의 경우를 보면, 주말과 골든아워 시간의 TV 프로그램은 거의 대부분 스포츠로 구성되어 있다. 올스타 게임, 월드시리즈, 슈퍼볼 등으로 거의 모든 채널에 스포츠가 방영되고 있으며, 24시간 동안 스포츠만 방영하는 ESPN(Entertainment Sports Programming Network)과 같은 방송사도 생기게 되었다. 이와 같이 스포츠는 TV 프로그램에서 중요한 역할을 하고 있으며, 최근 방송국의 주요 동향은 스포츠경기의 독점지향이라고 할 수 있다. 그리고 스포츠정보를 위하여 신문을 구독한다는 말이 있듯이 스포츠의 보도는 신문 판매량에 많은 영향을 주고 있다. 그로 인하여 스포츠기사를 위한 지면수가 점점 더 늘어나고 있다. 스포츠기사 지면의 증가는 대중여가를 지향하는 사회적 성격을 말해 주는 것이며, 스포츠가 신문의 기사거리를 제공하고 더불어 판매 부수를 증가시키는데 기여함으로써 스포츠와 미디어의 공생관계가 이루어지게 된다.

ESPN

스포츠만 취급하는 케이블 TV 채널은 빌 라스무센(Bill Rasmussen)의 창조물이었다. 1970년대에 라스무센은 매사추세츠대학의 미식축구 경기를 중계하는 라디오 방송국의 지역 네트워크라는 독창적 아이디어를 꿈꿨었다. 당시는 케이블 방송의 초창기여서 라스무센은 통신위성(중계기)의 시간을 싼값에 빌릴 수 있었다. 그는 이 시간을 간략한 스포츠 해설과 인터뷰, 분석으로 채웠다. 연예 스포츠 프로그램 네트워크(ESPN)는 코네티컷주의 플레인빌에서 시작하여 FCC의 허가를 받아 1979년 9월부터 방송을 시작했다(정준영, 2001). 이후 ESPN은 전 세계 25개 네트워크로 연계되어 있으며, 19개의 언어로 서비스를 제공하고 있다. 한국에서는 2002년 4월 MBC와 ESPN-Star sports 조인트 벤처사업체가 개국하여 현재 각종 스포츠 프로그램을 소개하고 있다. 기본적인 방송채널로서 자리를 잡아가고 있는 ESPN은 사업영역을 방송에 국한시키지 않고, 인쇄매체, 이벤트 개최 등 스포츠팬들을 통한 수익사업을 꾸준히 창출해 내고 있다. ESPN & ESPN 2, ESPN Magazine, ESPN Classic, ESPN News, ESPN Enterprise 등 ESPN 관련 사업체들은 대부분 성공에 성공을 거듭하고 있다. 소비자들이 나날이 현명해지고 있는 상황에서 많은 기업들이 브랜드 확장을 통한 사업을 시도하였지만 EPSN 같은 성공을 거둔 기업을 찾아보기는 쉽지 않다. 미국 국민들의 스포츠에 대한 지대한 관심과 사랑이 그 성공의 근간이라고 할 수 있지만 방송채널에 사업영역을 국한시키지 않고 이벤트 개최, 아마추어 스포츠 중계방송 실시, 머천다이징 사업 등 여러 사업에 대한 투자를 통해 채널 이미지를 성공적으로 확립한 명실상부한 세계 최고의 스포츠채널이라 할 수 있다(강준호, 조성식, 2003).

스포츠는 신문이나 방송 이외에 영화, 비디오, 만화 등과 같은 미디어에도 영향을 미친다. 예를 들면 신문지면의 만화들이 청소년을 대상으로 하는 야구, 축구, 복싱 및 카레이스 등을 소재로 한 내용이 많으며, 또한 소설, 드라마에도 스포츠를 소재로 한 것이 인기를 끌고 있다. 지구촌 사람들의 스포츠에 대한 관심은 대단하다. 예를 들면 '84 LA올림픽 때 올림픽을 관전한 사람이 세계 총 인구 47억 6,000만 명 중 절반 이상인 25억 명이 된다는 사실이다. 또한 현대사회와 같은 자동화, 정보화, 대중화 사회에서는 스포츠의 비중과 관심은 대단히 크며, 이로 인해 매스미디어는 사람들의 관심증대에 따라 기술한 바와 같이 많은 영향을 받고 있다.

한국 스포츠신문의 발자취

우리나라는 스포츠 전문지를 갖고 있는 몇 안 되는 나라 중 하나이다. 특히 1910년대부터는 신문사 주최의 스포츠경기가 활발히 진행되어 스포츠와 매스미디어의 관계는 그야말로 상호보완적인 관계이다. 1986년 아시아경기대회와 1988년 서울올림픽의 개최, 그리고 프로스포츠(야구, 축구, 씨름)가 연이어 등장하기 시작한 80년대 한국은 스포츠 황금시대를 구가하게 된다. 이러한 스포츠문화를 반영하듯이 1985년 스포츠서울과 1990년 스포츠조선이 창간됨으로써 기존의 일간스포츠를 포함 3개의 스포츠전문지가 발행되기 시작하였다. 이는 오늘날의 스포츠가 그 자체 만으로서는 사회문화적 기능을 발휘할 수 없으며, 매스미디어에 의해서 그 기능이 확대되어 수많은 대중들에게 위대한 사회적 세력으로 확산되고 있음을 보여주고 있다. 이러한 변화에 따라 1981년 1월 4일부터 일간신문이 1일 8면(1주 48면) 발행에서 1일 12면(1주 72면) 발행으로 증면되었을 때, 가장 먼저 지면이 늘어난 것은 다름 아닌 스포츠 면이었다. 기존의 2개 스포츠신문(일간스포츠 1969년 9월 창간, 스포츠서울, 1985년 6월 창간)의 시장에 지금까지 스포츠조선(1990 3월 창간), 스포츠투데이(1999년 3월 창간), 굿데이(2003년 12월 창간)가 가세함으로써 한 마디로 스포츠 저널리즘의 황금시대를 구가하게 된다. 그리고 중앙일보가 1994년 9월 1일 부로 국내에서는 처음으로 신문의 섹션화(종합뉴스, 스포츠, 경제 등 48면)를 단행하면서 스포츠에 대한 관심이 신문지면에 여실히 드러나는 현상을 보였다(권욱동, 1995). 현재 스포츠신문의 지면구성은 대체적으로 1면부터 12면 또는 14면까지는 대개 스포츠기사이고 그밖에 다양한 연예, 방송, 레저, 문화, 해외화제, 연재만화, 뉴스, 교양기사, 광고 등을 싣고 있다.

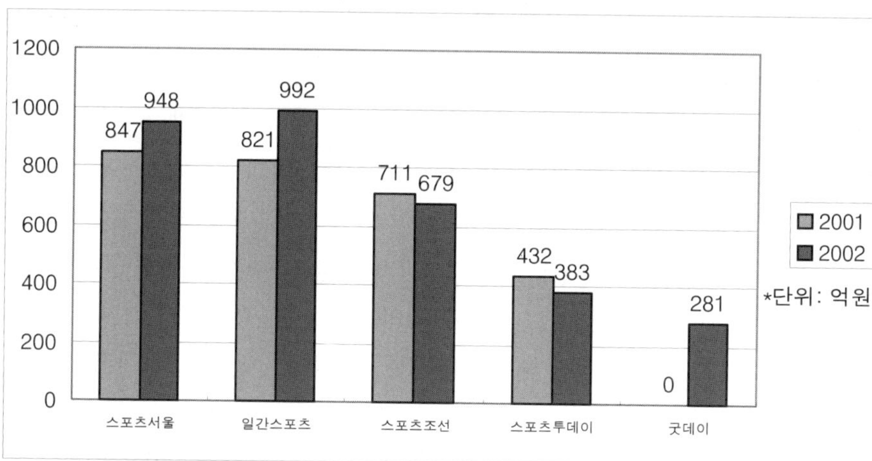

그림 3-2. 스포츠신문 매출 현황(2001년~2002년)
*출처 : 증권감독원, 금융감독원 전자공시, 문화관광부(2003). 체육백서.

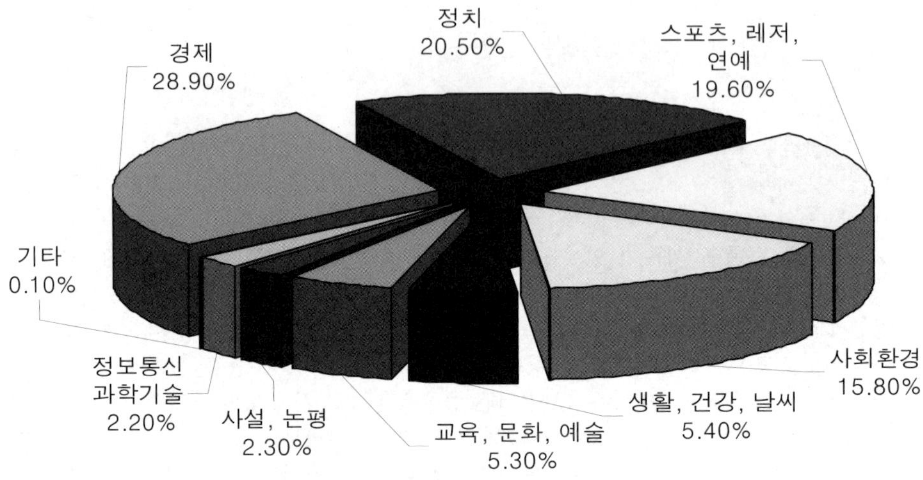

그림 3-3. 신문의 관심부문 주된 응답(통계청, 2004)

2. 매스미디어가 스포츠에 미치는 영향

1) 스포츠의 의존성

20세기에 들어 스포츠는 사회 문화적인 성격을 지닌 제도로 정착되면서 매스미디어를 통한 미디어 스포츠로서 현대사회에서 큰 위치를 차지하게 되었다. 많은 학자들은 스포츠와 매스미디어의 역학적 관계규명을 위해 노력해 왔다. Brill(1979)은 매스미디어를 통해 간접적으로 스포츠에 참가하는 관람 스포츠가 인간의 공격적이고 호전적인 본능을 완화시켜 준다고 주장했다. 또한 Gerth와 Mills(1954)는 대중 심리적인 갈등을 해소할 수 있는 힘이 매스미디어에 있다고 밝혔으며, Elias와 Dunning(1970)은 스포츠에 직접 참여하지 못한 스포츠팬들이 대중미디어를 통하여 자신의 긴장을 풀고 오락성을 갖게 된다고 하였다. 이와 같이 스포츠는 매스미디어가 지니고 있는 정보제공, 해설, 오락 등의 내용을 포함한 제 기능을 이용하여 일반대중들에게 친숙한 대중문화 제도로 다가섰으며, 매스미디어는 스포츠가 지니고 있는 기능을 이용하여 그들의 이익과 성과를 올리고 있다(전상돈,

1989). 즉 현대 스포츠는 그 자체만으로는 사회적 기능을 발휘할 수 없으며, 매스미디어에 의해서 그 기능이 확산되고 많은 대중들에게 위대한 사회적 세력으로 확산되고 있는 것이다.

인쇄미디어와 전자미디어는 미디어에 대한 스포츠의 경제적 의존성 때문에 일정하게 증가하고 있다(McPherson, Curtis & Loy, 1989). 그리하여 방송 프로그램에 있어서 스포츠는 비중이 커졌으며, 케이블 TV의 등장과 일간신문의 보도량의 증가로 인해 미디어는 스포츠에의 의존이 증가하게 되었다. Lever와 Wheeler(1984)의 연구에 따르면, 1900년에서 1975년까지 스포츠 보도량이 9%에서 17%로 증가하였다고 한다. 지역, 국가, 국제뉴스와 비교하여 스포츠 뉴스는 14%에서 52%로 증가하였다. 그리고 몇몇 유럽국가들은 매일 신문에 스포츠 지면을 배정하고 있으며, 북미의 케이블 TV 방송망은 시청자의 독점을 확보하기 위해 스포츠경기를 제작하고 있다. 미디어의 스포츠 의존성에도 불구하고 미디어는 스포츠에 대하여 많은 부문에서 영향력을 행사하고 있다. 그러나 TV의 부상에 따른 변화는 시청자를 유입하거나 방송에서 많은 수익을 생산하는 것으로 인식되고 있다(McPherson, Curtis & Loy, 1989). Kaempfer와 Pacey의 연구에서는 1978년 대학 축구 방송이 40% 증가한 반면, 그에 따른 관중은 2.6% 감소하였다고 하였다. 이는 TV 방송의 증가가 관중을 안방의 시청자로 유입하게 한다는 것을 의미한다.

McPherson, Curtis 및 Loy(1989)가 제시한 미디어에 의한 스포츠의 영향에 관한 몇 가지 예는 다음과 같다. 골프경기가 메달경쟁에서 점수제로 전환, 저녁경기의 상대적 증가, 대중의 욕구를 만족시키는 유사 스포츠 또는 새로운 스포츠의 등장, 주요 미디어가 후원하는 지역 아마추어 스포츠경기 제작, 스포츠 방송인으로 뉴스 리포터보다 TV 퍼스낼리티와 예능인의 고용, 상업성을 띤 경기 종료시간 조정 등이다.

스포츠는 20세기에 들어서면서 사회·문화적인 면을 크게 반영하고 있으며, 스포츠상품이 계속 증가하고 있다(Snyder, 1965). 스포츠상품이나 스포츠 문화의 발전에는 널리 산재해 있는 대중들에게 신속하고 효율적으로 스포츠를 전달시켜줄 수 있는 미디어의 영향이 크다. Shecter에 따르면, 미디어는 스포츠현장에서 간과하기 쉬운 이미지를 생생하게 묘사하여 재현

(replay)시켜줄 수 있으며, 스포츠경기의 하이라이트를 재생시켜주고, 경기에 대한 지식과 정보를 통계적으로 제공하는 장점이 있다고 하였다. Voigt는 관람유형의 분류에서 직접관람에 따른 경험과 신문이나 잡지에 의한 경험, 그리고 TV, 라디오를 통한 경험 등을 제시하였다(Loy, McPherson & Kenyon, 1978).

인쇄미디어와 방송미디어는 몇 가지 특징을 보여주고 있다. 스포츠에 대한 인쇄 미디어는 스포츠팬들에게 직접적인 이미지를 통해 스포츠에 참여할 수 있게 한다. 아나운서에 의해 전달되는 라디오도 청취자에게 친숙하고 직접적인 이미지를 통해 스포츠의 오락성을 제공함으로써 스포츠에 대한 갈증을 유발시키고 다른 스포츠 미디어의 수용욕구를 초래하여 결국, 신문, 잡지 등의 구매욕을 촉진시킨다(McPherson, Curtis & Loy, 1989). TV는 여타 미디어에 비해 종합적인 기술을 통해 메시지를 제공하므로 경기장면을 보다 현장감 있게 다각적으로 전달할 수 있으며, 행동의 전달이 용이하므로 스포츠를 관람하는 스포츠팬들은 전문 해설가의 영향을 크게 받고 있다. 또한 현대 방송 미디어의 양상은 인기 프로스포츠를 선호하는 경향을 보임으로써 아마추어 스포츠가 상대적으로 빈약하게 되었다(Nixon, 1974). 현대사회에서 스포츠의 점유도가 증가함에 따라 매스미디어는 스포츠를 상업적인 측면에서 이용하여 스포츠의 본질을 훼손시키는 역작용을 조장하지만, 특정 스포츠의 보급과 스포츠참여 인구의 증대, 스포츠에 대한 사회적 관심 고조 등과 같은 측면에서 유익한 영향을 미치고 있다.

또한 매스미디어는 스포츠를 통해 광고수익을 증대시킨다. 매스미디어의 소유주는 스포츠지면과 스포츠방송에 광고료를 더 많이 부과하는데 이는 많은 사람들이 스포츠를 즐기고, 스포츠관련 정보를 입수하기 위하여 신문을 구독하거나 TV를 시청한다는 사실을 알기 때문이다. 매스미디어가 우리 사회를 지배하기 전에는 관중동원과 스포츠보급을 위해서 경기규칙과 경기시간의 변경이 이루어졌다. 그러나 스포츠에 있어서 대중미디어에 의한 수입이 증대된 이후에는 광고수입의 증대와 시청자들에게 흥미 거리의 제공을 위해 경기규칙과 경기시간을 변경하기 시작하였다. 매스미디어의 지배로 인한 경기의 구조·과정·계획의 변화는 결국 스포츠의 발전에 기여했으며, 각종 경기에 참가팀이 증가하는 결과를 낳았다. 대중미디어는 스포츠에 대한 관심과 참여기회를 넓혀 여가선용의 기회확대 및 스포츠의 생활화와 활성화에 기여하여 건전한 인격을 갖춘 사회 구성원이 되도록 고취해 줄뿐만 아니라 더 나아가 미디어를 통한 스포츠의 전달로서 올바른 스포츠문화를 형성하고 건전사회를 건설하는 역할을 담당하기도 한다(이은미, 1991).

2) 매스미디어의 영향력

스포츠에 대한 미디어의 영향은 직·간접적으로 지대하다. 직접적인 영향은 규칙, 경기일정, 기술, 승부 등 스포츠 자체에 변수요인으로 작용하는 것이고, 간접적인 영향은 경기 외적인 요소로서 수입과 재정 및 조직에 대한 영향, 스포츠의 대중화, 스포츠맨십의 전파 등을 들 수 있다. 예를 들면 스포츠가 TV에 재정지원을 의존하고 있기 때문에 경기규칙이나 경기일정 등이 TV의 상업적 이익에 맞추어 편성되는 경우가 있다. 매스미디어가 스포츠에 미치는 구체적 영향은 다음과 같다.

첫째, 스포츠의 상품화 : 수입과 재정

매스미디어는 스포츠를 상품화시킬 뿐만 아니라 스포츠 운영조직의 재정 수입원을 만들어 준다. 즉 매스미디어는 스포츠를 정보화, 기호화함으로써 교환가치를 증대시켜 스포츠를 상품화하며, 그로 인해 스포츠조직은 안정된 수입을 얻게 된다. 스포츠에 관한 안내기사, 경기기사, 해설기사 등 스포츠에 관한 모든 보도는 스포츠의 정보화이고 기호화한 것이다. 스포츠의 입장에서 보면 매스미디어가 재정문제의 해결에 최적격 도구라고 생각할 수 있다. 여기에 기업의 광고가 막강한 경제력을 바탕으로 매스미디어와 스포츠 간에 개입하여 이들의 관계를 불가분의 관계로 만들고 있다. 이와 같은 현실에서 스포츠가 만일 TV로부터 수입이 없어진다면 스포츠의 기반 전체가 와해 될 수 있다. 즉 스포츠와 미디어는 서로 공생하는 관계라고 할 수 있는 것이다.

또한 스포츠의 인기는 TV에 의해 더욱 높아지고 있으며, 관객의 증가로 인해 수입 또한 증가하는 추세에 있다. 그로 인해 시범경기나 리그 게임수를 늘이고, 시합에 적합한 팀 수를 늘임으로써 경기일정을 확대하기도 하고, 대중의 욕구를 충족시키기 위하여 새로운 스포츠나 모의경기를 만들어 내기도 한다. 스포츠 방송인을 뉴스기자보다 연예인으로 고용하는 것도 하나의 상품화로 보기 때문이다. 또 다른 예를 들면 국내 프로야구와 미디어 종사자들은 서로 동업자라고 부른다. 야구 관련 보도는 관중의 흥미를 자극해 입장수입의 증대요인이 되고, 프로야구단을 갖고 있는 기업은 미디어 보도가 기업의 이미지나 생산제품의 홍보효과 면에서 금전적 이외의 수입을 얻고 있기 때문이다.

표 3-5. 1999년 프로농구 및 프로축구 수입규모 (단위 : 백만원)

항 목	프로농구		프로축구	
	금 액	분 포	금 액	분 포
입장료 수입	3,463	28.0	5,200	18.0
중계료 수입	2,461	19.9	1,720	6.1
타이틀 스폰서	2,300	18.6	5,000	18.0
광고료 수입	1,500	12.1	8,200	29.0
상품화 사업수입	790	6.4	1,200	4.2
식음료 및 주차	1,848	14.9	6,050	21.0
기 타	-	-	900	3.2
합 계	12,362	100	28,270	100

*출처 : 산업연구원(2001). 프로스포츠 산업 발전 전략.

둘째, 스포츠에 대한 관심과 인기의 증대 : 대중화

매스미디어의 간접적 영향의 두 번째 문제로서 스포츠의 대중화와 고도화를 들 수 있다. 스포츠의 대중화도 매스미디어의 영향이 아주 컸다고 볼 수 있다. 대중화라는 것은 성, 연령, 직업, 지역, 사회적 신분, 지위에 관계없이 다수가 생활의 일부로서 스포츠를 행함을 의미하는데, 생활의 여유가 필요하지만 대중화의 가장 큰 역할을 하는 것이 매스미디어임은 주지의 사실이다. 스포츠경기의 TV중계는 경기의 대중화로 이어진다고 볼 수 있다. 이러한 대중화에 의해 공공 및 사설 스포츠클럽, 직장 스포츠시설 등이 증가하게 되고, 스포츠인구 또한 증가하게 된다.

스포츠 대중화에는 매스미디어가 큰 역할을 하고 있고, 스포츠 대중화는 기술개발이나 용구·시설의 개발 등 스포츠 전체의 변화를 의미하는 스포츠의 고도화로 이어진다. 우리나라의 경우 '86 아시안 게임과 '88 서울올림픽의 개최를 계기로 TV를 위시한 각종 미디어를 통한 스포츠보도는 국민들로 하여금 스포츠에 대한 인기나 관심을 급증하게 했고, 그 결과 스포츠에 대해 관심을 보이지 않았던 여성, 노인조차도 스포츠에 많은 관심을 가지게 되었다. 또한 스포츠 전문잡지의 출판도 성장, 발전하게 되었다.

매스미디어는 스포츠의 순기능적 역할을 하지만 동시에 역기능의 작용으로 스포츠에 영향을 미치기도 한다. 순기능적 측면으로는 '승리보다는 참가'라는 올림픽 이상, 우정 있는 경쟁, 최선을 다하는 모습 등 아름다운 스포츠의 정신을 미디어를 통해 전달되기도 하고, 경기 중 감탄을 불러일으킬 만큼 좋은 인상을 심은 선수에 대한 예찬보도는 시청자들에게 스포츠에 대한 만족감을 주기도 한다. 그러나 선수들이나 코치들의 정당치 못한 행위나 난폭한 행동들이 TV로 중계될 때는 나쁜 효과를 나타내기도 한다. 예를 들면 팬들이 선호하는 인기 있는 선수들의 비신사적 행동이나 약물복용과 같은 일탈행위는 역할모델에 의해 팬들이 이러한 행위를 배우게 된다. 또한 미디어는 스포츠의 상업주의를 부추길 소지도 있다.

표 3-6. 운동정보 구입원 및 연도별 운동정보원 비교(%)

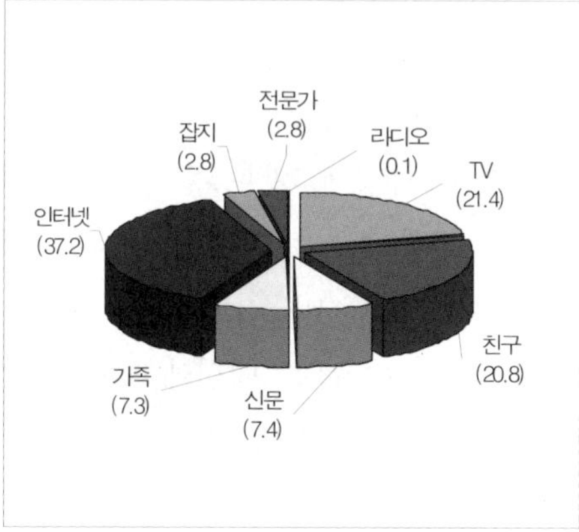

년 도 별	TV	친 구	인 터 넷
1994	35.7	30.3	-
1997	39.6	24.4	1.9
2000	37.6	24.2	8.1
2003	21.4	20.8	37.2

*출처 : 문화관광부(2003). 체육백서.

셋째, 스포츠규칙의 변화

TV 방송사정과 시청자의 흥미를 끌기 위해 스포츠 기존의 규칙이 변화되기도 한다. 스포츠는 TV 욕구에 부응하고 시청자의 활력을 높이기 위해 까다로운 규칙을 시청자의 편의위주로 변화시키고 있는 실정이다. 스포츠 규칙은 해당 스포츠 종목의 국제연맹이나 국가별 협회가 결정한다. 그러나 스포츠 자체의 필요성에 따라서도 규칙이 변경될 수 있다. 그러한 규칙변경의 배경에 매스미디어, 특히 TV방송이 큰 몫을 하는 것이 사실이다. TV중계의 기술적 난점을 보완해 시청자에게 서비스한다는 측면에서 규칙변경을 요구하기도 하지만 방송의 시간적 제약성 때문에, 그리고 방송의 수익성을 높인다는 의도 하에 규칙변경의 압력을 가하기도 한다.

이와 관련한 예가 골프의 스트로크 플레이, 공격적인 야구를 지향하기 위한 지명 대타 제도, 박진감 있는 경기를 펼치기 위한 프로농구의 24초 룰과 3점 슛, 테니스의 듀스 게임이 계속되는 것을 방지하기 위해 타이브레이크 시스템, 탁구의 라지 볼 사용, 프로 미식축구의 하프타임 단축 등이다. 또한 국내 프로씨름의 샅바잡기에 대한 규정의 계속적인 개정도 여기에 속한다. 지루한 샅바잡기 싸움에 식상한 관중의 요구수용이라는 면도 있지만 씨름경기의 후원자가 TV방송사라는 점을 간과할 수 없기 때문이다. 이러한 변화는 TV 방송사정에 맞도록 하고, TV를 보는 시청자들의 관심을 끌기 위한 것이다.

넷째, 경기일정의 변경

경기일정에 대한 매스미디어의 영향도 매우 크다. 각종 스포츠경기의 일정이 TV 시청률을 높이기 위하여 방송사 측의 사정에 맞도록 조절되거나 변경되기도 한다. 예를 들면 시청률을 높이고 광고수입을 올리기 위하여 가장 좋은 시간대인 저녁시간에 경기를 개최하는 것, 미국 프로야구에서는 TV 시청률을 높이기 위해 전통적인 예배시간인 수요일 대신에 토요일에 월드 시리즈를 시작하는 것을 들 수 있다. '88 서울올림픽 경기일정은 대표적인 예라고 할 수 있다.

가장 많은 중계료를 내는 미국 TV방송사의 강력한 요청으로 미국의 관심종목인 육상, 수영, 체조 등 상당수 경기의 결승전이 미국인이 많이 볼 수 있는 시청시간대로 조정되었다. 국내의 프로야구나 씨름 등을 위시한 각종 인기 스포츠의 경우도 관중과 TV시청률을 높이기 위해 결승전 경기를 일요일 오후로 맞추는 경기일정을 자주 볼 수 있다. 프로야구의 경우, TV방송사와 프로야구위원회는 중계계약을 할 때 계약조건으로 저녁 경기 중계의 경우는 경기 시작 30분을 앞당기는 것으로 되어 있다. 각 방송사에서 가장 중요시 여기는 9시 뉴스에 영향을 미치지 않기 위해서이다.

다섯째, 스포츠기술에 미치는 영향

매스미디어는 스포츠선수나 팀의 기술발달에 크게 영향을 미친다. 여러 경기의 내용을 비디오테이프를 이용하여 반복적으로 분석하여 자신의 기술이나 팀의 전술에 이용하는 경우가 많다. 예를 들면 각 종목의 경기에서 특정선수나 일류선수의 경기내용 분석은 기술과 전술 향상에 중요한 정보가 된다. 국제경기에 출전하는 대부분의 선수단은 VTR기사를 대동하는데, 외국선수들의 경기모습을 촬영하여 장·단점을 분석해 다음 경기에 대비하기도 한다. 다이빙, 체조, 테니스, 골프 등과 같이 세밀하고 정확한 동작을 요구하는 경기종목 일수록 미디어 기재의 도움이 필요하다. 이와 같이 TV는 일반인들이나 아마추어 선수들로 하여금 전문 운동선수의 동작을 지켜볼 수 있는 기회를 제공하여 새로운 기술을 인지하고 자신의 기술을 발전시키고 새로운 기술을 개발할 수 있도록 도움을 주고 있다.

여섯째, 승부에 영향을 미친다.

매스미디어는 승부에도 영향을 미친다. 스포츠에서의 경기력은 선수들의 실력과 정신력에 의해 결정된다. 매스미디어는 선수들의 실력에도 영향을 미치고 정신력에도 상당한 영향을 미치게 된다. 예를 들면 마라토너 황영조는 자신의 마라톤 경기에 영향을 미치는 요인은 별로 없다고 했는데, 있다면 매스컴의 과다선전과 국민들의 기대라고 했다. 또한 매스미디어의 경기 전 예상보도는 선수 개인이나 팀의 전력을 객관적 평가를 기준으로 이루어지지만 이에 민감한 경우 실력을 제대로 발휘하지 못하거나 또는 실력 이상의 경기력을 보일 수도 있다.

이상에서 매스미디어가 스포츠에 미치고 있는 영향을 개괄적으로 살펴보았다. 매스미디어는 스포츠의 상품화, 대중화, 경기규칙의 변경, 경기일정의 변경, 스포츠기술의 발달, 승부 등에 영향을 주고 있으며, 더 넓게 보면 스포츠문화에도 크게 영향을 미치고 있음을 알 수 있다.

표 3-7. 매스미디어에 의한 스포츠의 변화

유목		내용
경기규칙 변형	축구	■하프타임 시간이 10분에서 15분으로 연장 ■sudden death 제도 도입(golden goal→silver goal→원래대로 복귀) ■스로인할 때 상대편 선수는 최소한 2m 이상 떨어져야 함. ■오프사이드 규정(머리, 몸, 발의 어느 부분이라도 상대 골라인에 더 가까이 있을 때) 구체화 ■프리킥이나 드로우 인, 코너킥이 선언됐을 때 상대선수가 고의로 공에 손을 대는 경우와 선수가 자신의 팀이 득점한 후에 공을 취하는 경우 등은 경기의 재개를 지연시키는 비신사적 행위로 간주해 옐로카드가 주어짐.
	농구	■전 · 후반 제도가 4 quarter 제도로 변형
	배구	■볼의 컬러화(3원색), 공기압 조절, 리베로 기용 ■경기시간의 단축을 위해 Rally Point 제도 도입 ■남자의 경우 백어택 라인 50㎝ 뒤에 별도의 선을 그어 이 라인 뒤에서 공격을 성공시키면 2점을 주는 규칙 적용
	야구	■5회 이후 15분간 휴식시간을 가짐 ■시간제한 무승부→이닝제한 무승부로 전환(정규시즌 12회, 포스트시즌 15회)
	골프	■매치게임(match game)에서 타수게임(birdie game)으로 전환
	유도	■경기복 색 구분(흰색 vs 파란색)
	탁구	■볼이 흰색에서 주황색으로 변형, 테이블이 초록색에서 하늘색으로 변형 ■세트시간 제한제도 도입(세트 당 15분), 11점 5세트 제도 도입
	테니스	■볼의 색깔을 흰색에서 노란색으로 변형
	태권도	■관중의 흥미와 판정의 공정성을 확보하기 위해 전자호구 도입
	레슬링	■파테르가 사라지고 3분 2회전이던 기존의 경기방식이 2분 3회전으로 바뀜. 3회전 가운데 2판을 먼저 딴 사람이 승리하는 방식으로 규칙개정 ■상대를 매트 밖으로 밀어내도 1점을 얻게 됨. ■경기의 박진감을 위해 유도처럼 하루에 체급별 우승자를 가림.
경기일정 변형		■스폰서 확보와 광고수익을 위하여 경기일정을 대폭 늘임. ■특히 단일종목 대회에서 이러한 현상이 두드러짐.
기계기구 및 스포츠 중계방송의 기술혁신		■축구공 속에 7g의 마이크가 내장된 '사운드 볼'을 개발하여 볼 차는 소리를 실감나게 들을 수 있게 되었음. ■권투 글러브 속에 소형 마이크를 내장하여 가격하는 소리를 들을 수 있게 되었음. ■육상 단거리 경기에서 주로 나타나는 판정시비를 없애고 시청자에게 정확한 판단을 제공하기 위해 판독 카메라 개발 ■스케이트장 빙판 속에 마이크로폰을 설치하여 얼음 지치는 소리를 생생하게 들을 수 있게 함. ■육상경기, 수영, 스피드 스케이트 경기중계를 위해 이동식 카메라 개발

*출처 : 최병호, 김범식(2000). '스포츠의 Paidia, Ludus, 그리고 Post-Ludus에 관한 담론' 을 토대로 재구성

3) 스포츠와 매스미디어의 상호의존성

스포츠는 인간 상호간의 커뮤니케이션을 가능하게 해주는 유형화된 사회체계로서 그 자체에 메시지를 지닌 미디어이다(최관기, 1988). 따라서 스포츠는 대중 상호간의 커뮤니케이션(의사전달)을 가능하게 해주는 유형화된 사회제도로서 그 역할의 중요도가 높아질 것임을 예견할 수 있다. 많은 스포츠사회학자들이 스포츠와 매스미디어의 상징적 관계를 연구하였다(Altheide & Robert, 1978; Brill, 1929; Bogart, 1956; Cliff, 1981; Coakly, 1986). 이들은 스포츠와 매스미디어의 관계 발전은 사회변천의 커다란 테두리 안에서 이루어진다고 주장했다. 사회적, 경제적 발전에 따라 개인의 생활양식이나 추구성향도 달라지며, 스포츠와 매스미디어의 관계도 이에 상응한다는 것이다.

현대사회에 있어서 스포츠와 매스미디어는 공생관계이다. 올림픽대회, 아시아 경기대회, 세계선수권대회, 월드컵 축구, 프로야구나 프로축구는 매스미디어와의 관계를 떼어놓고 생각할 수 없다. 양자의 상호 관계는 '필요충분조건'의 관계인 것이다. 즉 미디어는 스포츠를 홍보해 주었고, 스포츠는 미디어를 팔아 주었다. 신문과 텔레비전은 스포츠를 홍보하는 도구가 되고, 스포츠는 신문구독을 높이고 방송 광고율을 높이기 위한 수단이 되는 공생 관계가 형성된 것이다. 기자와 아나운서들은 기사거리와 중계방송을 은유, 비유 등을 통해 경기를 재미있게 만듦으로써 매스컴과 스포츠 모두를 번창시켰다. 그러나 매스미디어와 스포츠간의 공생관계를 그 성격상 스포츠 쪽이 미디어에 보다 많이 의지하고 있기 때문에 이러한 공생관계가 동등한 관계라고 말할 수는 없지만 서로를 보호하면서 발전시키고 있는 것이다.

Smith와 Blackman(1978)은 스포츠와 매스미디어가 서로 경제적 이익의 추구라는 공동의 목적을 가진 공생적 관계(symbiotic relationship)에 있다고 했으며, Hoch(1972)는 이를 스포츠의 정치·경제학적 측면이라고 설명하였는데 상술한 여러 사회현상은 대중미디어의 경제적 측면을 증대시켰으며, 대중미디어 소유주는 광고를 통하여 기업의 이익을 추구할 수 있게 하였다. 특히 미디어 중에서 신문과 TV는 스포츠에 대한 의존도가 가장 높아서 신문은 스포츠 기사로 지면을 채우며, TV는 주말 프로그램으로 스포츠를 선호한다. 신문과 TV에 별로 관심이 없는 사람에게 있어 스포츠관련 보도내용은 관심거리가 되며, 기대심리를 자극한다. 이러한 스포츠보도에 대한 기대와 관심을 미디어에서는 다른 측면으로 이용하여 기업이나 사업가와 같은 광고주를 끌어들여 광고소득을 올린다. 스포츠에서의 특종기사는 대중미디어의 수입과 직결되기 때문에 소유주는 매스미디어가 주관하는 스포츠대회를 개최하여 특종기사를 만들어 국민의 관심을 이끌어 낸다. 결국 이러한 스포츠관련 프로그램은 신문사와 TV 방송국의 성공적 사업의 중요한 부분이 되고 있다. 최근에는 스포츠와 매스미디어의 관계에서 이해상충 또는 부정적 측면도 대두됨에 따라 양자관계의 바람직한 구도가 필요하다. 이를 위해 스포츠와 매스미디어는 상호친밀성에 근거한다는 분명한 인식과 이해, 지나친 상업주의의 배제, 경사화(slanting)에 대한 경계, 감동적 이야기의 전파에 관한 협조, 참여 스포츠에 관한 관심 배가, 국제화에 대한 대비 등이 필요하다고 할 수 있다.

제3절 스포츠와 테크놀로지[12)]

강준만은 '인물과 사상'을 33권으로 종간시키면서 머리말에 '인터넷시대의 커뮤니케이션'이란 제목의 글을 소개한다. 인터넷이 활자매체의 목을 조르고 있으니 인터넷을 경계해야 한다는 것이다. 사실 신속성과 영향력, 만족도 등 모든 면에서 기존 매체는 인터넷의 경쟁상대가 되질 않는다. 현재 인터넷은 너무 비대해졌고 금력과 권력의 눈독이 집중되고 있다. 하지만 더욱 중요한 것은 인터넷이 우리시대 오프라인 행위마저 규제하는 '규범테크놀로지'로서의 위상을 갖게 되었다는 점이다. 인터넷은 인류 역사에서 가장 빠르게 우리의 생활 속에 파고든 테크놀로지이기에 의미를 확장시키자면 테크놀로지의 우려로 들린다.

---

12) 스포츠와 테크놀로지는 김영갑과 구강본(2005)이 한국체육철학회지 13권 1호에 기고한『스포츠 테크놀로지의 실체와 한계』에서 발췌 요약되었음.

D. Bell도 테크놀로지의 변화가 우리 사회의 조직, 행위, 사고방식 등을 변경시키는데 근본적인 원인이 되어왔으며, 앞으로 더욱 가속화될 것이라고 전망하였다(Winner, 1977). 오늘날의 사회현실을 자세히 살펴보면 많은 분야에서 그의 주장이 정당하다는 사실을 입증해주고 있다. 정보통신과 테크놀로지의 합작은 테크놀로지 주도형 사회구조로 만들어 기술공화국(technocracy)을 도래시켜 사회조직뿐만 아니라 사회의 윤리나 가치관들도 바꿔버렸다. 테크놀로지의 대상은 물질세계이며, 모든 것을 테크놀로지로 해결하려 한다. 이제 기계를 사용하는 인간들까지도 다른 물질과 같이 테크놀로지의 조작대상으로 취급하려 한다. 따라서 테크놀로지가 고도로 발전할수록 심각한 윤리문제나 가치관 문제가 대두될 수밖에 없다. 그러나 테크놀로지에 중독 된 인간들은 가치관이나 윤리문제들이 실제적으로 점점 더 심각해져 가고 있음에도 이러한 문제들에 직면하여 해결하기보다는 자꾸만 회피하려고 한다.

그렇다면 J. Ellul(1964)이 현대사회를 테크놀로지 사회(technological society)로 규정할 만큼 테크놀로지는 과연 무엇이며, 어떻게 조망할 것인가? 테크놀로지와 스포츠의 관계는 어떠한가? 테크놀로지가 주도하는 미래사회에서 스포츠의 모습은 어떠한가?

1. 테크놀로지의 사회적 맥락성

1) 테크놀로지와의 만남

18세기 말의 스팀엔진에 의한 변화를 1차 산업혁명, 19세기말 전기에 의한 변화를 2차 산업혁명이라고 한다면 20세기말에 시작된 디지털 혁명은 3차 산업혁명에 해당되는 셈이다. 디지털 혁명은 1, 2차 산업혁명과 마찬가지로 산업 전반에 엄청난 구조변화를 유도하고 있으며, 특히 일반생활과 서비스 분야에서의 변화는 가히 1, 2차 산업혁명을 능가할 것으로 전망되고 있다. 산업혁명 과정에서 주역을 한 나라는 세계경제의 주도권은 물론 군사적·정치적 패권을 동시에 장악하였다는 사실을 우리는 역사를 통해 잘 알 수 있다. 1차 산업혁명은 영국이 주도하였으며, 그 결과 영국은 19세기 세계의 최강자로 부상하였다. 2차 산업혁명은 미국동부에서 시작되었고 그 결과로 미국은 20세기의 세계무대를 주도하고 유럽제국이 그 뒤를 이어 이른바 대서양시대가 전개되었다. 3차 산업혁명인 디지털혁명은 미국의 서부에서 시작되었다. 이는 앞으로

> 상당 기간 미국이 세계경제 및 정치 ·군사의 중심세력이 될 것을 의미한다. 또한 활동중심의 축이 미국에서도 동부에서 서부로 이동함으로써 한국, 일본, 중국을 포함한 동아시아국가들의 대응 여하에 따라 21세기에는 태평양시대가 도래할 가능성을 보여준다고 할 수 있다(서상목, 2003).

새로운 기술의 개발과 산업화는 세계경제가 한 단계 도약하는 계기를 마련해 주었으며, 사회전반에 큰 변화의 물결을 불러 일으켰다(서상목, 2003). 테크놀로지의 발달과 세계 산업의 환경변화는 혁명이라는 이름으로 사회문화의 구조를 변경시킴으로써 이제 사회문화의 질서 수준을 넘어 권력구조의 변동을 암시하고 있다. 이러한 권력구조의 변화는 '세계화', '지구촌'이라는 또 다른 정치질서를 요구하게 되었던 것이다. 이제 테크놀로지는 국가 간의 관계보다는 '지구적(global)' 맥락을 상대적으로 더 강조한다.

테크놀로지는 우리 삶의 전반에 밀접하게 관련된다. 그런 점에서 테크놀로지는 현대 삶의 특성을 밝히는데 가장 적절하고 유익한 용어라고 할 수 있다(최문기, 2002). 이 시대는 과학기술문명이라는 현대과학의 여러 이론과 과학적 발견이 산업기술에 응용되어 형성된 것이다. 그리고 현대과학이 알아낸 우주와 생명, 인간에 대한 새로운 이해가 인류문명의 앞날을 위해 유용하게 사용될 수 있다는 가정이 신념화되어 현실 속에서 작동되고 있다. 과학적 지식이 기술, 즉 테크놀로지로 응용될 수 있었던 것은 그것이 의미 있는 지식체계였기 때문이다(정복철, 1997).

현대사회에서 테크놀로지의 새로운 패러다임은 여러 가지로 나타나고 있다. 몇 가지로 요약하면 다음과 같다. 첫째, 정보화 사회이다. 정보의 물결 속에서 살고 있는 현대인은 그 속에서 모든 것을 통용시킨다. 인터넷이 보편화되면서 컴퓨터 네트워크는 이제 단순한 통신망 수준을 넘어 사람과 사람을 연결해줌으로써 기존에 존재하지 않았던 새로운 공동체 형성의 기반이 되고 있다. 둘째, 지식사회이다. 지식이 핵심의 자원일 것이고 지식근로자가 노동력 가운데 지배적 집단이 될 것이다. 셋째, 사이버 사회이다. 사이버 공간은 시간과 공간의 개념을 초월한다. 모든 것이 정보화 수준을 넘어 사이버 공간에서 경제, 문화, 사회의 모든 활동이 이루어진다. 종합해 보면 과학과 기술이 이제 인간의 삶을 소통시키는 중요한 장이 되었다는 것이다. 특히 사이버공간에서는 개인과 개인 간의 인간적 소통이라는 원초적 욕구에 부응하는 기존의 공동체를 넘어 정보나 지식을 공유하거나 교류를 목적으로 하는 '기능적 공동체'가 다수 형성되고 있다(배규한, 2000). 따라서 우리는 컴퓨터 및 다양한 형태의 전자 의사소통과 관련된 윤리적, 도덕적 문제가 무엇인지 명료하게 이해하고 그러한 문제를 다루는데 있어 도움이 될 만한 개념적 통찰력을 얻음으로써 사이버 공간뿐 아니라 테크놀로지에 있어서의 도덕적 전망을 얻을 필요가 절실해진다(황경식, 2004).

2) 위협으로서의 테크놀로지

> 테크놀로지. 동경과 허망의 화두이다. 화엄의 세계와 종말의 세계가 묵시적으로 다가온다. 복제인간을 위시한 인조인간의 출현이 눈앞에 다가왔다. 핵폭탄이 외연의 공포라면 인간복제는 심연의 허망이다. 심각한 개인 내면의 깊이 모를 끝없는 불안과 허망감은 도대체 어떤 운명, 어떤 대안의 출현을 요구하고 있는 조짐일까? 참으로 우리는 이 시대를 어떻게 사유해야 하는가. 과연 우리는 우리가 살고 있는 이 시대를 어떻게 규정해야 할 것인가. 아니 이미 규정된 이 세계를 어떻게 재규정 할 것인가. 무거운 짐이다(정복철, 1997).

산업사회 이후 철학과 사회학에서 주요한 주제의 하나로 떠오른 것이 '인간소외'이다. 왜 인간들은 소외를 경험하는가? 이에 대한 다양한 접근이 가능하지만 H. Marcuse는 고도로 발달된 기술적 합리화를 현대사회 분석의 중심축에 위치해 놓고 테크놀로지의 부정적 결과로 인식하였다. 특히 테크놀로지가 인간의 욕구를 충족시키기 위해 만든 것임에도 불구하고 오히려 인간을 억압하고 있어 테크놀로지가 인간 삶에 대한 위협이라는 것이다.

현대적 테크놀로지는 일반대중이 이해하기에는 너무나 광범하고 전문화되어 있으며, 인류가 원하든 원치 않던 아랑곳없이 나름대로의 독자적인 노선을 목표도 방향도 없이 내달리고 있다. 현대적 테크놀로지의 발전 속도 역시 너무나 가속적이어서 일반 대중들은 그것이 요구하는 대로 방향감각도 없이 가야만 하며, 테크놀로지가 우리에게 안겨다 준 산물들에 만족해야만 한다. 이와 같이 현대적 테크놀로지는 사회구성원들 중 극소수층에겐 부와 힘을 가져다주고 있지만 대다수 대중의 마음 한 구석에는 무력감과 소외감 및 무지를 불러일으키고 있다. 이외에도 테크놀로지가 인간 자신이나 사회 각 분야에 끼친 영향은 상당히 복잡하다. 공해문제나 산업재해, 생태계 파괴 등은 오늘날 우리들이 겪고 있는 그 심각한 부산물들이며, 이것은 또한 이기심이나 비인간적인 상도덕들과도 맞물려 있다(서석봉, 1997).

위협으로서의 테크놀로지에 대해 최문기(2002)는 세 가지로 요약하고 있다. 첫째, 테크놀로지가 가져오는 환경비용과 인간위험을 너무 간과한다는 것이다. 환경문제의 기술적 해결이나 테크놀로지가 오염감소나 산업폐기물을 해결 할 수 있다고 하지만 그러한 과학기술의 발달로 가져오는 또 다른 문제들은 그 이후에 발생한다는 것이다. 둘째, 테크놀로지는 경제적 및 정치적 힘의 집중화를 낳는다. 테크놀로지가 계층 간, 집단 간, 국가 간 빈부의 격차를 영속화한다. 한 집단은 이익을 향유하는 반면, 다른 집단은 위험과 사회적 비용에 노출되어 있다. 셋째, 오늘날 산업 국가들의 대규모 테크놀로지는 노동집약이라기보다는 자본집약이다. 그래서 세계도처에서 대량실업을 양산하고 대형사고나 파업을 유발한다. 결론적으로 테크놀로지는 자연환경을 변질시키고 있을 뿐만 아니라 자연과 인관과의 관계, 더 나아가 인간의 본성마저도 변질시키고 있는 것이다(조태병, 2001).

앞서 살펴본 바와 같이 새로운 테크놀로지의 개발로 인한 영향은 항상 긍정적으로만 평가될 수 없다. 물론 테크놀로지는 인간의 환경이나 생활양식을 개선해 주는 등 여러 가지 혜택을 준다는데 대해서는 부인할 수 없는 사실이지만 이에 따른 부작용 역시 매우 심각하게 받아들여져야 할 것이다(한진만, 1986). 따라서 인간적 가치를 중시하며, 무비판적으로 테크놀로지 발달을 수용하는 낙관론이나, 환경적 가치를 중시하며 테크놀로지 발달을 전반적으로 거부하는 비관론 모두 극단적이라 하겠다. 따라서 가능한 두 입장을 수용해서 인간적 가치와 환경적 가치를 동시에 실현하는 쪽으로 테크놀로지 방향을 통제하거나 수정할 필요가 있다(최문기, 2002).

3) 테크놀로지의 맥락성

> 테크놀로지가 사용자의 목적에 따라 선하거나 악하게 사용될 수 있다면, 중립적인 것처럼 보인다. 나이프는 수술용 또는 살인용으로 사용될 수 있다. 동위원소 분리기는 우라늄을 평화적 핵반응용으로 사용될 수도 있고, 비평화적

> 핵무기용으로 사용될 수도 있다. 사실상 역사적으로 대부분의 테크놀로지는 특수한 이익과 목적에 따라 만들어지기 때문에 거의 중립적이지 않았다. 아직까지도 여전히 대부분의 테크놀로지는 특정 목적에 따라 선택되고 디자인된다. 그래서 이러한 견해를 취하는 사람들은 테크놀로지에 대한 비판적 입장을 견지하면서도, 테크놀로지가 효과적인 가이드 역할을 하는 정치적 고려에 의해, 혹은 경제 및 정치체제 자체의 변화에 의해 인간적인 목적으로 사용될 수 있다고 긍정적으로 전망하기도 한다(최문기, 2002).

20세기와 더불어 시작된 과학기술의 눈부신 발달은 현대인에게 인류 역사상 누릴 수 없었던 번영과 풍요를 제공하였다. 과학과 테크놀로지는 인간들의 소비욕구를 끊임없이 채워 주웠고, 이것은 계속적인 산업화와 경제성장으로 이어졌다. 그러나 인간의 편의를 위해 만든 기계와 조직에 의해 오히려 인간이 소외되는 현상이 발생했고, 미디어의 권력이 지배하는 후기 산업사회, 정보사회에서 그 권력에 가까이 가지 못하는 대부분의 사람들은 자연스럽게 사회의 중심부에서 도태되었다(최선영, 2002). 테크놀로지는 우리의 일상적 생활공간으로서의 환경을 변질시켰고 더 나아가 인간의 조건마저 급변시켰다(조태병, 2001).

테크놀로지의 변천에 따라 사회조직이 바뀐 것은 말할 나위도 없다. 컴퓨터, 체계공학, 피드백 체계와 같은 테크놀로지의 발달로 오늘날의 사회구조는 전반적으로 더 긴밀하고 유기적으로 짜여가고 있으며, 이러한 추세는 최근에 눈부시게 발달하고 있는 정보·통신 분야의 테크놀로지와 합작을 이루어 전 세계가 문자 그대로 '지구촌'을 이루어 가고 있다. 테크놀로지로 인한 사회구조 전반이 더욱 긴밀하고 유기적으로 짜여가고 있다는 말은 결코 사회가 단순해져 가고 있다는 뜻은 아니다(서석봉, 1997). 사회의 변화양상이나 그 영향의 정도는 테크놀로지 그 자체에 의해서만 결정되는 것은 아니라는 점이다. 테크놀로지는 사회변혁의 근본적인 동인으로 평가 받고 있지만 그 영향이나 효과는 테크놀로지를 이용하는 목적에 의하여 영향을 받게 되는 것이다(남수정, 2000).

정보사회의 테크놀로지는 정보의 효율화로 집약된다. 정보기술에 대한 비관적인 견해 중 하나는 일반인들이 기술의 맹목적인 로고스-예측 가능성과 예측 정확성-에 휘둘려 무의미한 정보의 소비자로 전락할 수 있다는 것이다(박영옥, 1999). 새로운 테크놀로지의 개발로 인한 영향은 항상 긍정적으로만 평가될 수는 없다. 물론 테크놀로지는 인간의 환경이나 생활양식을 개선해 주는 등 여러 가지 혜택을 준다는데 대해서는 부인할 수 없는 사실이지만 이에 따른 부작용 역시 매우 심각하게 받아들여져야 할 것이다(한진만, 1986).

인간적 가치를 중시하며 테크놀로지의 발달을 무비판적으로 수용하는 낙관론이나, 환경적 가치를 중시하며 테크놀로지의 발달을 전반적으로 거부하는 비관론 모두 극단적이라 하겠다. 따라서 가능한 두 입장을 수용해서 인간적 가치와 환경적 가치를 동시에 실현하는 쪽으로 테크놀로지의 방향을 통제하거나 수정할 필요가 있다(최문기, 2002). 현대사회의 거의 모든 테크놀로지 현상이 상호 긴밀하게 얽혀져 있기에 어느 특정한 테크놀로지 현상만을 분리해서 고려할 수 없다는 사실이다(서석봉, 1997).

급속한 경제성장과 첨단 과학기술의 발달은 노동시간의 단축과 생산성의 급증으로 여가를 지향하게 되었고 소비문화를 조장하고 있다. 그리고 더 나아가 스포츠현상에서 몸적 욕망의 극대화를 요구하고 있는 것이다. 이것은 스포츠현상에서 연기하는 몸, 스포츠를 보고, 하는 몸은 기록갱신과 승리, 기록향상과 극적장면의 연출을 요구 받으면서 스포츠 하는 몸은 변화와 변형을 요구받게 되는 것이다(남중웅, 2003). 이는 스포츠를 위해 테크놀로지를 유용하게 사용할 것인지, 아니면 테크놀로지가 스포츠를 변화시키도록 허용할 것인지에 대해 물음을 던진다.

표 3-8. 테크놀로지의 관점

논 의	기술찬성론	기술비판론
테크놀로지의 정의	테크놀로지는 사물이다. 사회와 독립된 개별적인 것이다. 테크놀로지는 도구이다.	테크놀로지는 사회적 관계를 포함한다.
사회의 영향력	테크놀로지는 인간에게 다양한 자유를 제공한다.	인간은 점차 테크놀로지의 노예가 되어간다.
자율성	테크놀로지는 기원과 사용에 있어서 자율적이고 독립적이다.	테크놀로지는 사회적 관계로부터 분리될 수 없다.
가치와의 관계	테크놀로지는 가치에서 자유롭다.	테크놀로지 개발의 모든 과정에 가치가 개입된다.
철학적 기반	실용주의, 공리주의, 실증주의	유물론적 사고
지지되는 가치	효율성, 자유, 실용성 테크놀로지에 대한 낙관론적 관점	테크놀로지에 대한 비관적 관점

2. 스포츠 테크놀로지 바로보기

1) 스포츠에 대한 테크놀로지의 우월성

2004년 9월 영국 옥스퍼드대학교 스포츠과학연구팀은 세계적인 과학전문지 'Nature'에 2,156년 올림픽 때 여자선수의 기록(8초 079)이 남자선수의 기록(8초 098)을 앞지를 가능성이 가장 크며, 통계적 오차를 감안하더라도 늦으면 2,788년, 빠르면 2,064년부터는 추월이 확실하다고 주장하였다. 현재 남녀의 골격과 근육의 차이 등 신체적 구조를 감안한다면 회의적이지만 인류의 진화, 훈련방식과 장비의 혁신이 인간의 도전정신과 만난다면 150년 뒤에는 오늘의 상상이 현실이 될 가능성 역시 존재한다. 이 가설의 출발은 스포츠의 발전이기보다 테크놀로지의 발전을 전제로 한다. 이와 같이 현대스포츠는 스포츠과학자들의 추상적 지식이 실용적인 기술로 전환됨으로써 다양한 장비가 개발되고 스포츠세계에 적용됨으로써 기록을 경신하고자 하는 인간 신체의 한계가 그 끝을 알 수가 없는 정도이다.

1924년 파리 올림픽을 준비하던 영국 육상선수들의 실제 경험을 영상으로 옮긴 영화 '불의 전차(chariots of fire)'에서 등장하는 인물들은 아마추어들이 지향하는 이상적인 스포츠 인상이었다. 그들의 경쟁은 순수함으로 가득 차 있으며, 그 경쟁 속에 세속의 욕망이 끼어들 여지는 어디에도 없어 보인다(정준영, 2003). 그러나 테크놀로지의 속성은 스포츠가 Citius(faster)! Altius(higher)! Fortius(stronger)!의 정신을 강화시키게 만들어 심각한 경쟁체제로의 전환 및 자본주의적 지배가치로의 이행에 정당성을 부여한다. 테크놀로지의 첨단성, 속도, 힘의 원리, 실험정신, 목적보다도 수단이 압도하는 영향력 등이 사회의 지배가치로 주입됨으로써 스포츠는 그 맥락을 같이할 수밖에 없다. 그 결과 준(準) 노예상태에 처한 현대스포츠는 아마추어리즘을 던져버리고, 프로페셔날리즘을 추구하여 'winning at any cost (승리지상주의)'의 신념을 보편화시켰다. 승리지상주의를 완화시키기 위한 노력-건강과 레저를 지향하는 스포츠의 목표 설정-에 따라 변화도 가능하지만 테크놀로지와 자본은 승리지상주의를 더욱 강화시킬 따름이다. 테크놀로지가 생산수단으로서 자본을 환산시키는 탁월한 능력 때문에 스포츠는 테크놀로지와 밀접한 관계를 형성한다. 올림픽과 월드컵이 미디어 테크놀로지와 결탁된 이후의 급격한 경제적 혜택이 이를 대변한다. 스포츠 윤리체계가 제대로 정착되지 못한 상황에서의 테크놀로지의 매력성은 우리에게 스포츠일탈을 이전 사회보다 더욱 쉽게 목격할 수 있도록 만들었으며, 돈, 헤게모니, 성, 저항의 표출무대가 되도록 변화시켰다.

*영화 '불의 전차' 포스터. 1981년 제54회 아카데미시상식에서 작품, 각본, 음악, 의상의 4개 부문에서 오스카를 수상하였다.

1955년 J. Huizinga가 『Homo Ludens』에서 스포츠가 놀이영역으로부터 떠나고 있음을 지적한 것처럼 테크놀로지가 가져다준 지금의 스포츠는 어떠한가? 현대스포츠가 점점 체계화되고 조직화된 반면, 가장 순수한 놀이적 특성의 어떤 부분은 불가피하게 상실되었다. 특히 아마추어와 프로페셔널을 공식적으로 구분하는 데서 아주 명백하게 이것을 목격하게 된다. 프로페셔널의 정신은 이제 진정한 놀이정신에서 벗어났다. 그것은 놀이의 자연스러움과 태평스러움을 망각하고 있다. 이런 상황은 아마추어에게도 영향을 미쳐 아마추어들을 열등 콤플렉스에 시달리게 한다. 그런 까닭에 그들은 스포츠를 점점 진정한 놀이영역과는 거리가 먼 것으로 만들어서 마침내 스포츠는 '독립적인' 것이 되고 만다. 이제 스포츠는 옛날의 놀이요소가 거의 완전하게 쇠퇴해 버린 것이다. 이와 같이 테크놀로지가 스포츠의 외형적 영역뿐 아니라 내재적 가치도 변형시키고 있어 그 종착점을 알 수가 없다. 테크놀로지가 스포츠를 지배한 결과이다.

2) 스포츠 테크놀로지의 가치 패러독스

가치 패러독스(value paradox)는 평소 삶에 녹아 있는 가치와 정반대되는 가치를 의도적인 활동을 통해 충족시키고자 하는 역설로 정의할 수 있다(강준만, 2004). 이는 스포츠를 위해 테크놀로지를 유용하게 사용할 것인지 아니면 테크놀로지가 스포츠를 변화시키도록 허용할 것인가에 대해 물음을 던진다. 가령 스포츠에서 승리가 강조되는 상황에서 최선을 요구하고 승리를 바라는 마음은 패러독스가 아닌가?

(1) 스포츠 행위자와 테크놀로지 : 비관론 > 낙관론

스포츠 행위자와 테크놀로지에 관계된 주제는 스포츠 행위자의 몸으로 집중된다. 일반학문에서도 그렇지만 스포츠현상에서 체육학자들의 몸에 관한 담론이 완전하지 않은 상황에서 테크놀로지에 의한 후기 진화적인 몸(post-evolutionary mom)은 어떻게 조망해야 할 것인가? 대체적으로 스포츠하는 몸과 여성의 상품화, 자연과학기술의 발달로 인한 가상현실 속의 스포츠 하는 사이보그의 탄생 등에 대한 문제의식이 우리에게 다가오고 있지만 해결능력은 미흡하다. 또한 건강한 생명연장과 아름다운 몸의 연출을 위해 스포츠현장에서 몸을 작동하고 있지만 생명공학은 이러한 가치에 균열을 일으킨다. 생명공학의 발달로 질병이 있는 사람을 장기교체로 건강해

질 수 있다면 대중은 무엇을 선택할 것인가? 그렇다면 스포츠가 새롭게 지향해야 할 가치는 무엇인가?

그동안 첨단사회로 진입하면 육체적 질병은 극복되는 반면에 정신적 질병이 가속화되기 때문에 '인간이란 무엇인가'의 주체성이 대두되며, 이를 극복하는 유일한 방법은 인간의 신체활동으로 더욱 강화시켜야 된다는 논리가 지배적이었다. 그러나 신체활동이 강화되는 단계를 거친 후의 인간 모습은 어떠할까? 테크놀로지를 선택한 인간의 신체활동이란 더욱 중독(소외감, 무력감, 우울증, 수면장애 등)된 우리가 있을 뿐이다.

(2) 스포츠 기술과 테크놀로지 : 비관론 < 낙관론

스포츠에 기록이 없다면 과학이 스포츠에 매력을 가질까? 과학은 스포츠를 실험하여 가설을 증명해 보이려고 한다. 현대스포츠는 최상급을 지향하기 위해 과학에 의존하기에 이른다. 이러한 경향은 스포츠과학이 스포츠 고유의 전문과학의 지류로서 발전하는 토대를 형성하였다. 스포츠의학자들은 경기력을 향상시키기 위해 도핑컨트롤에 적발되지 않은 새로운 약물들을 계속해서 만들어내고 있고, 스포츠경영연구자들은 스포츠시설 건립에 필요한 적절한 입지조건을 계속해서 찾아 나서고 있다. 약물로 인한 선수의 잠재적인 건강훼손이나 스포츠시설 건립에 따른 개연적 환경오염은 그들의 연구에 있어서 그다지 큰 고려의 대상이 아니다(송형석, 2004).

스포츠과학은 스포츠의 내·외적 환경요인을 통해 스포츠 행위자인 인간에게 전달된다. 특히 엘리트 스포츠에서 경기력 향상은 중요한 문제이다. 스포츠과학은 경기력에 미치는 여러 가지 요인들을 과학적인 방법을 동원하여 분석· 검토하고 그 결과를 스포츠현장에 적용시킨다. 운동역학은 의학, 공학 등과 중첩되어 운동선수의 기술분석 및 개발뿐 아니라 훈련장비 및 스포츠 용기구의 개발, 재활 등에 투입되고 있다. 운동생리학과 운동영양학은 이들에게 최상의 컨디션을 제공하기에 바쁘다. 스포츠 과학기술이 관심의 대상이 되는 이유는 인간의 건강증대와 체력증진, 운동수행능력의 발달을 위한 효율성의 증대, 그리고 상해예방을 위한 안전성에 기인한다. 이들에게 과학기술의 결과를 자신에게 적용시키는 '성찰적 과학화'의 의미는 존재할까?

(3) 스포츠시장 환경과 테크놀로지 : 비관론 = 낙관론

스포츠시장 환경은 투입과 산출의 소비가 이루어지는 유형의 시장뿐만 아니라 잠재적인 무형의 스포츠 가치와 사고 등을 포함하는 거시적 환경을 의미한다. 그동안 테크놀로지는 스포츠시장 환경변화에 많은 기여를 했을 뿐 아니라 앞으로도 가속화될 전망이다. 스포츠시장 환경은 테크놀로지의 필요성과 문제가 동시에 발생하는 공간으로 작용했으며, 수용자의 가치 신념에 따라 비관과 낙관이 제기되어 왔다. 스포츠현상에서의 스포츠 규칙과 장비의 개발, 경기기록, 재미거리, 상업화, 대중화, 스포츠일탈 등의 모든 것이 이곳에서 표출되고 있다. 따라서 모든 것이 혼재되어 있는 스포츠 시장 환경은 비관과 낙관이 공존하고 있다.

스포츠현장에서 테크놀로지적 역기능 현상은 테크놀로지의 발전보다는 스포츠 행위자의 직접적인 연계성에 기인한다. 따라서 테크놀로지가 스포츠 행위자에게 직접적으로 영향을 미치기보다는 스포츠시장 환경에 도입되어 검증과정을 거치는 완충역할을 함으로써 스포츠 행위자에게 전달될 수 있도록 해야 한다. 즉 스포츠시장은 스포츠 행위자의 역기능 현상을 최소화시키는 장으로서의 역할을 담당해야 한다. 테크놀로지가 사회발전에는 적용되어야 하지만 스포츠 행위자에게 직접적으로 연계되는 것을 최소화 시켜야 된다는 말이다.

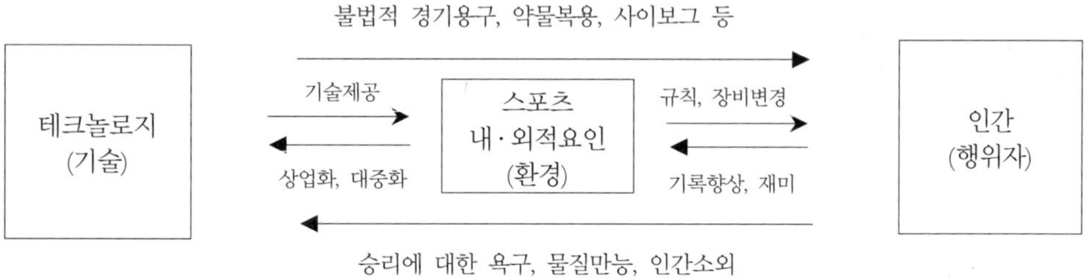

그림 3-4. 스포츠와 테크놀로지의 맥락성

3. 미래 테크놀로지 사회에서의 스포츠 사유

기존의 낡은 질서는 붕괴되고 기술, 교육, 문화, 정치 등 모든 제도가 새

롭게 정비되는 변화의 물결이 밀려오고 있다. 모든 것이 빠르고 획기적으로 바뀌는 혼돈의 와중에서 기민하게 대응하지 못하면 살아남기 어렵다(배규한, 2000). 미래 스포츠에서도 마찬가지의 현상이 발생할 것이다. 사회의 모든 것들이 현재와는 다른 모습을 보이는데 스포츠는 현재와 같은 모습을 유지할 수 있을까? 테크놀로지가 사회에 수용되는 속도는 스포츠의 변화보다는 빠를 것이다. 스포츠가 테크놀로지에 민감할 필요는 없지만 대처할 준비는 해야 한다. 변화는 파멸을 위한 것이 아니라 발전을 위한 것이기 때문이다.

표 3-9. 주요 미래사회이론과 체육 분야의 변화 전망

	Toffler의 정보화사회 이론	Naisbitt의 메가트렌드 이론
사회의 변화	·생산과 소비의 결합 ·다품종 소량 주문 생산 ·정신적 영역의 확대 강화 ·집약된 이론적 지식과 과학 중심 ·탈규격화, 다양화 ·분권화된 정부	·세계경제 호황 ·예술의 부흥 ·세계적 생활양식과 문화적 민족주의의 출현 ·여성 리더십의 강화 ·개인의 승리 ·첨단기술산업 발전과 대도시로의 이주 지속
체육의 변화	·참여스포츠의 발달 ·다양하고 개성있는 개인스포츠 발달 ·경기결과 결정이 정보와 지식에 의존 ·집약된 이론적 지식과 과학적 방법 강조 ·탈규격화된 다양한 체육활동 강조 ·탈표준화, 탈분업화, 탈동시화, 탈집 중화, 탈극대화, 탈중앙집권화 강조 ·체육의 복지기능 강조	·체육활동이 여가활동의 중심으로 부상 ·체육활동의 일상화 ·시장주도의 체육활동 ·여성의 체육참여 급증과 영향력 강화 ·과학기술과 지식에 의해 체육의 국제경쟁력 결정 ·체육을 통한 개인의 성취, 욕구충족, 만족 추구 ·체육시설, 용구, 방법 등이 고도로 과학화 ·대도시의 일상적 실내운동을 위한 정책 및 산업 증가

*출처 : 국민체육진흥공단(1999). 국민체육진흥방안 및 공단의 역할.

1) 고령화 사회와 스포츠

고령화 사회는 테크놀로지의 비약적인 발전이 가져온 결과이며, 저 출산과 그 맥락을 같이 하고 있다. 노년층(65세 이상)의 인구는 급속히 증가하고 유년층(0-14세)은 감소할 것이다. 이는 곧 생산가능 인구(15-64)의 감소를

의미한다. 우리나라 65세 이상 인구는 2000년 7.2%에서 2019년 14.4%로 증가하여 고령사회에 진입이 불가피하며, 2026년에는 20.0%로 초(超) 고령사회에 도달할 전망(고령화 및 미래사회위원회, 2004)이다.

늙어가는 것은 쇠퇴가 아니라 또 다른 가능성의 시작이다. 경제계는 고령화 충격을 해소하는 단계적 퇴직제도를 검토 중에 있으며, 잠재적 노년층에게 심리적 안정감을 줌으로써 '플러스 섬(plus-sum)'을 창출시키고자 한다. 그들에게 매일 일하는 것과 스포츠활동을 즐기는 여기시간 모두 만족스럽게 하여 생산성을 플러스로 전환시키고자 하기 때문이다. 현대사회의 급속한 고령화에 따른 노인문제는 노인권리의 회복을 기점으로 해결되어야 하며, 이에 대한 구체적인 사회적 실천은 성공적인 노화와 이를 위한 여가로서의 스포츠활동이 논지의 핵심을 이를 것으로 여겨진다. 따라서 이에 대한 스포츠계의 능동적인 준비가 필요하다. 프로그램, 운동장비, 공간 등 고령화 사회는 스포츠에 많은 것을 요구한다. 한편, 여가학과 노인학 연구에서 고령화 사회와 실버스포츠의 관련성을 주제로 긍정적인 결과를 제시하고 있으며, 노인 스포츠활동의 장려는 국민복지적 차원에서 매우 중요한 정책과제임을 주장하고 있다. 우리나라에서도 '21세기 고령화 사회를 대비한 노인 보건복지 중장기 발전계획'을 수립하여 시행해나가고 있다. 그러나 노인관련 정책수립과정에서 체육학자들은 참여적이지 못하다. 다만, 우리가 할 수 있는 모습은 노인 스포츠활동의 활성화를 위한 방안을 글로 써내려가는 것뿐이다.

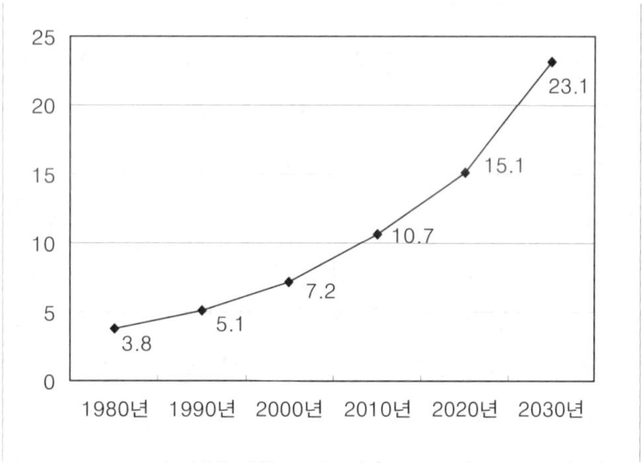

그림 3-5. 한국의 노인인구(65세 이상)비율 증가추이(%)
*출처 : 문화관광부(2003). 체육백서

한국의 고령화 사회

2004년 말 우리나라 고령인구(65세 이상)의 비중은 8.4%였다. UN기준에 따르면 고령화사회(ageing society)다. 우리나라가 노인인구 비중이 7%가 넘는 고령화사회가 된 것은 2000년이다. 지금 추세라면 2018년에 고령인구 비중이 14%를 넘어 고령사회(aged society)에 진입한다. 2026년엔 고령인구 비중이 20%를 넘는 초고령사회(super-aged society)가 될 것으로 관측된다. 우리나라가 고령화사회에서 초고령사회로 넘어가는데 걸리는 시간은 26년에 그칠 것으로 예상된다. 프랑스(156년), 영국(92년), 미국(86년), 일본(36년) 등 선진국에 비해 엄청나게 빠른 속도다. 우리나라의 인구 고령화 속도가 빠른 이유는 평균수명이 빠르게 증가하는 반면에 출산율은 급속히 감소되고 있기 때문이다. (고령화사회: 총인구 중 65세 이상 인구구성비가 7%가 넘을 경우, 고령사회 : 14%, 초고령사회 : 20%)

2) 노동의 종말과 스포츠

'노동의 종말'은 제레미 리프킨(Jeremy Rifkin)의 대표작으로 노동자 없는 세계가 도래하고 있음을 전망한 책이다. 이는 새로운 사회와 인간정신의 탄생일 수도 있지만 문명화에 대한 사형선고일 수도 있다. 테크놀로지의 발달은 생산자동화라는 시대를 열었다. 그로 인해 노동인원 감소를 초래할 수밖에 없었다. 노동시간의 단축을 노동의 종말과 구별하는 것은 사소한 양적인 문제가 아니다. 노동시간이 단축된다는 것은 장시간 노동의 질곡에서 벗어나 노동과 여가 양면에서 삶의 질을 향상시킬 수 있게 된다는 뜻이지만 노동의 종말은 종말 이후에 대한 허무주의적 의식과 결부되어 있다(소병철, 2000).

현재의 추세로 본다면 테크놀로지의 엄청난 속도는 노동의 축소를 넘어 노동의 종말을 예고할 수도 있다. 진화된 테크놀로지가 인간에게 즐거움을 주는 것보다 오히려 인간을 공허하게 만드는 것은 아닌가? 테크놀로지가 가져올 노동의 종말은 충격이 아닐 수 없다. 극단적이긴 하지만 노동의 종말은 경제활동을 하는 사람들이 축소되고 나아가 여가를 즐길 수 있는 시간과 경제적 능력이 상실된다는 것이다. 활발한 경제활동을 위해서 필요했던 여가의 시간과 건강유지의 목적이 더 이상 존재하지 않는다는 것이다. 지금부터라도 노동과 여가 및 놀이의 배타적 이분법을 넘어서 자율적 노동과 자율적 여가생활을 준비할 수 있는 사고정립에 전보다 더 애써야만 한다. 테크놀로지가 정치적, 경제적 힘을 수반하는 만큼 노동의 종말은 쉽지 않을 것이다. 하지만 노동의 축소시대는 곧 닥쳐 올 것이다. 주 40시간 근무, 주 5일제 등 과거보다는 노동의 시간이 축소되었다. 그런데도 지금의 시대를 스포츠의 위기라 하지 않는다. 오히려 기회라고 생각한다. 18세기 산업혁명 이후 자본가에 의한 '여가의 상업화(commercialization of leisure)'와 지금의 모습은 분명히 다른 양상으로 전개되고 있음을 직시할 때이다.

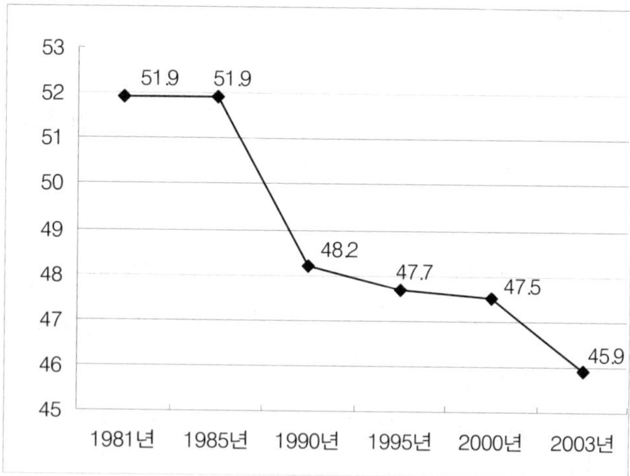

그림 3-6. 주당 근로시간 변화 추이(시간)

3) 스포츠! 수동성에서 능동성으로 : 트렌드 세팅(trend setting)

스포츠는 지금까지 어느 분야보다도 수동적이었고 보수적이었다. 삶의 전면에 부상된 것 같지만 독립적이지 못했다. 당장 TV 속에서 전개되는 스포츠를 보더라도 스포츠는 가치중립적이라기보다는 사회 내 문화적 가치, 권력구조, 헤게모니, 자본, 젠더관계 등을 통해 하나의 문화적 산물로서 구성됨을 알 수 있다. 특히 스포츠는 테크놀로지 속도에 따라 가기 바쁜 게 현실이다. 그러나 미래사회에서 스포츠는 테크놀로지를 비롯하여 사회문화적인 흐름을 능동적으로 읽고 이끌어 나갈 수 있는 트렌드 세팅을 설계해야 할 것이다. 현재적 관점에서 미래를 조망하는 오류를 최소화시키고 변화에 능동적으로 대처하는 길만이 스포츠가 살 길이다.

참고문헌

강준만(2004). 한국인을 위한 교양사전. 서울: 인물과 사상사.

강준호, 조성식(2003). 스포츠산업을 말한다(2), 스포츠 미디어. 서울: 국민체육진흥공단.

고령화및미래사회위원회(2004). 주요업무 및 통계. 31.

권욱동(1995). 한국신문에 나타난 스포츠의 문화적 현상. 미간행 박사학위논문. 연세대학교 대학원.

김도균(2003). 스포츠산업을 말한다(4),월드컵 비즈니스. 서울: 국민체육진흥공단.

김동하(1980). 매스컴이 스포츠에 미치는 영향에 관한 고찰. 미간행 석사학위논문. 서울대학교 대학원.

김문겸(1993). 여가의 사회학. 서울: 한울.

김범식 외 9인(2002). 현대사회와 스포츠. 서울: 도서출판 홍경.

김영석(2000). 스포츠와 미디어 그리고 마케팅. 서울: 신아출판사.

남수정(2000). 무용예술의 영역확대 가능성에 대한 탐색. 무용예술학연구, 제5집, 143-164.

남중웅(2003). 스포츠현상에서 테크놀로지의 몸에 관한 담론. 한국체육학회지, 42(4), 83-91.

배규한(2000). 미래사회학. 서울: 나남출판.

서상목(2003). 시장을 이길 정부는 없다. 서울: 매일경제신문사.

서석봉(1997). 테크놀로지의 意味 硏究. 육사논문집, 제53집, 1-29.

소병철(2000). '노동 종말' 시대의 노동. 철학, 73호, 213-234.

송해룡(1993). 스포츠 커뮤니케이션론. 서울: 전예원.

송형석(2004). 체육학의 분화, 어떻게 볼 것인가?. 한국체육철학회 추계학술대회논문집, 34.

엘리스 캐시모어, 정준영 역(2001). 스포츠, 그 열광의 사회학. 서울: 한울아카데미.

유일상(2002). 매스미디어 입문. 서울: 청년사.

이은미(1991). 스포츠 참여와 대중매체의 상호관계에 관한 연구. 미간행 석사학위논문. 이화여자대학교 대학원.
전상돈(1989). 해방이후 한국신문 스포츠기사의 경향연구. 미간행 석사학위논문. 서울대학교 대학원.
정복철(1997). 테크놀로지, 생명의 확장인가 일탈인가. 고봉논집, 21집, 11-40.
정준영(2003). 열광하는 스포츠 은폐된 이데올로기. 서울: 책세상.
조태병(2001). 한국테크놀로지 아트의 전망. 기초조형학연구, 3(2), 171-178.
최관기(1988). 사회계층과 스포츠매체 및 매체스포츠 선호의 관계. 미간행 석사학위논문. 서울대학교 대학원.
최문기(2002). 테크놀로지 정책 결정의 윤리적 토대. 국민윤리연구, 제50호, 19-44.
최병호, 김범식(2000). 스포츠의 Paidia, Ludus, 그리고 Post-Ludus에 관한 담론. 서울: 21세기교육사.
최선영(2002). 현대사회와 인간소외의 표현에 관한 연구. 미간행 석사학위논문. 이화여자대학교 대학원.
최영환(1999). 공중파 종합뉴스에 보도된 스포츠 관련 기사의 시청률 비교분석. 미간행 석사학위논문. 고려대학교 대학원.
한진만(1986). 테크놀로지 社會 커뮤니케이션에 관한 一考察. 커뮤니케이션과학, 11집, 1-24.
황경식(2004). 고도 과학기술사회의 철학적 전망. 서울: 정보통신정책연구원.
Altheide, L., & Robert, D.(1978). Sport and the mass media: Urban life. New York: Atherton Press.
Birrell, S., & Loy, J. W.(1979). Sport consumption via the mass media: Patterns, Perspectives and Paradigms. The Fourth National Meeting of the Popular Culture Association. Milwaukee, May.
Bogart, L.(1956). Societal developmental. New York: Atherton Press.
Brill, S.(1979). Media sport : Hot and cool. International Review of Sport Sociology, 14, 5-19.
Brill, R.(1929). The achieving society. Princeton, NJ: Van Nostrand.
Bryant, J.(1977). A two year selective investigation of the female in sport as

reported in the paper media. Arena Review, 4(2), 32-44.

Cliff, M.(1981). The role of media in sport. New York: Atherton Press.

Coakley, J. J.(1986). Sport in society: Issues and controversies. St. Louis, MI: Times Mirror/Mosby Company.

De Fleur, M. L.(1970). Theories of mass communication(2nd Ed.), New York: McKay.

Elias, M., & Dunning, E.(1970). The Quest for excitement in unexciting societies. In G, Luschen(Eds.), The cross-cultural analysis of sport and games. Champaign Stipes III. 31-52.

Gerth, J. & Mills, L.(1954). Theories of mass communication(2nd Ed.), New York: McKay.

Guttman, A.(1986). Sport spectators. New York: Columbia University Press.

Hoch, W. A.(1972). The Changing US. Sunday Newspaper. Journalism Quarterly, 40, 70-74.

Ellul, J.(1964). The Technological Society. New York: Alfred A. Knopt, Inc.

Katz, E., Gurevitch, M., & Hass, H.(1973). On the use of the mass media for important things. American Sociological Review, 38, 164-181.

Loy, W., & Kenyon, G. S.(1978). Sport and social systems. Reading, MA: Addison-Wesley.

Loy, W., & McPherson, B. D., & Kenyon, G. S.(1978). Sport and social systems. MA: Addison-Wesley Publishing Company.

McLuhan, M.(1966). The medium is communication. New York: Bantan Book Co.

McPherson, B. D.(1978). Consumer role socialization: A within system model. Sportwissen-Schaft, 6, 144-154.

McPherson, B. D.(1976). Socialization into the role of sport consumer : A theory and causal model. Canadian Review of Sociology and Anthropology, 13, 165-177.

McPherson, B. D., Curtis, J., & Loy, J. W.(1989). The social significance of sport : An introduction to the sociology of sport. Champaign, IL: Human

Kinetics.

Nixon, H. L.(1974). Idealized functions of sport : Religious and Political Socialization through Sport. Journal of Sport and Social Issues, 6, 1-11.

Shecter, L.(1970). The Jacks. New York: Paperbook Library.

Smith, G. J., & Blackman, L.(1978). A study of a sports journalist. International Review of Sport Sociology, 11(3), 5-26.

Snyder, E. E.(1965). Social Aspects of Sport. Englewood Cliffs, NJ : Prentice-Hall.

제4장 스포츠의 사회운동적 이해

집합행동은 잘 정의되지 않은 상황에서 취해지는 집합적 적응행동으로서 다소 감정적이거나 비합리적인 성격으로 규정된다. 이러한 시각은 집합행동을 비정상적이고 병리적인 현상으로 접근한 과거의 연구자들에 의해 주로 채택되었던 개념이다. 그러나 다원적 민주주의가 발달하면서 집합행동의 개념이 변화되기 시작하였다. 기존의 제도화된 규범을 적극적으로 변화시키려는 사람들에 의해 상대적으로 합리적이고 목적지향적이며, 조직적인 성격을 지닌 것으로 개념화하는 사회운동적 접근이 그것이다. 이는 집합행동을 공유된 이익추구나 기존 제도의 변동을 추구하는 사회운동에 초점을 둔 최근의 연구자들에 의해 채택되고 있다.

따라서 본장에서는 집합행동에서 사회운동으로의 개념적 변화를 중심으로 사회운동의 유형, 행위주체, 발생여건 등을 살펴본다. 또한 스포츠현장에서 발생하는 집합행동은 어떻게 설명되는가? 이는 기존에 제시된 집합행동의 이론을 토대로 스포츠 집합행동의 이론체계를 재구성하고자 하는 것이다.

제1절 사회운동의 스펙트럼

1. 집합행동과 사회운동의 개념

1) 비구조화 성향으로서 집합행동

현대사회는 제도화된 행동에 속하지 않는 다수 개인들의 집합적 행동이 빈번히 발생하고 있다. 일반적으로 '사회적 행동'이란 특정한 사회에서 바람직한 행동양식이라고 정의된 제도화된 행동을 의미한다. 그러나 사회적 상황과 이에 따른 해석기준이 모호할 경우, 인간들은 사회규범을 위반하는 비동조적인 행동을 취하기도 한다. 사회학에서 비동조적인 사회적 행동은 크게 '일탈행동'과 '집합행동'으로 나타난다.

'일탈행동'은 개인 또는 집단이 기존의 사회규범과 제도의 정당성을 인정하면서도 자신의 사적인 이익이나 목적을 위해 규범으로부터 일탈하는 행동을 일컫는다. 이에 비해 '집합행동'은 첫째, 기존의 제도화된 행위양식이 잘 정의되어 있지 않는 애매한 상황, 둘째, 부득이하게 기존의 행위양식을 따르기 어려운 위급한 재난상황, 셋째, 기존의 사회규범과 제도의 정당성에 의문을 제기하고 이를 변화시키려는 상황 등에서 발생하는 다수 개인들의 집합적인 행동이라고 할 수 있다(임희섭, 2001). 좀 더 명확하게 일탈행동과 집합행동의 위치를 그림으로 나타내면 <그림 4-1>과 같이 제시될 수 있다.

<그림 4-1>에 나타난 바와 같이 일탈행동은 개인의 문제행동에 국한된 반면, 집합행동은 규범일탈적 행위가 개인수준을 넘어 다수의 성원에 의해 집단적으로 전개될 때로 정의된다(정대연, 1983). 개인과 집합체의 문제행동이라는 측면에서 일탈행동과 집합행동의 위치는 명확해진다.

집합행동이란 개념이 "기존의 규범적 행위에서 벗어나 다수 성원에 의한 집단적 행동이다"는 점은 R. R. Evans, H. Blumer, R. H. Turner, K. Lang & G. Lang, N. J. Smelser 등의 집합행동이론가들이 보편적으로 인정하고 있는 관점이다. 또한 이러한 현상에 대한 설명과 명칭은 사회학자뿐만 아

니라 심리학자, 사회심리학자들에 의해서 다양하게 제시되어 왔다. 즉 'mass phenomena', 'collective dynamics', 'crowd behavior', 'mass behavior', 'collective behavior' 등의 명칭을 부여하여 설명하고 있다(Milgram & Toch, 1968)[13]. 이와 관련하여 Brissett(1969)은 현대 사회학자들 중에 사회적 행동의 독특한 형태의 한 부류로서 집합행동이라는 용어를 사용하는데 거북함을 느끼는 사람이 있었기 때문에 앞서 제시한 용어를 사용했다고 지적하였다. 결론적으로 오늘날 집합행동이란 영어식 용어는 'collective behavior'란 명칭으로 널리 사용되고 있다(김두식, 1981).

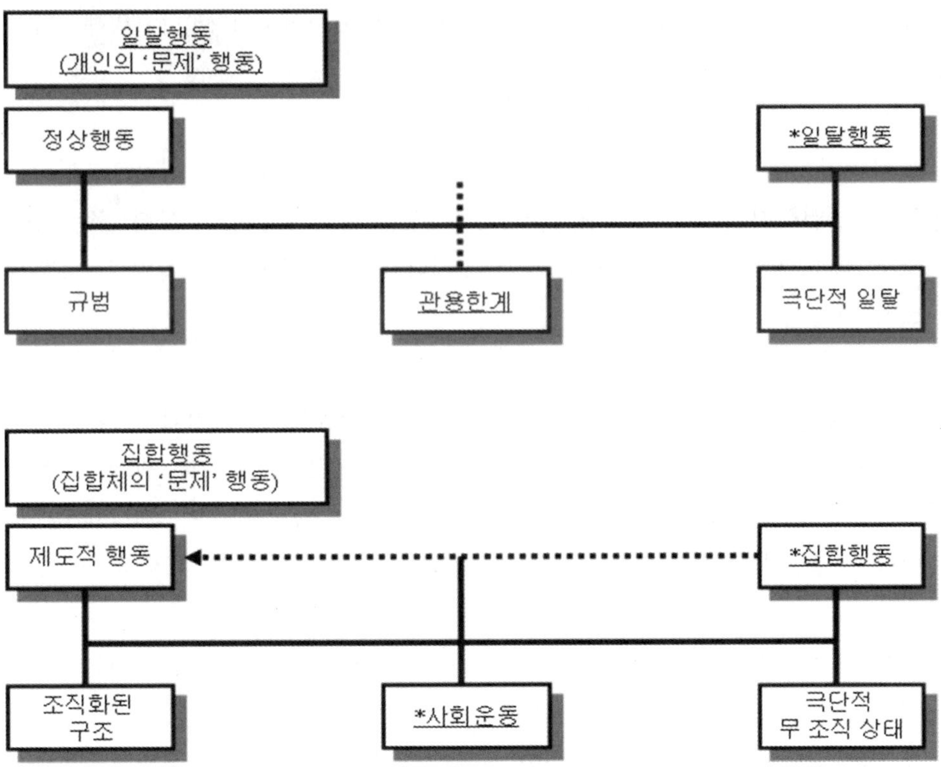

그림 4-1. 일탈행동과 집합행동의 위치
*출처 : 김경동(1996). 현대의 사회학. 서울: 박영사.

---

13) 'mass phenomena'는 R. W. Brown에 의해, 'collective dynamics'는 Lang & Lang에 의해 'mass behavior'는 KÖnig Lederer에 의해 'collective behavior'는 Smelser, Turner & Killian에 의해 주어진 명칭이다(재인용, 김두식, 1981).

\지금까지의 집합행동에 대한 논의에서 어떤 요인에 의해서든 발생된 집합행동이 어떠한 과정을 거치면서 구체화되는가 하는 문제에 관한 논쟁은 대개 3가지의 흐름으로 진행되어 오고 있다.

첫째, 집합행동에 참여하고 있는 개인을 분석단위로 설정하여 모든 개념을 조직화시키려는 심리학적 접근으로서 대표적인 학자는 Le Bon(1987)과 Freud(1922)가 있다.

둘째, 심리학적 전통을 계승하여 집합행동 내부의 모든 과정에 관심을 가지는 사회심리학적 접근으로 Blumer(1969)와 Goffman(1963)에 의해 지지되었다.

셋째, 집합행동이 발생하는 사회구조적인 모든 조건을 규명함으로써 집합행동과 일상적인 사회적 행위간의 연속성을 찾고자 하는 사회학적 접근으로서 대표적인 연구자는 Smelser(1962)이다. 그는 사회학적 차원과 사회심리학적 차원의 종합을 시도하였다.

심리학적 접근과 사회심리학적 관점은 집합행동을 병리적인 사회현상으로 이해하려는 경향이 강하게 나타나고 있는 반면, 사회학적 관점은 집합행동을 사회구조 속의 정상적인 행위와 동일시 혹은 동일한 맥락에서 파악한다는 측면에서 차이를 보이고 있다(김두식, 1981).

집합행동의 연구는 1895년 G. Le Bon의 『군중(The Crowd)』이라는 저서에서 체계적으로 연구되기 시작한 후, 초기의 병리적 관점(전염이론; contagion perspective)으로부터 벗어나 가치중립적 입장에서 그것의 발생원인 및 과정을 사회, 정치, 정책, 심리학적 차원에서 다양하게 접근되고 있다. 지금까지 제시된 집합행동에 대한 주요학자들의 정의를 살펴보면 <표 4-1>과 같다.

표 4-1. 집합행동의 정의

연 구 자	정 의
Blumer(1939)	잘 정의되지 않은 상황, 또는 비구조화 된 상황에 대처하기 위해 일어나는 다수 개인들의 행동
Smelser(1962)	사회적 행동을 재 정의하려는 신념에 기초한 행동의 동원
Turner(1964)	기존 사회의 규범과 조직에 개선하거나 혹은 새로운 상황에 맞는 규범과 조직을 자발적으로 발달시키려는 집단적 행위로서 기존의 규범으로부터의 일탈이라는 특징을 지닌 것
Milgram & Toch(1968)	자발적으로 일어나고 비교적 조직화되지 않고, 전개과정에 있어서 무계획적이고 또한 예측 불가능하며 성원들 간의 상호자극에 의해 좌우되는 집단적 행위
Lang & Lang(1968)	사회구조에 환원할 수 없는 자발적이고 비구조화 된 사회적 행동
Evans(1969)	일상적인 협동적 행동이 아니라 정상적 행동에서 벗어난 특수한 행동
Tilly(1982)	공유된 이익을 추구하는 다수 개인들의 공동행동

주요 연구자들이 제시한 집합행동의 개념을 바탕으로 다음의 3가지 사실을 요약할 수 있다. 첫째, 대부분의 학자들은 집합행동의 여러 유형 가운데, 특히 군중, 사회운동, 폭동에 초점을 두고 집합행동의 개념을 정의하고 있다. 둘째, 집합행동은 다수인에 의한 집단적 행위라는 점에 대해서는 모두가 의견을 같이하고 있다. 셋째, 집합행동의 개념정의와 구성요소는 발생요인, 행동속성, 행동방향, 총괄적인 관심의 초점으로 구성되어 있다(정대연, 1983). 이 3가지 차원을 구체화하면 <표 4-2>와 같이 제시될 수 있다.

또한 집합행동에 대한 연구자들의 관심의 초점을 몇 가지 경향으로 나눌 수가 있다. 먼저 고립된 개인이 군중 속에서 군중의 성원으로 변화되는 현상에 초점을 두는 경향이 있고, 다음의 경향은 군중 속에서 발생하는 상호작용과정에만 관심을 두는 관점이 있으며, 마지막으로는 모든 사회적 행위에 적용될 수 있는 동일한 개념을 사용하여 집합행동을 분석하고 분류할 수 있다는 견해들이다. 첫 번째와 두 번째 주장은 집합행동을 발생시키게 되는 사회적 결정요인과 행위의 구성요소에 관심을 두고 있으며, 마지막 견해는 군중행동보다는 사회운동에 대한 설명력이 더욱 강한 것이라고 볼 수 있다. 이러한 관심의 차이는 집합행동에 대한 성격규정에도 기인한다. 대개의 학자들은 집합행동을 병리적인 것으로 보는 경향이 있지만, Turner와 Killian(1987)은 잘 정립된 규범이나 기존의 규칙을 위반한 새로운 형태의 행위로 집합행동을 규정함으로써 집합행동의 규범적인 측면을 강조하여 병리적인 경향에서 어느 정도 벗어났다고 판단된다.

표 4-2. 집합행동 개념의 구성요소

연구자	발생요인	행동의 속성	행동의 방향	관심의 초점
Blumer(1939)	■ 공통의 기대와 이해	■ 자발성, 적합성, 분업의 바탕	-	■ 일종의 조직행동
Smelser(1962)	■ 구조적 긴장	■ 사회적 행위, 비제도화된 방법으로 동원	■ 긴장의 수정	■ 사회적 행위의 구성요소의 차원으로 차이
Turner(1964)	■ 긴장, 상황의 재해석	■ 자발성, 규범으로부터 일탈	■ 기존사회의 규범과 조직에 반대, 새로운 규범과 조직의 창조	■ 행동의 특징과 목적
Milgram & Toch(1968)	■ 성원들 간의 자극	■ 자발성, 비조직화, 예측 불가능성, 무계획성	-	■ 규범적 조직행동과의 비교
Evans(1969)	-	■ 비협동적이고 비정상적인 특수행동	-	■ 일탈행동
Lang & Lang(1968)	■ 문제해결을 위한 상황의 모든 규정	■ 집단적 방어, 일시성, 변덕성, 자발성	■ 기존 조직의 파괴와 변동	■ 행동의 특징과 목적

*출처 : 정대연(1983). 집합행동의 이론적 쟁점들에 관한 비교연구.

결론적으로 집합행동은 크게 두 가지로 접근됨을 알 수 있다. 첫째, 잘 정의되지 않은 상황에 대처하기 위해 취해지는 일시적이고 자발적인 다수 개인들의 비제도적인 행동이라는 시각, 둘째, 기존의 규범, 제도, 정책, 가치, 취향 등의 변화(진보와 보수)를 지향하는 다수 개인들의 공동행동이라는 접근이다. 이들은 기존의 제도화된 규범을 따르지 않거나 변화시키려고 하는 비동조적인 행동의 성격을 지닌다는 공통점을 내포하고 있다. 그러나 전자의 경우, 주로 잘 정의되지 않은 상황의 적응적 집합행동으로서 다소 감정적이거나 비합리적인 성격으로 규정한다. 이러한 시각은 집합행동을 비정상적이고 병리적인 현상으로 접근한 초기 연구자들에 의해 주로 채택되었던 개념이다. 반면 후자는 상대적으로 합리적이고 목적지향적이며, 조직적인 성격을 지니는 것으로 개념화 한다는 점에서 어느 정도의 차별성을 지닌다. 이는 공유된 이익과 기존제도의 변동을 추구하는 사회운동에 초점을 둔 최근의 연구자들에 의해 채택되고 있다(임희섭, 2001). 현대사회에서는 언론, 출판, 결사 등의 자유가 어느 정도 보장되는 체제의 개방성을 전제로 집합행동에 대한 사회학적 연구주제가 사회운동으로 변화되고 있다. 집합행동과 사회운동의 연속적인 개념을 도식화하면 <그림 4-2>와 같다.

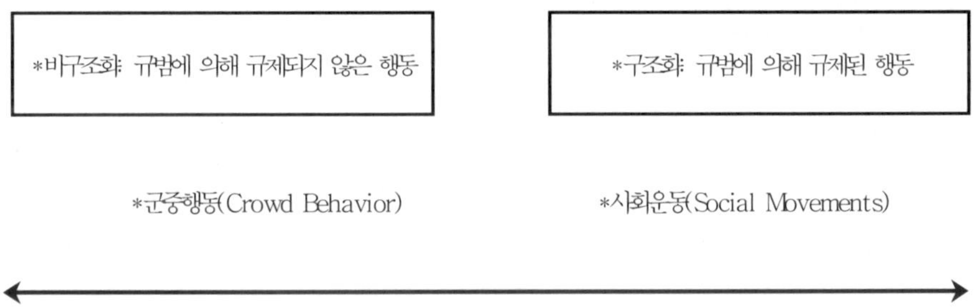

그림 4-2. 집합행동의 연속적 개념

*출처 : Leonard, W. M.(1988). A sociological perspective of sport. 3rd ed., New York: Macmillan Publishing Company. 447.

최근의 집합행동이론가들은 집합행동을 종래의 'collective behavior'라는 용어 대신 'collective action'을 설정하여 설명하고 있다(Tilly, 1982). 그 이유는 'collective behavior'라는 용어를 사용해 온 초기의 연구자들이 대부분 집합행동을 비제도적일 뿐 아니라 비합리적이고 병리적인 사회적 행동이라는 암묵적 또는 명시적인 전제를 가지고 접근해 온 경향이 있어 그보다는 공동이익을 추구하기 위해 기존규범과 제도 등의 변동을 지향하는 '정상적이고 조직적이며 합리적인' 집합행동을 나타내는 'collective action'이라는 용어가 보다 적절하다고 여겨졌기 때문이다(임희섭, 2001).

이상에서 살펴본 바와 같이 집합행동에 대한 연구대상의 광범위성, 관심의 다양성, 성격규정 등에 있어서 상이한 견해와 고정관념으로 인하여 집합행동을 설명하는 합의된 일반이론이 아직까지 정립되지 못하고 있음을 알 수 있다.

2) 구조화 성향으로서 사회운동

앞서 기술한 바와 같이 집합행동에 포함되는 대상이나 영역은 매우 광범위하다. 가장 전형적인 집합행동은 군중행동과 사회운동으로 인정되고 있으며, 어떤 경우에는 거의 동일한 의미를 가진 것으로 나타나기도 한다(Blumer, 1951; Evans, 1969; Lang & Lang, 1974; Migram & Toch, 1969). 사회운동은 하나의 사회적 행위의 맥락에서 해석하는 경우로서 새롭게 제도화된 행위유형을 구축하기 위한 조직화된 행동을 의미한다. 또한 사회운동은 혁명과 함께 집합행동의 영역에서 가장 핵심적 개념이며, 개인적이고 산발적인 차원에서의 변화와 의도적이고 조직적인 사회차원에서의 변화양면을 모두 포함하고 있다. 사회운동과 유사한 개념으로서는 시민참여, 도시사회운동, 노동운동, 농민운동, 주민운동, 혁명 등이 거론되고 있다. 사회운동은 폭력 등 비 제도권적인 행동노선을 배제하지 않음으로써 제도권적인 행동노선을 고수하는 시민참여와 구분된다. 그리고 도시사회운동은 도시 서비스나 집합적 소비재와 관련하여 집합적으로 변화를 추구하는 점에서 도시사회 전반에 걸친 이슈와 관련된 집합행동인 사회운동의 하위개념으로 파악할 수 있다. 광의적 개념으로 접근한다면, 사회운동은 노동운동과 농민운동, 그리고 혁명까지도 포함할 수 있다. 그러나 사회운동을 어떤 특정이슈와 관련한 한정된 의미의 집합적 변화추구의 노력으로 파악할 때는 사회전체구조의 변화를 시도하는 혁명과는 구분된다. 다만 사회운동을 비제도권적인 수단의 사용이라는 측면에서만 고찰할 때는 모든 운동이 이론을 공유해 적용할 수 있다(권해수, 1992).

사회운동에 대한 지금까지의 연구는 크게 고전적 집합행동이론, 자원동원이론, 신마르크스주의이론, 신사회운동이론 등 크게 네 가지 관점에서 접근되었다. 이들 이론들은 개념정의, 연구대상, 방법론 등의 측면에서 각각 상이한 특성을 보이고 있다. <표 4-3>에서 나타난 바와 같이 Turner와 Killian(1987), Smelser(1962), 그리고 Turner(1964) 등 고전적 사회운동이론가들은 사회변화를 지향하는 자발적인 형태로 사회운동을 정의하고 있다. 고전적 집합행동이론을 비판하면서 사회운동의 이해에 새로운 대안을 제시한 자원동원이론가(Tilly, 1982)들은 제도화된 행위와 근본적으로 상이하지 않으며, 구별되는 내적 논리를 지니지 않다고 주장하였다. 즉 사회운동 그 자체뿐만 아니라 외부의 지지집단과 같은 사회운동 외부요인들을 동시에 고려하며, 사회운동생성에는 '기회의 변화와 조직'이 중요함을 지적하였다. 또한 신마르크스이론가들은 사회운동이 유발되는 기존 사회체제의 모순적 관계에 중점을 두고 있음을 알 수 있다.

표 4-3. 주요 연구자들의 사회운동 개념

연구자	사회운동의 개념
Blumer(1957)	기존의 사회관계를 변화시키려는 집합적 노력 혹은 사회적 관계의 대규모적이며 불특정적인 변화
Turner(1964)	사회변화가 명백하고 문화적 변화가 일어나는 가장 중요한 방법 중의 하나
Turner & Killian(1987)	사회 내 혹은 사회의 일부분인 집단 내 변화를 추구하거나 혹은 통제하기 위해 일정한 지속성을 갖는 집합적 행동
McCarthy & Zald(1977)	사회의 보상체계와 사회구성요소들을 변화시키기 위한 선호를 표출하는 집단내의 의견과 신념
Castells(1977)	자본주의 사회의 전개에 따른 도시모순에서 비롯되는 새로운 형태의 대중운동
Tilly(1982)	권력의 행사와 배분에 있어 변화를 가시적이며, 공개적으로 요구하는 그리고 이러한 요구의 관철을 위해 공공 저항을 강행하는 사람들의 행동과정에서 저항구성원들을 대변하여 요구를 주장하는 사람들과 국가의 권력 보유자들 사이의 지속적인 일련의 상호작용
Lipsky(1982)	한 가지 또는 그 이상의 정책이나 조건에 반대하는 정치적 행동양식으로서 체제내부에서 활동하면서 정치나 혹은 경제체제로부터 보상을 획득하려는 노력
Smelser(1962)	사회행동을 재 정의하는 신념에 기초한 동원화 전략
Lowe(1986)	도시의 공공시설을 요구하거나 수호하는 제도적 정당체제의 외부조직
Leonard(1988)	바람직하지 못한 상황을 저지시키거나 바람직하다고 여겨지는 상황을 바꾸려고 하지 않는 비교적 많은 사람들의 지속적이고 단합된 노력
임희섭(2001)	기존의 규범, 가치, 제도, 체제 등을 변화시킬 목적으로 다수의 개인들이 조직적으로 행동하는 집합행동의 한 형태

사회운동에 대한 주요연구자들의 정의를 종합하면, 사회운동은 다음과 같은 특징을 나타낸다. 첫째, 간접적 대표방식이 아닌 직접적 집합행동이다. 둘째, 일차적으로 억압적 반응을 회피하기 위해 폭력사용을 자제한다.

셋째, 표출적이다. 넷째, 다른 집단이나 정치적 엘리트 혹은 국가의 이해관계에 부담을 가하는 주장을 내포한다. 다섯째, 비제도권적인 행동노선을 취하지만 목표나 전술 등을 전략적으로 선택한다는 것이다. 결론적으로 사회운동은 새로운 종류의 집합행동을 창출하고 그것을 고정된 사회적 형태로 결정화시키는 사회적 행위이며, 집합적 거래행위인 것이다.

2. 사회운동의 유형

사회운동의 발생은 우선 다수 참여자를 필요로 한다. 따라서 사회운동의 행위주체로서 가장 기본적인 유형은 군중, 대중, 그리고 공중이다. 이와 함께 일반적으로 행위주체에 의해 단기간에 행동되어지는 비구조화된 집합행동의 유형은 폭동, 공황, 유행, 광란, 선전, 여론 등이 있다. 다른 집합행동의 유형에 비해 존속기간이 비교적 길며, 구조화된 유형은 사회운동이다.

<그림 4-3>은 집합행동 유형을 Smelser(1962)가 제시한 '전염'과 '적대적 분출'의 두 가지 특징에 의해 구분한 것이다. <그림 4-3>에 나타난 바와 같이 전염은 도피적, 취득적, 표출적 군중의 공황, 열광, 도락, 유행, 대중히스테리, 표출적 군중행동, 유언비어, 선전 등을 포함하고, 적대적 분출에는 폭동, 소요, 린치, 테러 등 공격적 폭도의 행동으로 구분시킬 수 있다.

군중에 의한 집합행동에서 '관객청중(audience, 수동적 관중)'의 행동은 대개 주의대상의 성질에 따라 수동적인 태도를 표출할 수도 있고, 자극적인 사건과 분위기에 의해 능동적인 군중으로 변신할 가능성도 있다. 공격적 군중의 유형에는 소요, 사형, 폭력행위 등으로 나타난다. 사형이나 테러는 법의 범위가 효과적으로 미치지 못하는 상황에서 사회질서를 개인 스스로 지키려는 동기에 의해 발생한다. 소요(폭동, 난동)는 사회적 불만이 축적된 상황에서 특정한 목적 없이 분출된 극히 감정적이고 난폭하며, 무방향적인 군중행동이다. 1970년 멕시코월드컵을 앞두고 1969년 북중미 13조 예선에서 표출된 엘살바도르와 온두라스의 축구전쟁은 소요의 전형적인 예이다. 오랜 역사를 통한 양국 간의 경제적 대결구도, 갈등, 구조적 긴장은 축구경기의 결과로 불만이 분출되어 3,000여명의 희생자와 12,000여명의 부상자를 표출시켰다.

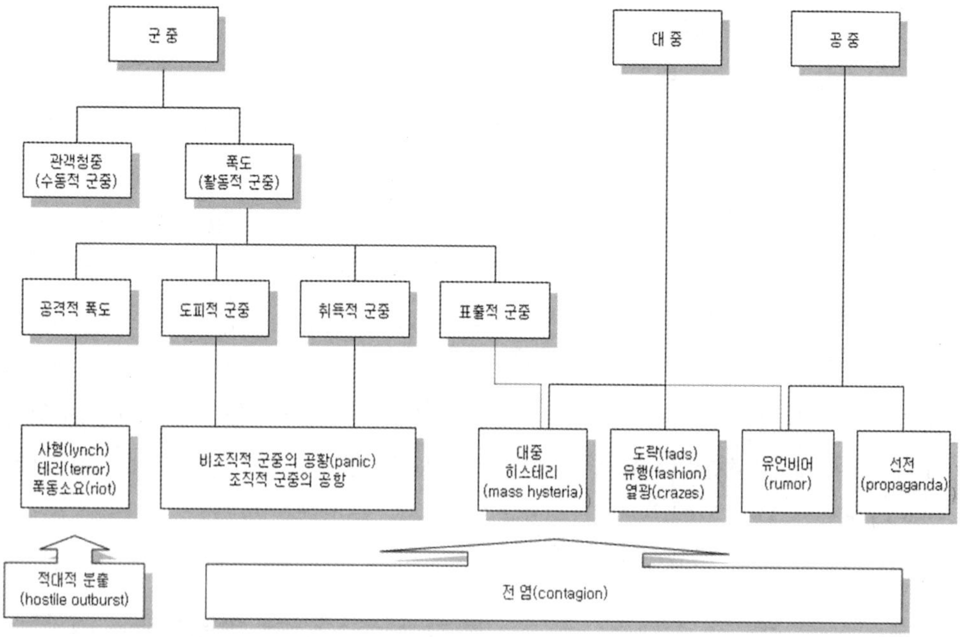

그림 4-3. 군중, 대중, 공중에 의한 집합행동의 유형
*출처 : Perrucci et al(1977); Smelser(1962)

또한 도피적 군중과 취득적 군중에서 나타나는 '공황(panic)'은 사람들이 집단적으로 느끼게 되는 공포상황이다. 극도로 긴박한 상황에서 사람들의 올바른 상황판단이 잠시 상실될 때 발생한다. 즉 긴급한 위기상황에서 많은 사람들이 협조하지 않고, 비합리적으로 행동하는 것이다. 스포츠현장에서는 올림픽이나 월드컵 등과 같은 인기 있는 메가 스포츠이벤트가 개최될 경우, 경기의 입장권을 구입하기 위해 매표소에 몰려든 스포츠팬과 관중들을 '취득적 군중'으로 명명할 수 있다.

1996년 10월 16일 '98 프랑스월드컵 북중미 예선전에서 발생한 축구경기장 사고는 '도피적 군중'에 의한 공황상태의 전형적인 예이다. 당시 과테말라와 코스타리카의 경기도중 과테말라의 마테오 플로레스(Mateo Flores) 스타디움에서 경기 2시간 전부터 축구경기장 정원 45,000명에 60,000명 이상을 입장시켰다. 최악의 사태는 입장객 일부가 위에서 아래로 밀리면서 발생하여 147명이 부상하고 81명이 압사 당했다. 한국의 경우, 1997년 9월 한국마사회 서울경마장의 관람객들이 탄산음료가스가 누출된 것을 프로판가스 폭발로 오인하여 대피하는 과정에서 소동이 발생하였고, 관람대 인근에 있던 1만 여 명이 동시에 양쪽 출입구로 몰리면서 70여명이 온몸에 타박상을 입은 사건은 도피적 군중의 전형적인 예이다.

대중에 의한 집합행동으로서 '도락(fads)'은 일시적 유행을 의미한다. 일시적으로 발생하기 때문에 타인에게 비교적 영향을 미치지 않는 것이 특징이다. Simmel(1971)은 유행을 사람들이 자신의 위상을 높이기 위하여 자신의 외양을 꾸미는 행위라고 정의하고 있다. 따라서 유행은 자신을 과시하고자 시도한다는 점에서 합리적이고 계산적인 경향이 강하다. 또한 도락에 비해서 오래 지속되나 시간이 흐름에 따라 패션과 스타일은 새로운 유행을 재생산한다는 측면에서 사회계층구조 및 문화적 측면과 밀접한 관계를 형성하고 있다. 유행은 기존의 관행과 규범을 기준으로 비제도적인 행동이라고 할 수 있으나 새로운 행위양식을 기준으로 본다면 동조적인 행동이라고 볼 수도 있는 복합적이고 독특한 성격의 집합행동이다. Sapir(1969)는 유행을 따르는 동기가 일상화된 관습으로부터 도피하려는 욕망, 자신의 매력을 증대시키려는 욕망, 그리고 지위와 위세의 욕망에 근거하고 있다고 주장하였다.

훌라후프의 선풍적인 인기와 파급은 도락과 유행으로 설명이 가능하다. 1958년 여름 미국 캘리포니아에서 첫 선을 보인 훌라후프는 '20세기 최고이자 최대의 유행'이라는 찬사를 받으며, 15개월 동안 무려 1억 개 정도가 팔렸다. 1960년 주춤했던 훌라후프 열기는 30년이 지난 1987년에서 1988년 사이 다시 미국에서 크게 유행하였다. 미국 언론들은 1958년 훌라후프를 즐겼던 사람들의 자녀들이 다시 이를 즐길만한 나이가 됐기 때문이라고 설명했다(http://arcady.com.ne.kr/adieu/out/2a08.htm). 사람들에 의한 유행의 지속성이 비교적 단기적이라는 측면에서 훌라후프의 열풍은 도락에 가깝다고 볼 수 있다.

장난감 놀이기구의 혁명 : 훌라후프와 요요

지극히 평범한 미국인 루이 마크스는 아프리카를 여행하던 중 원주민 아이들이 나무로 둥근 테를 만들어 신나게 노는 모습에 시선이 집중됐다. 여자 아이들은 나무 테를 허리에 두르고 그것을 빙빙 돌리며 각종 묘기를 보였고 남자 아이들은 나무판 사이의 줄에 돌을 끼워 넣고 손을 움직여 돌의 위치를 조절하며 재밌게 놀고 있었다. 일행은 원주민의 놀이를 대수롭지 않게 여겼으나 마크스는 거기에서 사업의 힌트를 얻었다. “저런 간단하고 신기한 기구를 만들어 보급하면 세계가 깜짝 놀라겠는걸, 저것을 사용하면 허리도 날씬해지고 좋은 팔운동이 되겠군.” 마크스는 미국에 돌아와 플라스틱으로 그 기구를 만들어 보급했다. 허리의 나무 테는 ‘훌라후프’, 손장난감은 ‘요요’라고 이름 붙였다. 이들 기구는 전 세계에 보급돼 선풍적인 인기를 끌었고 마크스는 억만장자가 됐다. 성공한 사람의 공통점은 작은 일도 절대로 가볍게 보아 넘기지 않는다는 것이다(임한창, 2005).

Be The Reds 티셔츠!

지난 2002년 서울을 비롯한 전국 10개 도시에서 개최된 월드컵에서의 최대 히트상품은 붉은악마였다. 더 상업적으로 말하자면 붉은색 티셔츠다. 이른바 ‘레드 열풍’을 불고 온 ‘비 더 레즈’(Be The Reds)라고 쓰인 붉은악마 응원 티셔츠는 전국적으로 2,000만장 이상 팔린 것으로 추산된다. ‘Be The Reds(붉은악마가 되자, 12번째 선수가 되자)’는 붉은악마의 2002 한일월드컵 응원 공식 슬로건이기도 하다. 최근 Be The Reds의 슬로건을 계승할 2006년 독일월드컵의 공식 슬로건으로 ‘Reds, Go Together For Our Dreams!(‘우리의 꿈을 위해 함께 가요!)’가 확정되었다. 한국축구가 승승장구하면서 ‘붉은악마’가 된 시민들은 대규모 거리응원에 나서는 등 월드컵 기간 동안 붉은색은 그간의 불온한 오명을 깨고 한국의 색으로 돌변했다. 어느 누구도 붉은 티셔츠를 입는데 거부감을 느끼지 않았고 한때 '레드마케팅'의 열풍이 기업에 불기도 하였다. 2003년 붉은악마 티셔츠 로고의 저작권 소송이 사회의 이슈가 될 만큼 ‘비 더 레즈(Be The Reds)’ 티셔츠는 2002 한일월드컵의 최고 히트상품이었다.

또한 2002년 한일월드컵대회를 통해 표출된 국가대표유니폼과 붉은색 티셔츠(Be The Reds)의 선풍적인 인기와 구매행위는 일상생활로부터 탈출구를 제공하기 충분했고, 대중의 욕망을 충족시킬 수 있는 상징체였다. 유니폼은 대중에게 젊음, 소속감, 일체감, 관심 등의 의미를 내재화시키기에 충분하기 때문이다. 열악했던 스포츠웨어 시장에 활기를 가져왔으며, 새로운 계층을 상징하는 전유물이 되었다. 이와 같이 대중에 의한 도락과 유행의 해석은 시간성뿐만 아니라 사회계층, 사회구조, 문화적 속성 등 사회적 맥락성의 관점에서 접근할 때 설명이 가능함을 시사해준다.

'대중히스테리(mass hysteria)'는 사회에 널리 확산되어 있으며, 잠재적으로 위협하는 상황에 대한 공포감이다. 즉 불합리하고 충동적인 신념과 행동이 전염되는 경우이다. 공황은 사람들이 두려워하는 특정 사건이나 사태에 대한 일반화된 불안의 표현으로 발생하지만 대중히스테리는 불안이 공포심으로까지 발전된 상태에서 일어난다(Perrucci et al, 1977). 2002년 11월부터 중국 광동지역을 중심으로 발생하여 홍콩, 싱가포르, 캐나다 등 전 세계로 확산된 SARS(중증급성호흡기증후군: severe acute respiratory syndrome)의 여파는 국내의 보건당국이 적극적으로 진화에 나섰지만 국민들의 불안은 증폭되었고 정치, 경제, 교육, 스포츠 등에 직접적인 영향을 미쳤다. 해외여행자제, 등교휴교령, 조업단축 등으로 이어졌고, 특히 벨기에는 SARS 발생지역에서의 스포츠경기 일정을 취소하였으며, 아시아지역에서 열릴 예정이었던 수많은 스포츠대회도 대부분 취소되었다. 국내에서도 SARS 발생 이후, 국가대표 선수들이 불참하거나 취소된 대회는 17개 종목에 33개 대회에 이르렀다(http://news.empas.com/show.tsp/).

공중에 의한 집합행동으로서 유언비어(rumor)는 비공식적인 통로를 통해 전달되는 정보로서 권위 있는 정보원의 확인을 받지는 못했지만 이해당사자들이나 관심 있는 사람들에 의해 수용되고 전파되는 비공식적인 정보(서술, 예상, 설명 등)라고 정의된다(임희섭, 2001). 즉 사람들 사이에 급속한 속도로 확산되는 확인되지 않은 정보이다. Shibutani(1966)는 유언비어를 상황의 정의가 충분히 내려져 있지 않은 애매한 상황이나 공식적인 정보의 부족으로 애매해진 사회적 조건에서 발생한다고 하였다.

공중의 여론형성에 영향을 미치는 선전(propaganda)은 특정한 관점을 채택하도록 공중을 설득하려는 의도적이고 의식적인 기획이다. 전형적으로 선전은 감정적 호소에 바탕을 두고 상황에 대한 일방적인 해석을 제공한다. 또한 선전은 단순히 개인적 행위를 유도하기 위해서 추구되는 것이 아니라 집합적 행위를 유도하기 위해 추구된다는 사실을 인식하는 것이 중요하다. 오늘날 공공영역에서 선전의 이용은 증대되고 있다. 이러한 사실이 여론의 성격 및 형성방식에 영향을 미치고 있다는 것도 의심의 여지가 없다. 따라서 여론 연구자들의 주요 관심사는 선전에 집중되어 왔다.

선전의 실제적인 규칙은 몇 가지로 요약된다. 첫째, 바람직한 견해 또는 태도를 이식하기 위하여 사람들의 주의를 집중시켜야 한다. 둘째, 사람들이 관심을 갖게 될 것으로 간주되는 대상에 호감 있고 호소력 있는 분위기가 주어져야 한다. 셋째, 그들에게 영향을 미치게 되는 이미지는 간단명료해야 한다. 넷째, 표어, 선전문구 또는 제시된 이미지의 끊임없는 반복이 있어야 한다. 다섯째, 논쟁을 피하고 단순히 반복 주장하는 것이 좋다. 이와 같은 단순한 기술들은 보통 쉽게 주의가 산만해지고 관심분야가 빨리 변하는 사람들의 경우에 효과적이다.

Lowry와 Rankin(1977)은 행동규범과 사회관계적 측면에서 접근한 집합행동 유형을 <표 4-4>와 같이 제시하였다. 여기서 주목할 만한 사실은 스포츠경기장의 군중속성이 행동규범에서 전통적인 규범이 있는 경우와 사회관계에서 전통적인 과거의 관계가 있는 경우에 나타나는 집합행동으로 간주된다는 것이다.

표 4-4. Lowry와 Rankin이 제시한 집합행동의 유형

행 동 규 범	사 회 관 계	
	▪ 과거의 전례가 없는 새로운 관계	▪ 전통적인 과거와 관계가 있는 경우
	유형 A	유형 B
▪ 전례가 없는 새로운 규범	폭동, 소요, 공황	도락, 유행, 경찰소요
▪ 전통적인 규범이 있는 경우	약탈, 사형	스포츠경기장의 군중, 부흥회

*출처 : Lowry, R. P., & Rankin, R. P.(1977). Sociology: Social Science and Social Concern. Lexington, Mass: D.C. Heath, 176.

3. 사회운동의 행위주체

기본적으로 집합적 집단들의 출현은 사회변동의 과정을 암시한다. 이들의 의미는 낡은 것의 해체와 새로운 것의 출현이라는 이중적인 성격을 내포하고 있다. 따라서 새로운 사회운동으로 파생된 구조와 형태는 사회발전

에 중요한 역할을 담당하기도 한다. 즉 사회운동의 출현과정에서 나타나는 원시적 결속의 전형적인 기제들은 새로운 사회질서의 형성에 중대한 역할을 하는 것이다.

사회운동은 다수의 개인들인 집합적 집단에 의해 발생된다. 따라서 사회생활 속에서 사회운동의 행위주체를 시간과 공간적인 시각에서 크게 나누면 군중(crowd), 대중(mass), 그리고 공중(public)으로 구분할 수 있다. 타인과의 물리적 접촉 없이 분산되어 있는 다수의 개인이 매스미디어 등을 통하여 결집되어 간접적으로 집합체가 형성되는 경우, 또한 다수의 개인이 한 장소에 수렴된 집합체로서 행위의 주체가 되는 경우로 구분된다. 전자는 공중 혹은 대중행위이며, 후자는 군중행위라고 한다(윤덕중, 1998).

따라서 스포츠 집합행동의 행위주체는 사회운동의 기본집단인 군중, 대중, 공중을 논의함으로써 쉽게 접근할 수 있다. 지금까지 스포츠 집합행동의 행위주체는 '스포츠관중'이라는 '군중'에 관심이 집중되어 왔다. 일반적으로 스포츠관중은 규칙적이고 계획된 집합체이며, 행동을 어느 정도 예측할 수 있는 가시적 집단이다. 또한 군중유형 가운데 스포츠관중은 일상적이고 틀에 박힌 군중으로 분류되고 있다. 그러나 스포츠가 대중문화의 일상거리로 정착되고 고민거리를 해소하는 환경을 제공하면서 스포츠 집합행동의 행위주체는 군중을 포함한 대중과 공중으로 확대되고 있는 실정이다. 즉 스포츠 집합행동의 행위주체는 전통적인 군중에서부터 대중, 공중에 이르기까지 가시적 집단과 비가시적 집단에 의해 다양한 형태로 표출되고 있다.

1) 사회운동과 군중

사회운동연구에 있어서 가장 오래되고 중요한 개념이며, 학자들의 관심을 가장 많이 끌고 있는 행위주체가 군중이다. 이러한 관심은 개인이 군중의 성원이 되었을 때 인간들은 비합리적이고 감정적으로 행동하기 쉬우며, 군중의 지배적인 분위기에 감염되어 가장 원시적인 행동, 즉 공격적이고 파괴적인 행동을 표출할 것이란 가설 때문이다. Laslett(1984)은 현대사회에서 군중의 시대성을 강조한다. 즉 군중의 출현은 시간적으로 근래에 발생하는 현상으로 중세 때만 해도 많은 군중이 모일 수 있었던 곳은 전쟁터뿐이었다. 그러나 현대사회에서는 스포츠경기장, 록 콘서트, 정치집회 등 어디서나 자주 볼 수 있으며, 규모와 성격이 다른 다양한 군중이 존재한다고 주장하였다.

일반적으로 군중은 동일한 시간과 장소에 우연히 모인 다수의 개인들이다. 물리적으로 근거리에 있는 공통된 관심사를 가진 사람들에 의해 일시적으로 구성된 집합체로서 사람들은 집합체의 맥락에서 서로 영향을 주고받으며, 조직이 체계적이지 못하다(윤덕중, 1998). 또한 개인들의 단순한 집합만으로 군중이라 하지 않고 그들 사이에 최소한의 친화관계가 나타나기 시작해야 하며, 이는 어떤 동일한 대상에 주의가 끌린 사람들에게서 일어날 수 있는 공통된 태도가 생김으로써 나타난다(김경동, 1996). 군중행동의 관심은 초점의 대상이 자극적일 경우에 군중의 심리적 반응이 어떻게 전개되어 집합행동을 표출하는가에 관심을 갖는다. 즉 초점의 대상이 자극적이면 긴장감이 생기고 불안이 조성됨으로써 군중의 반작용을 유도하게 된다는 것이다.

Blumer(1951)는 군중의 성격을 주의를 자극하는 초점대상의 종류, 사회적 상황, 그리고 반응의 형태에 따라 다르게 나타날 수 있음을 강조하면서 우연적 군중, 인습적 군중, 행동적 군중, 그리고 표출적 군중으로 분류하였다. 이를 구체적으로 나타내면 <표 4-5>와 같다.

표 4-5. Blumer가 제시한 군중의 유형

군중유형	의미	유형
우연적 군중 (a casual crowd)	사고 현장에 모인 군중처럼 우연히 같은 시간, 같은 장소에 모이게 된 군중	*상품진열장을 구경하는 군중
인습적 군중 (the conventionalized crowd)	일상적인 활동을 하는 사람들이나 조직된 군중, 관객청중	*스포츠, 경마, 연극, 음악회
행동적 군중 (the active & aggressive crowd)	동일한 목표를 가지고 행동에 참여하는 일시적인 군중으로서 항의시위에 참여하는 군중	*시위대, 폭도
표출적 군중 (the expressive crowd)	생기 있고 흥분된 군중이지만 뚜렷한 목표나 목적이 없다. 해소행위로 신체적인 움직임이나 감정표현의 흥분정도가 심한 군중	*축하연회 *스포츠경기나 종교부흥집회 *록 뮤직 공연

행동적 군중을 제외한 모든 군중은 대부분 제도화된 사회규범에 따라 행동하는 경향이 있지만 자극적인 사건이 발생될 경우, 행동적 군중으로 표출되기도 한다. 스포츠현장에서도 인습적 군중 또는 표출적 군중인 스포츠관중이나 팬들에 의해 관중폭력행동이 발생하기도 하며, 훌리건 등과 같은 행동적 군중에 의해 폭력적 집합행동이 나타나기도 한다.

군중형성의 기본적인 단계를 살펴보면, 왜 행동적 군중이 출현하게 되는가에 대한 해답을 매우 명확하게 제시하고 있다. Blumer(1939)는 감정적으로 흥분되어 일상적인 비판적 능력을 상실한 상태에서 충동적으로 행동하는 군중을 아래와 같이 제시하고 있다. 즉 행동적 군중이 형성되고 활동하기 위해서는 최소한 4단계의 상호작용을 통해 발현된다고 하였다. 이를 그림으로 나타내면 <그림 4-4>와 같다.

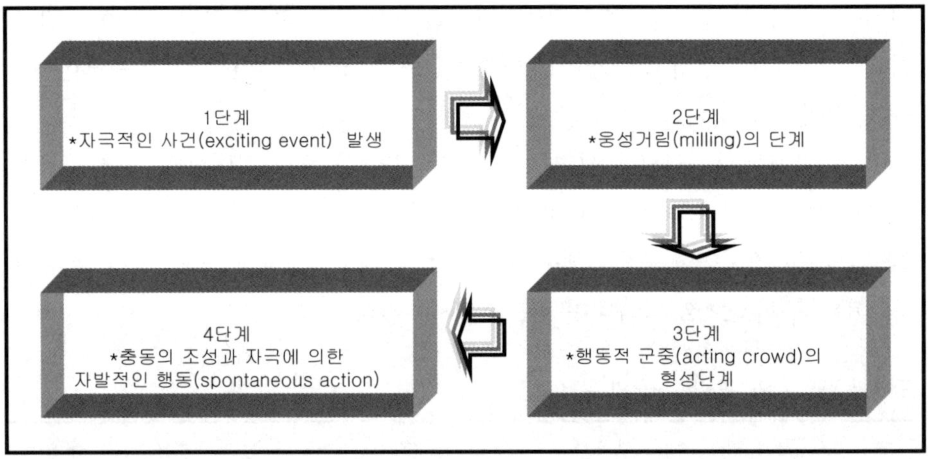

그림 4-4. 군중행동의 형성과정

<그림 4-4>에 제시된 바와 같이 군중행동은 첫째, 군중들의 주의를 집중시키고 관심을 유인할 수 있는 자극적인 사건이 발생함으로써 흥분된 상태로 몰입하게 된다. 둘째, 사건에 의해 자극되고 흥분된 개인들은 이리저리 배회하면서 개인들과의 의사소통을 통하여 감정적인 흥분을 더욱 고조시킨다. 또한 감정의 순환적 반응(circular reaction)을 통해 군중들은 감정과 분위기에 휩싸임으로써 집합적 흥분상태(collective excitement)에 들어가

게 된다. 셋째, 행동적 군중이 형성됨으로써 사람들의 감정과 충동을 집중시키는 공동관심의 대상을 부각시킨다. 일반적으로 공동의 대상은 그들을 흥분시킨 사건 자체이거나, 웅성거림의 과정을 통해 형성된 어떤 이미지이다. 그와 같은 공동의 대상을 중심으로 집합적 흥분이 더욱 광범하게 확산되는 사회적 전염(social contagion)이 일어난다. 마지막으로 군중들은 확산된 전염으로 인하여 자발적인 행동(spontaneous action)에 참여하게 된다. 군중이 고정된 대상 또는 이미지를 향해 공통된 충동을 갖게 되고 그와 같은 충동이 상호작용을 통해 강화되면 군중은 공격적인 군중행동에 들어갈 단계에 이르게 된다(임희섭, 2001).

Turner와 Killian(1987)은 Blumer가 주장한 군중행동의 사회심리적 특성보다는 발현적 규범(emergent norm)의 중요성을 강조하였다. 발현적 규범이란 군중들 사이에서 형성되는 비공식적이고 비제도적인 행동의 양식을 의미한다. 초기에는 군중들 사이에 상이한 방식의 행동이 공존하며, 다양한 반응들이 차별적으로 표출(differential expression)되지만 점차적으로 군중들은 공통된 행위의 규범을 발전시키며, 때로는 선동가나 지도자에 의해 어느 정도 인위적이고 작위적인 합의, 즉 비자연적인 합의(unnatural consensus)가 조성되기도 한다. 일단 발현적 규범이 형성되면 군중의 성원들은 그 규범에 동조하게 되는데 그와 같은 규범에의 동조는 동조적 행위자체가 보상되는 2차적 강화(secondary reinforcement)에 의해 습관적인 동조로 발전하게 된다는 것이다.

그러나 Turner와 Killian은 비제도적 집합행동을 정당화하는 발현적 규범이 형성되더라도 실제로 집합행동이 행동으로 옮겨지기 위해서는 성공의 가능성(feasibility)과 시의적절성(timeliness)에 대한 인식을 필요로 한다고 주장하였다. 즉 집합행동에서 군중의 합리적 선택과정을 어느 정도 인정하고 있음을 알 수 있다. 또한 군중행동이 성공의 가능성과 시기가 적절하다는데 대한 막연한 느낌에 의해 일어나는 것은 사실이지만 적어도 부분적으로는 합리적 계산에 근거한다고 주장하고 있다.

초기의 집합행동연구자들은 행동적 군중에 대한 연구를 통해 군중행동이 개인적인 행동이나 잘 조직된 집단행동(group behavior)과는 구별되는 독자적인 사회심리적 특성을 지닌다고 주장하였다(임희섭, 2001). 군중행동의 심리적 특성과 관련하여 Le Bon(1987)은 무의식적 동기에 의해 행동하는 충동성(impulsiveness), 자극에 의해 심리적 또는 물리적으로 변하기 쉬운 유동성(mobility), 암시에 걸리기 쉬운 피암시성(suggestibility), 사실을 실제보다 과장해서 인식하기 쉬운 과장성(exaggeration), 조급하게 판단하여 행동에 옮기기 쉬운 비용인성(intolerance), 참여자들의 헌신이나 희생을 요구하는 도덕성(morality) 등과 같은 심리적 특성을 지니고 있다고 주장하였다.

Ross(1986)는 심리적 특성으로 고조된 암시성(heightened suggestibility), 감정성(emotionality), 포획된 사고(arrested thinking) 등으로 분류하면서 군중행동이 전개됨에 따라 감정적 전염과 확산(emotional contagion and extension), 감정의 상승효과(intensification), 그리고 동일한 방향으로의 행동적 정향(like response and predisposition) 등의 현상이 일어난다고 강조하였다.

2) 사회운동과 대중

현대사회는 흔히 대중사회라고 불린다. 대중사회론자들은 대중사회를 공동체의 상실과 개인의 원자화(atomization), 새로운 이데올로기를 수용하려는 경향 및 새로운 공동체의 추구, 전체주의화의 경향 및 유사공동체에 의한 총체적인 지배 등에 의해 특징지어지는 사회라 규정하고 문제점들을 비판해 왔다. 그리고 대중사회는 엘리트에 의한 대중의 동원이 그 어느 때보다 용이해진 사회라고 주장한다. 과거 집합행동의 행위주체가 군중이었다면 대중사회로 이행되면서 행위주체가 대중에 의한 집합행동의 특성이 사회운동 또는 신사회운동으로 변모되고 있다. 이와 함께 좀 더 발전된 공중의 개념은 인터넷의 보급으로 인한 사이버 공간의 확대를 통해 행위주체의 영역을 확산시키고 있다.

대중은 군중과는 달리 공간적으로 널리 확산되어 있는 다수의 개인들을 말한다. 또한 이질성과 익명성을 특징으로 하며, 대중매체를 통한 간접적인 상호작용에 의존하고 직접적인 상호작용은 제한을 받는다. 대중사회에서 대중은 조직되어 있지 않거나 느슨하게 조직된 개인들인 것이다. 이러한 대중도 군중과 마찬가지로 동일한 관심에 의해 동일한 방향으로 집합행동에 참여하기도 한다. 따라서 대중은 일반적으로 공통된 관심에 의해 행동하는 이질적이고 분산된 다수의 개인들이라고 정의된다(임희섭, 2001). 또한 대중은 특정한 사회문제에 대해 공동의 관심을 가지고 당국에 전화를 하거나 편지를 쓰기도 하며, 해당 인터넷 게시판에 의견을 내놓기도 한다. 그리고 특정한 사회적 쟁점과 관련하여 찬성 또는 반대의 여론을 조성하기도 한다. 집합행동으로서 대중행동에 관한 학자들의 관심은 주로 유행, 도락, 광란, 유언비어 등의 연구에 집중되어 왔다.

Kornhauser(1959)는 대중사회를 객관적으로 원자화된 사회이고 주관적으로는 소외된 인간들의 사회라고 규정하면서 대중행동의 특성을 집합행동의 한 유형으로 간주하였다. 그가 강조한 대중행동의 특성은 다음과 같다.

첫째, 대중행동에서 관심의 초점은 일반적으로 개인적인 경험과 일상생활로부터 멀리 떨어진 쟁점이나 사건 또는 상징들로서 주로 대중매체를 통해서 알게 되는 것들이다. 따라서 그와 같은 관심사에 대해서 대중들은 높은 현실감이나 책임감을 갖는 것은 아니다. 그러므로 대중행동은 흔히 무책임하며, 엘리트에 의해 동원된 행동일 경우가 많다.

둘째, 대중의 관심대상은 원격적인 것임에도 불구하고 대부분 직접적이라는 특징을 지닌다. 대중행동은 다양한 사회관계나 합리적인 토론과정에서 수단을 확보하기 위해 직접적인 행동으로 표출되는 경우가 많다. 따라서 대중행동은 흔히 폭력적인 수단에 호소하기도 한다.

셋째, 대중행동은 매우 불안정하다는 특성을 지닌다. 대중행동은 관심의 초점이나 반응의 강도에 있어 쉽게 변화하기 때문이다. 대중의 행동성은 쉽게 무관심으로 바뀌며, 그 반대의 경우도 자주 일어날 수 있다.

넷째, 대중행동은 일정한 프로그램을 가지고 어느 정도의 연속성을 획득하게 되면 대중운동으로 조직될 수 있다. 대부분의 대중운동은 안정된 지도자나 잘 구조화된 조직을 지니지 않는 경우가 많다. 따라서 대중운동은 보다 구체적인 목표와 안정된 조직을 지니면서 활동하는 사회운동과도 구별되는 것으로서 일종의 대중사회현상으로 이해된다.

한국사회에서 스포츠는 이데올로기적 동기가 포함된 프로젝트로 조장되어 지배적인 문화유형으로 진행되었다. 국가주도의 스포츠 대중화계획이 마르크스주의자들의 주장, 즉 대중문화는 자본주의 계급의 지배가 그대로 연장되고 있는 현장이라는 관점을 논하지 않더라도 오늘날 스포츠를 통한 대중의 관심과 위치가 어느 정도인가를 짐작할 수 있다. 소수의 생산자와 다수의 소비자(대중)라는 불평등한 일방적 관계는 오히려 대중들에게 스포츠열광의 장을 제공하였다. 스포츠와 사회관계의 사회갈등적 추론의 결론은 교묘하게 강제되고 조장된 스포츠환경은 대중들의 소외와 긴장으로부터 도피할 수 있는 해소장치를 제공함으로써 대중에게 인기 있는 대중위락이 된다는 것이다. 일반적으로 종속된 계급(대중, 다수의 소비자)은 지배계급(엘리트, 소수의 생산자, 자본가)의 이익에 봉사하는 가치, 태도, 신념, 도덕 등의 지배이데올로기에 동조한다.

그러나 종속계급 내의 각 개인의 행동과 사회집단의 행동 속에 잠재적으로 함축되어 있는 철학을 현재화시키면서 종속계급은 지배적 질서에 반하여 저항, 투쟁, 관철의 행동과정을 추구하기도 한다. 실제로 1999년 겨울, 한국은 프로야구선수협의회 파동을 경험하였다. '선수의 불이익 방지 및 권익보호'라는 선수들의 외침에 대해 구단을 대표하는 KBO는 시즌포기라는 강경자세를 보임으로써 극한 갈등을 표출시켜 사회문제로 확대되었다. 이러한 과정에서 체육관련 NGO들의 적극적 개입, 100만 명 서명운동의 여론형성, 그리고 인터넷을 중심으로 대중들이 프로야구선수협의회에 대한 전폭적인 지지로 연결되면서 정부의 개입과 중재를 유도하였고 시범경기 하루 전날인 2000년 3월 11일 극적인 합의가 이루어졌다. 팬과 대중의 적극적인 개입이 없었더라면 불가능한 일이었다. 현재 프로야구선수협의회는 팬, 대중, 공중을 유인하고 세력을 결집시키기 위한 장으로서 공식홈페이지를 구축하여 그들의 정체성을 확보하고 있다. 이와 같이 대중사회와 스포츠문화의 실재자인 대중은 원시적 스포츠 집합행동의 군중에 이은 두 번째의 분화된 집단인 것이다. 따라서 현대사회에서 스포츠는 가장 지배적인 행동문화이자 엔터테인먼트의 한 형태로 간주되고 있는 것이다.

Bourdieu의 장은 무엇인가?

Bourdieu(1984)는 장(champ, field)을 '위치들의 객관적 관계의 망'으로 정의하는데, 여기서 객관적 관계란 사회행위자들의 상황에 따른 대립적 또는 상보적 관계이다. 그가 말하는 장의 경쟁적 혹은 투쟁적 '대립관계'의 구도는 종교적인 용어로 정통과 이단의 관계와 같다. 예를 들어 문화의 장은 문화적 실천과 작품들이 통속화된 기존의 상징질서의 보수적 수호자들과 이교도적 단절을 꾀하며, 기존형식의 비판과 전복을 주창하는 자들이 벌이는 투쟁의 공간인 것이다. Bourdieu는 장을 기존 행위자들의 관계를 변형하거나 유지하려는 것을 목표로 하는 힘의 대결공간으로 본다. 즉 장은 행위자들(또는 위치들)간에 권력과 위신을 추구하는 투쟁의 공간이다. 결론적으로 장은 특수자본이 불평등하게 분배되는 구조 속에서 사회적 정당성을 획득하기 위하여 행위자들 간에 벌어지는 경합과 대립의 공간인 것이다. 특히 장의 개념은 계급적 사회분화와 갈등 속에 상징적 지배의 중요성을 부각시키는 개념이다.

3) 사회운동과 공중

현대사회에서 문화와 정치 분야에서 특히 중요한 집단은 공중(public)이다. 공중이란 얼마동안 일정한 공동쟁점에 관심은 있으나 그 문제를 토론하고 해결할 것인지에 관해서는 반드시 같은 의견을 갖지 않는 조금은 모호하게 규정된 사람들을 일컫는다. 영영사전에 따르면 공중은 "a group of people with a common interest"로 정의된다. Light와 Keller(1979)는 공중을 어떤 공통되는 이해와 관심 또는 주의상황을 공유하고 있는 사람들의 집단이라 정의하였다. 따라서 공중은 고정적이고 영속적이라기보다 쟁점이 사라지면 해체되는 특징을 갖고 있다. 다만 대중과 달리 공중에 속한 사람들은 해석적인 상호작용을 특징으로 한다. 자의식이 있고 비판적이며, 사실과 이성을 강조한다. 따라서 토론과 논쟁을 통해 공중은 여론을 형성하기도 한다. 여론이란 합리적일 수도 있고 비합리적일 수도 있다. 그리고 진정한 공중이 존재하려면 결사와 언론의 자유가 있어야 한다(김경동, 1996). 공중은 특정의 문제, 토론, 그리고 집합적 의견 등을 필요로 하기 때문이다. 특히 다원적 민주주의가 발전된 상황에서 공중의 출현과 형성은 이전 사회보다 가시적이다.

한편, 'public'이란 용어는 일종의 팬, 즉 열렬한 애호가, 추종자들을 지칭하기도 한다. 스포츠와 관련하여 매 시즌 경기장 입장권과 스포츠의류 등을 구매하는 참여자들과 프로스포츠의 홈페이지에 경기평가, 관전태도 등을 비판하는 이들이 바로 공중이다. 삼성라이온즈가 한국시리즈에서 우승했다는 TV 보도나 라디오방송을 확인하고 환호하는 전국의 팬들이 공중의 전형적인 예이다. 오늘날 대중문화의 행위주체로서 공중의 역할은 매우 중요하다. 공중의 대표적인 유형은 여론이며, 공중의 형성을 돕고 관심, 태도, 그리고 의견 등에 영향을 미치는 것은 대중매체이다. 공중과 집합행동의 관계성은 여론조작으로 가능하다. Light와 Keller(1979)는 여론조작 방법을 선전(propaganda)과 PR(public relations)로 제시하였다. 선전은 검열의 수단을 통해 정보의 흐름을 제한하는 방식이며, PR은 어떤 일방적인 관점을 비판 없이 받아들이도록 미리 계산된 형태로 정보를 제공하는 방식이다.

공중에 관한 논의를 결론짓기 전에 특정의 상황에서 공중은 군중으로 변화될 수 있다는 사실이 지적되어야 한다. 즉 대부분의 선전이 그러한 사실을 주도하는 경향이 있기 때문이다. 공중 속의 사람들이 모종의 호소에 의해 모두 감정적으로 고양될 때, 그들은 우왕좌왕 배회하고 정신적인 커뮤니케이션(spiritual communication, rapport)을 발전시킨다. 따라서 그들의 표현은 공중의견(여론)의 형태를 띠는 것이 아니라, 공중감정(public sentiment)의 형태를 띠게 된다.

그러나 현대사회에서 공중이 군중으로 바뀌는 것보다 대중에 의해 대체되어지는 경향이 많다. 지역생활로부터의 점증적인 분리현상, 대중매체의 확산 및 그 밖의 다른 요인 등으로 인하여 사람들은 대중 토의에 참여함으로써 행동하는 것이 아니라 오히려 개인적인 선택에 의해서 행동하는 경향이 증가되고 있기 때문이다. 여러 가지 방식으로 공중은 혼합되어 존재하는 것이 사실이다. 이러한 사실이 현대사회에서 집합행동의 장을 혼란스럽게 만들고 그에 대한 분석을 어렵게 만들고 있다(김영정, 1984).

군중, 대중, 공중의 역학구도

매스란 무엇인가? 옥스퍼드 영어사전은 "개별성이 상실된 덩어리(an aggregate in which individuality is lost)"로 정의되고 있다. 그러나 매스는 그 정의가 어떠하든 매우 부정적인 의미를 내포하는 것으로 간주되어 왔다. 매스와 관련해 흔히 연상되는 세 가지 이미지는 군중, 무식하고 무법, 문화·지성·합리성 결여 등과 같은 것이다. 물론 사회주의 국가에선 무산계급의 힘과 단결을 상징하는 긍정적 의미를 띠기도 한다. 매스는 흔히 대중으로 번역되어 사용된다. 대중과 대비되어 긍정적인 의미로 사용되고 있는 단어는 공중이다. 공중이란 15세기에 인쇄술의 발명과 더불어 생겨났다는 게 일반적인 시각이며, 커뮤니케이션의 기술을 통해 성립되었다. 또한 커뮤니케이션을 통해서 맺어지고 있는 인간들의 비조직적인 집단이라고 볼 수 있을 것이다. 공중의 특성으론 보통 첫째, 의견을 받기보다는 표현한다. 둘째, 의견은 토론에 의해 형성된다. 셋째, 통치집단에 대한 행동을 취할 수 있다. 넷째, 통치집단에 대해 자율적이다 등이 거론된다. 그렇다면 군중은 무엇일까? 군중은 공통의 목표를 향한 행동을 일으키기 위해 어떤 장소에 모여 있는 인간들의 무리(群)이며, 일시적·일회적 또는 일시적 정기적으로 집합하는 비조직적 집단이다. 군중이 곧 대중은 아니다. 둘은 서로 좀 다른 개념이다. 대중과 군중의 차이로는 첫째, 군중은 일정한 장소에 모인 국지적인 집단이자 일시적·일회적으로 모인 비교적 소수인의 집단인데 반해, 대중은 국지적인 성격을 띠지 않고 지구상에 널리 산재해 있는 포괄적인 집단이며 상시적 성격을 띠는 다수인의 집단이다. 둘째, 군중은 공통된 행동목표를 지님으로써 무책임하나마 리더십이 있는데 반해, 대중은 공통된 행동목표가 없어 리더십이 결여되어 있다. 셋째, 군중은 감정적이고 충동적이며 피암시성이 강해서 군중심리에 끌려 무책임한 행동으로 나가기 쉬운 반면, 대중은 거대한 집단 속에서 인간적인 안정성을 잃어 고독과 불안을 느낌으로써 어떤 강한 힘 앞에 쉽게 굴복해버리는 성격이 있다. 그와 같은 차이점에도 불구하고 대중과 군중은 모든 사회계층·이해관계·생활수준 등이 다른 이질적인 성원으로 구성되어 있다는 점과 익명의 사람들의 비조직적인 집단이라는 공통점을 갖고 있다. 현대사회의 한 가지 중요한 특징은 점점 더 공중이 상실 또는 실종되어 가고 있다는 점이다. 그래서 "공중의 대중으로의 변환(the transformation of public into mass)"이라는 말을 하는 사람들도 있다(강준만, 2003).

4. 사회운동의 발생여건

Blumer(1969)는 사회운동을 사회의 새로운 질서를 확립하기 위한 '집합적인 기도'로 규정하여 사회운동에 있어서의 집합행동 성격, 생애주기, 그리고 발생여건 등을 아래와 같이 강조하였다.

> 사회운동이란 새로운 삶의 질서를 이룩하려는 일종의 집합적 기도라고 볼 수 있다. 불안한 조건에서 잉태되어 그 원동력을 한편으로는 현실적 삶에 대

> 한 사람들의 불만에서, 또 다른 한편으로는 삶의 새로운 틀이나 체계를 바라는 사람들의 원망과 희망에서 얻는다. 사회운동의 생애를 보면 바로 이와 같은 삶의 새 질서의 표현과정을 확실히 보여준다. 처음에는 무정형적이고 조직도 별로 잘 되어 있지 않으며, 형식이 없다. 매우 원시적인 군중행동의 수준에 머물러 있으며 상호작용의 기제도 초보적이다. …(중략) 그것이 전개해 감에 따라 사회운동은 사회의 형식을 갖추게 된다. 조직과 형식을 갖추고, 관습과 전통의 연결성을 갖게 되며, 확고한 지도자가 생기고, 지속되는 노동의 분업이 발생하며, 사회적 가치체계가 형성된다. 한마디로 사회운동은 문화와 사회조직, 그리고 새로운 삶의 틀을 갖춘다.

Lowry와 Rankin(1977)은 사회운동을 대체로 초보적인 군중행동이 발생하는 사회문화적 상황과 여건에 기인한다고 하였다. 또한 초보적 군중행동의 모습을 띠고 시작한다는 점에서 집합행동의 한 형태로 간주하였다. 그러나 사회운동이 사회제도의 기초가 되기도 하는 집합행동이므로 좀 더 조직되고 제도화된 형식의 집단행동으로 변하는 모습의 군중행동임을 주장하였다.

<표 4-6>에 나타난 바와 같이 현대의 사회운동은 초보적인 집합행동과 달리 좀 더 합리적이고 질서 있는 집합행동으로서 목표가 정치, 경제, 사회변화, 문화변동 등에 관심을 가지며, 비교적 장기간에 걸쳐 뚜렷하게 나타남을 알 수 있다.

표 4-6. 집합행동과 사회운동의 비교

	집합행동	사회운동
구조	느슨한 구조	고도로 구조화됨
기간	단기간(순간적·자생적)	장기간
목표	대체로 불분명	정치·경제·사회변화
유형	열광, 일시적 유행, 유행, 공포로부터 도피, 군중	미국의 민권운동, 여권운동, 민주화운동

*출처 : 윤덕중(1998). 현대사회학. 서울: 형설출판사. 592.

결론적으로 사회운동의 발생여건은 Blumer가 지적한 바와 같이 원망수준의 상승이 사회적 불만으로 연계되어 사회운동의 원동력을 제공한다. 또한 현대사회에서 대중들의 사회운동에 대한 관심은 물질문명의 발달로 인한 기존의 규범 및 가치의 변화에서 야기되는 문화적 혼란(cultural confusion)에 기인한다. 다양하고 이질적인 문화 속에서 인식되는 가치혼란, 지위불균형, 그리고 소외감은 사회운동의 관심을 확대시킨다. 원자화된 대중사회에서 개인은 개인적인 문제를 사회적 문제로 주의를 환기시키는 사회운동에 매력을 느끼기 때문이다. 일례로 가정에서 발생하는 폭력이라는 개인적 문제가 동일한 문제를 지닌 개인들과 공유됨으로써 '여성운동'이라는 사회적인 문제로 진행되는 것과 같은 의미이다.

제2절 스포츠 집합행동의 이론체계

1. 사회운동의 이론적 구조 및 주제의 변화

1) 사회운동 연구의 흐름

사회운동은 사회학과 정치학에서 오랫동안 중요한 연구의 대상이었다. 과거 사회운동의 개념은 일탈현상이나 아노미 현상으로 이해되거나 비제도권의 틀에서 논의되었다. 그러나 1960년대 이후 제도권 중심적인 정치사회이론에 대한 비판이 제기되고 새로운 인식 틀을 수용함으로써 행동과학을 연구하는 분야에서도 많은 관심을 갖게 되었다. 그동안 체육학적 관점에서 전체사회에서 일어난 사회운동이 스포츠의 구조와 형태, 그리고 의미에 상당한 영향을 미쳤음에도 불구하고 스포츠 내에서 생성되고 발전된 사회운동은 거의 없다고 단정한 주장(McPherson, Curtis & Loy, 1989)이 지배적이었다. 그러나 최근 2002년 한일월드컵대회를 계기로 국내의 체육학계에서도 사회운동에 대한 연구가 조심스럽게 출현하고 있다(권순용, 김방출, 2003; 김영갑, 2004).

초기의 집합행동연구가들은 혁명적 사회운동에 관심을 기울였다. 국가에 대등할 만한 시민사회의 성장이 이루어지기 이전에는 제도적인 수준의 개혁적 사회운동이 활성화되지 못했기 때문이다. 몇몇의 이론가들에 의해 근대의 국민국가 형성에 결정적인 계기를 마련했던 사회혁명, 즉 프랑스혁명과 러시아혁명의 시작, 진행, 그리고 종말 등과 같은 일반적인 원리를 연구함으로써 '혁명의 자연사(natural history)'를 일반화시켰다.

1950년대 이후 집합행동의 주제는 혁명에서 사회운동으로 완전히 전환되었는데 이는 서구사회에서 시민사회의 성장과 함께 다양한 형태의 사회운동이 활성화되었기 때문이다. 따라서 과거의 이데올로기적 운동보다는 노동운동을 비롯한 이익집단운동과 사회문제해결을 지향하는 규범지향적이고 개혁적인 부분에 초점이 맞추어 졌다. 1970년대 이후 서구사회에서 활성화된 시민운동에 자극되어 발전된 '합리적 선택이론(rational choice theory)', '자원동원이론(resource mobilization theory)', '역사적-구조적 접근(structural-historical approach)', '신사회운동론(new social movement theory)', 그리고 최근의 '구성주의이론(constructionism)'에 이르기까지 사회운동의 설명력은 다른 분야에 못지않게 발전되어 왔다(임희섭, 2001).

특히 미국의 사회학자들을 중심으로 하는 자원동원이론은 McCarthy와 Zald(1977)에 의한 경제사회학적 관점과 Tilly(1982)와 McAdam(1988)의 정치사회학적 관점으로 전개되었다. 자원동원이론 관점에서 사회운동은 사회적 불만으로부터 야기되어 발생한다는 전통적 관점을 부정한다. 즉 개인적·사회적 불만은 사회운동발생의 충분조건이 될 수 없다고 규정함으로써 사회운동에 필요한 '자원'과 '기회의 조건'이 사회운동발생과 전개의 핵심적인 요인임을 주장하였다. 집합행동을 제도화된 행동의 확장으로 규정하기 시작한 것이다. 반면에 유럽 사회학자들이 중심이 된 신사회운동론자들은 현대 사회운동의 '집합적 정체성의 추구'에 중점을 두어 연구해 왔다. 즉 종래의 계급운동이라는 좁은 한계를 벗어나 보다 포괄적인 사회학적 사회운동이론으로 발전해 나갈 수 있는 계기를 맞게 된 것이다.

전통적인 집합행동이론들이 '행동이 없는 행위자들'의 연구에 초점을 맞추었다면, 근래의 자원동원이론과 신사회운동론은 '행위자가 없는 행동'의 연구에 집중하는 경향이 있다. 즉 군중행동과 대중행동을 중심으로 한 고전적 집합행동이론과 구조기능주의적 접근, 그리고 사회심리학적 접근들은 집합행동의 과정보다는 집합행동 참여자들의 개인적 동기와 심리적인 불만 또는 집합행동을 발생시키는 구조적인 긴장 등에 중점을 두었으며, 반대로 합리적 선택이론이나 자원동원이론, 그리고 초기의 신사회운동론 등은 집합행동과 사회운동의 과정, 특히 사회운동조직의 동원전략에 초점을 맞추었다고 할 수 있다(임희섭, 2001).

최근의 사회운동이론가들은 자원동원이론과 신사회운동론이 지닌 한계를 인식하고 그 한계를 극복하는 대안으로써 구조와 과정 및 행위자와 행위가 모두 포함될 수 있는 새로운 패러다임으로서 구성주의이론을 제안하게 되었다. 구성주의이론가들은 전통적인 집합행동이론과 대중운동이론, 구조기능주의 이론과 사회심리학적 접근 등에서 발견할 수 있는 지적 자원들과 자원동원이론 및 신사회운동론의 이론적 성과들을 선택적으로 수용하면서 새로운 이론적 패러다임의 구성을 제안하고 있다(임희섭, 2001).

사회운동의 관심차원에서도 고전적 집합행동론에서부터 자원동원이론에 이르기까지 대부분의 이론들은 사회운동의 경제적, 정치적 차원에서 관심을 집중시켰다. 그러나 1960~70년대 이후 급격한 사회변동은 문화적 차원으로 관심이 이행되는 계기를 마련하였다. 신사회운동론자로부터 시작된 사회운동의 문화적 차원에 대한 이론적, 경험적 연구들은 3가지 방향으로 전개되고 있다. 첫째, 사회운동의 문화적 근원, 둘째, 사회운동의 전개과정에서의 운동전략 선택에 영향을 미치는 문화적 요인들에 관한 논의, 셋째, 사회운동의 문화적 결과, 즉 사회운동이 문화변동에 미치는 영향에 대한 연구들로 대별될 수 있다.

(1) 심리학적 접근

미시 사회학적 접근으로 집합행동에 관한 고전이론은 집합적 군중행동에 참여한 군중이 어떻게 법을 잘 준수하는 시민들을 열정적이고 비합리적이며, 폭력적인 군중으로 바꾸어 놓는가를 설명하는데 주된 관심을 갖는다. 군중을 비합리적이고 '집합심성'을 가진 폭도로 규정하는 Le Bon의 전염이론, '동일시'의 개념을 이용하여 군중행동의 원인을 분석한 Freud의 정신분석학적 군중행동론, '순환반응'의 기제를 이용하여 군중행동의 원인과 과정을 설명하는 Blumer의 이론 등이 고전이론의 대표적인 유형이다.

1920년 이전까지의 군중행동의 분석은 주로 심리학적, 사회구조적 접근에 의존하였다. 심리적 전염, 모방, 암시 혹은 사회적 촉진 등 단일한 요인을 가지고 군중행동을 설명하려는 심리학적 접근과 정신분석학적인 접근이 그것이다. Le Bon은 군중이 모이면 새로운 정신상태를 조성해서 심리적인 전염에 예민하게 되고 불합리적이거나 충동적인 위험한 정신상태가 발생하여 지도자의 조작에 쉽게 동조하는 행동이 발생한다고 설명하였다. 그리고 Freud는 그러한 특성이 발생하려면 심리적 상호관련성이 중요하다는 것을 강조하고 군중행동의 관건이 되는 심리적 기제는 동일시로 규정하였다. 군중은 불합리하고 충동적이며, 지도자와 동일시하려는 경향이 강하다. 따라서 지도자를 통해 다른 사람들과 동일시함으로써 대중행동의 가능성을 조성한다는 것이다.

(2) 사회심리학적 접근

사회심리학적 접근에서의 가장 대표적인 이론은 상징적 상호작용론(symbolic interactionism)과 발현적 규범이론(emergent norm theory)이다. 이들 이론은 일반적인 군중과정을 군중참여자들 사이의 상호작용과 그들과 관련된 환경문제를 고려하여 설명하려는 관점이다. 특히 발현적 규범이론은 군중 속의 사람들은 반드시 동일하게 행동하지는 않지만 자신들의 행동이 중요한 합의를 반영하고 있는 것으로 인식하는 패러독스를 설명하는 이론이다. 이에 의하면 군중성원들은 어느 정도 상이한 방식으로 행동하지만 그러한 행동은 군중에 의해 '생성되는 공유된 비공식적 규칙', 즉 군중 속에서 발현되는 규범에 의해 지배를 받게 된다는 것이다. 따라서 집합행동에 대한 발현적 규범의 접근방법은 모든 집합적 행동에 참여하는 사람들 사이에서 규범이 어떻게 발전하고 그에 대한 행동적 동조가 어떻게 이루어지는가를 설명해 주는 유용한 관점이다(Turner & Killian, 1987).

Blumer(1969)에 의해 발전된 상징적 상호작용론은 군중성원들 간의 관계를 통한 사회심리학적 과정과 기제를 강조함으로써 중요한 통찰력을 제공한다. 특히 '순환반응'을 집합행동의 중요한 기제로 상정하고 다음과 같이 설명하고 있다.

> 기본적인 집합행동의 성격에 대한 실마리를 찾기 위해서는 순환반응이라고 불리는 사회적 상호작용의 형태를 이해할 필요가 있다. 이것은 상호자극의 한 형태를 지칭하는 것으로서 그로부터 특정인의 반응은 또 다른 사람의 자극을 만들어 내며, 이러한 반사과정에서 사람들은 자극을 재 강화하게 된다. 따라서 상호자극은 순환적 형태를 띠며, 거기에서 사람들은 상호간의 감정상태를 반사, 교환하고 그렇게 함으로써 감정을 강화시킨다. 이와 같은 상황은 흥분상태에 놓여 있는 사람들 사이에서 일어나는 감정 및 기분의 전파에서 가장 잘 살펴볼 수 있다. (중략)… 순환반응의 성격은 결사관계를 맺고 있는 사람들 사이에서 주로 발견되는 형태인 해석적 상호작용과 대조시켜 볼 때 더욱 잘 이해될 수 있다. 보통 사람들은 대화를 나누고 있는 경우에서처럼, 상대방의 행동과 말을 해석함으로써 서로에게 반응하며, 그러한 해석에 기초하여 반작용을 나타낸다. 따라서 반응은 자극에 대하여 직접적으로 나타나는 것이 아니라 오히려 해석에 따라 나타나는 것이며, 더욱이 그것은 본질적으로 자극적 행동과는 상이한 것으로서 그러한 자극적 행동에 대한 적응이라고 할 수 있다. 그러므로 해석적 상호작용은 테니스 경기에 비유될 수 있으며, 순환적 과정이라기보다는 단순 반복과정의 성격을 가진다. 해석적 상호작용은 정도의 차이는 있을지라도 사람들을 상이하게 만드는 경향을 가지지만, 순환반응은 사람들을 모두 비슷하게 만드는 경향을 가진다.

앞서 살펴본 Le Bon의 전염이론, Freud의 정신분석학적 군중행동론, 군중행동의 원인과 과정을 설명하는 Blumer의 이론은 각기 상이한 설명 기제들을 가지고 있기는 하지만 기본적으로 세 이론들은 사회적 '전염이론(contagion theory)'에 속한다. 이러한 형태의 이론들이 연구자들에게 기여하는 가장 중요한 문제는 어떻게 집합체 속의 사람들이 획일적으로 강렬하게 평상시의 행동방식과는 달리 행동하게 되는가를 설명해 준다는 점이다(Turner, 1964).

한편, Turner는 사회적 전염이론의 다섯 가지 기본적인 결점을 주장하면서 '수렴이론(convergence theory)'을 제시하였다. 전염이론의 초점이 개인이 지닌 사고나 감정, 행동의 일시적 전이에 있는 반면, 수렴이론은 사회규범이라는 허구 속에서 숨겨진 실제 자아가 익명성과 몰개성화의 상황에서 표출된다는 사실에 주안점을 두고 있다. 이러한 종류의 이론을 채택하는 연구자들에게 있어서 기제를 확인하는 문제 및 이질적인 사람들의 집합단위로부터 동질적인 군중을 창출해 내는 조건을 구체화하는 문제는 그릇된 가정에서 나온 것이기 때문에 관심의 대상이 되지 않는다. 문제는 대중들의 잠재적인 성향을 확인하는 것과 사람들에게 유사한 잠재성을 제공하는 환경 및 그러한 성향들을 야기하는 사건들의 종류 등에 대한 것이다(Turner, 1964). 수렴이론은 전염이론과 마찬가지로 군중행동의 경험적 증거가 희박한 동질적인 동기의 가정에 근거하고 있다. 따라서 이동현상 및 사람들이 군중 속에서 획득하는 상이한 역할현상을 설명하지 못한다. 또한 군중행동의 목표가 불투명하며, 집합행동을 유발하는 동기들이 어떻게 작용하는가를 설명해 줄 수 있는 기제가 미흡하다.

(3) 사회학적 접근

앞서 언급한 미시적 관점에서 집합행동은 현장에서 벌어지는 사건들을 강조하였다. Le Bon이 사회질서의 일반적인 나약성에 대해서 언급하였지만 대부분의 고전이론은 집합행동의 원인을 규명하는데 있어 사회적 관점을 배제하였다. 집합행동의 사회학적 접근은 이런 단점을 극복하기 위해 시도되었다. 20세기 초까지의 사회학적 분석은 거시적인 사회구조에 초점을 두었다가 구조적 여건과 촉진요인에 대한 세밀한 분석으로 이행되었다.

Marx, Durkheim, Weber 등 중요한 고전사회학자들은 사회구조와 변동에 관한 일반이론 안에서 집합행동에 관한 이론적 견해를 제시하였다. 공통적으로 집합행동은 거시적인 사회변동의 과정에서 발생하는 변동지향적인 사회적 행동으로 이해된다. 먼저 Marx는 집합행동이 기존의 생산관계에서의 생산력과 생산양식간의 모순이 증대됨에 따라 피지배계급의 연대된 이익추구행동이 구조적 모순을 극복하려는 혁명적 사회운동의 형태로 표출되는 것이라고 보았다. 그에 비해 Durkheim은 '분업'이라고 하는 구조적 변동을 수반하는 산업화의 과정에서 전통적 집합의식의 해체와 사회적 규제력의 약화라는 아노미 현상이 발생하고 그러한 상황에서 소외와 불만을 경험하는 개인들에 의한 비일상적이고 일탈적인 집합행동이 발생한다고 하였다. 또한 공유된 이익을 추구하는 일상적 집합행동이 증가한다고 생각하였다. 그리고 Weber는 합리화 과정으로 이해한 산업화 또는 근대화의 과정에서 관료제적 조직에 의한 합리화 지향의 집합행동이 발생한다고 주장하였다. 즉 Marx는 '이해', '연대성 및 조직'의 요인을 Durkheim은 '개인적·

사회적 불만'과 '연대성'의 요인을, 그리고 Weber는 '신념과 이익', 그리고 '조직'의 요인을 집합행동의 주된 설명요인으로 제시하였다(임희섭, 2001). Tilly(1982)는 이들의 집합행동이론을 <그림 4-6>, <그림 4-7>, <그림 4-8>과 같이 도식화하였다.

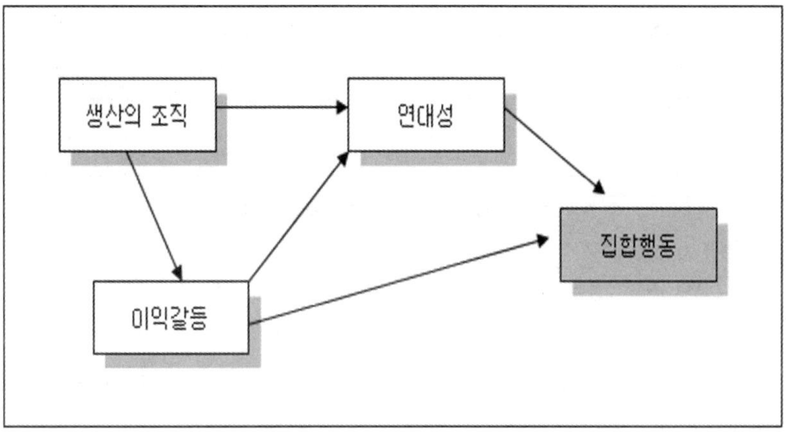

그림 4-6. Marx의 집합행동 모델

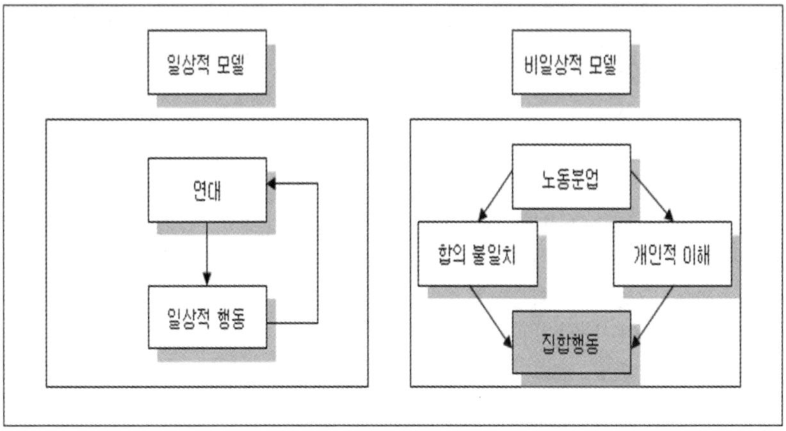

그림 4-7. Durkheim의 집합행동 모델

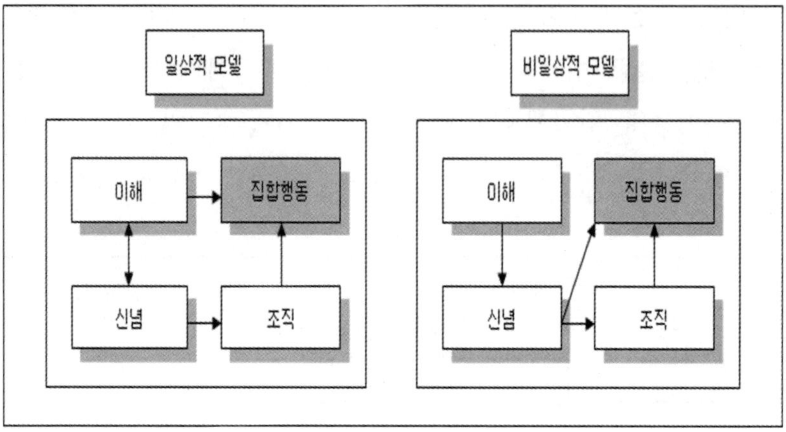

그림 4-8. Weber의 집합행동 모델

앞서 언급한 세 명의 고전사회학자들이 본격적으로 집합행동의 구성을 목적으로 하지는 않았지만 현대집합행동이론의 주요변수들인 이익, 연대성, 신념, 그리고 조직 등의 요인들을 직시함으로써 집합행동이론의 기초를 제공하였다는데 점에서 의미가 크다.

또한 집합행동의 사회학적 설명은 T. Parson의 사회체계론으로부터 영향을 받은 Smelser의 이론에서도 찾아볼 수 있다. Smelser는 집합행동을 구조적 긴장에 반응해서 사람들이 그들의 사회문화적 환경을 재구성하려는 활동이라고 규정한다(Smelser, 1962).

> 집합행동이란 사람들이 그들의 사회문화적 환경을 재구성하려는 목적지향적이며, 사회적으로 지향된 활동으로 정의된다. 더욱이 집합행동에 참여하는 사람들은 내가 일반화된 신념(generalized belief)이라고 부르는 특정 형태의 신념에 기초하여 그들의 사회문화적 환경을 재구성하려고 시도한다. 이러한 신념의 이름으로 취해지는 비제도화된 행동(uninstitutionalized)이 집합행동을 구성한다. 그러나 일반화된 신념이 포함될지라도 나는 참여자에 대한 심리적 의미보다는 일반화된 신념의 사회적 확산에 초점을 맞추고자 한다.

이와 같이 Smelser는 집합행동이란 사회가 불균형상태에 있을 때 변화를 지향하는 일반화된 신념에 기초해서 사회문화적 환경을 재구성할 것을 목적으로 전개되는 비제도화된 행동임을 주장한다.

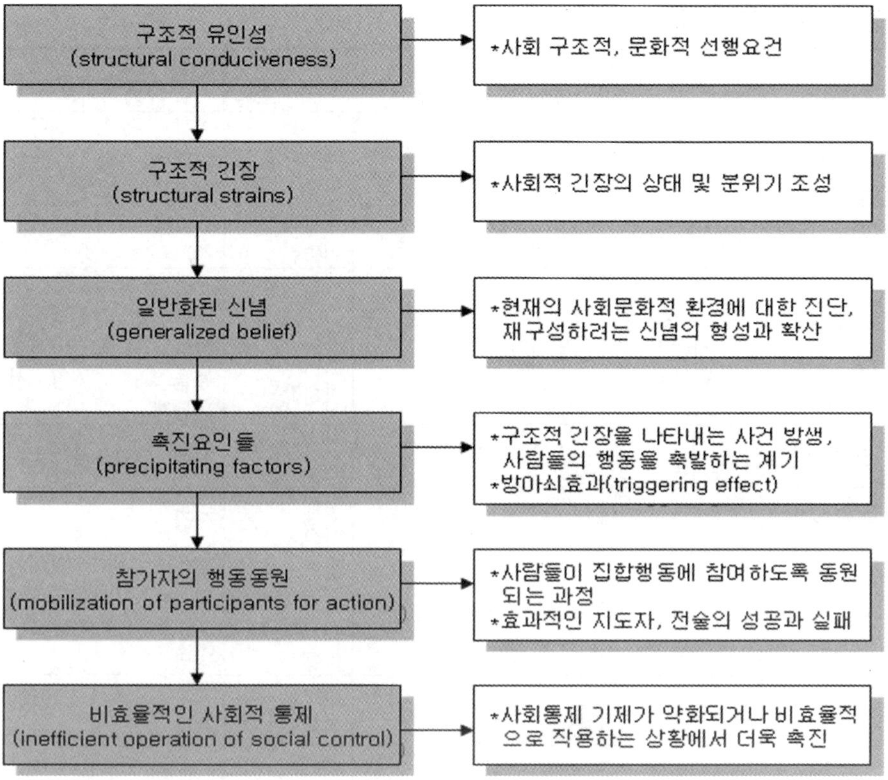

그림 4-9. Smelser의 가치부가적 접근방법의 6단계

<그림 4-9>는 Smelser가 제시하고 있는 6가지의 결정요인들에 대한 설명이다. 즉 집합행동이 발생하고 전개되는 과정을 '가치부가적 접근방법(value-added approach)'으로 설명하고 있다. 이 접근방법은 집합행동의 결정요인들을 일반적인 것에서 특수한 것까지의 순서로 배열하고 그와 같은 요인들의 부가에 의해 집합행동의 전개과정을 설명하는 것이다. 그러나 각 결정요인들의 배열순서는 반드시 시간적인 것은 아니지만 논리적으로는 앞의 요인이 뒤의 요인을 앞서는 것으로 본다. 즉 각 결정요인은 보다 일반적인 앞의 요인에 의해 설정된 범위 안에서 작용한다는 것이다. 그리고 각 결정요인들은 집합행동의 한 사건이 발생하고 전개되는데 있어 필요조건이기는 하지만 충분조건은 아니다(임희섭, 2001). 지금까지 논의된 사회운동에 대한 이론적 접근은 <표 4-10>과 같이 요약될 수 있다.

표 4-10. 사회운동에 대한 이론적 접근

	심리학적 접근	사회심리학적 접근 (상징적 상호작용론)	사회학적 접근	
			사회구조론	부가가치론
유형	군중행동	루머, 사회적 실재의 재규정	계급행동	열광, 폭동, 대중히스테리, 사회운동 등
관심의 초점	개인	집합행동의 전개과정	객관적 사회조건	집합행동의 과정, 단계, 조건, 결과
주요변수 및 기제	전염, 모방, 암시, 사회적 조장: 동일시	불안, 피드백, 밀치고 부딪치기, 흥분, 사회적 전염	경제적 박탈, 사회조직의 와해, 가치갈등	구조적 조장조건, 구조적 긴장, 일반화된 믿음, 촉진요인, 행동을 위한 동원, 사회통제
전제요인	군중의 암시 감응성	구조 지어지지 않은 상황	사회조건, 억압	권태, 사회조건
촉진요인	지도자에 의한 조작	밀치고 부딪치는 군중	악화시키는 사건	사건
해결, 결과	군중의 해산	사회실재의 재규정	혁명, 억압의 강화	루머의 해소, 참여자의 불신, 폭동 제지, 조건의 개선 또는 혁명
보기	사형	진주만 폭격에 대한 반응	1968년 파리혁명	미국 1967년 도시폭동
주요 이론가	Le Bon, Freud	Blumer	Marx	Smelser

*출처 : 김경동(1996). 현대의 사회학. 서울: 박영사. 434.

2. 스포츠 집합행동의 주요 이론

‘스포츠 집합행동(sports collective behavior)’은 스포츠와 관련된 집합행동적 속성, 이념, 가치 등의 표출양식이다. 또한 현대사회에서 인간의 행동을 규명하는 분석 틀로서 집합행동적 접근은 대안적 방법이다. 즉 스포츠 집합행동은 하나의 사회현상으로서 스포츠를 매개로 하여 표출되거나 의미가 확대된 집합행동의 연속적 개념으로 정의된다.

앞서 제시한 집합행동의 이론적 구조를 바탕으로 Leonard(1988)와 McPherson, Curtis 및 Loy(1989)는 스포츠 집합행동의 이론을 ‘전염이론’, ‘수렴이론’, ‘발현적 규범이론’, 그리고 ‘부가가치론이론’ 등으로 재구성하였다. 전염이론과 관련하여 1972년 미네소타 체육관에서 일어난 사례는 전염이론의 관점에서 잘 설명될 수 있는 경우이다. 당시 체육관 내에는 17,700여

명의 관중이 오하이오 주립대학 농구팀과 미네소타 팀 간의 'big ten championship' 결승전을 관람하기 위해 운집하였다. 경기가 시작되기 전부터 선수와 관중은 이미 극도로 흥분되어 있었으며, 경기 역시 시종일관 열전의 양상을 보였다. 경기가 후반으로 접어들면서 홈팀의 패배가 거의 확실시되는데 분노한 관중이 많은 기물을 코트 안으로 집어 던졌다. 이러한 관중의 난동에 자극된 미네소타 선수들은 남은 경기시간 동안 계속 고의적으로 난폭한 파울을 범하였으며, 크고 작은 폭력행동이 발생하게 되었다. 관중과 선수 모두에게서 일어난 전염의 효과가 결국 이와 같은 경기장에서의 폭력사태를 초래하였던 것이다. 우리는 전염이론을 통하여 군중행동의 결과가 돌발적인 사건에 의해 초래되며, 관중난동이 일단 시작되면 감정적인 전염에 의해 적극적인 참여자의 수가 급속히 증가하는 현상을 보다 잘 이해할 수 있다(임번장, 1998).

또한 영국축구의 고질적 문제로 대두되고 있는 'soccer hooliganism'은 수렴이론에 의해 비교적 잘 설명될 수 있는 집합행동의 한 예이다. 이에 가담하는 관중의 대부분은 젊은 실직자이거나 사회·경제적으로 혜택을 받지 못하는 소외계층인데 축구경기는 이들 불량한 관중과 비행자(非行者)가 모여 위협적이고 파괴적인 행동을 표출할 수 있는 기회를 제공하고 있는 것이다. Herrington(1968)의 연구에서 497명의 난동자 중 60%가 축구경기장이야말로 자신들의 전과와 공격성향을 반사회적 폭력행동으로 표출할 수 있는 최적의 장소로 여기고 있는 것이 밝혀졌다. 즉 경기장에서의 폭력행동은 실제 난동자들이 지닌 평상시의 본성과 잠재적 성향에 의해 결정된다는 것이다. 수렴이론과 하류계층이론(riff-raff theory)에서는 군중폭동을 일으키는데 필요한 요소는 군중이 지닌 반항심, 범죄요소, 폭력적 성향 등을 가능케 하는 약간의 자극과 사건뿐이라고 주장한다(Smith, 1983).

그러나 훌리건에 대한 최근의 경향으로 주목되는 것은 바로 계층의 변화이다. 1980년대 영국의 리버풀과 런던의 훌리건을 중심으로 등장한 신흥 훌리건세력은 전문직 등 고급인력을 포함하여 중산층으로 구성되어 있으며, 최근의 영국 훌리건들은 대부분 이 부류에 속한다고 볼 수 있다. 1980년대까지 스킨헤드족, 실업자, 블루칼라 중심이던 훌리건의 주된 구성이 중산층으로 확대되고 있다는 것이다. 예를 들어 EURO 2000대회 시 영국의 15,000여명에 가까운 리버풀 청년들이 벨기에 브뤼셀까지 원정을 가는 경제적 여유를 고려(박인상, 2001)할 때 하류계층이론의 가설은 수정이 불가피한 상황이다.

훌리건들은 왜 난동을 피우는가?

훌리건들이 왜 난동을 피우는가에 대한 여러 가지 분석이 존재하는데 평상시 사회생활에서 외부로 표현할 수 없는 폭력이나 공격성을 분출하고자 하는 욕구, 폭력에 대한 재미, 극단적이고 감정적인 경험을 하고 싶은 욕구 등이 주요한 동인으로 제시되고 있다. 독일 하노버 대학의 필츠 교수는 "훌리건들은 난동을 통해 번지점프 등과 같은 운동의 스릴과 쾌감을 경험한다."라는 분석을 제시한다. 평상시 잠재되어 있던 각종 욕구를 마음껏 발산하고 다시 평범한 일상으로 돌아간다는 것이다. 축구팬처럼 동일한 단체복장을 하지 않고 지극히 눈에 띄지 않는 복장을 한 채 불시에 한판을 치르고 조용히 사라지는 것도 이와 맥을 같이 하는 것으로 분석되고 있다. 훌리건 간의 '집단대결'도 일정한 룰이 존재한다. △상대팀 훌리건 외에 경기를 관람하는 순수 관객은 절대로 공격하지 않는다. △바닥에 누워있는 사람은 공격하지 않는다. △우산, 몽둥이, 병, 돌 등의 무기를 사용하지 않는다 등의 훌리건 수칙 등이 그것이다. 그렇지만 실전에서 이러한 룰이 꼭 지켜지는 것은 아니라는 것이 경찰의 의견이다.

평범한 시민들의 훌리건 변신도 많아

일부 극우주의 성향의 사람들이 묻어 있는 경우도 있는 것으로 전해지지만 특별한 이념적 성향 등을 요구하지 않으며 대체로 다양한 계층에 걸쳐 훌리건이 자리 잡고 있다. 한 예로 영국의 명문 캠브리지 대학을 졸업하고 전문학술지를 편집하는 일을 하고 있는 30대 후반의 영국인 버포드는 주말마다 축구경기장에서 훌리건으로 변신해 난동을 피웠던 자신의 이중적 모습에 대한 경험을 책으로 펴내 적지 않은 충격을 던지기도 했다. 14~40세 사이의 노동자, 실업자, 사무직 종사자, 전문직 종사자, 전문연구원 등 다양한 직업분포를 보이고 있는데 연방내무부는 연구결과에서 사회적으로 하위계층에 훌리건이 집중 분포되어 있다고 밝히고 있다. 인터넷, 휴대전화 팩스 등 다양한 연락수단을 통해 어디에 집결할지 모의하는데 '98 프랑스월드컵 당시 훌리건들이 보여준 조직력과 기동력은 경찰도 놀랄 정도였다고 전해진다(강구섭, 2005).

한편, 최근 프로스포츠 경기장에서 흔히 발생하는 경기장 관중폭력은 발현적 규범이론으로 설명이 가능하다. 스포츠관중은 다양한 개인의 집합체로서 초기 리더적 관중, 중기 추종자적 관중, 그리고 이성적 관중으로 구분된다. 즉 스포츠관중의 구성원들은 하나의 생각을 지닌 익명의 모호한 군중으로 간주되지 않고 개인의 개성과 주관이 살아있는 인간인 것이다. 이러한 각 개인들은 경기장에서 통하는 새로운 규범을 만드는데 기여한다. 그러나 자신이 응원하는 팀이 불리하게 된 원인이 상대팀 선수의 고의적인 반칙, 속임수, 심판의 잘못된 판정 때문이라는 피해의식이나 착각을 관중들이 공유함으로써 경기도중이나 경기 후 상대팀의 선수와 심판에게 병이나 돌을 던지는 행위, 그리고 심한 욕설로 야유를 보내는 행위 등이 발생할 수 있다.

마지막으로 부가가치이론은 스포츠 집합행동이 발생한 장소와 시간 및 양식에 대하여 설명하는 이론이다. 그러나 이러한 관점에서 스포츠 집합행동의 표출은 다양한 결정요인 또는 필요조건이 사전에 존재해야 한다. 이와 관련하여 McPherson, Curtis 및 Loy(1989)는 1985년 5월 29일 Belgium의 Heysel에서 Liverpool과 Juventus 간의 유럽챔피언스컵 결승전에서 발생한 축구장 관중폭력을 부가가치이론의 관점에서 분석하였다. 또한 이장영과 강효민(2000)은 1999년 10월 20일에 개최된 프로야구 코리안 시리즈 진출을 위한 삼성 팀과 롯데 팀의 플레이오프 경기에서 발생한 경기장 관중폭력을 Smelser의 이론을 바탕으로 해석하였다. 이와 같이 부가가치이론은 스포츠 집합행동의 발생원인에 대한 보다 완전한 설명을 제시해 줄뿐만 아니라, 사회상황이 언제 집단사태로 돌변할 것인가를 예측하는데 매우 효과적인 이론모형으로 제시되고 있다.

스포츠 관중의 다양성

TV를 통한 간접적인 스포츠관람은 경기장의 생생한 열기를 느끼기가 힘들다. 그래서 많은 스포츠팬들은 TV보다는 직접 경기장에 가서 응원을 한다. 남들보다 정력과 화폐를 더 많이 투자하고 소비하는 그들이 경기장을 직접 찾는 이유는 무엇일까? 대답은 간단하다. 바로 현장감 때문이다. 한번이라도 경기장에 직접 가서 선호하는 팀을 응원한 경험이 있다면 그렇지 못한 경우보다 스포츠현장의 매력에 푹 빠져들게 될 확률은 높다. 특히 경기 내내 선수들의 플레이에 즉각적인 관중들의 반응은 또 하나의 볼거리이다. 실제로 경기장을 찾는 관중들은 단순 관람자로부터 미친 듯이 열광하는 광적인 관중까지 매우 다양하다. 스포츠경기장은 허구성, 자유성, 쾌락성이 가득 찬 공간이기에 일종의 장터이자 터미널과 같다. 바쁜 일상생활의 스트레스를 해소하고 다시 돌아가기 위한 마음을 정리하는 마당(場)이다. 그래서 스포츠경기장은 매우 활동적이다. 한 번씩 목격되는 경기장 폭력은 다양한 원인에 의해서 발생하지만 관중의 다양성에서 접근하자면 대체적으로 '초기 리더적 관중', '중기 추종자적 관중', 그리고 '이성(합리)적 관중'으로 구분된다.

초기 리더적 관중은 경기장 관중폭력을 일으킨 초기의 소수 관중들이다. 이들은 경기장 관중폭력행동이 발현되기 전에 이미 잠재적으로 폭력행동의 성향을 내포하고 있는 집단이다. 이들은 평상시에도 이떤 종류든지 불만이 있었고 이 불만을 군중 속에서 익명으로 표출하였는데 이는 수렴이론에서 주장하는 집합행동의 유형이다. 또한 서양의 축구 훌리건과 유사하다고 볼 수 있다. 그리고 이들의 행동은 우발적이라기보다 습관적인 성향이 강하다.

중기 추종자적 관중은 초기 리더적 관중에 의해 고조된 경기장의 분위기에 휩싸여 폭력적으로 변한 관중들이다. 경기장 분위기가 적대적으로 확산됨에 따라 초기 리더들의 행동을 모방하게 되고 이 모방은 빠르게 군중 속으로 전염된다. 군중 속에서 개인의 생각이 사라지고 군중심리가 형성되어 이에 따라 행동하게 된 것이다.

이성(합리)적 관중은 폭력적 분위기에서도 이에 휩쓸리지 않는 군중들이다. 이들은 군중 속에 있으면서도 개인의 합리적 사고를 잃지 않고 개인을 위해서 자기가 좋아하는 팀을 위해서 폭력에 가담하지 않는 것이 이익이라는 생각을 가진 집단이다. 이들은 적대적 분위기 속에서도 어떤 합리적 규범을 형성하여 이를 준수하는 게 특징이다(이장영, 강효민, 2000).

참고문헌

강구섭(2005, 7월 18일). 전 세계 훌리건들, 독일월드컵에 모인다? 오마이뉴스.

강준만(2003). 대중매체 이론과 사상. 서울: 개마고원.

권순용, 김방출(2003). 붉은악마 현상의 재해석: 포스트 월드컵 담론 비판. 한국체육학회지, 42(6), 165-177.

권해수(1992). 사회운동과 공공정책의 역동적 관계 연구. 미간행 박사학위 논문. 서울대학교 대학원.

김경동(1996). 현대의 사회학. 서울: 박영사.

김두식(1981). Collective behavior: 이론적 제 경향들에 관한 일 고찰(Ⅱ). 한국사회사업대학 논문집, 11(1), 275-291.

김영갑(2004). 사회운동적 관점에서 붉은악마 바라보기. 한국체육학회지, 43(6), 127-138.

김영정(1984). 집합행동론. 서울: 진흥문화사.

박인상(2001). 국제경기대회의 안전운영체제에 대한 연구. 미간행 석사학위 논문. 연세대학교 행정대학원.

윤덕중(1998). 현대사회학. 서울: 형설출판사.

이장영, 강효민(2000). 집합행동으로서 경기장 관중폭력 행동에 관한 사례 연구: 스포츠 미디어 보도를 중심으로. 한국스포츠사회학회지, 13(2), 333-344.

임번장(1998). 스포츠사회학개론. 서울: 동화문화사.

임한창(2005, 3월 8일). [겨자씨] 훌라후프. 국민일보, 25면.

임희섭(2001). 집합행동과 사회운동의 이론. 서울: 고려대학교 출판부.

정대연(1983). 집합행동의 이론적 쟁점들에 관한 비교연구. 제주대학교 논문집, 16(2), 497-511.

Blumer, H.(1939). Collective behavior. In Robert E. Park(ed). An outline of the principle of sociology. NY: Barnes & Nobles.

Blumer, H.(1951). Collective behavior. In Alfred McClung Lee(ed). New outline of the principles of sociology, part four. NY: Barnes & Nobles Inc.

Blumer, H.(1969). Outline of collective behavior. In Robert R. Evans(ed.),

Readings in collective behavior. Chicago, McNally.

Bourdieu, P.(1984). Distinction: A social critique of the judgement of taste, cambridge, mass. Harvard University Press.

Brissett, D.(1969). Collective behavior: The sense of rubric. American Journal of Sociology, Vol. 74.

Evans, R. R.(1969). Theoretical viewpoints in collective behavior. R. R. Evans(ed.), Readings in collective behavior. Chicago: Rand McNally & Co.

Freud, S.(1922). Group psychology and the and analysis of the ego. London: Hogarth Press.

Goffman, E.(1963). Behavior in public places. New York. Free Press.

Herrington, J. A.(1968). Soccer hooliganism: A preliminary report to Mr. Denis Howell, Minister of Sport. Bristol: John Wright and Sons.

Kornhauser, W.(1959). The Politics of mass society. NY, The Free Press.

Lang, K., & Lang, G.(1968). Collective behavior. International Encyclopedia of the Social Sciences. Vol. 2. New York: The McMillan Company & The Free Press.

Lang, K., & Lang, G.(1974). Collective behavior. International Encyclopedia of the Social Science. New York: The McMillian Company & The Free Press.

Laslett, P.(1984). The world we have lost: England before the industrial age(3rd ed.), New York. Charles Scribner's Sons.

Le Bon, G.(1987). The mind of crowds. London, Unwin.

Leonard, W. M.(1988). A sociological perspective of sport(3rd ed.), New York: Macmillan Publishing Company. 447.

Light Jr, D., & Keller, S.(1979). Sociology. New York: Alfred A. Knopf.

Lowry, R. P., & Rankin, R. P.(1977: 176). Sociology: Social science and social concern. Lexington, Mass: D.C. Heath

McAdam, D.(1988). Freedom summer. NY: Oxford University Press.

McCarthy, J. D., & Zald, M. N.(1977). Resource mobilization and social movement: A practical theory. American Journal of Sociology, 82(6).

McPherson, B. D., Curtis, J., & Loy, J. W.(1989). The social significance of sport: An introduction to the sociology of sport. Champaign, Illinois. Human Kinetics Books.

Milgram, S., & Toch, E.(1968). Collective behavior: Crowds and social movement. G. Lindzey., & E. Aronson(ed.), The Handbook of social psychology, Vol. 4. California: Addison Wesley Publishing Co. Inc.

Perrucci, R., et al.(1977). Sociology. Dubuque, Iowa: Wm C. Brown.

Ross, E. A.(1986). Social psychology. New York: The MacMillian Co.

Sapir, E.(1969). 'Fashion', in Robert R. Evans(ed.), Reading in collective behavior. Chicago, McNally.

Shibutani, T.(1966). A sociological theory of rumor, in T. Shibutani(ed.), Improved news: A sociological study of rumor. Indianapolis, Bobbs-Merill.

Smelser, N. J.(1962). Theory of collective behavior. London: Routledge & Kegan Paul.

Smith, M.(1983). Violence and sport. Toronto: Butterworths.

Tilly, C.(1982). Britain creates the social movement, In James Cronin and Jonathan Schmeer(ed.), Social conflict and the political order in modern Britain. London: Croom Helm.

Turner, R., & Killian, L.(1987). Collective behavior(3rd ed.), Englewood Cliffs, N. J: Prentice-Hall.

Turner, R. H.(1964). Collective behavior. in Robert, E. L. Faris(ed.), Handbook of modern sociology. Chicago: Rand McNally.

http://news.empas.com/show.tsp/.

http://arcady.com.ne.kr/adieu/out/2a08.htm

제5장 현대스포츠와 사회운동

현대사회에서 사회운동은 합리적인 행위자들에 의해 문화적으로 기획되고 있다. 과거에는 정치적, 경제적 목적달성을 위한 행위가 목적이었지만 오늘날의 사회운동은 삶의 질을 향상시키기 위한 문화적 행위로 전이되고 있다. 즉 현재의 사회운동은 정치, 경제 권력보다는 문화적 실천의 중요한 구성요소인 가치관과 생활양식에 더 큰 관심을 가지며 발전하고 있다. 따라서 정치, 경제적 영역에서의 사회운동적 소강상태는 스포츠를 포함하는 문화적 영역으로의 진입이 점진적으로 이행되고 있음을 알리는 단서이기도 하다.

이 장에서는 현대스포츠에서 표출된 사회운동적 의미를 살펴보고, 체육관련 비정부단체(NGO)를 설정하여 사회운동조직의 역할과 방향을 탐색해 본다. 그리고 붉은악마를 한국축구 응원문화의 사회운동적 주체로 간주하고 그들의 신문화운동적 함의를 풀어본다.

제1절 현대스포츠와 사회운동의 연관성

1. 현대스포츠에 표출된 사회운동적 의미

1980년대 이후 한국사회는 고도의 산업사회를 경험하면서 중산층이 확대되어 이전 사회에서 경험하지 못한 생활환경과 관련된 주택, 환경, 의료, 문화 등의 분야에서 다양한 관심이 집중되기 시작하였다. 경제적 성장에 따른 심리적 안정감은 이들의 관심을 집단화시키는 기회를 제공하였으며, 사회운동으로분류되는 다양한 시민운동이 출현되는 계기를 마련하였다. 사회운동은 새로운 대안적 사상이나 생활양식을 증진시키려는 노력이라는 점에서 이의 목표가 '삶의 질 향상'으로 귀결될 수 있다.

사회운동의 뚜렷한 목표설정은 개별집단의 가치와 권력을 획득하기 위한 노력에서 전체사회 구성원의 권익을 획득하고자 하는 문화적 기획으로 전환되기 시작하였다. 특히 '86아시안게임과 '88서울올림픽 이후 서구의 행동문화를 위시한 정신문화가 국내에 소개되고 수용되면서 현대스포츠의 구조적 문제는 사회운동이라는 이론적 틀에서 논의될 조짐이 보인다.

그러나 사회운동이 정치적, 경제적, 문화적 관점이외 체육학적인 관점에서 조명되는 일은 최근에 이르러서이다. 한국사회에서 스포츠분야의 부각은 신사회운동의 발로와 맥락을 같이하는 경향이 있다. 왜냐하면 현재의 사회운동은 정치, 경제 권력보다는 문화적 실천의 중요한 구성요소인 가치관과 생활양식에 더 큰 관심을 가지며 발전하고 있기 때문이다. 따

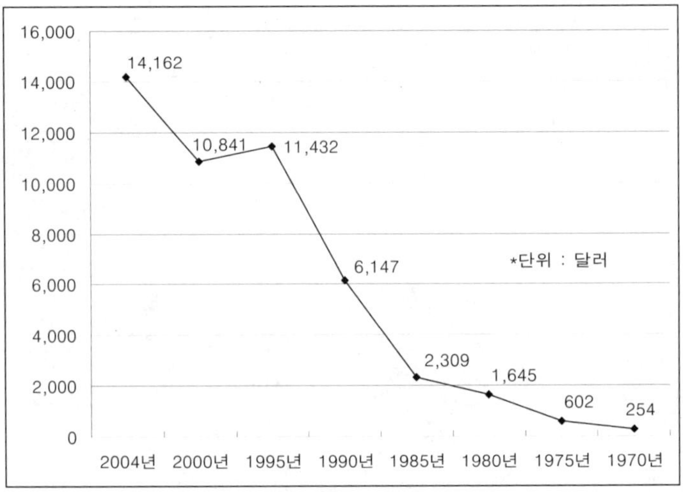

그림 5-1. 1인당국민총소득(명목) 변화추이

라서 정치, 경제적 영역에서의 사회운동적 소강상태는 스포츠를 포함하는 문화적 영역으로의 진입이 점진적으로 이행되고 있음을 알리는 단서이기도 하다.

이러한 관점에서 현대스포츠에서 표출된 사회운동적 의미는 몇 가지 유형으로 요약된다.

첫째, 전통적인 노동운동의 속성이 내재된 스포츠적 사회운동이다.

오늘날 스포츠는 그 영역이 과거와 비교할 수 없을 만큼 확대되었으며, 노동운동적 관점에서 갈등과 착취로 인한 분쟁 또한 계속해서 야기되고 있다. 스포츠와 노동운동의 밀접한 관계는 19세기 영국의 축구, 미국의 야구 등에서 프로스포츠가 형성되면서부터이다. 프로스포츠에서 구단주의 독점적 자본행위과정에서 발현되는 문제, 즉 운동선수에게 경제적인 착취를 가함으로써 전통적인 노동운동이 재현되고 있다는 비판은 이미 오래 전부터 제기된 사안이다. 현대사회에서 미국과 유럽의 프로스포츠조직은 역사적 이해관계를 통하여 노조활동이 정형화되어 있지만 한국의 경우, 대표조직의 이중성, 독점적 구단에 의한 카르텔(cartel) 현상이 지속되고 있는 실정이다. 한국프로야구선수협의회와 가시화되고 있는 프로축구, 프로농구계에서의 노조활동합법화 추진은 우리 실정에 맞는 스포츠분야에서의 노동운동적 수정모델이 필요함을 보여주는 실례이다. 특히 2000년 겨울, 스포츠계뿐만 아니라 한국사회의 주요 쟁점으로 부각된 것이 프로야구선수협의회 파동이다. 이는 프로야구구단과 선수간의 불평등한 현실을 개선하려는 선수들의 집합적인 행동이 표출되어 나타난 사건으로 해석될 수 있다. 프로구단과 프로선수의 대립은 자본주의 체제 하에서 필연적인 노동과 자본관계의 갈등이며, 헤게모니를 장악하려는 일련의 악순환이다. 프로야구 출범 이후, 지난 25여 년 간 헤게모니적 영향력을 행사해 온 구단 및 KBO의 논리에 저항하는 선수들의 탈헤게모니를 위한 노력(안민석, 2001)은 노동운동의 관점에서 이해될 수 있다. 물론 프로야구선수협의회와 구단주 및 KBO의 대립은 산업 내에서 발생하는 자본과 노동관계에서 파악되어야할 문제인지 그렇지 않은지는 관점에 따라 다를 수 있다.

그러나 스포츠산업이 스포츠와 관련된 재화와 서비스의 상업적 생산 혹은 시장을 위한 생산 및 유통활동으로 규정한다면 프로스포츠는 스포츠산업의 주요 영역인 것이다(전용배, 2001). 따라서 국내프로야구에서 발생되는 대립은 자본과 노동관계로 해석되는 노동운동이자 사회운동으로 해석할 필요가 있다. 즉 프로스포츠의 노동조합결성이나 프로야구선수협의회에 나타난 상황을 고려해 본다면, 이들은 가치지향적 운동(value-oriented movement)[14]과 권력지향적 운동(power-oriented movement)[15]의 속성을 내포하고 있음을 알 수 있다

둘째, 스포츠를 통한 일류평등주의운동이다.

이는 노동운동의 목표와 비슷하지만 스포츠를 통하여 성, 인종, 민족 등의 정치적, 사회적 상황을 개선시키고자 하는 운동이다. 그동안 올림픽, 월드컵, 스포츠선수권대회 등과 같은 국제수준의 스포츠는 국내의 사회·정치적 문제를 반영하는 역할을 담당해 왔다. 1960년대 여성문제, 노동환경, 인종, 인권 등을 신장시키기 위한 노력은 사회의 각 영역에서 전개되었지만 지역적인 한계를 극복하지 못하였다. 정치적 이해관계, 대중매체의 분화, 대중의 관심 등에서 그들의 높은 기대치를 부각시킬 매개체가 필요했는데 스포츠는 가장 합리적인 도구였다. 따라서 그들의 의지를 관철시키고 확산시키려는 의도는 자연스럽게 국제수준의 스포츠에서 재현되었다.

예를 들어 1968년 멕시코올림픽에서 미 흑인선수들의 '올림픽 반란', 즉 그들의 올림픽 보이콧운동과 올림픽 시상대 데모를 통하여 인종차별주의에 대한 도전 및 저항을 표출시킨 사건이 발생하였는데 이 사건이 스포츠를 통한 인류평등주의 운동의 대표적인 사건이다. 조성식(1997)은 그동안 흑백간의 인종적 구성이 구조적 유인성을, 인종차별주의 및 흑인들의 상대적 박탈감이 구조적 긴장을, 인종간의 불평등 해소 및 인간존엄을 추구하는 흑인들의 가치지향성 신념형성이 일반화된 신념의 성장과 전개를 나타내고 있었음을 진단하였다. 또한 당시 미국 대학캠퍼스에서 발생한 최초의

---

14) 일반적으로 사회구성원의 일부 또는 특정집단에 이득을 가져다주는 어떤 변화를 추구하는데 초점을 둔다. 예) 여성해방운동, (스포츠)소비자보호운동, 노동운동 등

15) 조직성원들을 위한 어떤 권력, 인지 혹은 특정지위를 획득하는데 초점을 둔다. 이 운동의 프로그램은 목적이 수단을 정당화한다는 점에서 기회주의일 수 있다. 따라서 운동의 정책이 공격적이거나 폭력적일 수도 있다. 예) 분리주의운동, 쿠데타, Ku Klux Klan(KKK단) 등

흑인학생 데모 및 인종차별주의적 남아프리카공화국의 IOC 재가입에 대한 반발은 '1968년 멕시코올림픽 반란'의 촉발요인으로 작용했으며, 해리 에드워드(Herry Edwards)를 비롯한 반란주도자들의 카리스마적 리더십과 외부지원, 그리고 적절한 동원 전술운용 및 조직적 제도화는 동원화 과정의 구체적 요소를 구성하고 있었다. 그리고 사건의 전개 과정에서 언론의 비판, 반대조직의 형성, IOC 및 USOC(United States Olympic Committee)의 압력은 바로 반란의 사회통제로 작용하였다고 결론지었다.

올림픽에서 가장 충격적인 장면

미국에서 발생한 가장 남는 올림픽 관련 정치적 사건은 1968년 해리 에드워드에 의해 시작된 아프리카계 미국인의 보이콧 운동이다. 그것이 에드워드가 원하는 정도로 실현되지 않자, 그는 전략을 바꾸고 경기에서의 시위를 계획했다(송해룡, 2000). 1968년 멕시코올림픽에서 가장 기억에 남는 사진은 남자 200m 달리기에서 미국의 토미 스미스(Tommy Smith)와 존 카를로스(John Carlos)(각각 금메달, 동메달 리스트)는 맨발 차림에 한 손에는 검은 장갑을 끼고 시상식에 올랐던 장면이다. 그들은 미국 국가가 연주되는 동안 고개를 숙인 채 장갑 낀 손을 들고 서 있었다. 관중들은 술렁거렸으나 이들은 국가가 연주되는 동안 미동도 않고 내내 고개 숙여「블랙파워」에 대한 경의를 표했다. 그해 미국은 마틴 루터 킹 목사가 암살당하는 등 백인들의 엄청난 박해 속에 흑인민권운동이 치열하게 전개되고 있는 상황이었다. 그것은 그들 아프리카계 미국인의 정신적 유산에 대한 찬사와 미국 내 소수 민족의 생활 여건에 대한 항의 표시였다. IOC 집행부와 미국올림픽위원회(USOC)는 그러한 행위에 격분했으며, 올림픽의 이상에 역행하는 것으로 판단하고 두 선수를 올림픽 선수촌에서 집으로 돌려보냈다. 그 후 그들은 세계 육상경기장에서 모습을 보기가 힘들어졌다.

셋째, 스포츠지향의 문화변동이다.

기존의 사회운동적 관심은 경제적, 정치적 차원에 집중되었지만 1960대

이후의 급격한 사회변동은 사회운동의 목표가 문화적 차원으로 전환되는 계기를 마련하였다. 또한 사회변동에 의한 삶의 방식이 생존과 소유에 머물러 있었던 시대에는 경제력(economical force)과 정치력(political force)이 중요한 관건이었다. 계층 간의 소모적인 투쟁이 종식되어 갈 시기에 삶의 방식은 이미 존재인식에 기반 한 문화력(cultural force)을 갈망하였다. 따라서 전통적인 사회운동의 주제는 시대적 변화와 요청에 따라 문화영역이 사회운동의 새로운 주제로 설정될 수밖에 없었다.

스포츠세계에서도 1960년대를 기점으로 급격한 문화변동을 경험하기 시작한다. 혼란스러웠던 시기에 현실사회에서의 대중강압과 통제는 스포츠경기장으로 많은 관중들이 유입되는 상황을 제공하였다는 시나리오와 경기규칙이 지나치게 엄격해지고 선수들의 폭력성이 감소해지자 관중 스스로가 폭력적으로 변모되었다는 시나리오가 설득력이 있다면 이러한 흔적이 목격되기 시작한 것은 분명 1960년대 이후부터이다.

일례로 1960년대 초 영국에서 축구경기와 관련된 폭력문제는 'soccer hooliganism'과 '훌리건'을 일반화시켰다. 지금까지 폭력적 집합행동의 대명사인 훌리건은 영국뿐만 아니라 유럽, 남미 등을 초월한 전 지구적 사회문제로 인식되고 있다. Pearton(1986)은 훌리건의 확산이 크게 문화적 영역에서의 사회변동과 상관있다고 지적하고 있다.

많은 사람들이 즐기는 축구는 1863년 영국에서 FA(Foofball Association)가 결성되면서 표준화되기 시작하였다. 이후 국내적으로 엘리트계급과 노동자계급간의 축구갈등, 국외적으로 식민지정책의 주요한 문화수단으로서 전 세계에 보급되기 시작하였다. 근대식 영국축구의 보급은 문화변동에 의한 문화변용[16]과정으로 해석된다. 영국에서 남미, 인도, 일본, 한국으로 연계되는 아시아지역의 소개 및 아프리카 지역의 축구유입은 민속스포츠와의 적절한 융합과정, 즉 저항, 강제, 융합, 쇠퇴 등의 과정을 경험하면서 자발적으로 수용되었다. 이러한 과정에서 영국식 축구시스템(조직, 기술, 제도, 축구응원문화 등)은 소개된 각 나라의 문화로 자연스럽게 투영되어 발전한 것이다.

특히 대부분의 국가들이 산업화단계를 경험하면서 영국식 축구문화는

16) 문화변용(acculturation)은 상이한 두 문화의 접촉을 통해서 어느 한편이나 혹은 쌍방의 문화에 변화를 일으켜 기재문화 체계의 내용을 변형하는 현상을 뜻한다.

대중에게 비일상적인 흥분을 제공하기에 충분했고, 이를 정치지도자는 그들의 헤게모니를 장악하는 수단으로 충분히 활용하였다. 세속화된 산업도시의 환경에서는 정기적인 스포츠행사를 벌일 기회가 희박하였지만 엘리트계급이 후원한 조직적인 프로스포츠의 탄생은 일상적인 활동으로 바꾸어 놓기에 충분했다.

한국적 상황에서 붉은악마는 1983년 프로축구의 출범인 예비단계, 1998년 프랑스월드컵 전후의 민중화단계, 2002년 한일월드컵대회 전후의 형식화단계, 2002년 붉은악마의 거대담론을 통한 제도화단계를 거치면서 구조화된 집합행동인 사회운동으로 발전되고 있다(김영갑, 2004). 소수의 마니아에 의해 주도된 한국축구응원문화는 현재 많은 합리적 행위자들이 자발적으로 붉은악마의 집합행동에 참여하고 있다. 집합행동의 발달단계가 필연적인 단계가 아니라 사람들이 동시에 같은 행동을 하는 것은 사람들의 상호작용 속에서 새로운 사회규범이 창출되고 사람들이 대상의 이미지에 따라 행동하기 때문이다.

물론 스포츠와 관련된 사회운동적 의미는 매스미디어의 역할을 간과할 수 없다. 매스미디어가 합리적 행위자들의 참여를 강제 또는 선택적 유인으로 유형화시키는 가능성을 배제하지 못한다. 결론적으로 훌리건의 폭력적 집합행동과 붉은악마의 상징적 이미지는 단순히 동일한 주동자나 참여자들이 지속적으로 표출되고 있기 때문에 사회운동적 관점에서 이해할 필요가 있다. 따라서 모든 사회운동이 사회변동을 지향한다는 점에서 스포츠 지향의 문화변동은 사회운동으로 이행되기 위한 전 단계로 해석될 수 있다.

넷째, 스포츠적 신사회운동이다.

1960년대 초부터 출현되기 시작한 신사회운동의 물결은 서구 민주주의의 사회적, 정치적 현상을 변화시켰다. 그러나 70년대와 80년대 초반의 비약적인 발전은 80년대 중반 이후 신사회운동이 그들이 주장하던 유토피아를 기치로 한 시민동원능력을 상실한 채 현실적 한계를 극복하지 못하고 있다는 비판도 제기하였다. 신사회운동은 대체적으로 전후 세대 중 중산층에 의해 수행되었기 때문에 신분의 문제, 분배의 문제 혹은 지배의 문제 등이 전면에 나서는 대신에 소외의 경험과 도덕적인 비판, 생활양식과 삶의 질, 그리고 생존에 대한 물음이 전면에 대두된다. 또한 탈물질주의적인 가치를 추구하면서 세속화되고 다원적으로 분산된 문화의 터전 안에서 특수한 것에 대한 권리를 강조하며, 다방면에서 하위문화적인 삶의 스타일을 만들어 낸다. 즉 관심의 초점이 가치실현과 생활양식에 집중되었다. Inglehart(1990)도 탈물질주의자들이 환경, 반핵, 반전단체와 같은 결사체에 헌신하고 있음을 지적하고 있다. 그의 흥미로운 발견은 탈물질주의 가치는 단순히 가치만으로 존재하는 것이 아니라 행위로 연결되는 가치라는 점이다. 또한 탈물질주의자와 물질주의자는 연성지표인 태도라는 점에서 큰 차이가 없지만 경성지표인 헌신 혹은 실천이라는 면에서는 전자가 훨씬 높은 지표를 나타낸다고 밝히고 있다(정철희, 1997).

이러한 과정에서 스포츠적 신사회운동은 출현한다. 즉 신사회운동은 환경운동, 평화운동, 시민운동 등으로 영역이 확대되면서 스포츠와의 깊은 상관성을 지니게 되었다. 현대스포츠의 제 문제는 신사회운동이 추구하는 목소리와 맞물려 있기 때문이다. 이들은 자율적이고 탈중심적인 조직원리들을 강조하고 있다. 특히 한국사회에서 1960년대 이후 국가주도의 경제개발계획 추진은 환경문제에 무관심하였지만 70년대와 80년대를 거치면서 비로소 환경문제에 대한 능동적인 대책이 본격화되었다. 그러나 이러한 노력들은 경제 및 산업체 등과 관련된 대책이 주류를 이루어 스포츠개발에 의한 환경훼손에 대해서는 개념조차 설정되지 못하였다. 이는 한국사회에서 구조화되어 온 정치엘리트, 경제엘리트, 그리고 문화엘리트 등의 예외성에서 비롯되었다고 볼 수 있다. 대부분 엘리트로 구성된 자연스포츠에의 참가자들을 제약할 수 있는 법적 규제조치와 제어장치의 공론화가 활발하지 못했다. 그러나 이들의 행위에 대한 피해가 사회적 약자에 집중되고 있다는 점에서 위로부터의 통제강화가 아니라 민중적 자치에 의해서 문제를 해결해야 된다는 의식이 형성되면서 환경보전정책의 시정이 급격히 대두되었다.

이와 같은 시대적 요청의 대처로서 이정식(2000)은 환경문제에 대한 체육학적 접근을 신사회운동의 측면에서 선구적으로 시도하였다. 즉 환경정책의 주요쟁점과 과제, 스포츠의 환경파괴 현상 및 그와 관련한 사회구조 탐색, 사회정의 실현방안 제시, 스포츠의 환경행정 및 법적 체계의 분석과정을 통해 환경친화적 스포츠 정책의 과제를 설정하였기 때문이다. 이는 스포츠참가자에게는 자아실현, 사회적으로 환경정의, 그리고 국가적으로는 정책적 근거를 제시함으로써 스포츠의 'Green Utopia'라는 목표를 달성하기 위한 체계적 연구라는 점에서 의미 있는 작업인 것이다.

한편, 안민석, 임현진, 정홍익, 박홍규(2001)는 '국가-시장-시민사회(state-market-civil society)'라는 3분법적 모델을 제시함으로써 21세기 한국스포츠의 지향점을 제시하고자 하였다. 특히 해방 이후 이들의 비대칭적 관계는 1980년대 중반이후 전개된 다양한 시민운동의 영향으로 존립기반이 내실화 되어가고 있지만 여전히 스포츠상황에서의 접목은 정치, 정책, 제도적인 측면에서 부실하다는 것이다. 따라서 연착륙되고 있는 시민사회적 공간의 확대는 한국사회에서 중요한 제도이자 실천인 스포츠로 유입되어 본질적 구조와 지향점에 영향을 미칠 수 있는 새로운 사회운동으로 발전시켜야 하는 당면과제에 봉착해 있다고 볼 수 있다.

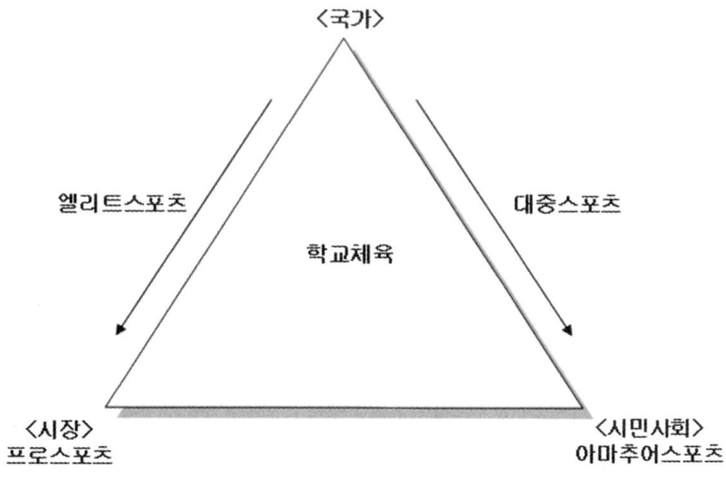

그림 5-2. 한국스포츠의 위상

*출처 : 안민석 등(2001). 21세기 한국스포츠의 지향: 국가, 시장 및 시민사회. 한국스포츠사회학회지, 14(1), 280.

<그림 5-2>는 우리 스포츠의 위상을 국가-시장-시민사회의 삼각 틀 안에서 도해한 것이다. 모든 스포츠활동에서 그 근본은 학교체육에 있다. 우리

의 경우 학교체육은 초·중·고등교육을 불문하고 국가가 관장하지만 대중스포츠와 엘리트스포츠의 기초가 되고 있다. 이념적으로 보아 시민사회는 아마추어스포츠의 영역이고, 시장은 프로스포츠의 영역이며, 그리고 학교체육이 국가의 영역에 위치한다. 여기서 국가가 자율적인 시민사회의 스포츠클럽의 형성을 지원하는 것을 대중스포츠로 이해한다면 그와 달리 엘리트스포츠를 주도할 때 경쟁적인 시장에서의 프로스포츠가 아마추어스포츠를 압도하게 된다. 우리의 경우 스포츠는 국가가 거의 전담하다시피 해 왔다. 이는 과잉 성장한 국가의 의도적인 체육정책의 일환이기도 하지만, 정부가 그만치 스포츠를 국력과시나 국위선양이라는 정치적 목적으로 활용한 것으로 풀이할 수 있다. 역대정권들은 군사정권이나 민간정권을 불문하고 거의 예외 없이 올림픽이나 국제대회에서의 입상이라는 근시안적 목표 아래 엘리트스포츠에 매달리면서 대중스포츠는 무시해 왔다고 해도 지나치지 않다. 그러므로 엘리트스포츠의 번성 아래 대중스포츠가 공허하게 된 것은 당연한 논리적 귀결이다.

한국스포츠의 고민은 대중스포츠가 뿌리도 내리기 전에 프로스포츠가 도입되었다는 사실에 있다. 뿌리가 박약한 학교체육이 기형화되고 있는 것도 이와 전혀 무관치 않다. 축구, 야구, 농구, 배구, 씨름 등 프로스포츠의 도입은 일본과 같은 스포츠선진국의 현실과 비교하더라도 시간이나 규모면에서 빠른 편이다. 흥미롭게도 프로스포츠가 활성화되기 시작한 것이 제6공화국 시절이라는 사실을 감안할 때, 개발독재형 권위주의 국가의 국민호도용 체육정책의 허실을 명확히 읽을 수 있다. 물론 전 세계적인 프로스포츠 붐이 그 이면에 자리 잡고 있지만 이 또한 선진국이나 후진국을 불문하고 갈등봉합적인 대중조작의 효과를 스포츠에서 찾고 있다는 점에서 정치화된 스포츠의 실상을 읽어야 한다. 이제 올림픽에서도 프로는 아마추어와 같이 참가할 수 있다. 이러한 아마추어 정신의 쇠퇴는 참여보다 경쟁의 ·묘미를 배가함으로써 세계인의 관심을 늘리려는 기업과 미디어의 복합된 이해에 따른 이윤추구가 그 바탕에 자리잡고 있음에 주목해야 한다. 특히 자본주의에 의한 전지구화는 스포츠가 이데올로기보다 시장논리에 의해 상업주의를 더 부추길 우려를 낳고 있다. 스포츠는 대중문화 주요 형태로서 문화산업으로 변질되고 있는 것이다(안민석 등, 2001).

제2절 사회운동조직의 역할과 방향 탐색 : 체육관련 비정부단체(NGO)[17)]

최근 정치학계를 비롯한 사회학계에서 가장 많이 논의 되는 대표적인 주제는 시민사회, 시민단체, 비정부조직(non-governmental organization: 이하 NGO로 약칭[18)]), 시민운동 등으로 요약된다. 한국사회에서 NGO를 비롯한 시민사회에 대한 관심은 학문적인 측면에서뿐만 아니라 실제적인 측면에서 다양하게 볼 수 있다(김영래, 김혁래, 1999). 그동안 NGO는 정책결정과정에서 많은 역할을 함으로써 정부중심의 사회에서 시민중심 사회로의 전환에 기여해 왔다.

NGO들의 성장은 정치·경제·사회적 환경이 가져온 요인 이외에도 체제에 비판적인 엘리트 인적 자원들이 NGO에 대거 참여한 것을 들 수 있는데 이들의 참여로 한국의 NGO들의 내적 정통성은 보다 강화되었으며, 이는 다시 외적 환경의 지지를 극대화할 수 있는 유인책으로 작용했다. 그 결과, 한국의 NGO들은 급속한 양적 팽창과 질적 성장에 따른 영향력 확대와 엘리트들의 교환을 통해 정책체제와 부분적이기는 하지만 제휴나 연합을 시도하는 수준까지 이르게 되었다(김태룡, 2002).

한국사회는 1995년 6월 이후, 지방자치시대가 도래됨에 따라 지방자치의 성숙을 통해 중앙논리에서 지방논리로의 인식전환과 관(官) 위주의 행정체계가 지역사회 주민들의 손으로 되돌아오는 민(民) 위주의 행정체제를 지향하고 있다. 따라서 지역사회 주민들은 자신들의 이익과 요구를 적극적으로 지역사회에 반영하고자 하며, 지역사회의 해결과정에 있어서도 주민들의 요구에 기초한 참여의 폭을 점차 확대하고자 한다. 이처럼 지방자치가 성숙되고 지역사회에 대한 주민들의 참여와 관심이 높아질수록 지역사회

17) 본 내용은 한국체육학회에서 기고된 구강본과 김영갑(2005)의 논문『체육관련 비정부단체(NGO)의 역할과 방향 탐색』등에서 발췌 요약되었음.

18) 21세기는 NGO의 시대 또는 NGO의 르네상스 시대라고 불릴 만큼 다양하게 나타나고 있다. 이 연구에서 NGO라고 하는 것은 비영리적이며 비정부적 성격을 지니고 있는 시민단체, 시민운동, 시민사회 등 모든 분야에서 적극적인 활동을 하고 있는 포괄적인 개념으로서의 단체를 말한다. 또한 체육관련 NGO는 한국 NGO 지도자 총연합중앙회에 등록된 91개의 단체와 인터넷검색에서 시민운동에 참여한 경력이 있는 9개의 단체 등 총 100개의 단체를 대상으로 논의가 진행된다.

주민의 다양한 요구를 체계적으로 조정하고 통합하는 역할을 담당할 조직체가 필요하게 되었으며, 이러한 과정에서 중요한 행위자로 등장한 조직체가 바로 지역사회주민 중심의 NGO이다(김남선, 김만희, 1999). 지금까지 NGO는 정부와 시장영역이 미치지 못하는 부분에서 다양하고 적극적인 활동을 수행하고 있다. 최근 우리사회에는 자신의 이익, 자신이 속한 공동체의 이익보다는 사회전체의 보편적인 공공의 선을 추구하는 시민사회단체가 급격히 증가하고 있다(손동빈, 2000).

그럼에도 불구하고 체육계나 체육학계는 NGO에 대한 이해와 관심이 부족한 편이다. 당장 NGO와 관련된 논문뿐 아니라 단체의 존재여부와 활동정도에 있어서도 미약한 실정이다. 제 역할을 해야 하는 체육단체들이 재정·행정 등의 영향으로 오히려 정부 또는 지방자치단체에 종속되어 운영되거나 간섭을 받고 있는 것이 현실이다. 정동근(2000)이 제시한 "사회의 분화 및 다양성과 더불어 변화하는 사회에 대한 욕구를 충족시키고 정부가 지니고 있는 한계에 대한 하나의 대안으로 등장한 것이 NGO다"는 개념에 비추어볼 때, 스포츠는 다양화, 세계화, 과학화가 급속히 이루어지고 있는 반면에 여기에서 파생되는 문제들을 정책적으로 대처하고 해결능력을 갖춘 NGO단체를 비롯해 적극적인 노력을 기울이는 시민단체의 노력은 미진하다고 판단된다.

현대사회에서 체육·스포츠의 범위가 확대되고 다원화된 만큼 기능과 역할도 그 어느 때보다 중요한 시기이다. 고사위기의 학교체육, 엘리트스포츠, 생활체육정책, 그리고 수행능력에 비해 대접받지 못하는 체육행정, 재정문제, 운동선수의 인권문제, 프로야구선수의 병역문제 등 다양한 정치적 쟁점이 체육현장에서 발생되고 있다. 이와 같이 체육계가 해결해야 할 과제들은 생각보다 많지만 체육관련 단체들이 자체적으로 해결할 수 있는 부분은 극히 제한적이다.

최근 교육인적자원부가 '학교건강정책과'의 신설 계획을 추진하고 있는 상황에서 '학교체육정책과'로 전환시키고자 하는 체육계의 대처노력을 보면서 체육관련 NGO의 필요성과 역할은 절실해진다. 그나마 학교체육 문제의 심각성을 깨달은 정부가 교육인적자원부 학교정책실내에 '학교체육보건급식과'를 신설하였으나 학교체육의 위기를 극복하기에는 역부족으로 인식되고 있다. 이와 같이 체육·스포츠분야에서도 전문성을 기반으로 지속적인 감시와 통제를 할 수 있고 정책제안자로서의 역할을 할 수 있는 NGO의 출현이 요구된다. 제도개선, 운동선수 인권, 장애인스포츠, 학교체육 등의 문제는 우리의 노력뿐만 아니라 협력관계로서 국가적인 차원에서의 시민운동을 필요로 한다.

1. 비정부단체(NGO)에 대한 이해

1) NGO의 등장배경 및 성격

UN헌장에서 의미하는 NGO는 정부나 정부간 협정에 의해 설립되지 않은 모든 비영리 사조직들을 포괄하는 광범위한 의미로 사용되고 있으며, 특히 국제사회를 중심으로 활동하는 조직을 의미한다. 이는 비정부 또는 비국가행위자(non-state actor)로서 자발성(voluntarism)을 바탕으로 비영리(non-profit)적인 집단이나 조직 또는 결사체, 기구나 단체, 그리고 운동세력을 포괄한다(United Nations, 1990).

1980년대부터 세계적으로 NGO는 그 활동의 폭을 확장하고 있으며, 동시에 그 조직의 수도 급증하고 있다. 물론 미국을 비롯한 선진국에서 19세기 초부터 평화옹호, 개발지원, 인권보호, 여성권리 신장, 환경보존, 보건, 식품과 농촌개발, 난민구호, 아동보호, 인권보호, 전통문화보존 등의 특정 국가간 쌍무적으로 해결할 수 없는 전 지구적인 문제들에 대한 활동을 시작으로 NGO가 설립되었다. 그러나 지금은 세계 각국에서 활동하는 전 지구적 현상으로 발전하고 있다(김영래, 김혁래, 1999).

한국의 비영리시민단체의 등록현황을 살펴보면 <표 5-1>과 같다. 성립형태에 있어서는 재단법인-사단법인-비법인 순서로 나타난다. 이는 시민운동을 하는 단체의 재정적인 부분의 문제로 해석된다. 회원 수에 있어서는 500명 이하의 단체들(61.7%)이 주를 이루고 있으며, 설립시기는 1980년대를 기점으로 점차 확대되었음을 보여주고 있다. 6.29선언을 전후하여 반정부투쟁에서 시민투쟁으로 발전하게 되면서 시민단체는 활성화되었고, 1996년 문민정부를 기점으로 오늘날까지 이어져 오고 있다.

표 5-1. 비영리시민단체 등록현황

구 분		계	%	중 앙	지 방	부 산
설립형태	사단	878	22.6	260	618	58
	재단	43	1.1	20	23	2
	비법인	2,971	76.3	151	2,820	234
	합 계	3,892	100	431	3,461	294
회원 수	500명 이하	2,403	61.7	190	2,213	
	500-999명	524	13.5	47	477	
	1천-3천명	453	11.6	54	399	
	3천-5천명	125	3.2	20	105	
	5천-1만명	131	3.4	27	104	
	1만-5만명	175	4.5	53	122	
	5만명-10만명	24	0.6	12	12	
	10만명 이상	57	1.5	28	29	
	합 계	3,892	100	431	2,213	
설립시기	59년 이전	51	1.3	9	42	
	60년대	120	3.1	9	111	
	70년대	201	5.2	12	189	
	80년대	803	20.6	37	766	
	90-95년	661	17.0	62	599	
	96년 이후	2,056	52.8	302	1,754	294
	합 계	3,892	100	431	2,213	294

*출처 : 최병대, 김상구(2004). 2002년 행정자치부 자료를 재구성.

서구사회에서 NGO의 출발동기는 주로 경제적 관점에서 정부의 손길이나 능력이 미치지 못한 영역의 서비스를 보완하기 위한 -시장의 실패나 자원 부분관리의 실패영역을 극복하기 위한- 서비스단체라는 관점에서 출발하였다. 이에 반해 한국 NGO들의 주된 역할은 정치·사회학적 관점에서 정당성이 부족한 정부에 대한 비판 내지는 주창(advocacy)기능에 초점을 두고 출발했다는 특이성을 지니고 있다. 따라서 한국의 NGO들은 성장에 필요한 자원을 정부에 대한 비판 내지는 주창기능을 통해 확보한 정당성을 기반으로 외부환경으로부터 물적·인적 자원을 지원받아 시민사회의 기반이 취약한 상태에서도 성장할 수 있었던 것이다(김태룡, 2002).

또한 NGO는 비당파적(non-partisan) 특성을 지니고 있다. NGO는 특정 정치집단의 정책을 지원하기 위한 것이 아니고 불특정 다수를 위한 공공선을 추구하기 때문에 비당파적 특성을 가지며, 동시에 자율성을 지니고 있다. 그러나 NGO의 개념은 시민사회의 등장과 관련되어 국제적 성격에서 국내적 성격으로 개념이 변화되고 있다. 이는 NGO들이 비정치적 ·비당파적 ·자율적·독립적 성격을 가지고 활동하고 있으나, 인권문제, 소득불균형, 소비자보호, 환경보호와 같은 쟁점들이 정치체제 특성 때문에 야기되는 경우가 많아서 자연적으로 NGO들은 활동하고 있는 지역의 국내정치 ·경제·사회문제에 관심을 갖게 되고, 이런 과정에서 민주화 추진세력과 연계하거나 또는 독자적인 정치활동을 통하여 시민사회의 중심세력으로 발전하게 된다(김영래, 김혁래, 1999).

정수복(2000)은 한국 NGO들이 활동을 하는데 있어 준수하고자 하는 원칙에 대해 첫째, 비영리단체이며, 공익의 수호자이다. 둘째, 비당파로서 시민들의 정치적 요구를 결집하는 시민정치활동만을 전개할 수 있다. 셋째, 정부의 활동과 구분되는 비정부적 활동을 전개하며, 관변단체와는 구분된다. 넷째, 정부, 기업, 정당의 활동과 구분되는 독자적 활동영역을 가진다. 다섯째, 지역주민의 자치역량강화와 시민사회의 활성화를 위해 지방분권의 원칙을 지킨다. 여섯째, 세계시민의식의 형성을 위해 노력한다고 제시하고 있다.

2) 한국 NGO의 발달과 역할

미국에서는 120만개가 넘는 NGO가 활약하고 있으며, NGO 활동가의 수가 연방정부와 주정부의 공무원 수보다 많다고 한다. 또한 영국에서는 48만여 개의 크고 작은 NGO들이 조건 없는 정부의 재정적·행정적 지원 속에서 활동하고 있다. 그리고 프랑스에서는 시민들의 NGO 활동 참여율이 30%에 육박하고 있는 가운데 연간 수 천만 명이 자원봉사를 펼치고 있다(길정우, 1998). 하지만 한국의 NGO는 국민의 지지를 전폭적으로 받고 있다고 하기는 힘들다. 한국의 NGO활동방향 및 내용은 선진사회의 시각에서 보는 것처럼 미약하다는 평가가 지배적이다.

현대사회의 제도부분 가운데 가장 빠른 성장을 보인 것은 비영리적 정부부분도 아니고, 영리적 시장부분도 아닌 비영리적 시민운동부분인 NGO이다. 시민운동의 활성화, 사회의 다원화현상에 따른 공공 서비스 수요증가, 그리고 민영화와 민간위탁 등 민간조직을 통한 전 지구적 정부의 역할변화는 비정부 비영리조직인 NGO의 역할을 증가시키고 있다(정동근,

2000). 이러한 한국 NGO들의 역할은 시민운동 패러다임에 따라 변화 또는 발전하게 되는 배경이 된다. 전반적인 한국 시민운동의 패러다임 변화를 박병옥(2001)은 <그림 5-3>과 같이 표현하였다.

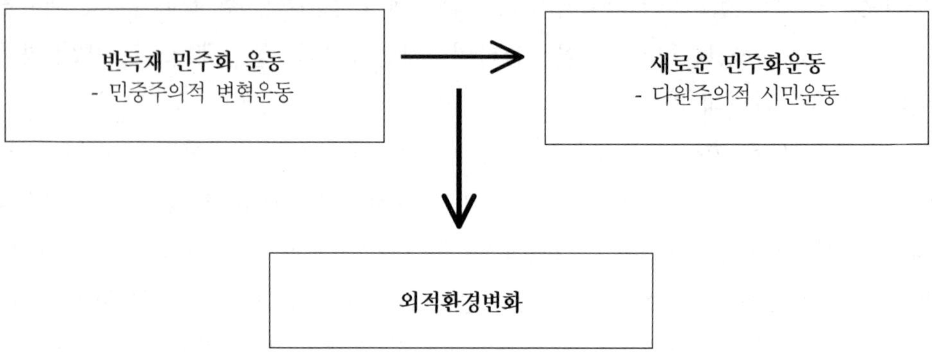

그림 5-3. 시민운동의 패러다임의 변화

<그림 5-3>에서 보듯이 한국 NGO의 발전과정은 과거 비합법적 정부에 대한 투쟁에서부터 시작되었다고 볼 수 있으며, 이후 1980년대 후반부터 반정부투쟁이 아닌 시민운동으로 발전하였다. 이러한 부분은 사회변화에 있어 패러다임 변화가 계기가 되었다. 예를 들어 6.29선언, 문민정부의 탄생이 그것이다. 반정부투쟁에서 공공이익을 위해 투쟁하는 패러다임의 변화가 오늘날 한국의 민주주의를 이끌었으며, 시민단체의 발전을 가져왔다.

2. 체육관련 비정부단체(NGO)의 현황 및 평가, 그리고 필요성

1) 체육관련 NGO의 활동현황 및 평가

체육관련 NGO의 활동현황은 다른 분야보다 미약한 것이 사실이다. 체육관련 단체들이 과거 정부의 정치적 수단으로 이용되는 과정에서 많은 것을 누려왔기 때문에 변화의 과정이 다른 분야보다 늦었다고 볼 수 있다. 그 이유는 독자적인 재정의 구축보다는 정부에 의존적이며, 정치체제의 변화에 대한 대응이 미약했기 때문이다.

공보처(1997)에 규정된 NGO의 조직형태는 단독조직, 연합체, 협의기구로 구분된다. 단독조직은 조직내부에 별도의 지부나 하위조직을 갖지 않는 조직을 말한다. 연합체는 동일한 조직 내에 지역별 또는 활동영역별로 특화된 하위조직을 갖고 있는 조직이다. 지역 또는 활동영역별 하위조직은 예산 및 활동범위에 있어서 기본적으로 중앙조직이라고 할 수 있는 연합체에 종속되나 어느 정도의 자율성을 갖는 것을 말한다. 협의기구란 유사한 활동을 하는 개별조직들이 조직이 추구하는 목적을 효율적으로 달성하기 위해 단독조직을 회원으로 하여, 새롭게 구성된 조직으로 협의기구에 회원으로 가입한 조직들은 협의기구의 하위단체가 아니며, 각자 독립성을 보장받는다.

이러한 관점에서 체육관련 NGO단체는 2004년 현재 한국 NGO 지도자 총연합중앙회에 등록된 91개의 체육관련 NGO단체와 인터넷 검색을 통한 9개의 단체를 기준으로 <표 5-2>와 같이 분류될 수 있다. <표 5-2>에 나타난 바와 같이 환경, 경제, 시민, 의료, 복지 등의 분야가 전문화 및 자주화되어가는 추세(김영래, 김혁래, 1999)에 비추어 체육관련 NGO단체는 아직 미발달된 수준에 위치해 있음을 알 수 있다. 또한 정보화와 세계화의 흐름에 능동적으로 대처하고 있지 않음은 조직형태별 분류에서도 협의체 형태의 단체들이 상대적으로 적게 나타난 것과 맥락을 같이한다고 볼 수 있다. 따라서 공통적인 체육·스포츠관련 문제의 해결이나 정책입안과정에서 그 역할은 상대적으로 미약할 뿐 아니라 기대하기 어렵다. 예를 들어 대한체육회와 생활체육협의회의 통합과 관련된 분쟁과 교육인적자원부와 체육관련 단체의 학교체육 전담부서 설치와 관련된 갈등 속에서 유기적인 공조행동을 담당할 체육관련 NGO단체의 구성은 시급했음을 직시해야 할 때이다.

황영석(2001)은 NGO의 특징을 다섯 가지로 제시하고 있다. 첫 번째로 NGO는 지속성이 있는 조직이다. 둘째, 민간이 설립하고 운영하는 조직을 칭한다. 셋째, 편익의 비배분성(non-profit-distributing)을 지적할 수 있다. 넷째, NGO는 자치조직이다. 다섯째, NGO는 자발적인 참여를 기반으로 만들어진 조직이라고 제시하고 있다. 이러한 특징을 고려할 때, 한국의 체육관련 NGO들은 5가지 원칙에 전반적으로 위배됨을 알 수 있다. 자발적 참여보다는 조직의 목적을 위해, 공익의 목적보다는 조직의 안정에, 자치조직 및 사회문제의 해결보다는 정책의 대변자로 때론 경제논리의 희생자로 자처해 왔다. 즉 체육관련 NGO들은 정부정책에 따라 움직이는 일종의 관변단체 역할을 수행해 왔다. 따라서 체육·스포츠정책을 능동적으로 이끌 수 있는 연구활동은 물론 실천적 행동을 할 수 있는 조직, 힘, 연대성 등이 부족했던 것이다. 이는 한국의 체육·스포츠계가 보수적이고 수동적인 성향에 매몰되어 개혁보다는 조직보호라는 안정적 유지에만 초점을 맞추고 있었기 때문이다.

이와 같이 체육관련 NGO단체는 제 기능을 수행해야 됨에도 불구하고 오히려 모순된 모습만 연상시킨다. 이제 체육·스포츠분야도 민주화 이전에 위계적으로 구성된 관변단체(Quangos)라는 성향 및 역할을 깨끗이 청산하고, 민주화 이후 타 분야에서 시민단체들이 변화를 시도했던 것처럼 재구성의 노력과 새로운 방향을 모색해야 할 것이다.

사실 한국적 특수성에서 민주화 이전 NGO, 특히 관변단체 육성, 민주화 이후의 시민단체에 대한 재정지원 등 정부의 개입이 갖는 효과에 대해서 대체적인 공감대가 형성되어 있으나 이를 실증적으로 분석한 연구는 많지 않다(김준기, 김정부, 2001). 행정학의 선행연구(강상욱, 2001; 김준기, 2000; 박경래, 2001)에서 NGO의 성장에 정치사회적인 요인이 결정적인 작용을 했다는 것으로 확인되고 있으나 이것만을 통해서 향후 NGO의 성장추세를 예측하기 어렵다는 이들 연구의 기본적인 한계가 있다. 따라서 향후 연구에서는 지금까지 체육관련 NGO의 시기별, 사업별 지원현황을 분석하여 이것이 체육관련 NGO의 성장에 중요한 영향을 미쳤는가를 규명할 필요가 있다.

표 5-2. 한국의 체육관련 NGO단체 분류 및 현황

조직형태별 분류	활동별 분류	단체명		비율 (%)
		한국 NGO 지도자 총연합중앙회에 등록	인터넷검색 단체	
연합체	체육회 관련단체	(사)대한골프협회, (사)대한검도회; 대한궁도협회, 대한근대 5종바이애슬론연맹, 대한농구협회, (사)대한당구협회, 대한럭비풋볼협회, 대한레슬링협회, 대한로울러스케이팅연맹, 대한배구협회, 대한배드민턴협회, 대한보디빌딩협회, 대한루지 ·봅슬레이경기연맹(대루연), 대한볼링협회, 대한사격연맹, 대한사이클연맹, 대한빙상경기연맹, (사)대한스키협회(대스협), 대한소프트볼협회, 대한수상스키협회, 대한수영연맹, 대한수중협회, 대한승마협회, 대한씨름협회, 대한아마튜어복싱연맹, 대한아이스하키협회, 대한야구협회, 대한양궁협회, 대한역도연맹, 대한요트협회, 대한유도회, 대한육상경기연맹, 대한정구협회, 대한조정협회, 대한체육회, 대한체조협회, 대한축구협회, 대한카누연맹(카누), 대한컬링경기연맹, 대한탁구협회, 대한태권도협회, 대한테니스협회, (사)대한택견협회, 대한펜싱협회, 대한하키협회, 대한핸드볼협회, (재)한국기원, 대한세팍타크로협회, (사)대한산악연맹(대산련),		48%
	생활체육 관련단체	국민생활체육전국게이트볼연합회, 국민생활체육전국사격연합회(사격연합회), 생활체육서울시여성자전거협회, 생활체육전국배드민턴연합회, 서울시생활체육협의회, 한국생활체육진흥회, (사)한국요가협회, (사)전국낚시연합회, 대한생활체조협회, 브라마쿠마라스라지요가센터, 한국산악자전거협회(엠티비협회), (사)한국산악회(한산), 한국대학산악연맹(대학산련)		13%
단독·연합	무예(武藝) 관련단체	대한무예진흥협회, 대한민국태극권협회, 무예사랑시민회, 대한합기도중앙협회, 민족무예택견계승회(택견계승회), 한국신선도협회(신선도), 국제검법검도연맹, 세계태권도연맹, 한국해동검도협회,		9%
단독	체육진흥 재단	한국육상진흥회 (재)한국사회체육센터, 한국체육진흥회	한국체육진흥연구회	4%
	여성관련	광신여성체육진흥재단, 사)한국여성스포츠회(한여스)		2%
	운동협회	한국아쿠아틱운동협회, 한국여가레크리에이션협회, 대한스포츠상해예방운동협회, 한국스포츠마사지자격협회	한국코칭능력개발원	5%
	프로협회	한국야구위원회, 한국프로골프협회	프로야구선수협의회	3%
	후원단체	고우체육진흥재단, 2002부산아시아위원회 (사)서울경마장교사협회, 서울마주협회, 제4회 강원동계아시아경기대회조직위원회, 한국마라톤후원회		6%
	기타	한국자전거소년단, 한국탐험연맹(탐험연맹), 한국레저스포츠학회	스포츠포럼21, 한국유소년축구교육원, 스포츠사회철학회, 한국체육학회	7%
협의체			체육시민연대, 전국체육교사모임	2%

2) 체육관련 NGO의 필요성

아래에 제시된 체육·스포츠관련 사회문제들은 체육관련 NGO의 필요성을 보여주는 대표적인 사례이다. 오늘날의 스포츠시장 환경은 급격한 사회변화에 따라 이전 사회보다 훨씬 많은 사회문제를 양산시키고 있다. 지금까지 우리가 목격한 것처럼 국가의 체육·스포츠 행정력이 미흡하고, 이에 대한 미온적인 대처는 고스란히 우리의 상처와 흔적으로 남게 된다. 그동안 일부 체육학자와 체육실천가들이 보였던 학문적 관심과 열정은 범 체육·스포츠문제로 확대되지 못했다. 따라서 체육관련 NGO의 제자리 찾기 노력과 공조행동은 우리뿐만 아니라 시민들에게도 영향을 미친다는 점에서 그 어느 때보다 필요성이 절실하다.

(1) 학교체육 행정기구 확대운동

> '학생 수 7백80만 명, 이들의 체육활동을 담당하는 공무원은 1명' 한국스포츠의 토대인 학교체육이 무너지고 있는데 대한 체육인들의 불만이 극에 달했다. 대한체육회는 이들의 불만을 하나로 모으기 위해 17일 올림픽 파크텔에서 '학교체육정상화방안 마련을 위한 공청회'를 열었다. 이날 공청회에서 대한대학스포츠위원회 위원장인 김종량 한양대 총장과 홍성표 대전시교육감이 밝힌 한국 학교체육의 현실은 암담하기만 하다. 현재 학교체육을 담당하고 있는 공무원은 교육부 학교정책과의 교육연구사 1명. 혼자서 전국 초·중·고생 7백80여만 명의 학생체육에 관한 업무를 모두 처리하고 있다. 청소년들의 건강을 지키기 위해 필수적인 체육수업도 점차 위축되고 있다. 6차 교육과정까지 초·중학교의 체육시간은 주당 3시간이었으나 2000년부터 적용된 7차 교육과정에서는 중학교 3학년의 체육시간이 1시간 줄었다. 고등학교 2~3학년은 체육이 선택과목으로 변경돼 사실상 고등학교 체육은 없어진 것이나 마찬가지가 됐다(경향신문, 2002. 10. 18).

1990년대 우리나라 체육행정 조직은 8, 9, 10차 개정을 통해 계속된 변화가 있었으며, 조직의 축소라는 특징이 있다. 특히 김영삼 정부에서 '작은 정부'의 구현을 정책기조로 채택하고 일부 행정부처의 통폐합, 기구축소, 고위직 감축 등을 추진하면서 체육관련 부처도 축소·조정되었다(한국행정연구원, 2003). 이와 관련하여 김동규(2000)는 이승만 정부에서 김대중 정부까지 한국 엘리트스포츠와 학교체육의 전개양상을 진단하면서 체육예산과 체육인 복지예산이 미흡함을 지적하고 교육적 입장에서 학교체육의 정상화를 촉구하였다. 또한 김사엽과 김대광(2003)은 문화관광부 체육국은 겨우 국민체육진흥 5개년계획만 세워 한국 체육정책의 발전방안을 제시하고 있다고 비판하면서 세계의 체육정책이 복지지향으로 가고 있는 상황에서 우리도 국민체육진흥을 위해 체육을 통한 복지정책이 구현되어야 함을 주장하였다.

표 5-3. 정부 내 학교체육 담당 부서의 변천

	교육부처 존치기	체육부처 이양기	교육부처 환원기
시기	해방이후 → 4공화국 (1946. 7. 10∼1982. 3. 20)	5공화국 → 6공화국 → 문민정부초기 (1982. 3. 20∼1994. 5. 16)	문민정부 → 국민의 정부 → 참여정부 (1994. 5. 16∼현재)
세부내용	▸ 1946 문교부 교화국 체육과 ▸ 1948 문교부 문화국 체육과 ▸ 1961 문교부 체육국 학교체육과 ▸ 1981 문교부 체육국 학교체육과 ▸ 1982. 3. 20 학교체육업무 체육부 이관	▸ 1982 체육부 체육진흥국 학교체육과 ▸ 1990. 9. 10~1993. 3. 5 (체육청소년부) 1993. 3. 6~1994. 5. 15 (문화관광부 초기)	▸ 1994. 5. 16 교육부 지방교육지원국 학교보건체육과 ▸ 1999. 1. 29 교육부 학교시설환경과 ▸ 2001. 2. 1 교육인적자원부 학교 정책실 학교정책과 ▸ 2005. 3. 교육인적자원부 학교 정책실 학교체육보건급식과
	* 중앙부처에 학교체육 전담부서 폐지 : 1990. 9∼현재		

*출처 : 문화관광부(2003). 체육백서를 토대로 재구성.

선행연구에서 제시된 개선방안은 대체적으로 학교체육 정책입안자의 사고정립을 촉구하며, 전문체육 인력양성과 투명한 체육행정서비스를 실시할 것으로 제시하고 있으나 학문적 논의수준에서만 머물고 실천적이지 못한 아쉬움이 있다. 안민석(2002)은 체육개혁을 위한 사회학적 논의에서 체육의 뿌리에 해당하는 학교체육의 실종은 생각보다 심각하며, 전담부서가 부재한 현재의 행정체재 하에서 한계는 지속될 것이라 전망하였다. 따라서 체육개혁이란 단어조차 생소한 현실에서 개혁의 필요성과 원칙을 공감하는 것이 우선이며, 개혁의 실현방안에 대해서는 추후 구체적 논의가 활발하게 개진되어야 함을 지적하였다.

표 5-4. 정부예산대비 체육예산 현황 (단위 : 억 원)

년 도	정부예산 (A)	문화관광부		체육부문	
		예산(B)	점 유 율 (B/A, %)	예산(C)	점 유 율 (C/A, %)
1991	328,352	1,268	0.39	349	0.11
1992	362,279	1,657	0.46	385	0.11
1993	407,641	2,377	0.58	428	0.10
1994	476,310	3,012	0.63	456	0.10
1995	557,805	3,838	0.69	511	0.09
1996	630,376	4,591	0.73	639	0.10
1997	705,284	5,245	0.74	1,541	0.21
1998	807,629	6,183	0.76	1,816	0.22
1999	884,850	6,943	0.78	1,572	0.18
2000	946,199	9,149	0.96	1,799	0.19
2001	1,002,246	9,706	0.96	1,639	0.16
2002	1,060,963	10,991	1.03	1,589	0.15
2003	1,114,831	11,401	1.02	1,425	0.13

*출처 : 문화관광부(2003). 체육백서.

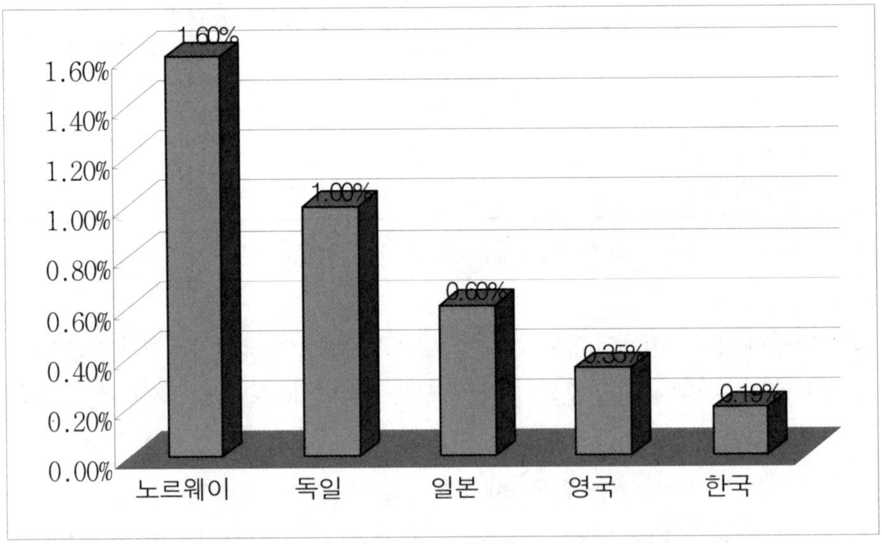

그림 5-4. 세계 각국의 정부예산 대비 체육예산의 비중

*출처 : 이용식(1999). 선진국의 체육행정조직과 재정의 비교연구. 한국체육학회지, 38(2), 626-637.

실제로 지난 2000년 5월 장희진 선수파동에 의한 학교체육의 활성화를 위한 근본적인 정책수립의 요구과정과 2005년 1월 27일 교육인적자원부가

'학교건강정책과'의 신설계획을 추진하자 즉각 이를 철회시키고 '학교체육정책과'로 대체시키기 위한 노력은 체육관련 NGO의 역할과 필요성을 재삼 인식케 하는 계기가 되었다. 성명서 하단에 기재된 체육관련 단체들에 비해서 실제로 참가한 인원수는 얼마나 이 문제에 대해서 무관심한지를 나타내는 척도이자, 우리들의 현주소였다. 체육관계자와 체육관련 NGO들이 얼마나 방관자적, 무임승차적 관계에 머무르고 있는지를 단적으로 보여주는 예였던 것이다.

그동안 학교체육 행정기구의 확대와 현실적 문제를 정치권에서 수용하지 못한 점은 참여자가 매우 적고, 참여자의 힘이 제대로 발휘되지 못했기 때문이다. 실제로 한국의 NGO들이 겪고 있는 현실적인 문제 중의 하나로 회원 수가 절대적으로 부족하다는 점이 지적(황영석, 2001)되고 있어 체육관련 NGO들도 회원 수를 확보하기 방안을 모색할 시기라 생각된다. 이와 함께 학교체육정책을 조망하는 공동의 목적의식을 설정하여 공유할 수 있는 풍토와 문화를 조성함으로써 체육관계자뿐 아니라 연계된 시민조직의 자발적 행동을 유도해야 할 것이다. 이를 통해 학교체육환경이 질적, 양적으로 확대되기 위한 관계법령의 제정과 수정을 통한 다각적인 정책을 모색(구강본, 김동규, 2003; 국민체육진흥공단, 2001)할 수 있을 것이다.

(2) 체육특기자 인권회복

> 2000학년도 대학입시부터 체육특기자 사전 스카우트 관행이 전면 금지되고, 대학 감독의 학생선발권이 박탈된다. 체육특기자의 경우도 음악□미술 특기자처럼 동일계열에만 입학이 허용되며, 진학 이후 다른 모집단위로의 전과가 금지된다. 교육부는 30일 이런 내용을 뼈대로 하는 '체육특기자 입시부정 방지대책'을 확정해 발표했다. 대책에 따르면 각 대학은 2000학년도부터 대학별로 감독을 제외한 체육 및 일반학과 교수 등 10여명으로 구성된 '체육특기자선발위원회'에서 체육특기생을 공개경쟁을 통해 선발토록 했다. 이에 따라 대학이 그동안 공공연히 우수학생에게 거액을 주고 입도선매하는 스카우트제도는 폐지된다. 각 대학은 특기생 선발 때 전형기준과 자료 및 최저학력기준 등을 사전에 명확히 예고하도록 했다. 교육부는 체육특기생이 입학 후 다른 학과로 전과하지 못하는 대신 복수전공을 허용하도록 했다(한겨레신문, 1998. 10. 31).

체육특기자의 인권회복 문제는 학교체육정책과 연루된 사안으로서 운동선수의 기본권리와 학습권 추구라는 측면에서 반드시 제고되어야 할 문제이다. 지금까지 운동선수와 관련된 사건이 사회적으로 문제시 되었을 때 당위적 차원에서 대담이나 토론이 이루어졌지만 근본적인 대책수립보다는 임시방편적인 개선안에 머물고 있어 변화되지 못한 모습을 보여 왔다. '또 다른 시간표', '주변인(이상한 나라의 엘리스)', '섬 문화(학교안의 다른 학교)' 등의 용어가 운동선수의 문화를 수식하는 키워드가 될 정도로 교육적 차원에서 운동선수의 위상을 재규정하는 거대 담론을 형성하지 못하였다(류태호, 이주욱, 2004).

김동규(1999)는 한국 엘리트스포츠의 제 문제를 통괄해야할 대학스포츠위원회가 일회성 행사 위주의 기관으로 전락해 이들의 문제를 외면하고 있는 실정이라고 비판하면서 운동선수의 병역문제와 전공영역 등을 해결하기 위해 체육전공자의 과제로서 선진국형 엘리트스포츠의 수용, 경기자·지도자의 신뢰감 증대, 엘리트스포츠 중흥과 관련한 지속적인 연구와 학술회의 활성화, 공존체제를 확립시켜야 됨을 제시하였다. 무엇보다 체육특기자의 고질적인 문제에 대한 접근은 체육인 스스로 해결점을 찾으려는 끊임없는 노력과 실천의지가 선행되어야 한다. 내부적 소통이 원활하게 진행되지 못한 상황에서 외부적 소통을 기대하기 어렵다. 따라서 체육학자와 체육관련 NGO들의 연대와 관계를 네트워크적 시각에서 입체적으로 조망할 수 있는 내부관리부터 점검하여 동일한 시민단체와 파트너십의 관계를 모색할 필요가 있다.

(3) 체육·스포츠관련 사회문제 예방 및 대처

> 병역비리 수사 확대로 관중이 크게 줄어드는 등 프로야구가 휘청거리고 있다. 10일 현재 병역비리 리스트에 올라있는 선수가 서울경찰청이 당초 발표했던 50명보다 훨씬 많은 70여명으로 늘어난 가운데 각 팀의 주전급 선수까지 대거 포함돼 심각성을 더해주고 있다. 새롭게 확인된 주전급 선수들 대부분은 두산과 LG, 현대, SK 등 수도권 팀에 몰려있는 게 특징. 먼저 두산의 경우 지난 8일 구속된 정상급 불펜투수 이재영을 비롯해 이름만 대도 웬만한 사람이면 알 수 있는 에이스 P, 마무리투수 K, 선발투수 L 등 주전급 투수들 대부분이 수사 대상에 올라 마운드가 초토화될 지경이어서 라인업을 짜기 힘들 정도다. 같은 서울팀인 LG도 에이스 L을 비롯해 S, J 등 투수들과 외야수 K·P·C,

내야수 P·L 등이 연루된 것으로 드러나 팀 자체를 꾸리기가 버거울 정도이다 (세계일보, 2004. 9. 11).

과거 장희진 선수 파동 시 징계철회를 요구하는 서명운동에 앞장섰던 교수들을 중심으로 한 야구인, 교사, 지도자, 선수 등이 참여했던 선수협 지지 서명 운동은 체육관련 사회문제에 대한 예방 및 대처에 희망을 알리는 단서였다. 안민석(2001)은 선수협 파동을 구단과 선수의 파행적인 관계를 정상화하려는 프로야구의 민주화 측면에서 본다면, 이 과정에서 체육계가 연대하였다는 사실은 전례가 없는 주목할 만한 일이며, 이를 계기로 형성된 연대의 틀은 지속화되고 더욱 강화될 것으로 전망하였다. 또한 특히 두 차례의 서명운동을 계기로 체육의 전반적인 개혁을 실현할 목적으로 체육관련 NGO가 결성되고 있는 것은 매우 고무적인 현상으로 진단하였다.

위 본문에 제시된 바와 같이, 2004년 9월에 발생한 프로야구선수들의 병역비리 파문은 공유(share)에서 코드(code)로 진화한 네티즌의 세력이 얼마나 엄청난 힘을 갖고 있는가를 절실히 경험하였다. 이들의 응집력은 매일 계속되는 집중 성토로 이어졌고, 일부 마니아들을 중심으로 교육과 제도정비에 대한 근본적인 대책을 교류(communication)하기도 하였다. 예를 들어 프로축구의 경우 병역을 해결할 수 있는 무대로 상무와 경찰청이 존재하지만 프로야구는 상무 한 팀에 불과하여 프로 팀당 2명밖에 입대할 수 없음을 개진한 것이 그것이다. 이를 계기로 프로선수 병역에 관해 보다 근본적인 대안을 마련해야 한다는 여론은 형성되었지만 문제해결을 위한 실천적 개입은 미흡했다. 당장 8개 구단의 운영체인 한국야구위원회는 '사후약방문'식으로 해당선수들에게 중징계를 내리기에 바빴고, 프로야구선수협회회는 국민의 여론을 대안적으로 해결하기 위한 경로를 찾지 못했으며, 체육관계자와 체육관련 NGO들의 방관적 자세로 대안적 패러다임을 제시하지 못한 것이다. 그렇다면 우리들은 무엇을 선택하고 어떻게 해결해야만 하는가? 이에 대한 대답은 안민석(2001)이 제시한 변화의 중심에 가치중립(value-free)에서 가치지향(value-oriented)으로의 의식전환을 설정하고, 체육학자의 묽인 강단에서 현실로의 실천적 개입과 함께 체육관련 NGO들의 적극적이고 자발적인 연대를 연계할 수 있는 수정모형을 탐구하는 과정에서 발견할 수 있을 것이다.

3. 체육관련 NGO의 정책참여에 대한 사례

1) 프로야구선수협의회(http://www.kpbpa.net/)

프로야구 선수들은 1982년 프로야구가 공식 출범한 이래 연봉협상 및 트레이드제도, 자유계약선수제(FA)등에서 각종 KBO의 규약이 구단에만 유리하게 되어 있고, 선수보호는 뒷전인 점에 많은 불만을 가지고 있었다. 그리하여 선수들은 선수협의회를 통해 KBO와 대등한 협상을 벌이고 불리한 계약과 규약내용 등을 개정해 권익신장을 도모할 목적으로 프로야구선수협의회가 2000년 1월 발족하였다.

그러나 선수노조의 설립이 순탄치만은 않았다. 각 구단은 구단주들의 모임인 한국야구위원회(KBO)를 중심으로 선수노조의 설립을 극력 저지하여 구단-선수 간에 갈등이 여러 가지로 표출되었다. 1985년 최동원(당시 롯데) 선수 등이 중심이 돼 선수협의회 구성을 논의하는 단계에서 각 구단의 각종 회유 등에 막혀 선수노조 설립이 좌절된 바 있다. 또 프로야구출범 초창기에 법원이 "프로야구선수는 근로기준법상 근로자가 아니다"는 판례를 만든 바 있고 이것이 아직 바뀌지 않아 별도의 행정적·법률적 절차가 선행돼야 할 것이다.

프로야구 선수들이 협의회를 구성하려는 것은 구단에만 일방적으로 유리하게 만들어져 있는 자유계약선수(FA)제도의 불합리성을 깊이 인식한 결과다. 그에 따라 선수의 권익보호를 위한 단체가 절실하다고 판단하여 설립되었으며, 현재 프로야구선수협의회는 연례적인 이사회 및 미팅을 통하여 선수들의 권익을 보호하고 자선활동을 주활동으로 삼고 있다. 지금까지 프로야구선수협의회의 주요활동을 보면 <표 5-5>와 같다.

표 5-5. 한국프로야구선수협의회 활동 현황

2000. 1. 19	8개 구단 350명 선수협 가입서명
2000. 4. 3	제도개선 위원회 구성 관련 회의
2000. 4. 8	시민사회단체 문화관광부 항의 방문
2000. 9. 19	한국외대 사회과학회 심포지엄 '한국 프로야구에서 선수의 기본권은 없는가?'
2001. 2. 21	공정거래위원회 전원회의에서 KBO 및 8개 구단에 대해 독점금지 및 공정거래에 관한 법률위반, 약관에 관한 법률위반으로 시정명령 조치
2001. 4. 8	프로야구 탄생 20주년 기념행사 '불우이웃 및 불우야구인 돕기' '사랑의 야구 대행진'
2001. 5. 14	KBO에 제도개선안 9개항 전달
2002. 1. 25	연봉조정 신청관련 한 성명서 발표
2002. 4. 15	홀트아동복지회와 자매결연
2003. 2. 7	4개 구단 규약위반관련 신고조치
2004. 2	문화관광부 용병관련 정보공개 청구, 용병연봉상한선관련 정보공개 촉구
2004. 9. 16	병역사태관련 기자간담회

2) **체육시민연대**(http://www.sportscm.org/)

21C는 시민참여의 시대, 사회 각 분야에서 정부와 기업에 맞서는 'People Power'를 형성해왔다. 그러나 체육부문은 개혁의 무풍지대로 남아 기형적 체육시스템과 왜곡된 체육문화가 존속하는 것이 현실이다. 이에 체육시민연대는 한국 최초의 체육분야 NGO로서 정부와 체육단체의 체육정책에 대한 감시와 비판, 나아가 온 국민을 위한 체육정책 대안을 제시하고자 한다. 체육시민연대는 시민들이 자발적으로 참여하는 스포츠 시민운동 단체이다. 체육지도자·교수·교사·언론인·주부·시민 등 187명이 자발적으로 발기인으로 참여하여, 2002년 5월 31일 현재 380명의 시민들이 회원으로 참여하고 있다.

표 5-6. 체육시민연대 활동 현황

2004. 5. 27	'위기의 학교체육 살리기 운동' 전개방안과 '학교체육 무엇이 문제인가?' 심포지엄 개최 준비를 위한 토론회
2004 3. 10	문화관광부에 체육발전위원회 역할에 대한 공문발송
2003. 8. 11~10. 11	2003년 시민단체 국정감사 정책제안서, 10차에 걸쳐 국정감사 회의와 정책제안서 작성 9/22~10/11 국정감사 모니터
2003. 5. 22~12. 6	'학교체육공동대책위 출범 및 기자회견' 5/22, 1차 : 체육·음악· 미술교과 평가 개선 연구토론회 6/2, 2차 : 평가 전환에 대한 국가 재정 운영계획 수립을 위한 정책 토론 11/6, 3차 : 체육·음악·미술교과 평가 개선 연구토론회 12/5 : 체육·음악·미술 교육평가 공청회
2003. 4. 10~18	'문화관광부 앞에서 1인 시위 전개' '체육제도개선위원회 설치와 학교-생활-엘리트체육 연계 활성화'
2003. 4. 8	긴급 토론회 '공부하는 학생선수 불가능한가?' 개최(프레스센터)
2003. 4. 1	'합숙소 폐지와 체육제도 개혁을 위한 공동대책위원회' 출범 및 기자회견 개최 체육시민연대를 비롯한 12개 단체 참가
2003. 3. 31	합숙소 폐지와 체육제도 개선을 위한 1인 시위, 정부종합청사 앞에서 시작
2003. 10. 15	'문화예술단체 대통령 선거 공동 공약 제언' '우리는 문화대통령을 원한다?' 공동기자회견 개최
2003. 7. 9	문화연대와 공동으로 월드컵 평가 토론회, '월드컵은 우리 사회에 무엇을 남겼나' 개최(남산 에니메이션 센터)
2003. 3. 25	'한국체육의 새로운 발전과 개혁을 위한 체육시민연대 입장' 공개서한 문화관광부 · 대한체육회에 전달
2003. 3. 18	긴급토론회 2 '학교-생활-엘리트 체육은 별개인가?' 개최
2003. 3. 15	긴급토론회 1 '한국 체육계의 바람직한 지도자상은 무엇인가' 개최
2003. 2. 27	동계올림픽 편파판정에 대한 1차 성명서 발표
2003. 11. 23	제1회 시민토론회 '주 5일 근무시대에 대비한 체육계의 역할과 과제' 개최
2003. 10. 6	체육시민연대 발기인 대회(올림픽파크텔)
2000. 12. 26~12. 28	프로야구 선수협의회 지지 체육인 서명운동
2000. 6. 7~9	장희진 수영선수 구명과 체육개혁을 위한 전국 체육교수 서명운동 전개

3) 전국체육교사모임(http://mom.njoyschool.net/)

즐거운 학교(http://www.njoyschool.net/)라는 온라인 동호인에서 출발한 전국체육교사모임은 체육교사들에게 정보제공은 물론 학교체육의 문제에 있어 적극적으로 시민운동을 전개하는 단체이다. 체육교육(http://eduphysical.org/)

이라는 인터넷 소식지를 발간하고 학교체육정책제안과 수업모형의 개발에 있어 주도적인 역할을 하고 있다. 각 지역별 단위를 두고 온라인에서 출발한 시민운동이 오프라인으로 발전한 유일한 체육단체이다.

표 5-7. 전국체육교사모임 활동 현황

2001 2	수업사례연구대회
2001 10	전국운영위원회 개최
2002 4	체육시민연대 창립총회
2003 1	전국운영위원회
2003 3	천안초등학교 축구부 참사에 대한 입장발표
2003 4	공부하는 학생선수상 정립을 위한 긴급토론회 개최
2003 4	예체능교과 내신반영 제외에 대한 성명서 발표
2003 4	학교체육정상화 공동 대책위원회 발족
2003 5	예술, 체육교과 내신반영 제외 반대 서명운동
2003 9	초중등교육법개정 법률안 개정에 대해 입법반대 의견서 제출
2003 12	음미체 공동대책위원회 전국토론회 개최
기타	체육교육지 발간, 연중 각종 연수회 개최

4. 새로운 관심과 과제

한국사회에서 NGO에 대한 연구는 태동단계에 위치해 있다. 대체적으로 NGO의 긍정적 역할 가능성을 높이 평가하면서 정부지원의 제도적 방안과 학계 및 NGO 단체의 실천성을 요구하고 있다. 또한 NGO 연구는 많은 미개척분야에서 도전하고 있으며, 연구의 난점과 공백이 있는 것 또한 부정할 수 없다.

무한경쟁원리를 토대로 자유시장 경제체제가 정착되어 가는 현실에서 공생논리에 기반을 둔 NGO연구는 관련분야에서 주축을 이룰 것으로 전망된다. 그러나 체육·스포츠시장 환경이 급속히 변화되는 상황에서 NGO 연구는 거시적인 좌표를 설정할 수 있음에도 불구하고 우리의 관심은 미진하다. 그동안 체육·스포츠와 관련된 사회문제를 직시한 체육학자들의 생산지식이 현장에서 매몰되고 본질적 한계를 극복하지 못한 것을 자주 목격하지 않았는가? 따라서 체육관련 NGO들의 역할과 수행력에 비판하기에 앞서 먼저 체육학자들의 새로운 관심, 방향, 그리고 역할을 도출해줄 수 있는 학문적 노력이 선행되어야 할 것이다.

또한 체육시민단체와 정부 간의 생산적인 관계정립은 우선적으로 시민단체 및 활동에 대한 사회적 인식의 공감대에 기초해 체육시민단체 및 활동의 사회적 존재이유와 유용성에 대한 정확한 인식이 이루어져야 한다. 따라서 체육관련 NGO의 역할에 있어 우선 방법적인 측면보다는 이념적인 면부터 정립할 필요가 있다.

첫째, 정부가 인식하지 못하는 부문에 대해 항상 정책적 대안을 제시하고 정보를 공유할 수 있는 시스템을 구축하여, 상호보완기능을 담당해야 한다.

둘째, 체육관련 NGO는 정부와 정치권으로부터 가치중립적인 자세를 채택하거나 학계와 언론의 공조시스템을 통한 감시, 통제, 견제기능을 수행해야 한다. 이들 모두 보편적 가치를 추구하기 위한 원초적 관점에서 출발해야 함은 물론이다. 이는 시민운동의 생명이라 할 수 있다.

최근 사회적 문제로 대두되었던 프로야구선수들의 병역비리는 우리에게 큰 충격을 주었다. 이러한 사회적 충격에도 불구하고 체육계는 아직도 도덕불감증에서 벗어나지 못하고 있다. 사회의 비판을 겸허히 수용하기 보다는 일시적으로 벗어나기 위한 노력만 경주하고 있는 게 우리의 현실이다. 체육계 스스로 정화하고 독립성을 바탕으로 우리 것을 지키기 위한 노력이 절실하다. 체육계가 자체적으로 이러한 활동에 관심을 기울이지 않는다면 한국체육의 미래는 밝지 않을 것이다. 체육시민활동은 다원화된 사회에 있어서 필수적인 요소일 뿐만 아니라 국가나 지방자치단체의 역할을 보조하는 중요한 공익적 자원이다. 따라서 체육관련 NGO에 대한 활동과 관심 및 희생이 필요한 때이다. 이것이 우리가 몸담고 있는 체육·스포츠관련 분야가 살아남을 수 있는 대안적 행동이 될 수 있기 때문이다.

앞으로 체육관련 NGO의 많은 연구와 토론을 전개해야만 할 것이다. 즉 체육정책에 대한 비판과 대안마련, 체육관련 법제·예산·행정·시설 운영에 대한 감시와 비판, 시민이 스포츠권리 증진과 새로운 스포츠문화 정립, 학교·생활·엘리트스포츠의 균형 발전도모, 체육계 민주화 실현 등의 산적해 있는 문제해결을 기대하면서 기본방향을 설정하면 다음과 같다.

첫째, 체육관련 NGO의 활동은 사회적 공공재로 인정되어야 하며, 이에 대한 사회적 지원체계가 구축되어야 할 것이다.

둘째, 정부와 정치의 논리에 이끌려온 체육정책과 단체들은 앞으로 가치 중립적 사고와 내부정화를 통하여 스스로 개혁할 수 있는 힘과 정책제안, 정책평가에 주도적인 역할을 담당하여야 할 것이다.

셋째, 체육관련 NGO의 내실화를 위해서 학계에서는 정책제안은 물론 체육단체에 대한 감시기능을 강화해야 한다. 또한 실천적 기능을 가진 다양한 체육관련 NGO를 육성, 발전시켜야 할 것이다.

위에서 제시된 체육관련 NGO의 연구가 체육학에서 새로운 연구대상의 발견이라는 작은 의의와 환기적 속성을 갖는다면 후속연구의 방향은 체육관련 NGO 연구의 내용과 특징이 무엇이고, 방법론적인 접근은 어떻게 해야 하는가, 그리고 제3섹터로서의 정책참여 가능성과 한계를 평가하려는 시도가 다각적으로 검토되어야 할 것이다.

제3절 한국축구 응원문화의 사회운동적 주체: 붉은악마

2002년 한일월드컵을 계기로 중요한 문화현상으로 부각된 붉은악마는 한국 축구환경의 비판에서 대중의 축구 응원문화 향유라는 공동이익 추구로 관심을 이행시켰다는 점(김영갑, 2004)에서 한국사회의 나비효과(butterfly effect)를 실감케 했다. 이러한 과정에서 체계적인 인적·물적 자원을 동원하기 위해 기능에 따른 분화된 안정적 조직 인프라의 구축은 무엇보다 중요한 과제였고, 이것이 2002년을 가능케 한 원동력이었다고 볼 수 있다.

1. 붉은악마의 베리타스

<2002년 6월 붉은악마의 Red Syndrome>

물(월드컵, 국가, 시민사회)에 용해되는 비타민 C(붉은악마)를 유리컵에 담긴 물에 떨어뜨리면 그 순간부터 비타민은 거품을 내며 물속으로 점차 용해되어

> 결국 흔적도 없이 물과 하나가 되는 현상(물은 비타민 C의 촉매제)이나 흩어져 있는 모래알들이 철판 위에서 열을 받으면 녹아서 단단한 유리가 되는 것처럼 공중(public)들도 어느 순간 그들을 하나로 결집시킬 수 있는 촉매제(월드컵과 붉은악마)를 접하면 강력한 '집단감흥(effervescence→대~한민국 짝짝짝, 'be the reds' 열풍)'에 빠지게 되고 강한 응집성의 새로운 공동체적 힘(사회적 의식, 집단주의적 개인주의)을 발휘하게 된다.[19]

1) 젊음의 문화코드 : 붉은악마의 과거와 현재

한국축구는 1948년 FIFA(국제축구연맹)에 가입한 이래 1954년 스위스월드컵, 1986년 멕시코월드컵, 1990년 이탈리아월드컵, 1994년 미국월드컵, 1998년 프랑스월드컵, 2002년 한일월드컵, 2006년 독일월드컵 등 총 7회 본선에 진출한 역사를 지니고 있지만 월드컵에 대해 본격적으로 관심이 활성화되기 시작한 시점은 1995년 이후부터이다. 1983년 아시아 최초로 프로축구리그가 탄생되었고, 같은 해에 멕시코 세계청소년축구대회에서 4강 신화를 이룩한 한국의 어린 영웅들은 'Red Furies(붉은 악령)'란 애칭을 받으며 한국축구의 뛰어난 잠재력을 세계에 보여주기도 하였다. 'Red Furies'는 국내에 번역되어 보급되는 과정에서 'Red Devil'로 채택되었고 시간을 초월하여 언제부터인가 축구경기장에 붉은 옷을 입고 나타난 붉은악마는 축구경기 못지않게 대중들의 시선을 사로잡았다.

1995년 PC통신의 축구동호회 사이버 공간은 붉은악마의 출발점이 된 이후 프로축구구단의 서포터로 재편되었다. 특히 프랑스월드컵을 앞두고 국가대표팀에 대한 조직적 응원의 필요성이 제기되면서 1995년 6월 최초의 응원단인 '유공코끼리프로축구팀응원단'으로부터 1995년 12월 'Great Hankuk Suppoters Club'이 구성되었다. 또한 1995년 12월 수원삼성의 서포터즈인 'Cyber Wings'가 출범되어 축구동호회 회원들을 적극적으로 끌어들임으로써 한국에서 본격적인 축구 서포터문화(supporter culture)가 만들어졌다(한겨레21, 1998. 6. 11. 제211호). 결론적으로 1990년대 이후 증가된 문화에 대한 관심, 1995년 프로리그가 보다 활성화되고 이를 위한 조직적 응원단이 최초로 탄생한 점, 1998년 프랑스월드컵 준비, 인터넷의 발전 등과 같은 4가

---

19) 최원기 한국청소년개발원 연구위원이 2002년 7월 11일 『주간한국』에 기고한 글 중에서 본 연구의 내용에 맞게 재구성하였음.

지 요인에 의해 1995년부터 축구 및 월드컵에 대한 국민들의 관심이 본격적으로 높아지기 시작한 것이다(http://www.yonhapnews.net).

> 6월 한 달 한반도를 붉게 물들였던 길거리 응원 문화는 국가대표팀 공식 서포터즈로 출범한 '붉은악마 응원단'이 모태. **'붉은악마'는 1995년 6월 국내 축구 서포터의 효시인 '유공 코끼리 프로축구팀 응원단'에서 출발했다.** 축구대표팀 응원을 공식적으로 시작한 것은 97년 프랑스월드컵 아시아지역 예선전 때부터. 붉은악마란 공식 명칭도 그 해 8월에 확정됐다. **83년 멕시코세계청소년축구대회에서 한국이 4강 신화를 이룩하자 외국 언론들은 붉은색 유니폼을 입었던 한국대표팀에 '붉은악령'이라는 별명을 붙였는데 '붉은악마'는 여기서 나왔다**(동아일보, 2002. 12. 22).

표 5-8. 역대 월드컵대회 개요

회	개최연도	개최국	참가국수	경기수	대회기간(일)	개최 도시수	경기장수	참가관중	경기당 평균관중	우승국가
17	2002	한국	32	64	31	10	10	2,705,197	39,592	브라질
		일본				10	10		(42,269) 44,957	
16	1998	프랑스	32	64	33	10	10	2,770,000	43,517	프랑스
15	1994	미국	24	52	31	9	9	3,587,538	68,991	브라질
14	1990	이탈리아	24	52	31	12	12	2,517,348	48,411	독일
13	1986	멕시코	24	52	30	8	12	2,407,431	42,297	아르헨티나
12	1982	스페인	24	52	29	14	17	1,856,277	35,698	이탈리아
11	1978	아르헨티나	16	38	25	5	6	1,610,215	42,374	아르헨티나
10	1974	서독	16	38	25	9	9	1,774,022	46,685	서독
9	1970	멕시코	16	32	22	5	5	1,673,975	52,312	브라질
8	1966	영국	16	32	20	7	8	1,614,677	50,459	영국
7	1962	칠레	16	32	19	4	4	776,000	24,250	브라질
6	1958	스웨덴	16	35	22	12	12	868,000	24,800	브라질
5	1954	스위스	16	26	19	6	6	943,000	36,269	독일
4	1950	브라질	13	22	23	6	7	1,337,000	60,773	우루과이
3	1938	프랑스	15	18	16	9	10	483,000	26,833	이탈리아
2	1934	이탈리아	16	17	18	8	8	395,000	23,235	이탈리아
1	1930	우루과이	13	18	18	1	3	434,500	24,138	우루과이

*출처 : 문화관광부(2002). 체육백서. *바탕칠 한 부분은 월드컵 본선 진출을 의미.

서포터와 서포터즈

서포터(supporter)는 열렬한 축구응원과 축구에 대한 분석을 통하여 지속적인 관심을 갖는 사람이며, 치어리더처럼 돈과 지원을 받고 응원을 하는 게 아닌 순수한 축구사랑을 응원으로 표현하는 사람을 지칭한다.

서포터즈(supporters)는 일반적으로 경기관전에만 그치는 관중들과는 차별화 된 개념으로서 축구에 대한 순수한 사랑과 열정을 지속적 응원으로 나타내는 그룹을 의미한다. PC통신을 통해 선호하는 팀의 선수단 동정과 소식을 주고받으며, 인터넷 등을 통해 선진 해외축구 정보를 입수하고 응원준비와 방법 등을 자유롭게 토의한 뒤 경기장에서 조직적으로 표출하는 것이 특징이다. 국내 서포터즈의 모태는 PC통신 하이텔 축구동회원들. 축구를 사랑하는 이유로 알게 된 회원들은 94년 말부터 국내축구의 열악한 응원문화를 개선하기 위한 첫 작업으로 유럽이나 남미 식의 새로운 응원방식을 펼치기로 뜻을 모은 뒤 러시아 출신의 명장 니폼니시 감독이 부천SK 사령탑으로 취임한 1995년부터 새로운 형태의 단체응원을 실시, 서포터즈 탄생의 토양을 마련했다. 현재와 같은 조직적 서포터즈의 출범은 수원삼성의 '사이버 윙즈'가 효시. 수원은 95년 12월 창단과 함께 신세대 축구팬들의 조직적인 응원이 절대 필요하다고 판단하여 당시만 해도 원정응원에서 '박해'를 받거나 '꽃가루 날리기' 응원 등이 제약을 받던 축구동회원들을 적극적으로 끌어들임으로써 처음으로 조직화된 서포터즈를 출범시켰다. 10개 구단 가운데 가장 많은 회원 수(1천2백명)를 자랑. 프로축구의 서포터즈는 지난해 8월30일 한중전에서 본격적으로 선을 보인 국가대표 서포터즈 '붉은악마'의 산파역을 담당했다(스포츠서울, 1998. 9. 11).

1997년 8월에는 인터넷 통신을 통하여 붉은악마로 정식 출범하였고, 8월10일 한국과 브라질 전에서 붉은색 유니폼을 입고 서포팅하였으며, 8월30일 한·중전에서 최초로 붉은악마라는 이름을 사용한 현수막을 걸고 응원하였다. 현재 붉은악마는 국가대표팀 경기위주로 활동하며, 경기가 없을 때는 온·오프라인을 통하여 다양한 활동과 행사를 개최하고 있다. 이들의 조직은 2002년 한일월드컵대회를 기점으로 전국으로 확산되어 지금까지 자치단체, 가맹단체, 그리고 임시가맹단체 등의 형식으로 활동을 더욱 분화시키고 있다.

지금까지 미디어에 비쳐진 역동적인 그들의 모습은 한국사회의 축구열풍 뿐만 아니라 'Dynamic Korea'를 상징적으로 보여주는 젊음의 문화코드로의 위치를 점유하였다. 붉은악마는 스포츠의 주체와 객체, 경기와 응원 사이의 새로운 인식의 변화를 반영한다. 즉 그들에게 축구의 주체와 객체는 존재하지 않고, 모든 것이 주체일 뿐이다. 이들의 응원태도는 기존의 근대적인 축구환경 전반에 대한 비판에서 시작되었다. 수동적으로 축구를 수용하기보다는 능동적인 응원을 통해 자신의 정체성을 찾아가고, 긍정적인 사회활동으로 전환시키는 성숙한 팬덤(fandom)에 대한 인식이 우리 사회에서 자리 잡기 시작한 것이다. 붉은악마의 탄생과 성장은 일시적으로 조성된 것이 아니라 아래에 제시되어진 문화 즐기기의 양식에 대한 시대적 조류와 일치하는 경향이 있다.

> 이제 팬들은 능동적 해석을 통해 의미를 적극적으로 생산한다. **팬들에 의해 수행되는 능동적 해석은 팬덤의 특수한 수용의 양식, 즉 비판적이고 해석적인 실천의 특수한 경향이다.** 또한 텍스트에 대한 해석을 공유하는 타자들 간에 팬 조직을 결성하여 활동하기도 한다. 이러한 조직적인 공유는 팬 개개인에게 텍스트에 대한 지식을 넓혀주고, 새로운 텍스트를 생산, 분배, 소비하기도 하면서 스스로의 힘을 확대시킨다. 또한 팬들은 대안적인 사회공동체로서 가능성을 갖기도 한다. 팬은 자신들의 불만족스러운 현실에 대항하여 창조성과 차이를 수용하는데 보다 개방적이다. 그리고 경제적인 고려보다는 인간적인 문화를 형성하여 민주적인 가치가 재생산되고 촉진되는 공간으로 만들고 있다(정민아, 1998).

팬덤이란?

'팬덤(fandom)'이란 'fan'이란 단어와 세력범위를 뜻하는 'dom'이란 단어가 합쳐져 생긴 말이다. 즉 'fan'이라는 명사와 '집합적 관념 또는 한 사회의 습성이나 기질 따위를 대개 경멸적으로 나타내는 말'이라는 사전적 의미를 지닌 접미어인 'dom'을 합성한 용어이다. 팬덤의 개념은 좁게는 '팬 의식'을 의미하는 것이지만, 일반적으로는 스타덤이 스타라는 제도와 그 제도를 성립 가능하게 하는 사회적 기반, 스타로서의 의식 등을 포괄적으로 말하는 개념인 것처럼, 팬이라는 현상과 팬으로서의 의식을 포괄적으로 지칭하는 개념으로 사용되고 있다(김창남, 1998). 팬덤현상은 우리의 일상에 보편적인 문화이고, 팬들은 팬덤 대상을 통해 자신을 사회 속에서 위치 짓는 기회는 갖는 사회현상이다. 즉 팬덤 대상에 보여주는 애정은 대상에게 한정되는 것이 아니라 팬덤대상이 존재하는 사회로까지 확대시킨다. 팬들은 자신들의 문화를 스스로 만들어 가는 생산성, 환경에 적극적으로 개입하는 능동성을 가지고 있다. 우리분야에서는 프로야구선수협파동, 붉은악마, 프로스포츠의 서포터즈 활동, 2001년 종교적 이유로 성남시의 연고지 거부사태 때 성남일화 서포터즈의 성남축구단 사수운동, 2003-2004년 안양LG와 부산아이콘스 프로팀이 서울로 연고지 이전 계획을 추진하자 해당 서포터즈 중심의 연고지이전결사반대운동 등이 대표적인 스포츠 팬덤문화를 보여주는 실례이다. 이를 계기로 스포츠 팬덤 문화연구에 대한 이해와 평가 작업의 필요성이 제기되어야 함을 시사해 주었다.

표 5-9. 2002 한일월드컵으로 부각된 한국의 이미지

지 역	부 각 된 이 미 지
유 럽	한국 팀의 선전, 열정적인 응원, (심판 판정에 일부 문제)
미 국	매끄러운 대회진행, 응원 후에도 깨끗한 거리, 스포츠강국
중 국	IT 강국, 한국인의 단결력, (월드컵 4강에 대한 질시)
일 본	성공적인 공동개최, 한국인의 저력
남 미	한국 팀이 선전, 성공적인 개막전

( )는 부정적 이미지, 각국 언론보도 정리

*출처 : 삼성경제연구소(2002). 월드컵이후 경제사회 과제. 문화관광부(2003). 체육백서.

이와 같이 붉은악마는 대부분 청소년과 대학생 등 젊은 중산층으로 구성되어 있으며, 이들에게 응원은 하나의 공동체 놀이문화이며 놀이공간이 전무한 한국현실에서 이들에게 축구경기장은 훌륭한 놀이공간인 것이다. 붉은악마는 수동적인 응원문화를 거부하는 의미에서 스스로를 열두 번째 선수라고 생각한다. 이번 월드컵의 응원문화에서도 그들은 구심적 역할을 담당했으며 정치적인 논리에 구속되지 않고, 그저 즐거움을 위한 축제로 승화시켰다. 이제 붉은악마는 한국축구의 응원문화를 선도하는 대표집단일 뿐만 아니라 축구를 진정으로 사랑하는 열성팬의 상징적 고유명사로 위치를 점유하고 있다. 비록 과도기이기는 하지만 응원문화의 새로운 패러다임 변화를 주도하는 붉은악마는 우리에게 스포츠의 사회운동적 시사점을 제공하기에 충분하다(김영갑, 2003).

2) 붉은악마의 비판적 고찰: 논쟁거리

붉은악마는 미디어의 노출빈도가 증가되면서 여러 가지 측면에서 논쟁거리가 생산되었다. 우리에게 전달된 메시지는 대체적으로 민족주의나 공동체 의식과 같은 보편성의 가치를 찬미하는 말이나 거시적 혹은 추상화된 논리 체계들이었다. 그러나 미디어에 의해 편중된 붉은악마의 담론은 직선의 문화에 길들여져 있는 우리에게 단선적인 사고로 주입되어 크나큰 오류에 빠질 수 있는 위험이 내포되어 있다. 탈모더니즘의 문화의식에서

붉은악마에게 쏟아진 관심이 모두 긍정적인 것만은 아닐 수 있다는 문제제기와 함께 너무 긍정적 메시지로 전달되는 그들의 의미가 오히려 부정을 희석시키고자 하는 암시로 전달될 소지가 있기 때문이다. 현재로선 가치중립적인 시각에서 붉은악마의 현상을 관찰하는 것이 최선의 작업이다. 따라서 몇 가지 관점에서 붉은악마의 논쟁거리를 살펴보고자 한다.

첫째, 붉은악마의 지배담론이다.

월드컵 기간 중, 혹은 직후 붉은악마의 응원형태에 대한 미디어와 비평가들의 반응은 한결같이 국민적 단합 혹은 공동체 의식이라는 키워드로 압축될 수 있는 것들이었다. 구체적 표현으로 이데올로기를 재생산시킬 수 있는 '단결', '단합', '질서', '애국심', '민족적 화합', '민족적 정체성', '한민족 정신', '집단의식', '집단문화', '선진시민의식', '신애국주의' 등의 다양한 어휘들이 그들의 응원형태를 수식했다. 대체적으로 붉은악마는 태극전사로서 애국의 상징이었고, 월드컵은 스포츠 취향집단의 정체성과 민족 정체성이 결합하여 만들어낸 작품임을 강조하였다. 즉 많은 이들이 월드컵으로 증폭된 축구 응원문화가 한국사회의 각 영역에 긍정적인 영향을 미칠 것이라고 평가했다. 즉 이 시대의 지성인들은 '21세기형 신명의 문화'로 표현하였다.

이와 같이 붉은악마에 의해 표출된 사회통합적 기능은 지극히 당연하고 자연스러워서 그것의 정당성 및 필연성에 대해 누가 도전한다면 그들의 목소리는 비정상적으로 들릴 것이다. 한 인터뷰에서 강만길 상지대 총장이 "붉은악마에 대해 문제점이 눈에 띄지만 이 열기에 대고 지금 지적하는 것은 온당하지 않다"고 한 의견은 설득력을 제공하기에 충분하다. 조종혁(2002)은 붉은악마와 관련된 미디어 담론들은 거의가 모더니즘의 문화의식을 반영하는 혹은 거대서사, 거대담론, 거대이데올로기를 함축하는 표현들로 각색되어 있다고 주장한다. 즉 로고스 중심주의(logoscentrism)의 극치라고 평가하였다. 붉은악마로 대변되는 한국 젊은이들의 기호소비 행태는 모더니즘의 거대 서사와는 무관하며 거대 서사의 생산자가 아니라 즐거움의 소비자로서 존재했다고 한다.

황상익(2002)은 레드신드롬의 직접적인 원인과 이유를 축구대표팀이 보인 기대 이상의 선전, 붉은악마 응원단의 선도적 노력, 정부와 매스컴과 재벌업체의 자기 본위의 멍석 깔기로 해석한다. 또한 직접적인 동기 제공자는 붉은악마라기보다 한국대표팀이라고 주장한다. 따라서 레드신드롬의 동기 제공자는 한국대표팀이며 선도집단인 붉은악마의 가교역할에 의해 놀이문화에 목말라 있던 대중들의 욕구가 첨가되어 이룩한 놀이의 장이라는 것이다.

또한 집합행동적 관점에서 일시적 '군중심리'에 의한 부정적 상황이 초래될 수 있음을 우려하는 시각도 있다. 한국병리학연구소 백상창 박사는 "길거리 응원이 긍정적인 측면으로 발현된 것은 다행이지만 만일 우리 팀이 졌다면 양상은 달라졌을 것이다. 동일화를 강조하는 집단응원의 본질은 집단 히스테리 현상"이라는데 주목할 필요가 있음을 지적하였다. 신경정신과 전문의 이상일 박사는 "전광판 집단응원은 일종의 연출이고 사람들은 연출에 참여함으로써 사회적 불만과 갈등을 털어 낸다. 이러한 정서는 사회가 어지러울수록 전염성이 강해 더욱 집단화되는 경향을 띤다. 사회적 욕구불만의 정서적 표출이라는 측면에서는 일맥상통한다."고 하였다(이창구, 구혜영, 2002).

노르웨이 오슬로 국립대학교 한국학부 박노자 교수는 '월드컵 열기를 집단 광기'라고 단언한다. 첫 번째, 근거는 '집단과 자신의 동일시'로 제시한다. 이것은 그 '집단'에 참여하기를 거부하는 이에 대한 적개심, 비판적 태도를 취하는 이들에 대한 방어적 공세로 변질되기도 한다. 두 번째로는 잠재적 욕망과 울분의 집단적 표출이라는 측면을 들 수 있다. 즉 걷잡을 수 없는 환호, 열정, 그리고 함성이 '폭력'의 대용품이라는 얘기이다. 또한 재능대학교 박현수 교수는 응원에 열광하는 젊은 세대를 보며 '뇌 없는 공룡의 집단 히스테리'를 연상했다고 한다. 즉 집단주의는 배타성으로 인한 폭력성으로 이어지기 쉽다는 점에서 위험하며, 집단주의가 이성과 공존하기 어렵다는 점을 상기시킨다(http://www.ohmynews.com/2002. 6. 20).

이와 같이 붉은악마에 대한 담론은 낙관과 비관이 공존한다. 담론자의 사상적 조류가 보수와 진보라는 이분법적인 획을 긋지 않더라도 대체적으로 '21세기 공동체 의식'을 분출시켰다는 낙관론과 '집단주의 또는 전체주의'로 해석하는 비관론이 그것이다. 한국의 현대사 이후 처음으로 이들이 갖게 된 자긍심이 성숙한 사회로 가는 원동력이 될지, 폐쇄적인 민족주의 및 국가주의로 빠지는 족쇄가 될지는 아직 결론을 내릴 수 없다. 그러나 붉은악마에 의해 비롯된 낙관과 비관의 담론은 한국사회에 남겨준 중요한 교훈이 될 수 없음은 틀림없다.

둘째, 세대간 구별짓기의 심화, 즉 계층의 획일성 및 야누스적 특권의식이다.

붉은악마와 일본의 울트라 니폰, 유럽의 서포터즈와의 가장 큰 차이점은 붉은악마 조직이 사이버 공간을 통해서 조직되고 활성화되었다는 점이다. 대부분 PC통신이나 인터넷을 통해 가입신청과 정보를 공유함으로써 연대감을 지속시킨다. 이와 같이 사이버 공간을 통해서 서포터즈 문화가 확산되었기 때문에 붉은악마의 연령층은 유럽의 서포터즈의 평균 연령에 비해 낮다. 또한 서포터즈 문화가 기성세대 일반이 수용하기 어렵게 하는 새로운 문화취향으로 간주되기도 한다. 즉 신세대들의 문화 마니아 및 팬덤의 한 형태로 해석되고 있다(이동연, 2002).

김석희와 김정명(2001)은 '붉은악마를 중심으로 한 청소년 축구매니아 연구'에서 청소년 축구마니아의 특성이 자율과 창조, 그리고 긍정적 사고를 전제로 하여 건전한 응원문화를 선도하고 있음을 진단하였다. 그러나 계층의 획일성과 붉은악마에 대한 다소 부정적인 이미지를 내포하고 있음도 지적하고 있다. 일반 대학생들은 오늘날 사회적으로 문제를 일으키고 있는 유럽의 훌리건과 같은 광적인 축구마니아들의 편파적 행동, 특정집단이라는 인식으로 붉은악마의 훌리거니즘으로의 이행을 가장 염려하고 있는 것으로 나타났다. 그리고 '회원제로 인한 일부 회원들의 특권의식 및 일반인의 거부감', '연령층의 다양성 미확보', '국가대항전 A-매치에만 집중되는 관심' 등을 반드시 극복해야 할 문제로 제시하였다.

또한 조은영(2002)의 '붉은악마의 라이프스타일과 참여동기에 관한 연구'를 살펴보면 계층의 획일성을 확인할 수 있다. 붉은악마의 사회인구학적 특성 중 남자 74.8%, 여자 25.2%, 10대와 20대가 95.8%를 차지해 붉은악마는 10대 20대, 남자 중심의 집단으로 판명되었다. 국내 프로축구 서포터즈와 관련된 연구(유영근, 2002) 또한 응원활동에 참여한 평균연령이 21.26세이며, 연령대가 24세 이하(75.1%)에 편중되어 있는 것으로 나타났다. 따라서 붉은악마의 정체성을 극복하기 위해서는 계층의 확대가 필수적이다. 왜냐하면 Bourdieu가 주장한 것처럼 붉은악마의 취향은 세대 간 문화적 구별짓기로 이어질 수 있기 때문이다. 계층 간 문화적 구별짓기의 극복은 서포터즈 문화를 일시적인 것이 아니라 일상적인 것으로, 특정한 경기만을 선호하는 것이나 모든 축구경기 자체를 즐기는 태도, 타협을 수용할 수 있는 의식이 형성될 때 가능할 것이다.

이외에도 붉은악마의 논쟁은 미디어를 통해 '붉은악마 명칭'과 'Be The Reds로 인한 레드 컴플렉스', '거대 조직화로 인한 재정문제' 등으로 표출되었다. '레드콤플렉스'의 극복은 오히려 응집력을 강화시켜 주는 매개체의 역할을 할지 미완의 성공으로 끝날지는 지켜봐야 할 사항이다.

2. 한국의 문화변동과 신문화운동으로서의 붉은악마

1) 붉은악마의 신문화운동적 함의

한국에 대한 세계 언론의 관심이 2002년 한일월드컵축구대회 때만큼 높았던 적은 없다. 단일 사안에 대한 보도량으로 본다면 지난 수 십 년 동안 최대 규모이다. 1980년 광주민주화운동, 1987년 민주화투쟁, 1997년 경제위기, 2000년 남북 정상회담 정도가 비슷하게 비견될 정도이다.

한국사회는 1980년대 말부터 급속한 사회변동을 경험하였다. 국내적으로 정치체제의 변화, 경제구조의 새로운 위기, 문화변동을 통한 문화변용과정, 새로운 정보통신매체의 활성화 등에 기인하여 변화가 진행되었다. 또한 국제적으로 동서 이념갈등의 종식, 국가 및 문화적 경계의 약화, 세계화 경향의 강화 등이 한국사회의 변화에 영향을 미친 주요 요인이었다. 그러나 한국사회에서의 이와 같은 변화들은 그 변화속도 만큼 사회문화적 정체성의 재정립이라는 필요성을 부각시켰고, 특히 1997년 말 IMF 경제환란을 경험하면서 이러한 문제는 신자유주의 물결에 대항해 한국만의 새로운 방향성을 찾고자 하는 다양한 문화적 노력들로 나타나기 시작했다(최원기, 2002). 특히 탈근대사회에서는 다양한 집단들이 상이한 정체성을 내세우면서 자신들의 권리와 독자적인 삶의 방식을 주장하는 새로운 사회운동들이 나타나고 있다. 탈근대사회에로의 진입과 함께 계급의식이 큰 의미를 갖지 못하게 되면서 사람들은 더 이상 자신들의 정체성을 자신들이 소속되어 있는 계급과 같은 근대적인 거대집단에서 찾지 않게 된 것이다.

이러한 과정에서 '구(舊) 가치관'과 '신(新) 가치관'간의 갈등 및 혼란이 다양한 영역에서 출현되었다. 그것은 이중적 가치관의 변화로 이어졌다. 즉 집단주의와 개인주의, 정신주의와 물질주의, 한국문화 중심주의와 세계화간의 갈등, 그리고 현실공간과 가상공간과의 혼란 등으로 나타났다. 문화변동의 결과, 한국적인 것에서 세계적인 의미를 재구성하려는 의지가 팬덤 문화(fandom culture), 마니아 문화(mania culture), 서포터즈(supporters), 붉은악마로 대변되는 다양한 사회문화적 집단을 탄생시킨 것이다.

특히 붉은악마의 응원문화는 온라인과 오프라인을 중심으로 한 사이버 공동체, 응원집단의 체계적 조직화, 민주적 운영, 비폭력적 응원문화, 재정의 비종속성, 응원문화의 문화운동화 등의 특징을 바탕으로 한국사회의 역동성을 대표하는 핵심문화(core culture)로 구축되고 있다. 또한 한국사회에 국한되지 않고 세계화 가능성의 신문화운동으로 확대, 재생산되고 있다.

이와 관련하여 조종혁(2002)은 현재 한국의 젊은 세대가 경험하고 있는 탈모던 문화환경의 출생기원을 세 갈래의 연원에 따라 추적하였다. 첫째, 새 미디어 테크놀로지의 출현이 가져온 새로운 문화의식, 둘째, 지구촌 거대 이데올로기들의 붕괴와 하위문화 의식의 득세, 셋째, 물질주의와 소비주의의 영향 등으로 표현했다. 따라서 서포터즈, 붉은악마의 응원문화 출현은 1990년대 이후 한국사회에서 진행된 급격한 문화변동과 그 맥락을 같이 함을 알 수 있다. 이는 가치관의 갈등 및 문화변동의 방향성 혼란 등과 같은 제반문제들을 해결할 수 있는 하나의 가능성에 의해 출현되었다고 볼 수 있다. 여러 사회영역에서의 미흡한 문화변동적 함의가 2002년 한일월드컵대회를 매개체로 한국사회 문화변동의 방향성 설정에 있어 긍정적 가능성이 확인된 것이다. 즉 집단주의와 개인주의, 정신주의와 물질주의, 한국중심주의와 세계화, 그리고 온라인과 오프라인간의 조화 가능성 등이 그것이다.

---

* 『붉은악마의 신문화운동적 함의』와 『붉은악마 응원문화의 특징』은 최원기(2002)가 '계간 사상' 여름호에 기고한 『한국의 문화변동과 신문화운동으로서의 '붉은악마' 응원문화』에서 발췌하여 재구성하였음.

1980년대 중반부터 시민사회적 공간이 본격적으로 확대되고 전체적인 사회생활의 과정에 유의미해진 것처럼 응원문화에 의해 제공된 텍스트적 의미는 시민의 권리를 지속적으로 활용하는 기회가 마련될 것이다. 1960년대 미국이 계급혁명이 아닌 인종갈등, 반전사상, 페미니즘의식, 반 문화의식 등에 연대한 다중적이고 복합적인 요인들로 거국적 문화혁명을 경험한 것처럼 한국사회에도 1980년대 말부터 시작된 다양한 내외적인 요인 등으로 응원문화 문화변용의 안정기로 돌입하게 될 것이다(김영갑, 2004).

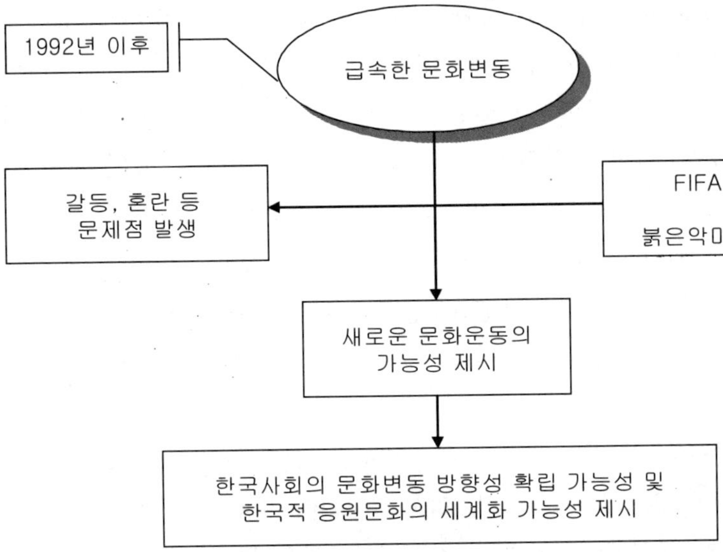

그림 5-5. 붉은악마 응원문화의 사회문화적 함의

*출처 : 최원기(2002). 한국의 문화변동과 신문화운동으로서의 '붉은악마' 응원문화. 계간 사상, 여름호.

2) 붉은악마 응원문화의 특징

과연 붉은악마가 주도한 응원문화가 짧은 시간에 확산된 이유는 무엇일까? 이에 대한 거시적 좌표설정은 '붉은악마의 사회운동적 함의'에서 국내외적 급격한 문화변동의 결과로 해석하였다. 또한 붉은악마의 독특한 조직구조가 2002년을 가능케 한 원동력이었다고 볼 수 있다. 붉은악마의 응원문화로부터 추론해 볼 수 있는 신문화운동으로서의 문화적 특징에 대해 다음과 같은 6가지 사항들이 제시될 수 있다.

① on-line, off-line을 중심으로 한 사이버 공동체

붉은악마의 응원문화는 사이버공간을 중심으로 이루어져 있다. 특히 한국사회에 PC통신이 보급되기 시작하면서 다양한 형태의 동호회 유형이 붉은악마 응원단의 특징적 공동체성을 대변하고 있다. 붉은악마의 응원문화는 기존의 응원집단들이 지니고 있던 off-line 중심으로부터 벗어나 시대적 흐름에 맞추어 구성하였고, 현실공간에서의 응원행위에 직접 연계되면서 한국적 사이버공동체의 긍정적 발전 가능성에 대한 표상적 의미를 지닌다고 할 수 있다.

② 응원집단의 체계적 조직화

붉은악마 응원문화의 두 번째 특징은 그것이 매우 잘 계획되고 조직된 일련의 과정과 형태를 포함하고 있다는 점이다. 서구나 일본 응원집단의 경우 일정이 잘 짜여진 조직체계를 지니고 있지만 이는 어디까지나 지역적이며, 개별적이라는 특징을 보이고 있다. 이들과는 달리 붉은악마의 경우에는 대한민국 전체를 포괄하고 있는 전국규모의 조직이며, 이들의 응원을 계획하고 실행하는 중앙운영집단이 명확하게 존재하고 있다는 점, 그리고 이와 같은 응원조직의 높은 체계화 정도 등에서 타 응원문화와 상이한 차이가 존재한다고 할 수 있다.

③ 민주적 운영

붉은악마의 민주적 운영은 붉은악마를 지속적으로 존재할 수 있게 하는 일종의 토대이다. 과거 PC통신으로부터 오늘날 인터넷상에 이르기까지 광범위한 가상공간에서 이루어지는 다양한 의견수렴과 운영진에 대한 민주적 선출과정 등은 응원조직의 민주성을 대표할 수 있는 선진형적인 민주적 운영시스템이라고 할 수 있을 것이다. 수많은 구성원들의 자발적 참여를 지속적으로 이끌어낼 수 있는 힘 또한 바로 이 부분으로부터 기인하고 있다고 볼 수 있다.

④ 비폭력적 응원문화

축구응원문화의 일반적 문제점들 중 훌리건으로 대표되는 축구장 폭력 문제는 FIFA 월드컵에서뿐만 아니라 일반 축구경기에서도 해결되어야 할 매우 중요한 정책 및 연구주제이지만 여전히 훌리건 문제는 세계 곳곳에서 여전히 빈번하게 발생하고 있다. 그러나 붉은악마의 경우 초창기부터 자체적으로 윤리위원회를 두고 있으며, 폭력적 응원문화를 철저히 지양하고 있는 등 축구응원문화의 비폭력화를 주장하고 있음을 알 수 있다.

⑤ 재정의 비종속성

어떠한 응원집단의 경우에도 재정의 종속성은 응원문화 자체의 배타성 또는 편향성으로 연계될 가능성을 의미한다. 재정의 출처가 특정단체 또는 집단에 기인할 경우 축구경기의 승패는 곧 재정출처의 다양한 현실적 이해관계에 직접적으로 연계되기 때문이다. 그러나 붉은악마의 경우 재정의 토대가 구성원의 자발적 참여와 자체적인 수익사업에 기인하고 있으므로 응원집단의 폐쇄성을 극복할 수 있는 재정의 독립성이 확보되어 있다고 할 수 있고, 바로 이와 같은 점이 다른 응원문화와 구분될 수 있는 특징이라고 할 수 있다.

⑥ 응원문화의 문화운동화

붉은악마가 지향하는 궁극적인 목적은 축구에 대한 열정 자체라고 할 수 있다. 그러나 오늘날 볼 수 있는 붉은악마의 응원문화는 그것이 FIFA 월드컵과 연계되어 한국사회 전체로 확산되고 있으며, 나아가 앞서 지적한 바와 같이 문화변동과정으로부터 산출된 여러 문제점들을 극복해 나갈 수 있는 사회적 가능성으로서의 문화운동적 성격을 나타내고 있다고 할 수 있다. 이는 이미 한국사회에서만의 문화운동 가능성에 머물지 않고 서구사회에도 긍정적 응원문화의 가능성으로 소개되고 있는 등 단순하고 국한된 응원문화가 아닌 붉은악마 응원문화의 세계화 가능성으로서의 신문화운동 의미로 확대되어 가고 있다고 할 수 있다.

참고문헌

강상욱(2001). 우리나라 NGO의 성장에 관한 연구: 시민단체를 중심으로. 미간행 박사학위논문. 서울대학교 행정대학원.

공보처(1997). 민주공동체 시민운동의 새로운 지평-세계화시대 한국 시민운동의 발전방향. 서울 : 계문사.

구강본, 김동규(2003). 신자유주의 학교체육의 전개양상과 대응과제. 한국체육학회지, 42(3), 33-43.

국민체육진흥공단(2001). 학교체육 실태조사 및 개선방안. 국민체육진흥공단 체육과학연구원 연구보고서.

길정우(1998, 4월 22일). 미국, "다양한 입장 대변" NGO 천국. 중앙일보, 8면.

김 석(2002, 10월18일). 학교체육 공청회 체육인 불만폭발. 경향신문, 8면.

김동규(1999). 한국 엘리트스포츠 정책의 사회철학적 진단과 발전과제. 한국체육학회지, 38(4), 59-61.

김동규(2000). 정치상황 변화에 따른 한국 엘리트스포츠 정책의 전개양상과 전망. 한국체육철학회지, 8(1), 181-199.

김사엽, 김대광(2003). 한국체육행정의 변천과정에 관한 연구. 체육사학회지, 11, 44-58.

김석희, 김정명(2001). 청소년 축구매니아 연구 : '붉은악마'를 중심으로. 한국체육학회지. 40(3).

김영갑(2003). 한국 축구관중에 비춰진 집합행동의 정체 찾기: 폭력적 · 사회운동적 관점. 영남대학교 대학원 체육학과 2003학년도 전기학술세미나.

김영갑(2004). 스포츠 집합행동의 표출성향 및 이미지 해독. 미간행 박사학위논문. 영남대학교 대학원.

김영래, 김혁래(1999). 한국 비정부조직(NGO)의 현황과 과제. 국회학술회의, 1-24.

김준기(2000). 비영리부문의 성장과 정부와의 관계에 관한 연구. 한국행정학회 2000년도 기획세미나 발표논문집.

김준기, 김정부(2001). NGO연구에 대한 비판적 고찰. 행정논총, 39(3), 195-233.

김창남(1998). 대중문화의 이해. 서울: 한울아카데미.

김태룡(2002). 한국 NGO들의 영향력을 결정하는 요인에 관한 연구. 한국행정학회 기획세미나, 109-128.

동아일보(2002, 12월 22일). 아듀 '2002 스포츠' <4> 거리를 가득 메운 붉은 악마.

류태호, 이주욱(2004). 운동선수의 학생생활과 문화. 한국체육학회지, 43(4), 271-282.

문화관광부(2002). 체육백서.

문화관광부(2003). 체육백서.

박경래(2001). 비영리조직에 대한 정부보조금의 효과분석. 미간행 석사학위 논문. 서울대학교 행정대학원.

박병옥(2001). NGO와 정부간의 올바른 관계 정립 방안. 한국행정학회 기획세미나 발표논문집, 165-175.

삼성경제연구소(2002). 월드컵이후 경제사회 과제.

손동빈(2000). 시민 사회단체를 통한 학교 시민윤리교육 활성화와 그 실천 사례 연구. 시민교육연구, 제30집, 127-146.

송해룡(2000). 영상 시대의 미디어 스포츠. 서울: 커뮤니케이션북스.

안민석(2001). 21세기 한국스포츠의 지향: 국가, 시장 및 시민사회. 한국스포츠사회학회지, 14(1), 273-286.

안민석(2001). 스포츠사회학, 스포츠사회학자, 그리고 선수협의회. 한국스포츠사회학회지, 14(1), 87-104.

안민석(2002). 체육개혁을 위한 사회학적 논의. 한국스포츠사회학회지, 15(1), 201-214.

유영근(2002). 프로축구 서포터즈 활동에 미치는 영향 분석. 미간행 석사학위논문. 국민대학교 스포츠산업대학원.

유해길(2004, 9월11일). 프로야구/ 뿌리째 흔들리는 프로야구. 세계일보, 13면.

이동연(2002). '붉은악마'와 서포터즈 문화. 당대비평, 19호.

이상기(1998, 10월 31일). 체육특기생 스카우트 내년부터 전면금지/ 교육부, 입시부정 대책. 한겨레신문, 1면.

이용식(1999). 선진국의 체육행정조직과 재정의 비교연구. 한국체육학회지,

38(2), 626-637.

이정식(2000). 스포츠의 환경파괴 구조와 환경친화적 정책과제 설정. 미간행 박사학위논문. 영남대학교 대학원.

이창구, 구혜영(2002, 6월 6일). 월드컵 한국의 '힘'. 대한매일, 1-2면.

전용배(2001). 한국프로야구 규약 및 계약관계와 선수협의회에 대한 법적 고찰. 한국체육학회지, 40(4), 515-526.

정동근(2000). 정부의 역할과 NGO의 기능. 한국행정학회 기획세미나, 97-112.

정민아(1998). 축구팬 붉은악마의 팬덤현상에 관한 연구. 한국언론학회 추계학술대회.

정수복(2000). 한국 시민운동의 패러다임 전환을 위한 이론적 모색. 한국행정학회, 2000년도 기획세미나 발표논문집, 63-76.

정철희(1997). 문화변동과 사회민주화: 탈물질주의 가치와 공중 - 주도 정치. 한국사회학, 31(1), 61-80.

조성식(1997). The Olympic Games as a Site for Social Movement. 한국스포츠사회학회지, 7호.

조은영(2002). 붉은악마의 라이프스타일과 참여동기에 관한 연구. 미간행 석사학위논문. 연세대학교 대학원.

조종혁(2002). 탈모더니즘의 시각에서 본 '붉은악마': 한국 미디어의 거대서사. 커뮤니케이션학 연구, 제10-2호.

최병대, 김상구(2004). 정책과정에서의 NGO 역할에 관한 실증적 연구. 한국정책행정학회보, 13(1), 217-240.

최원기(2002). 한국의 문화변동과 신문화운동으로서의 '붉은악마' 응원문화. 계간 사상, 여름호.

한겨레 21(1998, 6월 11일). 제211호.

한국행정연구원(2003). 한국체육발전을 위한 조직모형 설정 및 과제.

황상익(2002). 레드 신드롬 -월드컵과 붉은악마 be the reds 현상-. 황해문화, 가을호.

황영석(2001). 공공정책과정에서 비정부단체(NGO)의 역할에 관한 연구. 미간행 석사학위논문. 군산대학교 경영행정대학원.

Inglehart, R.(1990). Culture shift in advanced industrial society. Princeton: Princeton University Press.

Pearton, R.(1986). Violence in sport and the special case of soccer hooliganism in the United Kingdom, in C. R. Rees(ed.), Sport and social theory. Champaign Illinois. Human Kinetics Publishers.

United Nations(1990). Non-Governmental Organizations Associated with the Development of Public Information: NGO/DPI List, Information for NGO Representatives. New York: United Nations

http://www.yonhapnews.net.

http://www.kpbpa.net/프로야구선수협의회 홈페이지.

http://www.sportscm.org/체육시민연대 홈페이지.

http://mom.njoyschool.net/전국체육교사모임 홈페이지.

http://www.ohmynews.com/2002. 6. 20.

제6장 한국축구 응원문화의 표출성향 해독

세계화의 시대에는 세계성을 표출하는 대표적인 두 가지 언어가 있다. 하나는 정보화시대에 인터페이스로서 사용되는 언어이며, 다른 하나는 인간본성의 원시성이 세계적 규모의 민중적 언어로 연출되는 축구가 그것이다. 그리하여 월드컵대회는 정치적 이념과 상호의존적 국가 간의 문화교류를 통하여 빠른 속도로 민중화되고 있다.

2002년 한일월드컵은 응원문화 패러다임의 변화가 시작되었다는 점에서 주목할 필요가 있다. 이전 사회에서 목격하지 못했던 응원주체가 출현하여 새로운 응원방식이 소개되면서 다양한 의미로 생산되었다. 붉은악마의 존재에 대해서는 각 분야의 자의적인 해석에 의해 사상적 명분과 미래 한국사회의 희망과 부정의 메시지로 표현되곤 하였다. 따라서 이 장에서는 '과연 붉은악마의 표출행위는 어떠한 성향을 내포하고 있는가' 하는 물음을 던지면서 4가지 범주로 해답을 찾고자 한다. 즉 이들의 표출성향을 사회운동, 사회일탈, 비교문화, 이데올로기 등의 관점에서 접근하고자 한다.

제1절 응원문화의 새로운 패러다임: 사회운동적 접근

스포츠와 관련된 집합행동의 주요 형태는 사회운동이다. 사회운동의 성격은 다른 집합행동에 비해 존속기간이 비교적 길며, 사전 계획에 의해 조직되고 지속되기 때문에 조직적인 지도자의 역할이 매우 중요시 된다(윤덕중, 1998). Leonard(1988)는 NCAA의 생애 주기적 가설(life cycle hypothesis)을 불안(unrest), 자극(excitement), 형식화(formalization), 제도화(institutionalization), 해체(dissolution) 등으로 설정하여 분석함으로써 NCAA가 사회제도적으로 조직된 사회운동으로 발전하였다고 지적한 반면 McPherson, Curtis, 그리고 Loy(1989) 및 Harvey와 Houle(1994)은 스포츠 내에서 생성되고 발전된 사회운동과 스포츠와 직접적으로 관련된 새로운 사회운동의 예는 아직 없음을 단언하고 있다.

그러나 현대스포츠에서 사회운동으로 확산된 집합행동은 크고 작은 여러 유형이 존재할 만큼 가시적이다. 이에는 스포츠의 문화운동 창출에 지대한 영향을 미친 올림픽운동, 월드컵, 그리고 세계적인 단일스포츠 이벤트 등과 같이 시간과 공간을 초월한 연속성과 확산성을 가지고 있는 것도 있으며, 동일한 주동자나 참여자들이 계속 연관될 정도로 지속적으로 나타나는 훌리거니즘도 있다. 특히 훌리거니즘의 폭력행동은 합목적적이며, 수단적인 성격을 지니고 있는 사회운동에 근접한 집합행동으로 합의되고 있다. 따라서 한국의 붉은악마와 서포터즈의 응원방식은 계속적으로 반복해서 발생할 뿐만 아니라 축구응원문화의 대안적 사고를 바탕으로 한 실험을 통하여 대중의 생활양식을 증진시키려는 노력이라는 점에서 사회운동적 접근이 가능할 것이다.

붉은악마는 단순하게 축구를 좋아하는 온라인 동호회 모임으로 시작하였으나, 취미활용이나 친목도모의 차원에 머물지 않고 자신들의 주된 관심분야인 한국축구문화에 대한 보다 발전적이고 미래지향적인 비판과 성찰이라는 차원에 주된 목적을 두어왔다. 즉 개인적 차원의 기호를 만족시키는데 머물기보다 새로운 응원문화의 형성 및 보급을 주도하였다는 점에서 새로운 사회운동의 하나로 간주될 수 있다. 특히 붉은악마가 단지 새로운 응원방식, 도구 및 구호를 창출했다는 사실보다 기존의 지배적인 스포츠문화에 대한 전반적인 비판과 함께 시대적, 전지구적 변화에 부응하기 위한 고민, 반성, 성찰 등을 통한 새로운 축구응원문화를 창조하고, 정착시키기 위한 정체성 형성의 과정이었다는 사실에서 더욱 그러하다. 이렇게 붉은악마가 성취한 축구응원문화에서의 일련의 발전적 변화들은 붉은악마 현상을 새로운 사회운동의 범주로 개념화하는데 타당한 근거를 제공한다(권순용, 김방출, 2003).

1960년대 후반부터 유럽 및 북미에서 시작된 새로운 사회운동은 국가로부터 정체성을 획득한 시민사회의 형성과 밀접한 관계가 있다. 즉 기존의 경제개발, 계급, 그리고 정치적 이슈 및 쟁점에 더하여 여성운동, 평화주의운동, 소수민족운동, 그리고 환경운동 등 탈물질적 가치에 기반 한 새로운 형태의 사회운동들이 등장하였다(Harvey & Houle, 1994). 이러한 사회운동은 기존의 물질적 이해관계에 근거한 노동운동과는 달리 다양한 문화적 가치와 삶의 양식의 추구에 기반하고 있다. 대부분의 새로운 사회운동은 '정체성' 형성과정이 그 핵심적 과제로 설정된다. 즉 새로운 정체성을 정당화하기 위한 다양한 문화적 가치, 이념, 그리고 상징들의 동원이 이루어진다.

따라서 정체성 형성을 위한 갈등 및 타협의 과정이라는 이론적, 경험적 논의를 토대로 붉은악마 현상이 사회운동의 하나로 규정될 수 있다면, 붉은악마 또한 그 정체성 형성에 대한 고민, 갈등 및 타협의 과정을 겪었다. 즉 붉은악마 이전에는 축구 서포터즈라는 사회적 범주나 집단 자체가 존재하지 않았기 때문에 붉은악마는 초창기부터 자신들만의 정체성을 만들어 수정하고 또 재확인하는 과정이 가장 시급하게 요구되었던 것이다.

이들의 행위는 세부적인 사회운동에 대한 이론적 합리화 과정으로써 King(1956)의 시초단계(incipient phase), 조직단계(organizational phase), 안정단계(stable phase)와 Turner와 Killian(1972)이 제시한 예비단계(preliminary stage), 민중화단계(popular stage), 형식화단계(formal stage), 제도화단계(institutional stage)를 거치면서 새로운 사회관계가 형성되었고, 지속적인 사회운동으로 발전되고 있는 공통분모가 존재한다. 즉 축구환경의 불만이 고조되어 개혁가나 지도자에 의해 이념이 전파되어 집단정체감이 발전되고 형식적이고 공식적인 조직체가 형성되었다는 것이다. 결국 그들의 사회운동적 행위는 고착화되어 보수화되고 있는 것이다.

NCAA의 역사와 설립목적

NCAA(National Collegiate Athletic Association) 형성에 박차를 가한 것은 1905년 Football's major offense 사건이 토대가 되었다. 1905년 12월 New York University의 Chancellor Henry M. MacCracken은 축구경기의 13개 규칙을 바꾸기 위해 회의를 소집하였다. 이후에 뒤따르는 모임인 New York City에서 개최된 12월 28일 모임에서 Intercollegiate Athletic Association of the United States(IAAUS)가 62명의 회원에 의해 설립되었다. The IAAUS는 공식적으로 1906년 3월 31일에 설립되었고, 1901년 현재의 이름인 NCAA로 개칭되었다. NCAA 존속에 있어서 위기의 순간은 제2차 세계대전이었다. 재정상의 도움과 신입회원 확충의 일환으로 채택한 'Sanity Code'는 학생운동선수들을 구속하고 학대함으로써 실패했다. 본부는 1952년 Missouri 주의 Kansas City에 두게 되었고 축구경기의 TV 생중계에 대한 통제를 위한 프로그램이 공인되게 되었고, 해마다 정기총회에 협회의 자문기구와 법률의 시행을 위해 특사를 파견하고, 공식전 이후에 개최되는 축구경기를 통제하였다. 협회의 회원권한은 1973년에 처음으로 세 가지 입법권과 경쟁적인 부문이라는 특별한 협약에 의해 나누어졌다. 5년 후 Division Ⅰ의 회원들은 축구경기에서 하부적인 부문으로 Ⅰ-A와 Ⅰ-AA를 다시 만들었다. 여성들은 1980년 Division Ⅱ와 Ⅲ에 참가함으로서 NCAA 활동을 처음으로 시작하였는데 1981~1982년 사이에 10개의 선수권대회가 개최되었다. 1년 후 역사적인 75회 회의에서 여성선수들의 프로그램을 포함하는 광범위한 관리계획이 채택되어 지금까지 이어지고 있다. 현재 Kansas 주의 Overland Park에서 200명 이상의 전문적인 직원이 활약하고 있다. NCAA가 표방하는 이념은 스포츠를 통한 대학생 서로간의 우호증진과 경기력 향상에 기여하는 것이지만 좀 더 넓은 의미에서 본다면 스포츠활동을 통한 교육의 연장으로서 이 시대의 바람직하고 건강한 시민의 형성일 것이다. 따라서 NCAA의 설립목적에 함축되어져 있는 철학적 이념은 근대 올림픽의 주창자인 쿠베르탱의 교육적 목적과도 일치하는 것이라고 할 수 있다. NCAA의 설립목적을 요약하면 다음과 같다. 첫째, 학생운동선수들을 위하여 대학대항체육 프로그램을 개선시켜 여가생활에서의 경기 참여, 체육활동의 이로움, 체력단련, 교육적인 리더십을 계발시키고 발전시키기 위함이다. 둘째, 모든 스포츠에 있어서 협회의 조례와 규정을 준수하여 책임을 다하고, 제도상의 조정의 원리를 유지하기 위함이다. 셋째, 회원을 격려하여 만족할 만한 학문적인 성과와 스포츠맨십과 아마추어리즘을 따르는 자격 규정을 정하기 위함이다. 넷째, 공식적으로 대학 간 경기를 통제하는 규칙을 준수하기 위함이다. 다섯째, 대학 간 경기의 기록을 유지하기 위함이다. 여섯째, 선수들을 지도하고 자격규정을 제정하며 지역이나 국가 주체 경기에서 협회의 지원을 받기 위함이다. 일곱째, 모임에서의 협의안, 혹은 법적으로 회원들에게 발생되어지는 어떠한 문제들일지라도 대학 간 경기의 관리와 관계시키는 규정을 정하기 위함이다. 여덟째, 일반적으로 미국의 대학과 대학교가 경쟁적인 대학 간 경기의 모든 양상을 연구하여 그들의 경기 프로그램을 높은 수준으로 유지하기 위함이다(NCAA Manual, 2002).

표 6-1. 한국프로축구 연도별 관중 수(1985년~2003년)

연 도	경 기 수	총 관중 수	평균 관중 수
1985	84	452,972	5,393
1990	90	527,850	5,865
1994	126	936,394	7,432
1995	143	1,491,606	10,431
1996	182	1,911,347	10,502
1997	179	1,204,794	6,731
1998	185	2,179,288	11,780
1999	195	2,752,953	14,118
2000	195	1,909,839	9,794
2001	181	2,306,861	12,745
2002	181	2,651,901	14,651
2003	265	2,448,868	9,241

*출처 : 문화관광부(2003). 체육백서.

1983년 슈퍼리그로 출범한 프로축구는 지역연고제를 마케팅에 적극적으로 이용한 프로야구의 인기에 밀려 흥행 면에서 프로야구를 따라가지 못했다. 그러나 1998년 프랑스월드컵 직후 개막된 프로축구 K-리그는 예상치 않은 열기를 폭발시키며, 팬과 선수가 하나 되는 현상을 처음으로 경험하였다. 프로축구 200만 관중시대를 열며, 경기 당 평균 관중이 1만 5천 여 명(정규리그)으로 '83년 이래 최고의 무대가 펼쳐졌기 때문이다. 1998년 여름, 폭발할 것 같았던 열기를 표출시키며, 축구장을 장악한 주체는 10대에서 30대사이의 젊은이, 즉 K-리그 클럽의 서포터즈였다. 프로축구장의 서포터즈를 사회문화적 현상으로 표출시킨 원동력은 '98프랑스월드컵을 앞두고 1997년부터 국가대표축구팀이 가는 곳이면 어김없이 등장하던 그들, 국가대표축구단 공식 서포터즈인 '붉은악마'가 존재했기 때문에 가능했다 (http://www.reddevil.or.kr).

> 1997년 프랑스 월드컵 예선전을 앞두고 PC통신의 축구 동호회원들이 '그레이트 한국 서포터즈 클럽'이란 이름으로 대표 팀의 경기마다 단체관람을 한 것이 '붉은악마'의 시작이었다. 200여명의 회원으로 출발한 이들이 5년도 안 돼 10만여 명의 회원을 거느리는 조직으로 성장할 수 있었던 것은 축구 선진국에서나 볼 수 있는 참여적인 응원을 펼쳤기 때문이다. 스탠드에 앉아 박수만 치며, 치어리더를 바라보는 소극적인 응원에서 '12번째 선수'가 돼 선수들과 하나가 되는 적극적인 응원을 도입했다. 붉은악마를 '축구에 미친 철없는 아이들'로 치부하던 기성세대들도 시간이 흐르면서 붉은악마의 응원방식에 동

> 의할 수밖에 없었고, 하나둘씩 국가대표팀 경기에 스스로 붉은 옷을 입고 관람을 하게 됐다. 이제 한국 팀 경기가 열리는 날은 전국의 국민들은 붉은 옷을 입고 기꺼이 붉은악마가 됐다(www.hani.co.kr/h21).

이와 같이 하이텔 축구동호회의 몇몇 축구 마니아들은 한국축구 응원문화에 대한 공통된 문제를 공유하고, 그들이 추구하고자 하는 바람직한 변화의 가능성을 타진한 것이 시초이다. 이들은 대중들을 자극시키고, 의식화시키면서 공론화 과정으로 이행시켰다. 결정적인 도구는 인터넷 보급의 확대이다. 이는 수많은 동호인을 하나로 연결하는 중심수단이 되었으며, 현재 서포터즈 및 붉은악마의 형성과 정체성 유지에 필수적인 도구로 사용되고 있다. 미디어에 노출된 그들의 존재가 민중화단계의 이행에 첨병역할을 담당한 매개체였음은 부인할 수 없다. 당시 붉은악마를 구성하여 본격적인 첫 경기장 단체관람을 위해 PC통신에 게재된 이들의 공지내용을 통해 한국축구 응원문화의 변화를 시도하고자 하는 그들의 목소리를 알 수 있다.

> <'코리아 서포터즈'에 대한 설명>
>
> Ⅰ. 개요: 한국축구의 응원문화에 대해 여러분도 한번쯤은 생각해 보셨을 겁니다. 축구라는 스포츠는 다른 경기와 달리 90분 내내 지속적인 진행으로 인해 치어리더 및 앰프음악 등은 상당히 멀리하고 있습니다. 그러나 현 프로축구 구단들은 **왜곡된 응원문화가 무작정** 시도되어 응원이라는 말 자체가 의아스럽게 여겨지고 있는 실정입니다. 이러한 과정 속에서 국가대표 경기 때에도 어김없이 왜곡된 응원문화가 그대로 반영되고 있어, 각 구단이나 연맹은 자기가 할 일은 모두 끝난 것처럼 느끼는 자세를 이제는 우리 팬들이 바로 잡기 위해 조직하려고 합니다. 그동안 하이텔 축구동호회 내부적으로 많은 팬클럽이 창설되어 있습니다. 이에 **한국축구 응원문화 창달을 이라는 커다란 목표를 위해 팬클럽 및 하이텔 축구동호회 회원을 중심으로 코리아 서포터즈를 창설**하고자 합니다. 이는 국가대표 경기 시 수준 높은 응원을 펼침으로써 축구문화발전이 될 수 있는 기회와 우리 축구동호회 내 모든 회원을 하나로 뭉칠 수 있는 기회를 잡고자 합니다.
>
> Ⅱ. 조직구성: 우선적으로 하이텔 축구동호회 내 팬클럽 회원을 중심으로 **국가대표 응원연합체를 구성하여 각종 국내 경기 시 단체 관람하여 선진 축구문화를 정착시키는 한국축구와 접목시키는 계기**를 마련코자 하며, 또한 그동안 구태의연하게 행정을 펼친 구단 및 연맹에게 일침을 주고자 합니다 (http://www.reddevil.or.kr).

코리아 서포터즈에 대한 설명처럼 한국축구 응원문화를 선도하고 있는 붉은악마는 축구문화의 변화를 추구하였다. 먼저 한국축구에 대한 지속적인 관심은 축구선수와 팀에 관한 정보를 수집할 뿐만 아니라 축구강국인 유럽축구에 관한 정보수집으로 시작되었다. 이러한 과정에서 한국축구의 고질적인 문제점, 즉 전용구장과 잔디구장의 부재, 수동적 응원문화, 선수교육 문제 등의 불만이 표출되었다. 그리하여 한국축구의 발전을 위한 정책이나 방향에 대한 대안을 생각하는 기회를 갖게 됨으로써 적극적이고 생산적인 팬이 되었다(정민아, 1998). 즉 프로축구에 대한 관심은 한국 축구환경과 한국 축구문화에 대한 관심으로 확대되었고, 확대된 관심이 붉은악마 조직을 만들게 된 원동력이었다. 붉은악마 조직의 구성은 조직적인 팬 집단을 통해 축구에 대한 자신의 견해를 표현하고, 새로운 의견을 교류하는 공간이었다. 이곳에서 구성원들은 적극적인 팬으로서 자신의 생각을 행동으로 옮기게 되었고, 통신상의 활발한 토론을 통해 개방적인 팬이 되어 갔다.

이 시기 붉은악마 역시 과거에 존재하지 않았던 축구 서포터즈라는 '집합체의 정체성'을 확립하는 것이 가장 중요한 과제로 대두되었고, 붉은악마를 새로운 사회운동으로 확장시킬 수 있는 중요한 동인이 되었다. 처음 붉은악마는 유럽축구의 서포터즈 문화에 대한 동경에서 시작하였지만, 그들과 차별화시키기 위한 다양한 노력을 경주하는 과정에서 붉은악마만을 상징하는 이름, 응원구호, 응원가, 응원수칙 등을 만들게 되었고, 급기야 축구 서포터즈는 자신의 화폐와 정력을 능동적으로 투자하는 적극적 참여자라는 의식을 모든 회원들이 공유하게 되었다. 즉 스스로의 금전적, 시간적 헌신이 아깝지 않을 때, 비로소 진정한 붉은악마로서의 자격이 있다는 것이다. 이러한 정체성의 형성 및 확립과정은 자연스럽고 원만하게 이루어졌다기보다 갈등과 타협의 과정이었으며, 수많은 토론, 격론, 비난, 반론들이 온라인, 오프라인 상에서 행해지면서 붉은악마만의 원칙과 규범들을 공유할 수 있는 기회를 경험하였다. 특히 붉은악마는 일본의 울트라 니폰과 차별화하기 위하여 전통문화에 근거한 응원도구 및 응원가를 개발하게 되는 과정도 자신들만의 정체성을 확립시키기 위한 하나의 시도로 볼 수 있다(권순용, 김방출, 2003).

2002년 한일월드컵대회는 민중화 및 형식화 단계에서 제도화 단계의 진입을 알리는 결정적인 계기를 마련했다. 즉 축구팬만의 붉은악마에서 한국사회의 붉은악마로 주체가 이동되었음을 의미하며, 사회적 확산인 제도화 단계의 정착이 시도된 것이다. 또한 월드컵에서 나타난 사회변화의 주체 및 동인은 많은 부분 시민사회의 구성원들이었다는 가정과 한국사회에서 강건한 시민사회 형성의 충분한 가능성을 보여준 실천적 무대였다는 사실, 그리고 붉은악마가 자발적인 주체적 역할을 담당했다는 인식은 매우 중요한 문제이다.

> 한국의 일부 지식인들은 공산주의를 나타내는 붉은 옷을 입은 수만 명의 인파가 한 장소에서 응원을 하는 것이 전제주의 국가와 같은 느낌을 주는 것이 아니냐는 의문을 제기했으나 **한국인들은 "응원은 응원이며, 전폭적인 지지와 단합과 자부심의 표현일 뿐"이라는 반응**을 보였다고 전했다. 1988년 서울올림픽 때는 오랜 기간의 군사독재에서 벗어난 지 얼마 안 된 시점이어서 그랬는지 한국인들은 예상외의 좋은 성적을 얻었음에도 불구하고 감정을 자제했으나 **민주화가 진전되고 스포츠 팬 집단이 형성되면서 뜨거운 정열이 유감없이 분출됐다**고 이 신문은 지적했다. 특히 **'붉은악마'들의 열광적인 응원과 승리 축하 행사에 폭력이나 소란스러운 행위가 없었다며**, 이는 **'축구판 벨벳 혁명(체코의 무혈 민주화 혁명)'이라고 높게 평가했다**(홍권희, 2002).

그리하여 붉은악마는 최종 지향점인 제도화 단계가 확립되면 다소 인위적인 서포터 문화에서 벗어나기 위해 그들 스스로 발전적 해체를 원했다. 그 결과, 2003년 1월 붉은악마 대의원회의 개최를 통해 4대 집행부가 종료되고 사무국이 폐쇄되었고, 같은 해 6월 대의원회 개최를 통해 정식 대의원 체제로 전환되었다. 결국, 한국축구에서 표출된 붉은악마의 행위는 우리 사회의 대안적 공동체로 자리 잡을 수 있는 가능성과 스포츠문화에서도 사회운동이 가능함을 보여주는 실례이다.

> <붉은악마의 향후 진로는?>
> 월드컵 이후 붉은악마의 향후 진로에 대해서는 내부적으로 여러 방향의 의견이 제시되고 있는 상황이다. (중략)… **붉은악마의 최종 지향점은 발전적 해체다.** 경기장을 찾는 사람들이 누가 뭐라고 하지 않아도 국가대표 경기 때에는 국가대표 유니폼과 동일한 색깔의 옷을 입고, 경기분위기에 맞는 구호나 응원가를 부를 수 있을 정도가 되면 지금과 같은 다소 인위적인 모습으로 서포터 문화를 이끌고 갈 필요가 없다는 것이다. 한마디로 **지금의 붉은악마 상황은 최종 지향점을 향해 달려가는 그 과정에 불과하다는 것이다.** 축구장은 붉은악마만의 것이 아니라 성향을 달리하는 모든 집단이나 관중들이 공유할 수 있는 공간이라는 의미에서다. 일단 붉은악마 측은 월드컵이 끝난 후, 그 동안의 활동과 성과 등을 평가하는 작업을 하고 이후에 본격적으로 향후 진로에 대해 논의를 벌일 계획이다. 그러나 붉은악마의 한 관계자는 **"결국 붉은악마는 발전적 해체로 이어질 것이며, 4대 집행부는 이에 소요되는 기간을 약 5년에서 7년 정도로 예상하고 있다"**고 밝혔다(오마이뉴스, 2002, 7. 2).

지금까지 사회운동적 관점에서 붉은악마를 바라보는 작업은 "2002년 한일월드컵대회라는 시공간적 맥락에서 누가, 언제, 어떻게 응원문화에 변화의 결실을 생산하였는가? 그리고 한국사회에서 스포츠가 사회전반에 세력화되었지만 이에 대한 평가가 미숙한 원인이 무엇인가?"라는 자성적 비판과 회의에서 출발하였다. 또 2002년 한일월드컵대회를 통해 증폭된 한국축구 응원문화의 행위주체를 붉은악마로 간주하고, 이들의 행위속성을 사회운동적 관점에서 진단하였다. 먼저 King(1956), Turner와 Killian(1972)이 제시한 사회운동단계를 설정하여 경쟁적 프레임 형성과정을 살펴보았다. 결과적으로 한국의 붉은악마 현상은 1983년 프로축구의 출범인 예비 단계, 1998년 프랑스월드컵 전후의 민중화 단계, 2002년 한일월드컵의 형식화 단계, 2002년 붉은악마의 거대담론을 거친 제도화 단계를 거치면서 지속적인 사회운동으로 발전되고 있음을 확인하였다.

붉은악마를 사회운동조직으로 가정한다면 이들의 특징은 사회를 향한 어떤 주장으로써 현실에 대한 새로운 모델을 제시한다는 사실이다. 지금까지 사회운동에 대한 연구는 사회운동조직이 제시하는 현실에 대한 모델을 설명하는 개념으로 프레임을 이용하고 있다. 따라서 명확한 붉은악마 조직의 사회운동적 성격규정은 사회환경의 변화인 외부적 맥락과 조건으로부터 어떻게 프레임이 형성되었는가를 살펴볼 필요가 있다. 사회운동조직의 프레임은 외부적 맥락의 변화에 따라 변화하는 역동적이고 가변적인 과정으로 이해되기 때문이다. 또한 붉은악마의 사회운동적 성격 규정은 내적 조건에 해당되는 '집합적 정체성의 추구 및 확립과정'이라는 측면에서 살펴보았다.

표 6-2. 붉은악마의 카드섹션 변화과정

장소	일자	상대팀	카드섹션 내용
부산	6월 4일	폴란드	WIN 3 : 0
대구	6월 10일	미국	GO KOR 16
인천	6월 14일	포르투갈	대한민국
대전	6월 18일	이탈리아	AGAIN 1966(16강전)
광주	6월 22일	스페인	Pride of Asia(8강전)
서울	6월 25일	독일	꿈★은 이루어진다(4강전)
대구	6월 29일	터키	CU@K리그(3, 4위전)

붉은악마는 유럽 서포터즈에 대한 동경으로 시작되었지만 그들의 관심은 한국축구의 전반적인 성찰과 비판으로 이행되었다. 즉 기호수준이 개인적 차원에서 사회적 차원으로 변환됨을 의미한다. 이 시기에 집단의 정체성 확립이 가장 중요한 과제로 대두되어 새로운 응원문화의 형성 및 보급을 주도하기 위한 다양한 사회문화적 행위(상징성, 응원방식, 응원도구, 응원구호, 응원가, 응원수칙 등)가 시도되었다. 정체성 형성 및 확립과정은 수많은 토론, 격론, 비난, 반론들이 온라인 및 오프라인 상에서 행해졌고, 이를 통해 붉은악마만의 원칙과 규범들이 공유될 수 있는 기회를 경험하였다. 붉은악마로부터 주도된 축구응원문화는 2002년 한일월드컵과 연계되어 한국사회 전체로 확산되었으며, 문화변동과정으로부터 산출된 여러 문제점들을 극복해 나갈 수 있는 사회적 가능성이 확인되었다고 볼 수 있다. 2002년 한일월드컵 기간 동안 형성된 지배담론과 포스트 월드컵 담론의 경험적 분석이 이를 증명한다.

앞서 살펴본 바와 같이 붉은악마 집단은 한국축구 응원문화의 고민, 반성, 성찰 등을 통한 새로운 축구응원문화를 창조, 정착, 발전시키기 위한 '집합적 정체성 추구'의 과정이었다는 사실과 사회운동단계를 거치면서 지속적으로 발전되었음을 직시할 때, 붉은악마 현상은 새로운 사회운동의 범주로 개념화하는데 타당한 근거를 제공한다고 볼 수 있을 것이다.

1983년 슈퍼리그에서 K리그로의 발자취

1983년 5월 8일 '슈퍼리그'라는 이름으로 서울 동대문운동장에서 한국 프로축구가 최초로 출범했다. 프로팀(할렐루야, 유공)과 아마추어팀(포항제철, 대우, 국민은행)이 함께 참가해 세미 프로리그 형태로 시작된 한국 프로축구는 폭발적인 열기 속에 축구 중흥의 불을 댕겼다. 지방 주요도시를 순회하면서 경기를 치른 출범 첫해에는 할렐루야가 우승을 차지한 가운데 막을 내렸다. 1984년에는 현대와 럭키금성 프로축구단이 창단되고 한일은행과 상무가 우수 아마추어팀으로 참가하면서 양적, 질적으로 비약적인 수준의 향상이 이루어졌다. 1987년부터는 아마추어팀들을 제외한 프로 5개팀(대우, 포항제철, 유공, 현대, LG)만으로 진행되는 순수 프로리그로 재출범하였다. 이어 1989년에는 일화 천마 팀이 추가로 창단되어 1993년까지 6개 팀으로 운영되었다. 월드컵 본선 연속 진출, 2002년 월드컵 유치운동 등 축구 활성화에 힘을 얻은 한국 프로축구는 1995년 전북 다이노스와 전남 드래곤즈, 1996년 수원 삼성 팀의 잇따른 창단으로 크게 고무되었다. 마침내 1997년 대전 시티즌이 10번째 구단으로 승선함으로써 명실상부한 프로리그로서 면모가 확실히 갖추어졌다. 한국 프로축구는 1995년 말 팀별 연고지를 확정하고 팀명에 지역 이름을 표기하기 시작하여 지역주민과 지역사회에 뿌리내리기 위한 작업을 확고히 하였다. 1996년부터 시작된 구단별 서포터즈의 활동은 수동적인 관전에만 머문 기존 축구팬의 한계를 벗어나 자신이 사랑하는 팀, 선수들과 한 몸이 되어 열정적으로 응원하는 새로운 응원문화를 그라운드에 등장시켰다. 2003년에는 대구 FC와 광주상무, 2004년에는 인천 유나이티드가 새롭게 합류, 13개 팀이 리그를 펼쳐 팬들의 관심을 더욱 증폭시키고 있다. 선수들의 다이내믹한 움직임, 멋진 골, 서포터즈의 열광적인 응원 등 K리그는 이제 아시아 최고 수준의 리그로 도약했다(대한축구협회 홈페이지, 2005). 한국은 아시아에서는 처음으로 본격적인 프로축구리그를 운영하기 시작한 나라다. 우리에 앞서 홍콩에서 세미프로축구 리그가 운영되긴 했지만, 아마추어팀과 프로구단이 혼재되어 경기를 펼치는 형식으로 1983년 출범된 슈퍼리그야말로 진정한 의미에서 아시아권 최초의 프로리그라 해도 과언이 아닐 것이다. 그러나 바로 1년 전에 탄생한 프로야구에 비해 아직까지 프로축구는 확고한 자리매김을 하지 못하고 있다. 프로축구 침체의 원인으로는 도시연고제 미정착, 선진 외국리그와의 현격한 수준차, 잦은 국가대표 차출에 따른 맥 빠진 경기운영 등이 복합적으로 상호작용되어 나타난 결과로 해석된다(브레이크뉴스, 2002).

제2절 축구의 저항: 사회일탈적 접근

1. 축구관중의 폭력성과 집단성

집단성과 공동체 의식을 강조하는 축구경기에서 응원은 그 자체로 대중의 자발적인 문화형식이며, 욕구이다. 그러나 축구의 몰입수준이 지나칠 경우, 폭력 바이러스(violence virus)에 감염될 위험은 크다. 불덩이 같이 뜨거운 경기를 치르는 동안 관중들은 화끈한 열기와 치열한 공방전에 몰입한다. 경기가 치열하고, 팀에 대한 애정과 몰입수준이 높을수록 축구경기는 여러 가지 구조적 요인들로 인해 폭력성을 자극한다. Pilz(1996)는 스포츠와 폭력에 영향을 주는 사회적 요인분석에서 스포츠의 프로화, 상업화, 현대화를 위기의 요인으로 지적하고 있다. 실제로 유럽에서는 축구관련 경기장 사고가 자주 발생한다. 축구경기의 훌리거니즘은 경기내용과는 다소 무관하게 발생하는 특징(Dunning, 2000)이 있음을 보여주기도 하지만 일반 관중폭력행동은 대개 경기내용과 밀접한 관계를 형성하고 있다. 훌리거니즘을 설명하는 연구들(King, 1999)은 다중적 상호작용의 역동성뿐만 아니라 사회적 행위자들의 선행특성도 폭력과 연관이 있다고 강조한다(이장영, 강효민, 2000).

관람스포츠와 같은 간접스포츠 참여에 있어서 개인들은 하나의 군중으로 형성되며, 때로는 다양한 집합행동을 보이기도 한다. 즉 관중은 단순히 관람자라는 수동적 자세에서 벗어나 경기자와 경기과정에 개입하려는 적극적인 행동을 보이기도 한다. 이들은 관중이라는 집합으로 상호작용하지만 그 내면을 들여다보면 다양한 특성을 지니고 있다. 조용히 경기내용에 몰입하는 성향의 관중이 있는가 하면 광적인 행동을 보이는 관중들도 있다. 일반적으로 경기과정 중에 흥분된 표출행동들은 경기종료와 함께 소멸되지만 모든 경기가 이러한 과정을 거치는 것만은 아니며, 경기 내외적 여건에 따라 다양한 형태로 문제가 발생하기도 한다. 경기장 관중폭력행동은 관람스포츠의 확산과 더불어 자주 발생되어 부상이나 사망의 결과를 낳기도 한다. 아래의 내용은 축구와 관련된 폭력적 집합행동이 한국에서 나타날 수 있는 가능성을 보여주는 사건이다.

> **서포터즈가 판정에 항의,** 심판과의 면담까지 요구하는 불상사가 벌어졌다. 25일 전남 광양 전용구장. **대전 서포터즈 '사커 레전드' 회원 20여명은 전남-대전전(전남 승부차기 승)이 끝난 뒤 1시간 여 동안 운동장 정문 앞에서 시위를 벌였다.** …(중략) 후반 종료 직전 전남 김정혁의 핸들링 파울을 주심이 페널티 에어리어 밖이라며 프리킥을 선언한데 대해 강한 불만을 표시한 것. …(중략) 3명의 대표자는 심판실 앞까지 찾아와 면담을 요청하기도 했으나 전남구단 직원들과 운동장 관리인들이 저지해 뜻을 이루지 못했다(최승진, 2000).

> **이젠 국내 프로축구에도 '훌리건 경보'를 내려야 할 판이다.** 부천과 성남전이 열린 지난 3일 목동경기장. 경기 후 성남 선수단과 서포터들이 뜻밖의 봉변을 당했다. …(중략) **몇몇 팬들은 황급히 떠나는 성남 구단 버스를 각목으로 내리쳐 버스의 후미 등을 깨뜨리는 등 부분적인 손상을 입히기도 했다.** …(중략) 이 사태는 경기 중에 이미 예견됐다. …(중략) 프로연맹과 해당 구단들은 이번 사태를 철저히 조사하고, 사후대책을 마련해야 한다. 그 동안 우려했던 **'극성팬들의 훌리건화'가 가시화**되고 있기 때문이다(정지융, 2000).

> **프로축구팀 서포터즈 폭력사태 관련 첫 구속** …(중략) 2001년 7월 28일 수원종합운동장에서 열린 수원·대전간 프로축구 경기가 끝난 뒤 축구장 주차장에서 **양 팀 서포터즈 230명여명 집단폭력행동** …(중략) 양 팀 서포터즈는 6월 24일 양 팀 간 경기에서 **심판판정에 불만**을 품고 대전 **서포터즈가 운동장에 난입**하고, 28일 경기에서는 홈구장의 수원 서포터즈가 대전 서포터즈의 응원좌석을 배려하지 않아 시비가 붙었다. 이씨는 국가대표팀 서포터즈의 명칭인 '붉은악마'를 제안하고 우리나라에 서포터즈 개념을 도입한 인물이다(한창만, 2001).

위의 사건은 우리나라 최초의 서포터즈 집단 충돌사건으로 기록된다. 비록 경미한 충돌이었고 양측의 화해로 사태는 종결되었지만, 그 동안 발전적이고 희망적인 모습을 보여 주었던 서포터즈가 폭력적 집합행동으로 발생할 가능성이 타진된 것이다.

<표 6-3>과 <표 6-4>는 2001, 2003 시즌에 표출된 한국 프로축구의 주요 사고일지를 요약한 것이다. 표에 제시된 바와 같이 한국에서도 축구경기에 내재된 다중적 상호작용에 의해 심각한 경기장 관중폭력행동이 일어날 개연성은 존재한다. 최근 들어 한국의 프로야구를 중심으로 경기장 폭력이 날로 빈번해지고 난폭해져 가는 현상은 폭력과 살상 범죄가 급증하고, 또

한 더욱 잔인성을 띠어가고 있는 현실사회의 실상과 맥락을 같이하는 것으로 이해되기도 한다(임번장, 1998).

표 6-3. 한국 프로축구 2001 시즌 주요사고 일지

날짜	장소	경기	내용	제소여부
5. 2	대전	대전 : 전북	대전이 이관우 PK 안 준 것 항의. 경기 후 서포터들 심판 퇴장 방해	제소
5. 2	수원	수원 : 안양	인저리 타임 때 안양 코너킥 동점골 되기 직전 종료 휘슬. 안양 선수들 흥분해 심판에 신체적 위해	
6. 24	수원	수원 : 대전	심판이 수원 퇴장선수 착각, 경기 후 대전 서포터들 경기장 난입 및 난동	제소
7. 1	전주	전북 : 부천	경기 후 심판판정에 불만 품은 홈팬들에 의해 주심 차량 훼손	
7. 28	수원	수원 : 대전	홈팀 응원자들이 원정팀 응원석으로 침입. 원정팀 응원자들이 경기 후 차량 파괴	
8. 1	포항	포항 : 수원	포항이 신홍기 프리킥 골 때 이기형 오프사이드 선언 안 됐다며 항의. 유동관 코치 퇴장 및 경기 5분간 중단	제소
8. 1	광양	전남 : 부천	부천이 페널티킥 선언에 항의. 감독이 흥분한 선수들 불러 들여 진정시키는 동안 경기 중단(5분)	
8. 22	부천	부천 : 부산	부천 이충호 코치 욕설로 퇴장된 데 대해 양측이 모두 욕했다면 항의. PK(이원식)과 경고(조성환)에도 이의	제소
8. 29	목동	안양 : 울산	울산 김현석이 퇴장 판정 부당하다고 항의하며 5분간 그라운드에 남아 경기 중단	
9. 2	대전	대전 : 부천	부천이 공오균 프리킥 골 때 한정국 오프사이드 지적 안 했다며 항의. 이 외 총 5건에 대해 문제 제기	제소 (취하)
9. 19	성남	성남 : 울산	김도균이 당한 반칙에 PK 선언 안 된 것을 울산이 항의	제소 (취하)
9. 19	대전	대전 : 부천	대전이 박철의 반칙이 당연히 퇴장감인데 경고를 줬다면 항의	제소
9. 26	울산	울산 : 포항	포항 최종범 퇴장 불복하다 유동관 코치까지 퇴장. 최순호 감독은 남은 시간 벤치 비우고 항의	

*출처 : 최영균(2001). 일간스포츠. 10월 3일. 30판.

표 6-4. 한국 프로축구 2003 시즌 주요 사고 일지

날짜	장소	대진	내용
4. 30	부산	부산 : 울산	유상철 이장관 주먹다짐
5. 21	수원	수원 : 울산	이천수 수원 서포터스 향해 가운데 손가락 세워
7. 12	대구	대구 : 전남	박종환 감독 심판실 난입 폭언 및 폭행 시도
7. 12	포항	포항 : 부산	하리 심판 밀치며 항의
9. 3	포항	포항 : 전북	최순호 감독 그라운드 난입 거센 항의
9. 3	수원	수원 : 대전	김호 감독 그라운드 난입 거센 항의
8. 1	광양	전남 : 부천	부천이 페널티킥 선언에 항의. 감독이 흥분한 선수들 불러들여 진정시키는 동안 경기 중단(5분)
9. 21	수원	수원 : 울산	김정남 감독 퇴장하는 심판 세게 밀쳐, 선수들 심한 몸싸움, 관중난입
9. 21	광양	전남 : 부천	남기일 전남 서포터즈 향해 주먹질 세리머니, 관중난입

*출처 : 이동현(2003). 일간스포츠. 9월 23일. 30판.

2. 축구관중의 유형

Ross(1908)의 '군중심리(crowd mindedness)' 관점에서 많은 집단들은 규모에 관계없이 군중의 성격을 갖는다고 볼 수 있다. 동일한 자극적 사건 또는 대상에 매료되고 전혀 이견 없이 고도의 상호 흥분 상태를 발전시키며, 완전히 매료된 대상을 지향하여 행동하려는 강한 충동을 가지고 있다면, 그들의 행동은 군중의 행동과 유사하다. 이러한 현상은 스포츠현장에서 쉽게 목격되기 때문에 스포츠관중은 군중의 한 형태로 간주된다.

Blumer(1951)는 군중을 인습적 군중, 우연적 군중, 표출적 군중, 그리고 행동적 군중으로 분류하였다. 또한 Blumer(1969)는 행동적 군중은 다시 공격적 폭도(aggressive mob), 도피적 폭도(escape mob), 취득적 폭도(acquisitive mob), 표출적 폭도(expressive mob) 등으로 세분화하였다. 이러한 군중 유형을 토대로 한국축구의 관중유형을 아래와 같이 살펴보았다.

> 부천-성남 서포터즈 화해 새 국면. 양측 서포터들은 1일 부천경기장에서 발생한 집단폭력 사태에 대해 2일 화해를 하기로 했고, 부천 구단측도 폭력 사

> 태에서 부상을 당한 가수 안상수씨에게 공식 사과를 하기로 결정했다. 이에 앞서 전날 밤 사고현장에 있었던 안상수씨는 "**부천 서포터들에 둘러싸여 몰매를 맞았다.** …(중략) 부천 구단이 응당한 조처를 취하지 않는다면 고소 등의 법률적 조치까지 취하겠다"고 밝혔었다. …(중략) 한편 부천 구단은 2일 안상수씨에 대해서 공식 사과한다는 뜻을 분명히 밝히고 피해보상 의지를 밝혔다. 그러나 이 부문도 안상수씨는 사고현장에서 "몰매를 맞았다"고 주장한 반면, 부천 서포터즈측은 "양측 서포터즈가 대치하던 중앙에 서있던 안상수씨가 욕설을 듣고 먼저 폭력을 행사했다"고 주장하는 등 양측 주장이 극명히 엇갈리고 있다(남태현, 장치혁, 2002).

한국축구에서 공격적 군중에 의한 경기장 관중폭력행동은 경미하지만 조심스럽게 대두되고 있는 실정이다. 공격적 군중은 특정한 인물, 단체, 기관, 재산을 표적으로 하여 폭동이나 소요(riot), 집단가해(lynching)와 같이 공격적이고 파괴적인 행동을 하려는 군중을 말한다. 이는 축구장이 기존의 규범체계로부터 일탈의 장소를 제공함으로써 자생적으로 발전하여 확산되는 경향이 있다. 그러나 이러한 사건은 사회적 관심을 유발시킴으로써 사회규범을 재확인시켜 사회안정에 기여하는 순기능을 발휘하기도 한다. 오늘날 영국 축구팬의 폭력행위를 대표하는 훌리거니즘이 점점 만성화되어 가는 등 현대스포츠에 있어서 공격적 군중에 의한 집합행동이 빈번하게 발생하고 있다(임번장, 1998)는 점에서 경계의 대상이 되는 군중이다.

도피적 군중은 사고현장에서 위험으로부터 모면하기 위해 앞을 다투어 무질서하게 행동하는 군중이다. 일종의 공황상태에서 발생하는 도피적 군중의 행동은 위험을 의식하거나 그런 위험의 징조나 신호가 나타날 때 일어나며, 더구나 도피할 통로가 없어지거나 제한된 상태에서는 상상할 수 없을 정도로 극렬해지기 쉽다. 취득적 군중은 약탈에 참여하는 군중처럼 재화나 자원을 획득하기 위해 폭력적인 행동을 하는 군중이다.

표출적 군중은 축구장이나 연주회장에서 난동하는 군중과 같이 갑자기 일어난 감정적 흥분을 발산하려고 광란에 빠지는 군중이다. 스포츠경기에서 자주 볼 수 있는 선수나 심판에 대한 고함과 욕설, 돌이나 빈병 투척, 시설물 파괴, 경기장 난입 등이 스포츠에서 일어나는 표출적 군중에 의한 집합행동의 예이다.

> 대전은 연맹이 25일 상벌위원회를 열어 지난 24일 수원-대전 전에서 대전 서포터즈가 **그라운드에 난입**해 심판 판정에 항의해 경기가 중단된 책임을 물어 200만원의 벌금 징계를 내린 것을 받아들일 수 없다고 밝혔다. 상벌위원회는 대전에 대해 연맹상벌규정(4-N항)에 의거해 서포터즈의 폭력난동행위를 이유로 200만원, 수원에게는 연맹규정(공식경기 제3장 23조)을 근거로 경기장 안전·질서 유지를 하지 못한 책임 등을 물어 100만원의 벌금 징계를 내렸다. "상황을 극단적으로 몰고 간 심판의 오심에 대해 26일 정식으로 연맹에 문제를 제기하겠다"고 밝혀 법적 대응을 포함한 모든 방안을 강구할 뜻을 내비쳤다(유인근, 2001).

> 지난 주말, 전주에서 열린 아디다스컵 전북-부천의 경기. 우리 축구의 부정적인 측면이 극명하게 드러났다. 관중석은 텅 비었다. …(중략) 세련된 조직 플레이보다는 우격다짐의 밀어붙이기만이 유일한 작전이었다. …(중략) 심판의 석연치 않는 판정이 기름을 부었다. **양 팀의 선수와 서포터즈는 야유를 넘어서 욕설을 퍼부어 댔고**, 육박전 직전의 상황이 연출되었다. 이건 지역주의도 그 무엇도 아니다. 경기의 내용은 물론 승패조차 아랑곳하지 않는 험악한 복수혈전. 물론 우리에게는 우리 식의 응원문화가 있을 수 있다. 길들여질 수 없는 거친 에너지를 축구장에서 배설하는 쾌감도 부정할 수 없다. 그러나 '아리랑 목동' 같은 응원을 위한 응원이 필요 없듯이 패싸움을 방불케 하는 폭력 또한 누구도 원치 않는다(정윤수, 2002).

신문기사에 나타난 한국축구 관중폭력행동 사례를 분석하면 대체적으로 공격적이고 표출적인 행동적 군중의 성향, 즉 적대적 분출이 대부분을 차지하고 있다. 또한 Blumer(1939)가 제시한 다음의 네 단계를 거치면서 행동적 군중이 형성되어 행동으로 전이되고 있다. 첫째, 심판판정이나 선수 간 폭력 등과 같은 군중의 주의를 끌고 관심을 촉발시킬 만한 어떤 사건이 일어나고 있다. 둘째, 이러한 사건의 대응으로서 웅성거림의 단계, 셋째, 서포터를 중심으로 한 행동적 군중의 형성단계, 넷째, 군중들은 자발적인 행동에 참여한다. 군중이 고정된 대상(이미지)을 향해 공통된 충동을 갖게 되고, 그와 같은 충동이 상호작용을 통해 강화되면 군중은 공격적인 군중행동에 들어갈 단계에 이르게 된다는 것이다. 이와 같이 행동적 군중의 과정에 관한 이론은 기본적으로 행동적 군중을 감정적으로 흥분되어 일상적인 비판적 능력을 상실한 상태에서 충동적으로 행동하는 군중으로 파악하고 있음을 알 수 있게 해준다.

그동안 축구관중의 폭력적 집합행동을 분석하면, 주로 행동적 군중에 의해 야기되어 여타 군중으로 전이되어 나타난다는 점이다. 행동적 군중의 가장 큰 특징은 군중의 행동이 지향하는 목적과 목표가 노출되어 있다는 점이다(김영정, 1985). 가장 대표적인 예가 유럽축구의 훌리건이다. 이들의 상징적 이미지(symbolic image)는 폭력이다. 그들은 경기내용과 다소 무관하게 폭력을 생활화하고 있다는 점에서 그들이 지향하는 목적과 목표는 노출되어 있는 것이다. 반면에 한국축구 관중은 경기내용과 상호작용적 관계를 형성하고 있으며, 지향목적과 목표가 불명확하다는 점에서 관중폭력행동의 초기단계라 할 수 있다.

한편, McPherson, Curtis & Loy(1989)는 경기장 관중의 유형을 리더적 관중, 추종자적 관중, 그리고 이성적 관중으로 구분하였다. 대부분의 경기장 폭력행동은 리더적 관중과 추종자적 관중에 의해 폭력적 집합행동은 전염되고 확산되어 대형사고로 이어지게 된다. 축구관중의 경우, 대부분 리더적 관중에 해당되는 서포터에 의한 폭력행동이 발생하고 있다. 그러나 이러한 행동이 만성화되어 추종자적 관중으로 전염된다면 축구경기에 있어서 관중에 의한 폭력난동 문제는 심각한 사회문제로 등장하게 될 것이다.

3. 폭력적 집합행동의 발생원인

집합행동에 참여하는 개인의 동기는 합리적으로 계산된 이익의 획득과 자아에 가해진 위협이나 갈등으로부터 벗어나기 위한 자아방어에 의해 발생한다. 대체적으로 집합행동은 자생적이고 우발적으로 일어나기 쉽다. 그렇다고 해서 어떤 사회적 여건이나 상황이 전제되지 않은 상태에서 시간과 장소에 관계없이 발생하는 것은 아니다. 즉 집합행동은 유발되는 발생여건이 전제되어 있다는 것이다. Light와 Keller(1979)는 구조적 요인과 예기치 않은 사태가 집합행동을 유발시킬 수 있음을 지적하였다. 또한 Milgram과 Toch(1968)는 성원들 간의 상호자극에 의해 집합행동이 발생한다고 하였다. 그리하여 축구경기장에서도 애매한 심판판정, 경기결과, 폭력적인 선수행동 등과 같은 현재적 반응(patent response)과 라이벌 의식, 지역주의 등의 잠재적 반응(latent response)으로 관중의 상호작용이 촉발되어 돌발적이고 기대하지 않은 상황에서 무규범 상태로 몰입되는 경우가 많다. 경기장 폭력의 유형은 대개 선수와 선수, 선수와 심판, 그리고 관중들로 분류된다(이장영, 강효민, 2000). 축구경기장에서 나타나는 집합행동으로서 관중폭력행동이 야기되는 발생 원인을 신문기사를 토대로 구조적인 측면에서 살펴보면 다음과 같이 범주화할 수 있다.

1) 애매한 심판판정

심판판정 문제는 축구뿐만 아니라 모든 스포츠종목에서 고질적으로 대두되는 사안이다. 축구경기장에서도 예외 없이 애매한 심판판정에 항의하는 과정에서 일부 극성팬은 자신의 행동을 관철시키기 위해 폭력, 경기장 난입 등과 같은 집합행동을 행사하게 된다. 축구경기장에서 발생된 대부분의 관중폭력행동은 애매한 심판판정이 구조적 요인으로 작용되어 전개되었다고 해도 과언이 아니다.

> 24일 수원종합운동장에서 벌어진 '코미디' 한편이 남긴 것은 뭘까. 사건의 발단은 아주 사소했지만 결과와 후유증은 엄청나다. **심판은 순간적으로 집중력을 잃고 경고를 준 선수를 혼동하는 실수를 저질렀다.** 자신의 오판도 모른 채 바로 레드카드를 꺼내들어 엄청난 결과를 초래했다. 실수한 것을 알고 난 뒤의 경기진행은 더욱 엉망이었다. (중략)… 무게 중심을 잡아야 할 '그라운드의 포청천'이 스스로 경기를 망쳤고, 심판에 대한 불신의 골만 깊어지게 했다. 그러나 아쉬운 것은 오심만이 아니었다. **스스로가 축구를 사랑한다고 주장하는 서포터즈들이 신성한 그라운드에 뛰어 들어 몸싸움까지 벌이며 격렬하게 항의한** 것은 방법에서 잘못됐다. **관중석의 의자를 부수고, 화장실의 전구를 빼내 그라운드에 내던지고, 난동을 막는 경호원과 몸싸움 끝에 상처를 입히는 행동은** 오히려 세련된 관전문화를 이끌어야 할 서포터즈들의 모습은 아니었다. **판정 미숙으로 그라운드가 멍들어 온 건 어제 오늘의 일이 아니다.** 그리고 그때마다 '눈 가리고 아웅' 하는 식으로 가벼운 자체징계 등으로 사건은 마무리 됐다(노주환, 2001).

> 양 팀 서포터즈들은 지난달 24일 수원경기에서 심판의 경기운영 착오로 인해 대전 서포터즈들이 운동장에 난입한 이후 감정대립을 해오던 차에 28일 수원경기장에서 충돌, 쇠파이프까지 등장하는 폭력사태를 빚었었다(연합뉴스, 2001. 7. 31).

> **부천 SK-수원 삼성전이 끝난 뒤 부천 서포터들이 심판을 감금하고 판정에 대한 해명을 요구하는 사태가 발생했다.** 17일 부천 홈구장에서 벌어진 정규시즌 고별전인 수원전서 곽경근, 남기일 등 2명의 선수들이 퇴장당하고 0 대 5로 대

패하자 부천 서포터즈 50여명은 오심을 강력히 주장하며 부천 종합운동장 심판실의 입구를 막아선 채 심판들을 내보내지 않았다. 이들은 약 1시간 30분간 심판들을 감금하고 공개해명을 요구. 상황이 심상치 않자 부천 구단은 서포터즈들을 설득했고, 경찰 병력까지 동원해 일단 심판들은 무사히 귀가했다(김한석, 2002).

[SS취재석] 올바른 관전문화가 아쉽다. 4일 대전에서 벌어진 대전-수원전이 끝난 뒤 임은주 심판을 포함한 심판진은 1시간이 넘도록 운동장을 빠져나가지 못했다. 판정에 불만을 품은 대전팬들이 출구 앞쪽으로 몰려와 거칠게 항의했기 때문이다. 일부 팬들은 차마 입에 담기조차 어려운 원색적인 욕설을 마구 토해냈다. 경기장 입구에서 일하던 한 아르바이트생은 흥분한 팬들이 집어던진 물병에 맞기도 했다. 이에 앞서서는 대전 서포터즈석 앞으로 다가와 인사를 하는 수원선수들을 향해 물병이 날아왔다. 이 장면을 지켜보면서 월드컵 바람을 타고 프로축구는 국내 최고의 인기스포츠로 자리 잡았지만 팬들의 관전문화는 여전히 제자리걸음을 하고 있다는 생각에 착잡했다. 아니 후퇴하고 있다는 느낌마저 들었다. 건전한 축구문화의 성장에 걸림돌이 되고 있는 훌리건들에게 "당장 축구장을 떠나라"고 경고한다(스포츠서울, 2002. 8. 6).

"차라리 K리그 없애라" 무용론도…

네티즌들은 최근 벌어진 그라운드 폭력 사태에 크게 실망하고 심지어 환멸스럽다는 태도까지 보이고 있다. 프로축구연맹 및 관련 구단 홈페이지 게시판은 폭력사태에 대한 우려와 프로연맹과 심판의 무능력을 질타하는 글이 대거 올라와 팬들이 느끼는 실망감을 여실히 드러냈다. 특히 서포터즈에 대한 적절한 통제와 심판의 자질향상을 소홀히 하고 있는 프로축구연맹에 대한 질타가 거셌다. 심지어 "연맹은 프로리그를 운영할 자력이 없다. 1-2년 쉬었다가 자질을 갖춘 뒤 프로리그를 새로 출범하라"고 프로축구 무용론을 펼치는 네티즌도 있었다. 서포터즈도 도마 위에 올랐다. 사고가 생길 때면 빠지지 않는 일부 구단 서포터즈에 대해 네티즌들은 "한국 축구문화를 훌리건 문화로 변질시킨다. 서포터즈 입장금지 조치를 법제화하라"고 주장하기도 했다(일간스포츠. 2003. 9. 23).

앞서 지적되듯이 판정시비는 경기장 관중폭력의 일차적 단서를 제공한다. 심판들의 미숙한 경기운영, 오심은 선수들 간의 폭력을 조장할 뿐만 아니라 관중의 주의를 끌고 자극적인 사건을 발생시키게 된다. 또한 사건에 매료되고 흥분에 의해 자극됨에 따라 개인은 자신의 통상적인 자아통제력을 상실하게 되고 흥분의 대상에 지배된다. 또한 심판판정에 고조된 개인들의 긴장은 그들을 이리저리 배회하게 만들고, 상호간 의견을 나누게 만든다. 이러한 과정에서 불만의 강도는 더욱 강화되고, 충동의 조성으로 경기장 난입, 심판감금, 서포터즈 간의 폭력행동 등과 같은 집단가해, 기물파괴, 선수나 심판에 대한 고함과 욕설, 돌이나 빈병투척 등이 표출된다.

2) 비중 있는 경기결과

스포츠관중은 TV를 시청하는 사람들보다 팀에 대한 몰입수준이 높고 애착정도가 강하다. 특히 비중 있는 경기가 진행될 경우, 경기결과에 의한 관중폭력행동이 일어날 개연성은 높다. 1990년대 말 서포터즈의 등장으로 한국에도 조직적이고 적극적인 응원문화가 선보이게 되었고, 이러한 과정에서 서포터즈는 동일시의 발현인 '우리와 그들'이라는 등식을 설정시킨다. 물론 서포터 정신에는 경기장 안에서나 밖에서나 기본적인 경기장 매너를 준수하고 모범을 보인다(http://www.reddevil.or.kr)는 항목을 설정하고 있다. 그러나 일련의 사건을 살펴보면 일방적으로 자기편만 응원하는 집단으로 변질되는 경향이 있으며, 기존의 서포터 문화에 대한 반성이 요구되는 과도기적 단계를 경험하고 있음을 보여준다.

> 서포터즈의 주먹. 지난 5월 1일. 부천 종합운동장에서 벌어진 아디다스컵 조별 예선 마지막 경기. 부천과 성남의 그 날 경기는 승부여하에 따라 **4강 진출 팀이 가려지는 매우 비중 있는 경기**였다. …(중략) 문제는 경기 후에 발생했다. …(중략) 경기내용과 결과에 따라 그러한 폭력성은 경기 중 이건 경기가 끝난 후건 간에 밖으로 뛰쳐나올 수 있다는 점을 인식해야만 한다 (http://www.hoochoo.com/ 2002. 5. 8).

위의 사례에서도 나타나듯이 경기결과에 따라 4강 진출 팀이 확정되는 매우 비중 있는 경기의 경우, 홈팀의 팬들에게는 충동과 감정을 자극함으로써 긴장조건을 설정하고, 상호 수용하는 과정에서 경기 후에 관중폭력행동이 표출되었다.

3) 선수들 간의 과격한 폭력행동

Russel과 Drewry(1976)는 스포츠관중의 크기와 집합행동과의 관계에서 선수의 공격성과 관중의 수가 상호작용 되면서 선수의 공격적 행위가 다시 관중의 반응행동을 유발하는 요인으로 작용하여 집합행동이 일어날 가능성이 높다고 하였다. 또한 Goldstein과 Arms(1971)는 선수들 간의 폭력이 관중폭력행동의 촉매역할로 전이됨을 재확인하였다. 이와 같이 과격한 선수들 간의 폭력행동은 애매한 심판판정과 함께 경기장 관중폭력행동을 촉발시키는 중요한 변수임을 시사해 준다. 아래에 제시된 신문기사의 내용은 선수들 간의 폭력행동에 의한 경기장 관중폭력행동의 표출을 보여주는 사건들이다.

> <'98시즌 테마별 결산(9회)-바람 잘 날 없었던 그라운드>. 순위다툼이 치열해지자 그라운드에선 또 다시 폭력사태가 불거졌고 관중들의 경기장 난입까지 겹쳐 모처럼 일기 시작한 프로축구 중흥물결에 악재로 작용했다. 9월23일 부산 구덕구장에서 벌어진 수원삼성—부산대우전. 이날 양 팀은 **퇴장 2명, 파울 50개를 기록하는 불상사**를 빚었다. 후반36분 부산 김주성이 수원 이병근의 발을 걸어 넘어뜨려 두 번째 경고를 받아 그라운드를 떠나면서 쓰러진 이병근의 어깨를 발로 툭 찼다. 이를 지켜보던 수원 데니스가 김주성을 밀친 뒤 주먹을 들어 치려는 포즈를 취하는 김주성의 옆구리를 차고 쓰러진 김주성의 목을 밟았다. **흥분한 관중들이 물병을 던져대 경기는 6분간 중단됐다**(류재구, 1998).

> 지난 9월9일 울산현대—부산대우전에서 **류웅렬, 안홍민 등이 난투극을 벌인 게 관중의 난동을 유발하는 등 그라운드의 폭력사태**는 여전히 프로축구 발전의 고질적인 걸림돌로 지적됐다(김한석, 1999).

> 그라운드 폭력...얼룩진 한국축구. 김현석의 개인통산 최다골 신기록이 달성된 13일 대전 한밭운동장의 대전-울산전은 한국축구의 아픈 현주소를 또 한 번 드러낸 경기였다. 울산이 2-1로 앞선 후반 33분께. 울산의 두 수비수 조세권과 끌레베르가 서로 부딪혀 쓰러졌다. 리드 당하고 있는 대전의 성한수가 빠른 속행을 위해 끌레베르를 일으켜 세우려 하자 끌레베르가 스파이크 신은 발로 성한수의 복부를 걷어차면서 일이 벌어졌다. **스탠드의 관중들이 흥분해** 고성을 지르는 가운데 주심 임종호씨는 부심들과 상의한 뒤 끌레베르에게 경고를 줬고 관중을 비롯한 대전측은 더욱 흥분했다. 왜 퇴장을 주지 않냐고. 이후 재개된 경기는 축구라기보다 **격투기에 가까울 만큼 양 팀 선수들이 감정적인 격돌로** 짜증난 플레이를 계속했고, 올 시즌 최소관중으로 썰렁한 스탠드의 관중들은 실망한 채 하나둘 자리를 뜨기 시작했다. 경기 뒤 대전 관중들은 심판실 앞까지 몰려가 판정에 대한 해명과 사과를 1시간 넘도록 요구했고 심판들은 심판실 문을 걸어 잠근 채 나오지 않았다(강신문, 2001).

선수들 간의 과격한 폭력행동은 애매한 심판판정을 유도하여 관중을 흥분시켜 폭력행동을 발현시킨다. 즉 선수들 간의 폭력행위와 같은 특정사건이 갑자기 폭력적 감정을 점화시켜 경기장 폭력을 조장하는 것이다. 특히 이러한 행동이 홈팀 선수와 관련되거나 불합리하다고 인식되어 어떠한 벌칙도 주어지지 않을 때 관중폭력행동은 더욱 촉발된다(McPherson, Curtis & Loy, 1989). 또한 Smith(1978)는 10년 동안 68건의 신문기사를 분석한 결과, 74%가 선수들 간의 폭력행동에 의해 스포츠관중 폭력이 유발되었다고 밝히고 있다. 실제로 공격적인 스포츠경기를 관람함으로써 시합 전부터 시합 후까지 관중의 공격적 감정이 계속 증가한다는 연구결과들은 이를 입증한다(Turner, 1968; Goldstein & Arms, 1971). 관중난동에 대한 이와 같은 접근방법에 따르면 관람하는 경기가 보다 적대적이고 폭력적일수록 관중의 집단적 폭력행동이 일어날 가능성이 높다고 할 수 있다(임번장, 1998).

4) 사회적 통제 및 안전장치의 미흡

사회통제(social control)는 집합적 폭력행동의 단계적 확대를 감소시키거나 방지, 방해, 금지, 억제하기 위한 반결정요인(counterdeterminant)이다. 사회통제는 두 가지의 일반적 범주를 포함한다. 첫째, 스포츠관중의 집합적 분출을 최소화하거나 예방하기 위한 기제, 둘째, 분출된 집합적 폭력행동을 진화하기 위해 사용되는 방법이다. 관중폭력행동이 발생하면 관계당국은 즉각적인 조정을 실시한다(Leonard, 1988). 사회적 통제나 안전장치의 미흡은 군중효과, 선수행동, 경기결과 등과 같은 요인들과 상호 보완적으로 작용하여 적대감정이 분출되는 경우, 관중폭력행동을 유발하는 촉매제로 작용할 수 있다. Snyder와 Spreitzer(1978)는 관중난동의 구체적인 조건을 규명하면서 '통제 조치의 비효율성과 법 집행기관의 인원부족'이 관중의 폭력행동을 유발시키는 매우 중요한 요인으로 지적하였다.

> 지난 8월22일 강릉종합운동장에서 열릴 예정이었던 천안일화—포항 전은 **경기직전 조명탑 시설이 갑자기 고장나는 바람에 전대미문의 경기취소사태가 발생, 관중소요**까지 일어나 홈팀인 천안일화의 무성의한 준비 소홀이 비난 받았다. 또 지난 5월30일 수원경기 직전에는 전북현대 **선수단의 유니폼이 도난당해 경기가** 지연되는 등 **경기장 안전 및 시설점검에 대한 자성의 계기**가 됐다(스포츠조선, 1999. 11. 2).

> 성남 측은 **"경기 후 버스에 올라탈 때도 부천 측에선 안전요원 등을 전혀 배치하지 않았다" 며 오히려 성남 선수들이 위협을 받았다고 주장했다**(남태현, 장치혁, 2002).

> 유럽에선 관중사고의 경우 벌금, 재경기, 무 관중 재경기, 홈구장 바깥지역의 재경기, 승점 감점 등의 징계로 홈구단 경비책임을 철저히 묻는다. (중략)… 프로연맹은 지난해 9월 부천 홈경기 때 발생한 부천 **서포터즈의 난입사태 이후 각 구단에 홈구장 안전대책 수립과 경비강화를 촉구하고도 상벌규정에 여전히 홈구장 관리책임에 대한 징계조치를 마련하지 않아 '고무줄' 징계를 내렸다는 비난**을 면키 어렵다. 2002년 월드컵 개최국으로서 **경기장 안전관리에 무신경한 한국 프로축구연맹의 파행 행정**은 스스로 프로축구 열기에 찬물을 끼얹는 처사로 비춰지고 있다(김한석, 2001).

결론적으로 한국축구 관중폭력행동은 4가지의 발생유형에 의해 전개되고 있음을 알 수 있었다. 첫째, 애매한 심판판정, 둘째, 긴장을 촉발시킬 수 있는 경기결과, 셋째, 선수들 간의 과격한 폭력행동, 넷째, 사회적 통제 및 안전장치의 미흡 등이다. 관중난동과 관련된 이들 유형이 상호 유기적인 관계를 형성하고 있다는 것이다. 이와 같은 우리나라의 관중난동은 심판이나 상대팀 선수에 대한 폭력행사가 주종을 이루던 1960년대 영국 훌리건의 양상과 흡사하다는 축구전문가들의 조심스런 진단이 대두되고 있다. 대체적으로 '자생형 훌리건'으로 표현하며, 우려를 표시하고 있다(월드컵문화시민, 2002).

스포츠는 각본 없는 드라마다. 스포츠경기는 어느 팀이 이길지 아무도 모른다. 경기결과를 예측하기 어렵기 때문에 관중들은 더 흥미 있어 한다. 경기장에서의 관중은 팀에 대한 애착이 강하며, 팀의 승부에 대해 매우 민감하게 반응한다. 축구장에서 기본이 되어야 할 페어플레이의 요인은 과연 무엇으로 설정할 수 있을까. 크게 세 가지로 볼 수 있다. 첫째, 선수들 간의 페어플레이이다. 스포츠맨십에 위배되지 않게 정정당당하게 실력을 겨루는 것이다. 둘째, 응원을 주도하는 사람들과 일반관중 사이의 페어플레이이다. 응원하는 팀의 선전을 위해 관중이 하나가 되어야 한다는 뜻이다. 셋째, 응원을 선도하는 서포터들 간의 페어플레이이다. 원정 응원단의 안전을 보장해주고 서로 에티켓과 매너를 지켜줌으로써 경기장을 찾는 사람들에게 멋진 볼거리를 제공하는 일이다. 특히 두 번째와 세 번째는 선진응원문화를 위해 앞으로 국내 서포터들이 긍정적인 역할모델을 설정하면서 일반관중을 유도해야할 부분이다(정승원, 2002).

제3절 응원문화의 충돌과 문화변용 : 비교문화적 접근

1. 붉은악마와 훌리건의 비교문화적 접근

1) 영국 축구폭력의 상징: 훌리건

1960년대 초 영국 보수당 정권 하에서 사회복지의 축소, 빈부격차 심화에 반발한 실업자와 빈민층은 스트레스를 축구장에서 집단적으로 폭발시켰다. 1963년 Liverpool에서 'The kop'이라는 조직화한 응원단이 등장하면서 폭력사태는 과격해지기 시작했다. 1970년대로 들어서면서 훌리건 집단인 'firm'이 자체적으로 형성되었다. 대표적으로 Chelsea의 'headhunters(인간사냥꾼)'와 West Ham United와 Hereford United의 'ICF(inter-city firm)', 1980년대에는 관중이 군대 같은 조직을 구성해 상대 응원단을 집중적으로 공격하는 Arsenal의 'gooners(폭력단)', Burnley의 'suicide squad(자살단)' 등과 같은 악명 높은 응원단이 등장하였다. 1980년대 이후 교통수단의 발달하면서 원정응원이 성행하였고, 원정 팬과 홈팬 간의 충돌도 빈번해면서 사회문제로 대두되기 시작했다. 현재 영국에는 56개 정도의 'firm'이 구성되어 자체적으로 폭력적 집합행동을 전개하고 있다.

이와 같은 'super hooligan' 집단의 출현을 통해 과격화된 훌리건은 영국 축구폭력의 상징이 되었고, 이들을 지칭하는 용어로 훌리건이라는 용어가 사용되기 시작했다. 훌리건의 사전적 의미는 '거리에서 싸움을 일삼는 불량배나 부랑아, 깡패'를 의미하며, 영국 옥스퍼드대학의 문헌은 이 말이 처음 쓰인 것을 1898년 영국의 한 조간지라고 기록하고 있다(배진남, 2002). 그 어원에 대해서는 두 가지로 접근되는데 먼저, 1898년 당시 갱단 이름인 'Hooley's gang'에서 와전되면서 생겨났다는 주장이 있다. 또한 훌리건이란 런던에 살았던 아일랜드계 출신의 갱단인 'Houlihan' 또는 'O'hUallachain', 즉 싸움으로 아주 유명한 사람의 악명으로부터 시작되어 영국에서 '난폭한 청년집단'을 묘사하기 위해 19세기 후반에 공통적으로 사용된 개념이라는 주장이다(Pearson, 1983). 시사영어사 랜덤하우스 영한대사전(1993)을 살펴보면, 훌리건은 불량배, 깡패, 무뢰한으로, 훌리거니즘은 법을 무시한 무질서한 행동으로 간단히 규정되고 있다. 또한 Oxford Advanced Learner's(1984)는 도로나 공공장소에서 소동을 일으키는 무질서하고 난폭한 사람들을 지칭하는 어휘로 수록되어 있다. 즉 축구에 열광하여 폭도화 된 서포터 또는 경기에는 관심이 없고 경기장 안팎에서 상습적으로 폭력을 일삼는 말썽쟁이, 난동꾼이라고도 하며, 거리에서 무리를 짓고 폭력, 불량행위를 일삼는 젊은 그룹을 의미한다. 오늘날 훌리건은 축구시합과 관련하여 난동을 부리는 축구팬을 가리킨다(유근직, 박장평, 1999). 위에서 정의한 내용의 공통점은 폭력을 행사한다는 것이다. 그러나 훌리건에 대한 의미적 해석은 팬, 서포터의 개념규정과 더불어 매우 다의적이며, 나라마다 명확하지 않게 또한 사실이다.

이와 함께 hooliganism은 hooligan에 'ism'을 붙여서 만들어진 용어이며, 훌리건 행위자체가 훌리거니즘의 핵심내용이 되고 있다. 일반적으로 훌리거니즘은 구조적 긴장 속에서 상대방 선수나 팬 또는 심판에게 폭력을 휘두르는 행위 속성이다. 훌리거니즘은 군중과 팬들의 무질서를 의미하며, 역사적으로 특정한 시간과 장소에서 발현되어 공용화된 세계적 언어이다(Dunning, 2000).

2001년 5월 벨기에 브뤼셀에서 개최된 안전대책 세미나는 얼마나 훌리건의 문제가 고질적인지를 보여주는 대표적인 사건이다. 영국 안전관계자와 독일 안전관계자간에 훌리건의 범위에 포함시킬 수 있는 의미에 대한 논쟁이 있었다. 독일 측은 훌리건을 훌리건 블랙리스트에 포함되어 있는 사람들에 한정해야한다고 주장하였고, 영국 측은 서포터 또는 팬이라 할지라도 흥분하여 폭력을 행할 수 있는 사람들이라면 훌리건으로 간주해야 한다는 대립이 있었다(이인상, 2001). 이 같은 영국 측의 주장은 훌리건의 범위를 확대 해석함으로써 훌리건의 종주국이라는 불명예로부터 벗어나려고 하는 노력으로 해석된다.

이와 같이 훌리건은 축구팬, 서포터라는 이름으로 폭력을 행사하는 집단으로 간주하기에 본질과 범위가 복잡하다. 이는 훌리건의 역사, 사회환경, 종교, 인종차별 등 사회문화적 요소가 복잡하게 관계하기 때문이다. 아직 유럽에서도 'soccer hooliganism'의 구조적 단일성, 법적인 정의, 구성원 등에 대한 뚜렷한 구분이 없다. 따라서 훌리건과 구별 가능한 개념으로 팬과 서포터를 비교함으로써 좀 더 명확하게 정의할 필요가 있다. 축구경기 결과에 대한 관심에 있어서 팬은 축구의 화려한 경기모습을 기대한다. 한편, 서포터는 자기 팀의 승리에 대한 기대가 크다. 그러나 훌리건은 자기 팀에 대한 몰입수준이 충성심으로 연결되어 경기내용과 관계없이 오로지 자신이 지지하는 팀의 승리를 최고선으로 생각한다. 구체적으로 살펴보면 팬은 '열광자', '광신자'의 의미를 내포하고 있는 'fanatic'의 약어이며(Dunning, 2000), 운동경기의 열렬한 애호가를 뜻한다. 서포터는 팬보다 열렬히 응원하고 보다 적극적인 애호가 수준 이상으로 선호하는 팀에 대한 몰입수준이 높은 그룹이다. 즉 선호하는 팀에 대한 지지자, 후원자라 할 수 있다. 팬과 서포터는 훌리건과 달리 비폭력적이라는 것과 군중심리에 의해 폭력행사에 가담할 수 있다는 야누스적 특성을 동시에 가지고 있다.

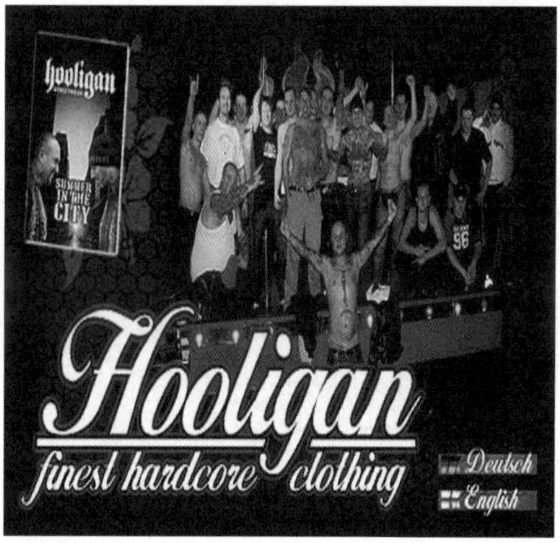

훌리건과 팬 및 서포터 간에는 폭력의 유무라는 분명한 차이점을 두고 개념적으로 구분할 수 있어도 일반 축구경기장에서 이들을 구별하기란 결코 쉽지 않다. 훌리건도 일반 팬과 서포터의 모습을 하고 있으며, 팬과 서포터도 훌리건의 모습, 즉 스킨헤드족처럼 얼굴에 페인팅을 하는 등 일반적으로 열렬히 응원하는 모습을 띠고 있기 때문이다. 그러므로 객관적으로 확실히 구별하기는 어려울 뿐 아니라 대다수의 훌리건들이 팬 또는 서포터의 모습을 하고 있고, 훌리건들도 자신들이 진정한 팬 또는 서포터라고 생각하고 있다.

훌리건, 팬, 그리고 서포터는 형태적으로 '폭력' 사용의 유무에 따른 경계선상에 놓여 있으며, 의상 또는 얼굴에 페인팅을 하는 등 외형상으로는 팬, 서포터, 훌리건이 동일하게 보이기도 한다. 이들은 소수 훌리건의 선동으로 군중심리에 의한 집합행동에 가담하여 폭력을 행사할 때 그들은 팬과 서포터에서 훌리건으로 전이된다. 따라서 축구경기장에서 군중심리에 의해 폭력을 행사할 가능성이 있으면 팬과 서포터들도 훌리건으로 간주해야 할 것인지 폭력을 행사할 때 비로소 훌리건이 되는 것인지를 결정해야만 한다. 일시적으로 폭력에 가담하였다가 다시 팬과 서포터의 모습으로 회귀하기도 하며, 개인이나 사회적 집단이 가입, 실행, 탈퇴하는 이동공간으로 구성된 축구경기장에서 단순하고 편견에 치우친 해석을 적용해서는 곤란하다(이인상, 2001).

2) 훌리건 문화의 시대 읽기: 노동계급, 축구, 폭력성

영국축구의 역사는 기묘한 이중성을 보여준다. 민중문화의 유산을 간직한 민중적 놀이는 중간계급의 후원과 관심 속에서 근대스포츠로 자리 잡았다. 사립학교 운영자와 교사들은 학교 간 경쟁에서 문화적 정체성을 구현하기 위한 수단으로 축구에 관심을 기울였다. 그러나 근대스포츠에서 축구의 성장은 무엇보다 노동자 계급의 적극적인 지지와 참여로 가능했다. 축구가 특정한 계층과 지역을 넘어 영국의 국민적 스포츠로 자리 잡은 것은 19세기 영국의 경제적 번영과 사회안정 때문이었다(이영석, 2002). 이러한 과정에서 훌리건은 등장하게 되었다.

현대사회에서 영국 훌리건의 등장은 새로운 사실이 아니다. Pearton(1986)에 의하면 훌리건의 증가는 크게 문화적 영역에서의 사회변동과 관계가 있다고 한다. 최근 40여 년 동안 산업의 발전으로 인해 생활수준과 여가의 기회는 증가하였으나 노동자 계급, 특히 젊은 층에게는 실제생활이 기대수준에 미치지 못했다. 이들의 상대적 박탈감은 그들과 상류층 사이의 튼튼한 장벽과 미디어를 통한 상류계급의 간접 경험을 통하여 더욱 커졌다. 생활수준의 증가는 상류계층들로 하여금 스포츠 여행, 외국 여행, 사무실 파티 등을 즐기게 하였으나 새로운 여가유형의 등장은 다른 계층에서는 모방하지 못하는 것이 대부분이었다(Gaskell & Pearton, 1979). 한편, Corrigan(1977)

은 축구와 지역사회 관계의 연구를 통해 지역 노동자들에게 축구는 단순한 경기 이상의 다양하고 상징적인 상호관계를 가지고 있는 것으로 보고하였다. 영국축구는 잉글랜드, 스코틀랜드, 웨일즈의 지역 정체성은 물론 'Great Britain' 국민이라는 국민 정체성을 형성하는데 기여했다는 것이다. 즉 'Great Britain'이라는 통합된 정체성을 강화하는 기회를 제공한 것이다.

이와 같이 노동자 계급에서 축구하위문화는 축구경기 자체에 대한 일반적인 열정과 자기 지역 팀에 대한 특별한 열정이 반영되어 있었다. 특히 19세기 말에 발생한 대공황(great depression)은 물가상승으로 인한 노동시간의 단축을 가속시켰으나 오히려 실질소득은 상승시켰다. 즉 노동계급의 생활수준, 노동시간의 단축, 그리고 교통수단의 발달 등은 노동계급에 있어 여가소비의 상업화를 통한 제도화를 촉진시키는 기회를 제공하였다. 당시 상황에서 노동자 계급은 축구를 통하여 자신들의 감정을 표출시키기 시작하였다. 이와 같이 훌리건의 등장은 급격한 사회·정치·문화변동을 경험하면서 그들이 선택할 수밖에 없었던 행위였다. 축구는 노동자 계급의 중요한 가치인 개인의 기술, 육체적 강인함, 남성적 공격성, 그리고 집단의 단결 등을 반영한 것이다(이장영, 2002).

특히 주목할 점은 축구가 남성적 공격성이 표출되는 공간이라는 것이다. 노동자 계급이 축구를 선호하게 된 가장 본능적인 이유는 여기에 있다. 그러나 축구가 스포츠화·프로화·상업화되면서 노동계급이 중시하던 남성다움의 가치가 경기에서 점차 사라지게 되었다(Taylor, 1971). 즉 세 가지 요인에 의해 노동자 계급이 중요하게 여기는 가치인 '과격함'이 사라지게 되었고, 더 이상 과격함이 축구경기에서 나타나지 않자 자신들이 주체가 되어 직접 과격함을 과시하게 되었다는 것이다. 노동자 계급에 의한 훌리건의 탄생은 자신들의 가치 표시인 셈이다. 영국 노동자 계급은 훌리거니즘을 자신들이 처한 불평등한 상황을 주장하고 경기를 통제하기 위한 노력으로 간주한다.

따라서 축구경기에서 과격함이 사라지자 노동계급 관중들이 직접 과격성, 폭력성을 행사하게 되었고, 이것이 훌리거니즘의 근원이라는 가설은 상당히 설득력이 있어 보인다. Dunning(1990: 재인용 이장영, 2002)은 폭력에 가장 관련이 많이 되는 팬들은 노동자 계급이라고 주장한다. 이들은 주로 폭력이 삶의 일부분이 되어 있으며, 과격함이 생존의 중요 도구로 여겨지는 사람들이다. 이들에게 싸움은 지루한 일상에서 흥분을 제공하고 삶의 의미를 자각하게 해주거나 신분유지에도 도움이 되었다. 축구는 이러한 가치를 내포하고 있었고, 특히 노동자들에게 의미 있는 상징으로 유지되었던 것이다.

과거 영국에서는 훌리건들을 '애국자'로 상징화된 시절이 있었다. 특히 유럽본토에서 독일이나 이탈리아와 같은 2차 대전 당시의 적국들의 국가대표나 소속 프로팀들과의 경기에서 영국 훌리건들이 보였던 우발적인 폭력사태는 진정한 애국심의 발로라는 비호를 받기도 했다. 그러나 훌리거니즘은 이제 더 이상 용납될 수 없는 범죄의 성격을 띤 사회병리현상의 극단적인 표출로 진단되면서 이를 단속하는 영국정부가 '훌리건과의 전쟁'을 선포할 정도로 심각하다. 술과 마약에 찌든 사람들, 심지어는 조직적인 범죄집단들이 축구라는 은신처를 통하여 자행되는 범죄가 영국 축구 훌리거니즘의 현주소이다(http://www.soccerjournal.com).

3) 붉은악마와 훌리건 : 비교문화로 이어쓰기

붉은악마는 1983년 멕시코 세계청소년축구대회에서 한국 청소년대표팀이 이룬 4강 신화를 외신들이 '붉은색 유니폼을 착용한 한국선수들의 투지'로 상징화시킨 이미지이다. 그 후 한국축구의 선진화를 희망하며 경기장을 지켜온 서포터즈들이 국가대표팀을 응원할 수 있는 공식적인 단체로 붉은악마를 탄생시켰다. 기존의 응원문화가 아닌 유럽스타일의 응원을 축구장에 도입하기 시작한 것이다. 붉은악마의 시작은 현재 일시적인 다른 응원단과 달리 문화운동으로 진행되고 있다. 선수들과 같은 마음으로 응원한다는 뜻에서 기존의 '응원단'이라는 용어를 거부하고 '서포터'라고 지칭하는 것도 그렇다. 특히 붉은악마가 보여준 패션, 스타일, 노래, 구호, 박수, 그리고 열기는 집합행동으로서의 속성을 모두 포함하고 있다. 또한 한국사회에서 가장 강력한 전 국민적 축구응원 단체라는 대표성, 유사한 단체나 전례가 없는 희소성, 순수한 회비로 운영되는 도덕성, 응원구호, 응원가, 카드섹션 등 효과적 응원프로그램을 개발한 전문성이라고 하는 특성을 내포하고 있다.

반면에 역사적으로 훌리건의 출현은 극성팬이 많은 영국에서부터 시작되어 1974년 독일, 이탈리아, 터키 등으로 확산되었다는 것이 정설이다. 훌리건은 계급적, 민족적, 인종적, 종교적 의미들로 각인되어 있다. 1970년대 노동자 계급 출신들인 스킨헤드족(the skinheads)이 주축이 되어 골프나 승마, 크리켓을 즐기는 부르주아 귀족 계급들에 저항하는 노동자 계급 청년문화의 의식을 드러냈고, 앵글로색슨족의 종족적 배타성과 백인우월주의에 기반하여 원정 응원 시 민족적, 인종적 편견들을 공공연하게 드러냈다. 1970년대 축구장에서 서포터즈의 응원 중에는 스킨헤드족으로 대변되는 인종 차별적이고 극우적 성향을 보인 그룹들이 나타나 현수막이나 깃발에 공공연하게 인종 차별적인 발언을 담아 다른 관중을 자극시키는 일들이 벌어졌다. 초기 훌리건의 노동자들이 클럽에 소속된 응원단의 일부가 되어 조직화되는 양상으로 이어진 것이다.

스킨헤드?

스킨헤드는 1960년대 말 처음 나타나기 시작하였으며 빡빡머리에 특이한 복장을 한 노동자 계급의 청소년들 가리키는 용어이다. 1968-69년도 축구시즌이 시작되면서 'east ends(런던 동부의 하층 노동자 및 이민자들이 많이 살고 있는 해운, 상업지구)'에 출현한 스킨헤드는 자신들에 대한 보도의 리포터를 흐리게 하는 목적으로 시작되었다. 그러나 축구경기에서 군중행동의 전개과정에서 스킨헤드의 출현은 'soccer hooliganism'이 새로운 단계에 접어든 것을 의미한다. 스킨헤드는 축구경기장에서 'the ends(골대 뒤의 입석 관람석)'를 차지하는 것을 목적으로 하는 젊은 서포터 중심 집단이었다. 일반 서포터를 위한 입석 관람석은 게임이 시작되면서 상대팀 서포터들과 서로 먼저 차지하려고 싸움을 하는 장소로 바뀌었으며, 이때부터 축구경기장에서 영토의 개념이 도입된 것이다(유근직, 박장평, 1999).

1980년대 훌리건은 전형적인 룸펜 프롤레타리아(lumpen proletariat) 중심의 인종 차별주의자라는 꼬리표를 떼고, 다양한 계층과 직업을 가진 사람들이 과격한 응원을 즐기고, 특정한 이유 없는 충돌과 폭력을 선호하는 경향을 보이고 있다. 1980년대까지 스킨헤드족, 실업자, 블루칼라 중심이던 훌리건의 주된 구성이 전문직과 고급인력을 포함하는 중산층으로 확산된 것이다. 지난 1998년 프랑스월드컵과 EURO 2000에서 체포된 영국의 훌리건 그룹 중에는 교사나 의사 등과 같은 전문직에 종사하는 사람들이 다수 포함되어 있는 것으로 나타났다(이동연, 2002). 또한 EURO 2000에서 나타난 훌리건의 행태는 문제의 범위가 경기장 내가 아니라 시내 곳곳에서 예상치 않게 발생하는 경우가 증가하였다. 즉 훌리건 행태의 새로운 양상이 계층의 확대와 활동영역의 다변화로 나타나게 된 것이다.

마르크스의 계급적 분화

Marx는 자본주의내의 계급적 분화를 부르주아, 프로레타리아, 농민, 룸펜 프로레타리아로 구분하였다. 이 중 룸펜 프로레타리아는 사회의 밑바닥에 위치하는 도둑들, 부랑자들 등으로 상품의 순환경로에 들어오지 못한 사람들로 규정하였다. 즉 자신의 노동력 판매만으로 생활을 영위하는 프롤레타리아에 속하나 실제로는 노동력을 판매하지 않고 타인에게 의지하여 살아가는 자를 의미한다(현승일, 1990).

현재 대중화 프로젝트 측면에서 한국의 붉은악마는 과도기적 단계이며, 유럽사회의 훌리건은 투쟁역사를 통하여 고질적인 문화로 정착되었다. 서구사회의 Darwinism이 세계화, 신자유주의, 문화제국주의 등으로 탈바꿈한 현실에서 세계축구의 응원문화 또한 예외일 수 없을 것이다. 디지털의 발전은 유목주의(nomadism)로 대표되는 포스트모더니즘의 세계적 경향성과 연계되어 국가 및 문화적 경계를 약화시켜 붉은악마와 훌리건의 문화충돌을 통한 동질화를 가속화시킬 것이다. 이러한 과정에서 훌리건의 폭력문화가 무한 자기복제, 자기 유사성(self-similarity)의 과정인 프랙탈(fractal)로 확대 재생산될 가능성을 배제할 수 없기 때문이다.

유목주의?

특정한 가치와 삶의 방식에 얽매이지 않고 끊임없이 자기를 부정하면서 새로운 자아를 찾아가는 것을 의미하는 철학적 개념이다. 노마드(nomad)는 '유목민', '유랑자'를 뜻하는 용어로, 프랑스의 철학자 Gilles Deleuze가 그의 저서 '차이와 반복(1968)'에서 노마드의 세계를 '시각이 돌아다니는 세계'로 묘사하면서 현대 철학의 개념으로 자리 잡은 용어이다. 노마디즘은 이러한 노마드의 의미를 살려 철학자 이진경이 들뢰즈의 저서 '천(千)의 고원(1980)'을 강의하면서 남긴 글을 정리하고 보충해서 2002년 출간한 책의 제목으로, 우리말로는 유목주의로 번역된다. 기존의 가치와 삶의 방식을 부정하고 불모지를 옮겨 다니며 새로운 것을 창조해 내는 일체의 방식을 의미하며, 철학적 개념뿐만 아니라 현대사회의 문화· 심리 현상을 설명하는 말로도 쓰인다. 노마드란 공간적인 이동만을 가리키는 것이 아니라, 버려진 불모지를 새로운 생성의 땅으로 바꿔 가는 것, 곧 한 자리에 앉아서도 특정한 가치와 삶의 방식에 매달리지 않고 끊임없이 자신을 바꾸어 가는 창조적인 행위를 뜻함 (http://100.naver.com/).

공통분모로서 축구에만 통용되었던 서포터즈, 즉 특정한 축구팀을 응원하는 집단이 문제이다. 현대축구는 경기내용 뿐 아니라 서포터즈의 역할이 확대되고 있다. 축구경기장에서 응원형태, 응원가, 구호, 각종 응원도구 등은 특정한 스타일을 표현하는 하나의 문화주체로 등장하였다. 이는 집단적 정체성과 인간의 원초적 본능에서 비롯된다. 즉 서포터들은 무의식적으로 일체된 호흡을 강조하고 급박하게 진행되는 속도와 충돌의 긴박감을 체험하면서 인간 본연의 감정적 상승효과를 즐긴다. 이러한 표현양식은 민족-국가 및 지역구단의 정체성을 알리는 상징적 이미지로 발현되는 과정에서 폭력이 발생할 가능성이 크다. 폭력은 문화와 같은 강한 전염성을 가지고 있다. 대중매체에 전달되는 폭력내용은 오히려 폭력문화를 조장할 수 있기 때문이다. 또한 특정한 응원방식의 개발과 유도는 일종의 문화적 구별짓기를 통한 집단의 결속력을 강화하려는 의도에서 비롯된다는 점에서 유사점을 발견할 수 있다. 훌리건의 폭력적 행위나 붉은악마 및 서포터즈의 독특한 스타일은 개인의 취향인 언어, 제스처, 스타일, 집합적 행동을 통해서 구조화된 감정 혹은 정서인 입장 취하기의 한 형태이기 때문이다.

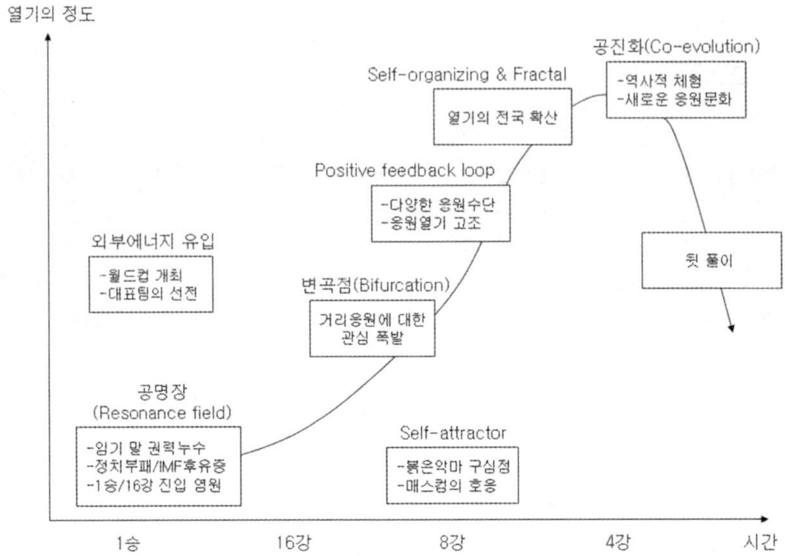

그림 6-1. 2002년 6월, 한국사회의 복잡계 현상
*출처 : 삼성경제연구소(2002). 2002 월드컵과 사회· 문화적 변화.

그러나 한국의 붉은악마를 포함한 서포터즈 문화는 노동자 계급의 정치, 경제적인 갈등에 뿌리를 두고 있는 훌리건과는 다르다. 붉은악마는 상호지배 및 복종관계를 지니고 있는 사회집단으로 규정되지 않는 신세대들(탈계급적)의 문화 마니아적 취향이 지배적이다. 이들은 소비문화의 구심적 계층으로 부상한 한국의 신세대, 즉 중산층 젊은 세대인 것이다. 따라서 유사한 사회인구학적 배경에 따라 반항심, 범죄요소, 폭력적 성향이 발생한다는 하류계층이론에 근거한 훌리건의 노동자 계층과는 차별성이 존재한다. 붉은악마를 포함한 신세대들은 내면보다 외면을, 무게보다 부피를, 이성보다 감성을, 논리보다 직감을, 글보다 말을, 말보다 이미지를 선호하는 사람들이다. 즉 내용보다 형식을 즐기는 기표문화(signifier culture)에 익숙하다. 그 결과 1990년대 후반부터 축구경기장에서 이동국, 고종수, 안정환 등과 같은 신세대 스타가 대거 등장하면서 젊은 세대의 참여가 가속화된 것이다. 스포츠에서 붉은악마로 대표되는 한국의 응원문화가 기존의 훌리건과 대조되는 새로운 응원문화를 창출했다는 점은 한국적인 것의 세계화 현상인 문화운동으로서 고무적인 사건이다.

2. 축구응원문화의 비교

문화는 인간의 사회적 행동을 이해함에 있어서 기본이 되는 요소로서 오랜 시간동안 지속적으로 반복되는 과정에서 형성된다. 스포츠문화 역시 다른 문화적 요소와 끊임없이 영향을 주고받는 과정에서 사회제도로 발전하게 되었다. 즉 스포츠는 사회문화적 현상을 반영하며, 사회문화적 현상이 존재하고 있는 사회집단과 긴밀한 관련성을 맺고 있다. 스포츠의 비교문화적 사례연구에서 제시된 바와 같이 스포츠종목의 생성과 발전, 그리고 스포츠에 대한 태도 및 가치에 있어서 지역 및 집단, 인종 등에 따라 상대적 가변성을 지닌다. 따라서 각 지역, 집단, 계층 및 인종간의 스포츠 하위문화는 스포츠의 사회적 체계 내에서 구성원들의 상호작용, 역할기대, 규범 및 가치 등에 따라 그 특성을 달리 하고 있으며, 이러한 스포츠 하위문화가 건전하고 바람직하게 조성되도록 하는 일이 오늘날 스포츠정책의 주요과제로 제시되고 있다(한광걸, 김동규, 2001).

우리나라는 축구의 세계화과정을 2002년 한일월드컵대회를 통하여 성숙시키고자 하였다. 월드컵이 가져다주는 효과와 반사이익을 논하지 않더라도 경기력 향상, 시설확보, 응원문화 등은 세계적 수준을 향해 도약하고 있음이 분명한 사실이다. 특히 우리가 주목할 것은 선진축구의 응원문화에서 나타나는 경기장 폭력행동을 상기할 때 지금부터라도 올바른 축구관중의 응원문화를 정착시켜야 한다는 점이다. 이와 관련된 지속적인 관심과 연구를 선행하여 올바른 운동경기의 관중 응원문화를 정착시키는 것이 그 어느 때보다 중요하다.

1) 외국 축구관중의 응원문화

월드컵이 개최되기 전 2002년 한일월드컵대회 기간 중 경기관람을 위해 한국을 찾을 것으로 예상되는 외국인은 35~40만 명 정도로 추산되었다. 이는 국내 개최 32경기에 대한 해외입장권 판매 분 70만장을 구입한 외국인이 방한기간 중 최소 1, 2경기를 관람할 것이란 가정을 하고 추정한 수치이다. 이처럼 월드컵은 경기결과만큼이나 자국을 응원하는 응원전쟁이 또 다른 볼거리를 제공한다. 흔히 응원단을 열두 번째 선수로 부른다. 응원이 경기결과에 미치는 영향을 이보다 더 적절히 표현한 말은 없을 것이다. 그 나라의 축구 응원문화를 보면 민족성을 알 수 있을 정도로 축구는 세계적인 스포츠문화로 발전한 것이다. 그리하여 각 국가별 축구관중 응원문화에 대한 비교문화적 해석을 통하여 한국축구 응원문화가 건전하고 바람직하게 조성되도록 하는 접근은 그 어느 때보다 중요하다고 볼 수 있다.

1828년 Thomas Arnold가 'rugby school'의 교장으로 취임하면서 하류층의 놀이로만 여겨졌던 축구를 교과과정에 채택함으로써 귀족스포츠로 탈바꿈시켰다. 축구가 폭도의 게임에서 신사의 게임으로 전환된 것이다. 1863년 각지의 클럽이나 학교의 대표자들이 런던에 모여 FA(football association)를 탄생시키면서 통일된 경기규칙이 마련되었고, 축구의 제도화는 대중스포츠로 발전될 수 있는 토대를 형성하였다. 산업혁명을 거치면서 축구는 노동자들을 위한 스포츠로 정착되어 그들의 삶이자 문화가 되어버린 것이다. 노동자들의 열정은 응원에 구호와 노래를 만들었으며, 그들 계층을 표현하는 다양한 상징을 만들기 시작하였다. 따라서 유럽의 서포터즈는 경기장에 앉아 편안하게 경기를 관람하는 미국적인 경기 관람문화와는 달리 경기 내내 일어서서 함성을 지르며, 열광적으로 응원을 하는 자연스러운 문화로 발전해 온 것이다. 영국 서포터의 응원방식은 육성으로 함께 부르는 웅장한 응원가로 대표되는 청각적 응원을 자랑한다. 이러한 과정에서 축구에 대한 지나친 개입은 훌리거니즘을 양산시켜 훌리건의 대표적인 국가가 되어버렸다.

흔히 포르투갈을 설명할 때 파티마(Fatima: 가톨릭의 성지), 파두(Fado: 포르투갈의 전통 음악), 축구(Futebol)의 '3F'를 대표하듯이 축구는 포르투갈의 국기이자 생활 그 자체이다. 포르투갈의 응원방식은 열기에 비해 단순하다. 한국처럼 응원을 주도하는 응원단장이 없다. 자발적으로 북이나 드럼을 경기장에 가지고 오는 사람이 분위기를 주도하는 경우는 있지만 대부분 소그룹별로 진행된다. 응원방법도 간단하다. 노래는 거의 부르지 않고,

팀 이름을 부른 뒤 박수를 세 번 치거나 선수이름과 박수 세 번을 치는 것이 대부분이다. 만약 원정팀이 난폭한 플레이를 했거나 심판이 홈팀에 불리한 판정을 했을 경우 경기장이 순식간에 야유와 휘파람으로 뒤덮일 정도로 홈팀에 대한 애정과 경기집중도가 강하다. 그래서 홈팀을 응원하는 사람과 원정팀 응원단간의 충돌이 자주 발생하기도 한다. 이를 통제하기 위한 사회통제 장치로 항상 경찰들이 배치된다(김상호, 2002).

터키의 경우, 수도 이스탄불에만 프로팀이 22개이고, 전국적으로 프로 1, 2, 3부 리그에 모두 203개 팀이 있다. 터키인들이 축구장을 찾는 것은 생활 그 자체이기도 하지만 사람을 사귀는 가장 쉬운 방법이 바로 함께 축구경기를 관전하는 것이기 때문이다. 팬들의 응원열기도 대단해 홈팀의 승률이 60%를 넘지 못하면 해당지역 축구팬들이 얼굴을 들지 못한다. 그만큼 축구팬들이 자신들을 '12번째 선수'로 생각하는 축구문화가 확고하게 자리 잡았고, 홈팀의 기를 살리는 다양한 응원문화가 발달해왔다(김상호, 2002).

덴마크는 독특한 응원문화를 자랑한다. 왜냐하면 결과에 승복할 줄 알고 승자와 패자에게 모두 박수를 보낸 롤리건 정신이 있기 때문이다. Roligan은 '조용하다'는 뜻을 가진 덴마크어 'Rolig'에서 따온 신조어로서 훌리건이 경기장 폭력행동을 일삼아 훼방꾼으로 배척되는 반면에 편안하게 경기자체를 즐기는 덴마크 축구팬을 롤리건이라 부른다. 1985년에는 모범적인 응원문화로 인하여 유네스코(UNESCO)가 주는 페어플레이상을 받기도 하였다. 롤리건은 국가를 따라 불러야 하고, 상대방 국가가 울릴 때는 최대한의 예의를 지켜줘야 하는 등 기본수칙을 지니고 있다. 흥미로운 것은 '맥주(beer)'를 뜻하는 단어를 10개 국어 이상 알아야만 회원자격이 주어진다고 한다. 롤리건의 계층구조는 절반 정도가 전문직 종사자 또는 공무원이며, 평균연령이 30대로 폭력적인 성향과는 거리가 멀다. 여성과 축구클럽 회원이 많은 것도 특징이다. 이와 같이 덴마크에서 축구는 단순한 스포츠가 아니라 사교의 중요한 수단이며, 축제인 것이다(김종석, 2002).

세계 4대 프로축구리그의 하나인 '프리메라 리가(Premera Lega)[20]'가 열리는 스페인은 클럽단위의 서포터즈의 열기가 대단하다. 1982년 울트라 문화가 싹트기 시작하면서 관중들의 폭력문제도 심화되어가고 있다. 그러나 스페인에는 한국의 붉은악마와 같은 국가적인 응원단은 없다. 스페인 축구응원의 독특한 면은 서포터즈를 모집하거나 단체응원 등이 모두 선술집 중심으로 이뤄진다는 것이다. 경기장에 가지 못할 경우 대개 이곳에서 응원을 한다(전 창, 2002).

축구장에서의 울트라문화

축구장에 울트라가 처음 모습을 나타낸 것은 1968년 AC밀란의 서포터조직 '라포사데레오니(세마리 사자의 굴)'가 조직되면서부터다. 전통적으로 밀라노에 연고를 둔 인터밀란과 AC밀란은 특정 계층의 지지를 받았다. 인터밀란은 주로 우파 성향의 중·상류층이, AC밀란은 좌파 성향의 젊은 노동자층이 응원을 보냈다. 서포터들도 그 성향을 그대로 답습하게 됐다. 정치적으로 혼란했던 당시 AC밀란의 서포터들은 각종 총파업이나 반체제 시위 등에 참석하며 조직화되어 갔고, 집단행동에 익숙해져 갔다. 이런 환경에서 조직적인 영국의 서포터들을 본 이탈리아 서포터들도 조직화에 관심을 기울였다. 당시 이탈리아에서는 울트라라고 불리는 극좌파들이 군복 형태의 통일된 옷을 입고 양철북에 맞춰 구호를 외치며 반체제시위를 벌이는 경우가 허다했다. 서포터들은 이런 모습에서 착안, 축구장에서 그대로 재현했다. 그러나 시위대처럼 엠블렘을 부착한 통일된 군복에 북 장단에 맞춰 구호를 외치며 응원하던 과정에서 정치구호가 응원구호로, 당기가 응원기로 서서히 바뀌면서 영국과 점차 차별화 되어갔다. 통일된 복장, 현란한 각종 깃발과 현수막을 내세우는 이런 응원형태는 쿠르바 서포트 혹은 울트라 서포터로 불리며 점차 확산되어 갔고, 영국과 더불어 서포터 문화의 큰 축을 이루게 됐다(스포츠투데이, 2002. 5. 20).

'98 프랑스월드컵을 우승으로 이끌며, 예술축구의 붐을 일으킨 프랑스는 "한 팀은 그라운드에서, 또 한 팀은 관중석에서 싸운다."라는 표현이 적절할 만큼 예술적으로 응원하며, 자국 팀이나 홈팀에 대한 팬의 응원열기가 대단하다. 프랑스의 응원은 무척 시끄러운 편이다. 경기 전에는 자국 팀에 자신들의 존재를 알리기 위해서, 경기 중에는 응원단끼리 서로 동질감을 확인하

---

20) 스페인 프리메라 리가는 잉글랜드와 이탈리아보다는 늦은 1929년에 창설되었으나 스페인의 열광적인 국민적 축구열기로 세계 3대 리그에 합류했다.

는 차원에서 서로 큰 소리를 지르며 축제분위기를 이어간다(김상호, 2002).

폴란드의 축구 열기는 그 어느 나라 못지않게 뜨겁다. 남녀노소, 모든 계층을 불문하고 축구를 즐긴다. 프로팀 만해도 1~4부 리그를 통틀어 수백 개에 이른다. 한국의 붉은악마와 같은 폴란드의 응원단 이름은 '비아워(흰색) 체르보니(붉은색)'이다. 회원 수 만해도 1만 여명에 이르며, 대표 팀 경기가 벌어지면 그들만의 조직적인 구호를 외치며, 응원전을 진행한다. 폭력과 난동으로 망나니 취급을 받는 서유럽의 극렬 축구팬에 비해 얌전한 편이고 조직화된 응원을 펼치는 것이 장점이다(김종석, 2002).

삼바축구의 나라 브라질은 일년 열두 달 어느 곳에서든 경기가 열리고 있다. 20개가 넘는 리그가 있고, 리우데자네이루의 경우 A급 팀 만해도 10개가 넘는다. 경기장을 찾는 관중은 대개 좋아하는 클럽 팀의 유니폼을 입는다. A매치(국가대항전)에는 브라질 국기의 색깔이며, 대표팀을 상징하는 '카나리오'라는 노란색 의상이 대중을 이룬다. 조직적이고 일사불란한 응원보다는 끼리끼리 흥에 겨워 정열의 삼바 춤을 추거나 박수를 치는 즉흥적인 응원전이 특징이다. 길이 50m나 되는 대형 깃발이 등장하고 한국에서도 흔히 볼 수 있는 파도타기 응원도 볼 수 있다. 폭죽과 불꽃놀이가 경기장 하늘을 화려하게 수놓기도 한다. 이러한 과정에서 과격 응원단이 출현하기도 한다(김종석, 2002).

열정적인 남미 대부분의 나라가 그러하지만 제1회 월드컵의 개최지이자 우승국인 우루과이에서 축구는 생활이고 문화다. 베이비 풋볼(baby football)이라는 한 팀에 7명이 하는 미니축구가 활성화되어 있다. 전국적으로 베이비 풋볼구장이 설치되어 있으며, 68개의 리그가 운영되고 있다. 팀만 해도 자그마치 567개이며 등록선수도 5만 3,500여명이나 된다. 축구에 들어가는 비용만 해도 국민총생산의 약 0.5%가 된다. 붉은악마와 같은 잘 짜여진 조직적 응원을 하는 단체는 없지만 국가대항전이 열릴 때면 온 국민이 하늘색 옷을 입고 스타디움에 모여 열정적인 응원전을 펼친다(전 창, 2002).

축구를 국기로 내세우는 중국은 이미 훌리건 분야에선 세계적 수준에 도달했다는 평가다. 중국은 이미 1999년 서울에서 열린 시드니올림픽 최종 예선에 5,000여 명의 '자요(加油)' 응원단이 원정을 올 정도로 원정 능력이 입증한 바 있다. 2시간 응원을 위해 편도 1박 2일의 여정을 마다하지 않으며, 암표를 사기 위해 월급보다 많은 액수를 기꺼이 쏟아 붓는 광기에 가까운 열정이 바탕이 된다. 2000년 7월 북경의 한·중 친선경기에서 흥분한 중국 팬들이 한국 유학생 응원단을 집단 폭행한 사건으로 중국의 훌리거니즘이 국내에 알려지기 시작했다. 1999년 상해 한·중전에서 중국이 패하자 2,000여 관중이 경찰과 대치한 바 있으며, 2000년 7월 시안(西岸)에서 열린 중국 리그에서는 홈팀이 원정팀과 비기자 심판 판정에 불만을 품은 홈 관중이 오물세례와 함께 버스유리창, 지나가는 승용차까지 무차별로 파괴해 결국 공안이 최루탄과 물대포로 진압한 전례가 있다. 전문가들은 중국의 훌리거니즘 역시 개방정책에 따른 하층 계급의 사회적 불만이 주요인으로 작용하는 것으로 분석하고 있다(김용식, 2002).

일본의 국가대표 공식 서포터스인 울트라 닛폰은 1992년 히로시마에서 열린 아시안컵에서 우승한 뒤 국가대표팀을 지속적으로 응원하기 위해 만들어졌다. 사실 이전까지 일본에서 축구는 국민적인 스포츠가 아니었다. 일본은 60년이 넘는 프로야구의 역사를 거치면서 야구장에서 조직적인 응원문화를 발전시켰고, 트럼펫을 이용한 지루하고 반복적인 응원방식을 경기 내내 고수하곤 했다. 이에 견주어 축구에서는 1990년대 초반까지 조직적인 응원이 거의 존재하지 않았으며, 단지 유럽축구와 유럽 서포터스 응원에 관심을 가진 소수만이 경기장에서 색다른 응원을 외롭게 펼쳤다. 울트라 닛폰이 강력한 서포터즈로 등장한 것은 일본 대표선수들의 축구기량이 상승곡선을 그리고, J리그가 개막된 1993년 이후부터라고 할 수 있다. 이들은 클럽 팀을 기반으로 하여 선진 유럽축구의 서포터스 문화를 배우며 조직적인 응원 문화를 일본에 접목하려고 했다. 처음으로 소속팀 선수의 유니폼을 입고, 구단을 상징하는 엠블럼과 대형 깃발을 제작해 경기장에서 유럽식 응원과 구호를 함께 외쳤다. 특히 이들은 이탈리아 클럽의 서포터스들로부터 많은 영향을 받아 일본 국가대표 서포터스인 울트라 닛폰이라는 이름을 이탈리아 극렬 서포터스인 '울트라스'에서 차용했다(이동연, 2002).

치우미와 울트라 닛폰

중국의 치우미(逑迷)는 중국의 열광적인 축구 팬(마니아)을 일컫는 용어이다. 치우미는 '공에 미친 사람' 또는 '공에 푹 빠진 사람'을 뜻한다. 원래는 구기 종목 전반에 걸쳐 쓰이는 용어였으나, 2002년 한일월드컵에 중국이 본선에 진출하는 과정에서 열광적인 축구 팬을 일컫는 용어로 쓰이게 되었다. 13억이 넘는 중국 인구 가운데 8000만~1억 명이 치우미로 추정되는데, 이들 대부분이 고소득층에 속해 2002 한일월드컵 당시 많은 치우미들이 한국과 일본을 찾아 중국의 국기인 오성홍기(五星紅旗)를 흔들며 중국 대표 팀을 응원해 주목을 받았다. 중국에서는 축구가 가장 인기 있는 스포츠로 케이블텔레비전에서는 '축구의 밤', '천하 축구' 등 각종 축구 관련 전문 프로그램을 방송하고, 해외 각국의 축구 경기소식을 전하는 방송은 시청률이 25%에 달할 정도로 인기가 있다(http://100.naver.com/100.php?id=771527). 아직까지 전국적인 조직으로 발전하지는 못하고 있다는 평가이다. 반면에 일본의 울트라 닛폰(Ultra Nippon)은 1992년 히로시마 아시안컵에서 우승하면서 공식적인 활동을 개시하였다. '울트라(ultra)'라는 단어는 일본 사람들이 좋아하는 캐릭터 '울트라 맨'을 연상시키며, 한편으로는 열광적인 축구팬이라는 의미도 담고 있다. 소수의 리더들이 조직을 이끌고 있으며, '돈벌이'도 마다하지 않는 등 '프로응원단' 성격이 짙다. 울트라 닛폰은 질서정연하고 깔끔한 응원문화를 추구하며, 조직이 아니라 자원봉사 차원의 무브먼트(운동)로 평가되고 있다. 조직적인 응원대신 관중들이 쉽게 따라할 수 있는 '닛폰 짝짝짝'같은 간단한 구호나 유명한 노래(베르디와 오페라 '아이다'의 곡조 등 사용)를 통해 응원전을 펼치기도 한다. 또한 울트라 닛폰이 즐겨 부르는 응원노래는 '올레(만세라는 스페인어)'로 시작되는 아르헨티나 프로팀 리버플레이트의 응원가이고, 공식적인 주제가로 영국 팝그룹 펫숍 보이스의 '고 웨스트(Go West)'를 선택할 정도로 그들의 응원은 서구화된 경향이 있다.

2) 한국 축구관중의 응원문화

1980년대까지 한국축구의 역사는 일제 식민지 시대와 해방 후 독재정권 시절이 가져온 억압과 착취의 역사를 반영한다고 해도 과언이 아니다. 일제시대의 축구는 식민지 시대의 민족적 울분을 정화시키는 중요한 행사 중의 하나였다. 당시 경성축구대회는 민족의 하나 됨을 확인하고, 강제합방의 부당성과 우리의 민족적 우월성을 보여주는 중요한 이벤트였다. 해방 후 한국축구는 독재정권의 정치적 부당성을 완화시키는 구심적 역할을 담당했다. 독재정권 당시 개최된 각종 국제축구대회는 대중에게 독재적 현실을 망각하게 하고, 조국 근대화와 산업노동력을 독려하기 위한 국가적 프로젝트로서 기능했을 뿐이다(이동연 등, 1998).

1983년 '한국축구 재건의 해'라는 슬로건을 내걸고 프로축구가 출범하였다. 정책적으로 스포츠를 육성한 당시 정치적 상황과 방송 주관사의 적극적인 홍보, 축구경기에 목말라 있던 지방 팬들을 위한 순회경기라는 요인들이 통합되어 엄청난 관중동원에 성공한 것처럼 보인다. 그러나 1980년대 중반 프로축구가 어느 정도 기반을 잡아 나가기 전 까지 한국에서 축구는 대중의 일상적인 축제형식이라기보다는 국가가 대중에게 제공하는 일종의 이데올로기적 장치라는 의미가 컸다. 그 결과, 축구 그 자체를 즐기기보다는 국가 간의 승부결과나 국제경기에만 집착하게 되어 수동적이고 즉흥적인 응원문화가 일상생활 속에 정착하게 되었다.

1999년 한해 총 280여 만 명의 관중이 프로축구리그에 몰려들 정도로 전국을 축구 열풍으로 몰아넣었다. 이러한 현상은 여러 가지 요인들이 작용한 결과였다. 첫째, '98프랑스월드컵 열기와 국내 프로축구의 접목, 둘째, 축구 국가대표팀을 응원하던 붉은악마가 각 구단 서포터즈로의 전환, 셋째, 대형 신인들의 등장, 넷째, 라이벌 스포츠인 프로야구의 상대적인 침체 등으로 폭발적인 관중을 그라운드로 끌어 모을 수 있었다. 한국축구의 새로운 응원문화가 형성될 수 있는 가능성을 타진한 해였다. 그 동안 응원문화는 비조직적이거나 정적이었고, 응원문화에 대한 텍스트의 개념조차 형성되지 못하였다. 축구관중의 열광적인 응원문화는 유럽이나 남미의 전유물인 것처럼 느껴졌던 것이다.

그러나 1995년 PC통신 하이텔 축구동호인으로 출발한 붉은악마가 1997

년 8월 10일 한국과 브라질 대표 팀 경기를 시작으로 11월 1일 월드컵 예선 한일전에서 조직적인 응원을 펼치면서 새로운 응원문화의 장을 열게 된다. 당시 대중의 카타르시스적 맥락들과 접목되면서 '붉은악마 신드롬'은 새로운 응원문화의 탄생을 의미하게 되었다. 월드컵이라는 특수한 이벤트에 의해 일시적이고 우연적으로 형성된 것, 경우에 따라서는 일어나지 않았을지도 모르는 것으로 볼 수 있지만, 사실 그 사건들은 우리 스포츠문화 환경의 탈근대적 과정에서 벌어질 수 있을 법한 개연성을 구조적으로 내포하고 있었던 것이다.

2002년 한일월드컵대회가 진행되면서 응원문화는 다양한 구조적 요인과 상충되어 거대한 함성으로 이어졌다. 그 어느 때보다 국민적 관심이 고조되었고, 경기장 안에서의 조직적인 응원뿐만 아니라 '길거리 응원'이 한국축구는 물론 사회전반에 활기를 불어넣는 신선한 사회현상으로 자리매김하였다. 각종 대중매체는 일체감을 중시하는 길거리 응원이 한국인 특유의 응원문화로 자리 잡았다고 진단하고, 성숙한 시민의식이 뒷받침될 때 순기능적인 역할을 담당할 수 있을 것이라고 보도하였다.

표 6-5. 2002 한일월드컵, 길거리 응원 참가자 증가 추이

날짜	경기	광화문 일대	시청 앞	전국
6월 4일	폴란드	10만	-	50만
6월 10일	미국	15만	15만	77만
6월 14일	포르투갈	45만	47만	279만
6월 18일	이탈리아	55만	55만	420만
6월 22일	스페인	80만	80만	500만
6월 25일	독일	55만	80만	700만
6월 29일	터키	30만	50만	214만

*출처 : 김도균(2003). 월드컵 비즈니스. 서울: 국민체육진흥공단.

붉은악마의 성장, 어떻게?

처음에 붉은악마는 각 프로축구 구단의 서포터들이 주축이 되어 PC통신 축구동아리 등을 통해 확대를 꾀하던 작은 규모의 축구 마니아 집단에 불과했다. 그래서 아마도 한국사회의 기술문화 변동, R세대의 출현, 월드컵의 한국 개최라는 우호적 요인이 작용하지 않았다면 붉은악마는 기껏해야 20대 후반의 젊은이들이 모여 만든 회원 수 3~4만 명 정도의 조금 큰 사이버 동호회에 머물렀을 공산이 크다. 하지만 거시 사회적 요인들이 어우러지고 매스미디어와 일부기업이 이를 집중적으로 홍보하면서 붉은악마는 일부 마니아 중심의 사이버 공동체에서 시민참여의 거대 오프라인 공동체로 성장했다. 여기서는 거시 사회적 요인은 3가지로 접근된다. 첫째, '98 프랑스월드컵 예선 및 본선 무대에서 배출한 신세대 스타플레이어들의 상품성, 1996년 처음 리그에 참가하여 선진 구단 운영을 선보이며, 프로축구의 신선한 바람을 주도한 수원 삼성 블루윙즈 축구단의 활동, 프로축구연맹의 공격적인 마케팅, K리그 클럽의 서포터의 헌신 등, 여러 가지 요인이 복합적으로 작용하면서 축구장 분위기를 축구에 대한 열정과 축제의 분위기가 가득한 공간으로 반전시킨 것이다. 둘째, 1980년대 중반 이후 보편화된 컬러텔레비전, 수준 높은 외국 축구의 국내 중계, 수준 높은 대표 팀과의 국내 경기중계, 해외여행을 통한 외국 문화의 체험 등이었다. 일반적으로 우리나라 국민들이 축구를 좋아한다고 하지만 응원에서는 비교적 점잖고 소극적인 태도를 보이는 경향이 있었다. 그런데 축구 선진국의 경우에는 크고 작은 수많은 축구 전용구장을 갖고 있어 뛰는 선수들의 열기가 곧바로 관중에게 전달되며, 관중과 선수가 같이 호흡하며 열기를 느낄 수 있도록 편성되어 있다. 텔레비전 중계를 통해 이를 간접 경험한 축구팬들은 자연스럽게 이를 선망하며 따라 하기 시작했다(이장영, 강효민, 2001). 셋째, 한국에서의 월드컵 개최 결정이 우리나라에서도 원래 축구를 좋아하는 애호가들뿐만 아니라 국민 모두가 축구와 월드컵에 대한 관심을 보이는 기회를 제공하였다. 이는 자연스럽게 축구 동호회 결성과 국가대표 축구단 서포터즈의 활동으로 이어졌다.

3) 축구응원문화의 형성과정

각 국가마다 응원문화는 다소 차이가 나타나지만 국가적인 차원보다는 축구팬이 주축이 되어 그들만의 열광적인 응원을 하는 문화로 정착시켰다는 공통점이 있다. 특정 국가들 간의 이데올로기가 작용되기도 하지만 스포츠문화가 단일논리로서 재편하고 통합되어가는 국제화 현상에서 축구의 세계화 과정에서는 공통된 응원문화가 형성되어 가고 있음을 알 수 있다. 그러나 축구 응원문화가 융합되는 과정에서 개별성과 통합성이 혼재되어 있음도 간과할 수 없다. 따라서 각 국의 응원문화는 아래의 4단계와 맥락을 같이하면서 축구의 세계화 과정이 진행되었다고 볼 수 있다.

첫째, 국가주의 과정이다.

근대축구가 탄생된 시기의 시대적 이데올로기는 국가주의였다. 영국축구가 영국선교사, 상인, 식민지 개척자 등에 의해 식민지로 보급이 되었지만 각 국가별 축구는 스포츠와 정치가 밀접한 관계를 형성하면서 보급되었다. 특히 아프리카의 국가들은 무질서한 국내사정을 해결할 도구가 필요했는데 축구는 사회통합을 강화시키는 훌륭한 매개체였다. 즉 권력 장악을 통한 자민족 중심의 국민창출, 또는 자민족만의 독립된 국민국가건설을 주창한 것이다. 근대축구가 시작되고 보급된 시기는 바로 국가주의적 이데올로기가 성행했던 시대인 것이다.

또한 한국과 일본의 식민 이데올로기적 축구성향은 이 시기와 맥락을 같이한다. 억압과 해방의 과정을 거치면서 국가주의는 자연스럽게 형성되었고, 역사적 이데올로기가 축구에 투영되어 국가 간의 대리전 양상으로 전이되었던 것이다. 이러한 과정에서 응원문화 또한 국가적 단위의 응원이 정착되었고 '우리와 그들'이라는 이분법적인 적대관계가 형성되어진 것이다.

둘째, 지역화 과정이다.

영국에서 축구가 발전하여 제도적 스포츠로서 자리를 잡은 시점에 제1차 세계대전으로 인하여 유럽의 축구열풍은 주춤하였지만 브라질, 아르헨티나, 우루과이 등을 중심으로 한 남미축구는 발전하게 된다. 이 기간 동안 남미축구는 그들만의 축구 스타일(기술축구)과 복합적(청각적, 시각적)인 응원문화가 정착되었다. 이때부터 축구는 유럽과 남미 두 지역으로 양분되어 발달하게 되었고, 풍토 및 민족성의 차이에 따라 독특한 스타일의 축구문화가 형성되어 버렸다. 즉 분리된 축구문화가 양산된 것이다.

셋째, 국제화 과정이다.

'Joao Havelange' 전 FIFA 회장이 정책적으로 미디어와 결탁하면서 축구는 국제적인 스포츠, 단일 스포츠문화로서 최고를 자랑하는 스포츠가 되었다. 축구의 국제화가 도래한 것이다. 지구촌 시대의 축구는 각 국의 축구

정보, 응원문화 등을 수집하는 팬, 마니아를 양산시켜 서포터즈라는 집단을 형성시켰다. 또한 축구관중의 계층을 더욱더 분화시켜 응집성을 갖춘 문화의 키워드로 만들었다. 축구의 산업화가 시작된 것이다.

넷째, 세계화 과정이다.

2002년 한일월드컵대회는 축구의 세계화 과정이 개척되는 시기이다. 즉 21세기 첫 월드컵대회, 아시아대륙의 첫 개최, 첫 공동개최월드컵이라는 역사적인 의미를 상징하고 있기 때문이다. 특히 월드컵에서 아시아시장의 약진은 서구인의 전유물이었던 행동문화가 아시아인과 수평적 관계를 마련하는 기회였다. 월드컵을 통하여 세계적인 공통이념, 사상, 정보 등을 공유함으로써 비로소 지구촌 최대의 축제인 스포츠문화가 형성되었다고 볼 수 있다.

제4절 축구의 상징체계: 이데올로기적 접근

1. 민족주의와 상업주의적 이데올로기

스포츠현장에서 '상징'은 스포츠를 열광시키는 가장 기본적인 기제이다. 특히 정치적 상징은 감정적 수단으로 이용된다는 특징이 있다. 즉 상징된 사물이나 상태보다는 그 상징이 조성되는 감정이나 행동으로 표출되는 상징에 대한 공감이 국민적 지지로 감성화 되면서 국가와 사회의 체제유지에 기여하게 된다. 스포츠에 있어 상징적 측면은 과시와 의식의 요소를 포함하는데 이를 정치가 이용할 경우 국가와 국가, 지역과 지역, 학교간의 운동경기는 단순히 개인이나 팀 간의 경쟁이 아니라 국가, 지역사회, 학교의 명예나 역량의 총체적 우월로 표현된다. 따라서 스포츠는 국가주의, 민족주의, 지역주의, 인종주의 등의 성격을 띠고 국가, 민족, 지역사회, 조직 등을 상징화 하게 되는 것이다(한광걸, 김동규, 2001).

오늘날 스포츠의 민족주의적 이데올로기는 미디어를 통해 더욱 세분화되고 있다. 스포츠는 대중들의 관심이 크기 때문에 이해당사자들은 이데올로기를 고착시키기 위해 뉴스가치를 극대화시킨다. 이러한 현상은 스포츠 집합행동과 관련된 영역에서도 쉽게 목격된다. 실제로 미디어를 통해 붉은악마를 처음 접하는 대부분의 사람들은 붉은악마가 어떤 조직인지, 언제부터 출현하였는지 정확히 알고 있지 못하지만 한국을 대표하는 응원단이라고 생각한다. 2002년 한일월드컵대회가 끝난 지금, 붉은악마를 모르는 대중은 없다. 붉은악마는 그들이 원하든 원하지 않던 한국의 월드컵 붐을 상징적으로 보여주기에 적합했고, 미디어가 요구하는 뉴스가치를 골고루 갖춘 집단이었다. 붉은악마라는 논쟁 가능한 이색적인 이름, 관중석을 가득 메운 붉은 물결, 국가대표의 선전과 함께 붉은악마는 또 하나의 볼거리였다. 붉은악마의 뉴스가치는 일차적으로 명칭과 응원이라는 볼거리에 있지만 그들에 대한 미디어의 지속적인 관심은 붉은악마 그 자체라기보다 월드컵에 대한 관심이 붉은악마로 옮겨간 것이다. 붉은악마에 대한 지지는 미디어에 의한 월드컵의 관심이었고, 경기에 패하더라도 응원만이라도 이기길 바라는 미디어와 국민의 바램이었다. 축구를 대리전으로 생각하듯, 이제 응원도 대리전으로 인식하는 시대가 되었다(정민아, 1998).

이데올로기?

Destutt de Tracy(1754-1836)에 의해 이데올로기라는 용어가 처음으로 사용되고, Marx가 일반에게 널리 알린 이래 이데올로기는 다양한 의미로 사용되어 왔다(김영숙, 1994). 이데올로기란 용어가 부정적인 의미로든, 긍정적인 의미로든 우리의 일상어법이나 학문적 논의에 있어서 빈번히 사용되고 있다. 이데올로기의 사전적 의미는 사회적인 존재에 의해 규정된 의식형태를 말한다. 일반적으로 정치적 이데올로기는 국가·계급·정당 그 밖의 사회집단이 국제적, 국내적 정치에 대하여 지니는 표상·원망·확신·전망·환상 등 여러 관념의 복합체라 할 수 있다. 마르크스주의에서는 국가·법체계·사회제도·관념형태를 모두 이데올로기로 본다. 즉 이데올로기는 경제적인 토대, 즉 생산관계에 기초한 이른바 상부구조와 같은 뜻이 된다(http://terms.naver.com/item.php?d1id=8&docid=203).

한국의 국가지배방식은 제5공화국까지의 강압통치 방식에서 1987년을 기점으로 제6공화국의 헤게모니적 지배방식으로 바뀌어, 문민정부에 이르러서는 헤게모니적 지배방식이 더욱 강화된다(김동춘, 1993). 시민사회는 이데올로기와 여론 등이 형성되고 정치적, 윤리적 계급관계 및 헤게모니가 형성되는 장인 동시에 헤게모니적 지배가 관철되는 영역이며, 소비문화가 이루어지는 공간이다. 따라서 월드컵과 같은 메가 스포츠이벤트가 시민사회에서 주요한 화젯거리로 설정되는 동안 국가는 이를 최대한 활용한다. 안민석과 손석정(1996)은 월드컵이 국가권력에 미치는 직접적 의미를 두 가지 측면에서 검토하였다. 즉 월드컵을 통한 국가 헤게모니의 강화로서 시민사회에 대한 지배력을 행사하는 기제로 활용하는 측면과 세계화 전략 속에서 월드컵의 활용이 그것이다.

헤게모니와 스포츠

Gramci(1971)는 현대사회에서 지배그룹이 문화적 수단을 사용하여 기존 체제를 정당화하고, 피지배 그룹에 대한 강압보다는 그들의 동의를 획득함으로써 지배를 유지한다고 주장한다. 이는 문화이론(cultural studies)과 관련되어 헤게모니를 개념화시킨 것이다. 또한 문화이론에서는 시민사회에서 진행되는 문화활동의 일부인 스포츠와 같은 여가활동을 통해 헤게모니적 질서가 촉진, 강화, 재생산된다고 본다(Sage, 1990). 즉 스포츠를 자연스럽고, 비정치적이고, 현실과 유리된 것으로 보는 상식적 접근을 탈피하여, 시민사회의 헤게모니를 촉진하는 기제로서 스포츠의 역할을 주목한다(안민석, 손석정, 1996).

국민들의 에너지를 응집시킬 수 있는 이데올로기의 부재를 고심하던 문민정부로서는 월드컵의 개최야말로 최대의 수단적 도구였다. 특히 개혁을 추진하는 과정에서 국민계층 간의 분열과 갈등을 통합하는 이데올로기로 가장 효과적인 무기라는 것은 정치적 헤게모니의 정도를 논하지 않더라도 지난 '88 서울올림픽을 통해 경험한 바 있다. 따라서 국가는 정치적 동원 전략인 국가적 프로젝트를 설정하여 미디어를 통해 시장에 투입, 확산시킴으로써 대중의 감정을 자극시킨다. 또한 한국축구 응원문화의 선진화를 추구해 온 붉은악마는 그들의 목적을 달성하기 위해 적극적이고 순수한 응원을 펼친다.

한편, 붉은악마의 순수한 의도와는 달리 대중은 원초적인 흥미 및 사회적 고립해소 등을 충족시키기 위해 길거리 응원, 경기장 응원, TV 시청 등 직접적인 행동을 한다. 이러한 과정에서 민족주의적 이데올로기가 고착화되고 연계된 상업주의적 이데올로기는 재생산된다.

step 1. 상징의 통일체: 유니폼

축구는 국가성을 드러내는 종목이다. 유니폼은 국가를 대표하는 하나의 상징이다. 우리가 잘 아는 브라질의 노란색, 이탈리아의 푸른색, 네덜란드의 오렌지색 등은 그 나라의 축구기술과 더불어 극명한 정체성을 나타내고 있다. 따라서 이들 국가는 그 주된 색상을 바꾸지 않고 있다. 이런 점에서 유니폼의 색상이나 디자인은 하나의 통합된 이미지, 즉 기업의 CI(corporate image)와 같은 차원으로 봐야 할 것이다(이형진, 2004). 한국 또한 멕시코 4강 위업이후 붉은색을 주된 상징체계로 형성시켰고, 지난 월드컵기간 동안 붉은악마에 의한 붉은색의 한국으로 물들였던 것이다.

> **응원은 하나가 되지 못했다.** 되도록 색깔을 통일해서 입고 나온 응원단의 옷색깔이 두 가지로 가렸다. 붉은악마는 붉은색, 레드 타이거즈는 흰색이었다. …(중략) 유니폼은 그 나라의 얼굴이다. 32개국의 응원단은 제각기 대표팀 유니폼 색깔과 같은 유니폼을 입고 응원전을 펼쳤다. 노란색(브라질), 오렌지색(네덜란드), 흰색(독일) 등 **응원물결의 색깔만 봐도 어느 나라인지를 쉽게 알 수 있다.** …(중략) 그러나 **한국응원단은 붉은 색깔을 만들어내지는 못했다.** 교민들이 입고 나온 흰색 상의에는 A사, S사 등 국내 기업의 로고가 새겨져 있었다. …(중략) 힘을 모아도 힘든 판인데 일부의 상혼과 집단 이기주의로 인해 응원단이 갈라지는 것은 볼썽사나운 풍경이다. **잠실벌을 뒤흔들던 그 '붉은 물결'은 어디로 갔는가. 태극혼을 일깨우는 응원문화가 절실하다**(스포츠서울, 1998. 6. 15).

step 2. 재미있는 이름: 붉은악마의 명칭

> 붉은악마들에게 한마디 조언을 하자면 일본의 울트라 닛폰처럼 독특한 주체성 있는 스타일을 개발했으면 한다. 한복을 입고 북을 치는 소리, 유럽인들에게는 이미 익숙한 서양음이 아닌 한국만의 독특한 노래를 듣고 싶다. 또 벨기에 축구팀의 별명인 붉은악마 대신 한국의 독창적인 이름을 지었으면 한다. 예를 들어 '김치 보이스'같은 것은 어떨까?(조선일보, 1998. 6. 25).

> 월드컵 축구의 한국대표 응원단 격인 붉은악마의 호칭 개명 문제를 놓고 찬반논쟁이 끊이질 않고 있다. 주로 40대 이상의 연령층은 한국축구가 최소한 98년 프랑스월드컵에 이어 2002년 한일 공동개최 월드컵 본선까지 출전하는 만큼「악마」란 명칭을 바꾸자는 주장이 강하다. 이에 반해 젊은층에서는「악마」란 흔히 통용되는 애칭이고 오히려 강력한 느낌을 준다며 응원단 이름을

> 고수하자는 의견이 주류를 이루고 있다. …(중략) 한편,「붉은 악마」의 신인철 회장은『여론을 파악해본 결과, 8대2 정도로 지금의 명칭을 고수하자는 의견이 우세하다』며 이름을 바꾸는 것에 대해 부정적인 견해를 밝혔다(이 훈, 1999).

초기에 붉은악마라는 이름을 반대하는 이유는 레드 콤플렉스, 악마 등으로 대표되는 한국정서의 거부감이었다. 이런 기사는 각 신문마다 찬반토론의 형식을 통해 반복적으로 보도되었다. 명칭을 바꿔야 한다는 입장은 레드 콤플렉스를 자극하는 '붉은'이라는 형용사와 특정 종교집단에서 이단시하는 '악마'라는 명사가 주는 거부감을 지적하였다. 반대로 이러한 명칭에 대한 논란이 마니아 문화의 몰이해로 보는 긍정적 입장도 표현되었다. 붉은악마는 각 프로축구구단의 서포터들이 주축이 되어 PC통신을 통해 확산되기 시작한 마니아 집단이지 한국을 대표하는 축구팬 집단은 아니라는 것이다. 그러나 시간이 지나면서 붉은악마는 한국을 대표하는 응원단으로 자리 잡기 시작했고 명칭에 대한 반대이유도 달라졌다. 한국을 대표하는 집단답게 한국적이고 고유한 이름을 가져야 한다는 주장이 제기되었다. 이제 재미있고, 논쟁 가능한 붉은악마의 명칭은 한국 팬 집단의 고유명사로 인식되었다.

step 3. 신선한 눈요기 I: 붉은악마, 태극전사, 그리고 12번째 선수

> 신세대들이 대일 극복의 힘을 자생적으로 지니고 있다는 점 때문이다. 도쿄의 하늘을 꽹과리로 진동시켰을 때 우리의 콤플렉스는 풀려나갔다. …(중략) 이는 단지 스포츠 행사에서 나타난 일과성 현상이라고만 볼 수 없다. 평소의 레드데블스나 울트라 닛폰은 그냥 그런 스포츠팬들의 모임일 따름이지만 한-일전의 그들은 **양국 민족의 보편적인 감정의 대리전을 치르는 병사들**이기 때문이다(임순만, 1997).

> 한국은 31일 도쿄 국립경기장에서 열린 일본과의 친선 A매치에서 후반 40분 안정환이 이을용의 절묘한 패스를 받아 감각적인 왼발 슛으로 네트를 갈라 5만6,000여 울트라 닛폰의 푸른 함성을 잠재우며 1-0으로 승리했다. 한일월드컵 개막 1주년인 이날 1997년 9월 '도쿄 대첩'에 버금가는 명승부를 연출한 한국은 81년 3월 이후의 '도쿄 불패'(5승3무) 신화를 이어가며 역대 전적 38승17무11패의 절대 우위를 자랑했다. …(중략) 한편 **울트라 닛폰에 맞서 대~한민국을 외쳐댄 1,000여 붉은악마는 일본 열도를 격침시키는 순간 애국가를 부르는 등 월드컵 4강에 이은 태극전사들의 끝없는 발전을 기원했다**(이종수, 2003).

'경기에는 졌지만 응원에는 이겼다', '경기에도 이기고 응원에도 이겼다', '외국으로부터 좋은 응원문화라고 찬사를 들었다'는 식의 보도를 통해 붉은악마를 칭찬한다. 그들이 보여주는 응원은 한국을 대표한다는 의미를 갖고 있다. 특히 한일전은 심각하게 다루어진다. 국가대표팀의 경기 중에서도 일본과의 축구경기는 온 국민의 관심이 된다. 과거 한일 간의 역사적 관계가 축구에 반영되어 보상을 받기 위한 자존심 싸움처럼 비춰진다. 미디어는 '대리전', '푸른 함성', '도쿄대첩', '도쿄불패', '역대 전적', '일본열도 격침' 등의 민족적 감정을 자극시킬 수 있는 용어를 선정하여 뉴스가치를 극대화시키며, 이런 강박관념이 응원으로까지 상징화되도록 한다. 따라서 울트라 닛폰이라는 일본 응원단과 비교해 한국의 붉은악마가 더 훌륭하게 응원을 했으면 하는 바램을 가지고 있다. 특히 기성세대들은 가치를 주입시키지 않더라도 붉은악마를 한국 젊은이들의 대표집단이라고 생각하고 그들의 행동에 민족적인, 국가적인 상징을 부여한다.

> (중략)… 그러나 이번 축제의 최대 성과는 역시 신명의 '거리굿'이 아니었을까. **그동안 상업적 왜곡, 국가적 동원이데올로기에 강요당한 축제만이 존재했다.** 거리는 함부로 나설 수 없는 통제된 곳이었으니 우리문화는 늘 밀실에 갇히고 말았다. 서울 복판에 버젓한 광장하나 없는 현실이 잘 설명해주고 있다. 이번에 우리는 한민족의 본디 바탕인 신바람이 무언가를 확실히 보여주었다. **'대한민국'과 '대~한민국'은 전혀 다른 것이다.**…(중략) 신바람은 감염성이 높다. 굿판이나 놀이판, 축구경기장에서 주역들이 일으키는 신바람은 관중에게 감염되고, 반대로 관중의 열기는 그대로 마당의 주역들에게 감염된다. 신명에 감염된 이들은 하나의 거대한 공동체를 형성한다. 그리하여 스타디움이나 거리, 광장, 학교, 안방 할 것 없이 **신명의 공동체**를 만들어냈다. **'붉은 용광로'가 딱 들어맞는 표현**이리라(주강현, 2002).

<그림 6-2>에 나타난 바와 같이 대중들이 2002년 한일월드컵대회의 응원에 참여한 주된 이유는 한국의 거듭된 승리로 인한 '애국심의 발로'로 해석될 수 있다. 당시 언론들은 '신애국주의(neo-patriotism)'라는 용어로 이들의 출현과 행태를 민족주의적인 성향으로 정당화시켰다. 또한 '신명이 넘치는 문화, 축제분위기' 등으로 표현하면서 민족주의적 감성코드를 발현시키기도 했다. 특히 신명은 우리 민족문화와 예술의 미학이며, 한국인의 독특한 정체성이라 할 수 있기 때문에 더욱 자극적이다. 따라서 풍물놀이

의 감수성과 붉은악마의 응원구호인 대~한민국, 5박자 박수소리 등이 익숙한 것이다. 이러한 것은 민족주의적 이데올로기를 내면화시키는 상징과 의식이다.

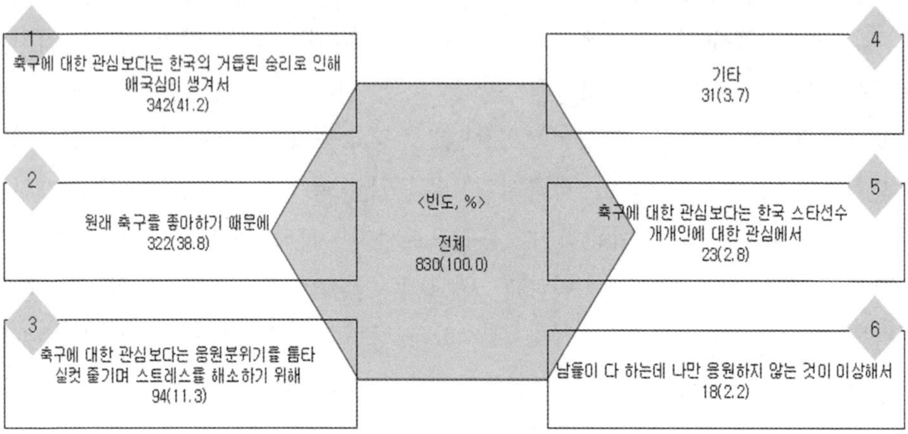

그림 6-2. 월드컵 응원에 참여한 주된 이유

*출처 : 이경상(2002). 월드컵 참여경험과 청소년 의식에 관한 실태조사. 한국청소년개발원 세미나 자료집. 56.

step 4. 신선한 눈요기 Ⅱ : W세대, R세대 등장

W세대 또는 Red족은 한국에서 처음 생성된 용어이다. 이들은 월드컵에 푹 빠진 부류이기도 하면서 한국대표팀의 열렬한 서포터즈 또는 붉은악마 군단을 형성한 다양한 계층의 사람들을 포괄하는 존재군이다(삼성경제연구소, 2002). W세대와 Red족은 생성배경과 동기, 구성요소, 문화적 특성 등을 고려할 때 기존의 존재군이 대체로 비자발적이고 서구적이었던 것과 달리 자발적이고 포괄적이며 한국고유의 형태라는 특징을 지니고 있다. 또한 다른 존재군들은 문화적 특성으로 특정 계층이 모인 마니아적 속성과 글로벌 스탠더드로 편입되는 현상이 강하다. 그러나 W세대와 Red족은 민족적 공감대와 독자적인 우리 것을 중시한다.

붉은악마의 대부분은 10대와 20대를 주축으로 한 '컴퓨터 세대'이다. 붉은악마 집행부에 따르면 전체회원수의 90% 이상이 20대 이하의 젊은 층이라고 한다. 붉은악마를 이끌어 가는 집행부도 20~30대 초반이 대부분이다.

월드컵 전만 해도 기성세대들은 PC에 빠져 자기만의 세상에 갇혀 사는 젊은층을 우려의 눈길로 바라봤다. 스타크래프트와 리니지에 묻혀 현실과 가상을 혼동하며, 사이버 상에서의 싸움이 현실로 이어지는 경우도 허다했다. 기성세대의 눈에 이들은 밀실에서 벗어나지 못할 걱정스런 존재로 비춰졌다.

대한민국의 존재군

현재 한국사회에서 문화사적 흐름으로 본 '세대'와 '族'의 변천은 1970년대 유신세대, 1980년대와 1990년대에 유행하였던 X세대, 신세대, 미시족, 오렌지족 등이 존재했으며, 지금은 잊혀지고 사라진 계층으로 분류된다. 1990년대 말 한국사회에서 제기된 다양한 영역에서의 변동과정은 새로운 계층을 출현시켰다. 즉 경제, 정치, 문화변동, 그리고 인터넷의 등장과 급속한 보급은 M세대(mobile 세대), N세대(인터넷에 심취한 network세대), 1318세대(13-18세 사이의 세대), 386세대(80년대 학번, 60년대 출생, 90년대 들어 컴퓨터와 인터넷 급속한 보급으로 신세대들이 컴퓨터를 자유자재로 다루는데 비해 컴퓨터 문화에 소외된 세대), 디지털 노마드족(핸드폰, 모바일을 갖추고 마치 유목민과 같이 활동하는 부류), 명품족(고가의 수입명품을 선호하는 부류), 엄지족(엄지손가락으로 문자메시지를 능란하게 보내는 부류), 코쿤족(누에고치처럼 자신의 틀 안에서만 폐쇄적으로 머무르는 개인주의적 성향이 강한 부류), 보보스족(부로주아+보헤미안의 합성어로 구매력이 아주 높은 신귀족층) 등 다양한 존재군들이 형성되고 있다.

월드컵은 밀실 속의 걱정스러운 '컴퓨터 세대'를 '월드컵 세대'의 새로운 이름표를 달고 광장으로 나오게 하는 기회를 마련했다. 거리로 뛰쳐나온 젊은이들은 결코 우려의 대상이 아니었다. 물론 박노자 교수 등 일부 지식인들처럼 '집단광기'적 색채를 우려하는 시각도 없지 않지만, 부정보다 긍정의 측면이 지배적이었다. 서울대 사회학과 신용하 교수는 "젊은 세대들이 90년대 이후 급속한 세계화의 흐름 속에 동참하면서도 사회저변에 민족과 국가를 생각하는 공동체의식, 나아가 민족주의를 가지고 있었다며, 월드컵을 통해 이런 공동체의식이 건전한 방향으로 표출된 것"이라고 설명했다. 한양대 사회학과 한태선 교수도 "길거리 응원이라는 장을 통해 함께 어울리는 전통적 잔치문화가 재현됐다며, 젊은 세대의 경우 사이버 공간의 네트워크가 긍정적인 방향으로 현실세계로 확장된 것으로 볼 수 있다.”고 말했다(김신성, 안용성, 2002). 월드컵 세대가 보여준 당당하고 건전한 모습은 386세대에게도 의미 있는 일이었다. 불과 20여 년 전, 억압과 독재에 맞서 투쟁하던 1980년대의 문화는 같은 장소에서 환희와 열정의 문화로 승화된 것이다.

> 월드컵세대를 ‘R세대’로 규정한 현대경제연구원은 이들의 특징으로 첫째, 자발적 공동체(self-motivated community), 둘째, 열정적 에너지(dynamic energy), 셋째, 개방적 세계관(open mind) 등 3가지를 들었다. 박태일 연구위원은 “국가는 과거처럼 동원하거나 개입하기보다 국가적 행사나 국민적 이슈의 명분 제공을 통해 R세대의 관심과 참여를 자생적으로 발생시키는 전략이 필요하다” 면서 “국가적으로는 자발적 동기를 부여할 수 있는 새로운 리더십을 구축하는 한편 잠재력을 분출할 수 있는 장과 R세대를 국가브랜드로 승화시키는 작업이 필요하다” 고 말했다(세계일보, 2002. 7. 2).

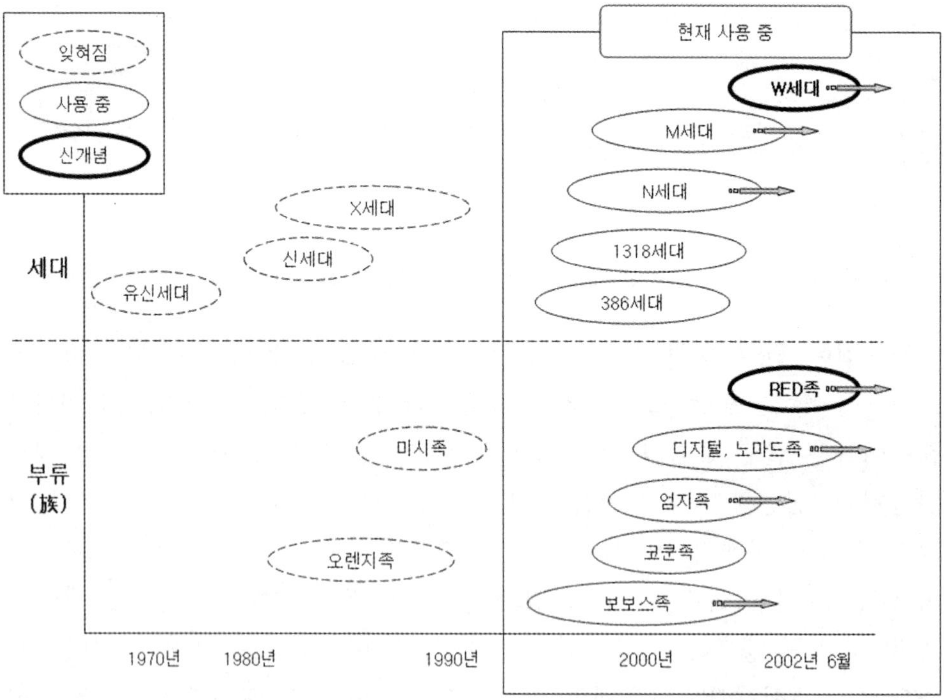

그림 6-3. 문화사적 흐름으로 본 ‘세대’와 ‘족(族)’의 변천사
출처 : 삼성경제연구소(2002). 2002 월드컵과 사회·문화적 변화.

step 5. 상징의 확산 : 기업의 스포츠마케팅, 상업주의의 발현

축구티셔츠 나눠주기, 월드컵 미팅, 스코어 알아맞히기 등등 **스포츠마케팅은 적은 비용으로 큰 효과를 볼 수 있는 홍보전략**(이동준, 유병률, 1997).

붉은악마를 본뜬 이름의 상표가 속속 등록 출원되고 있다. 붉은악마 66건, 레드 데블스 61건을 포함해 모두 150여건에 이르며 출원 기업수도 80여 곳을 넘고 있다(함석진, 1997).

각 영화관은 월드컵의 여파로 때 아닌 비수기를 맞이하게 됨으로써 **월드컵을 절호의 영화 홍보기회로 활용하는 '역발상마케팅'을 계획**하였다. 예를 들어, 헐리우드 극장은 6월 13일과 20일 밤 12시부터 5시까지 두 차례에 걸쳐 영화 심야상영과 함께 극장의 70mm 대형 스크린으로 월드컵 예선전을 관람하는 특별 이벤트를 마련하였다(김희경, 1998).

2002년 한일월드컵대회가 개최된 기간 동안 국내 기업의 스포츠마케팅은 붉은악마와 연결시키고자 여러 방법을 강구했다. 실제로 스포츠마케팅이 기업의 마케팅 채널로 각광을 받는 상황이 연출되었다. 또한 월드컵의 공식 후원업체가 아니면 월드컵의 로고나 명칭을 이용한 직접적인 마케팅 활동을 할 수가 없는데도 불구하고 교묘하게 월드컵 분위기를 마케팅에 이용하는 매복 마케팅(ambush marketing)이 성황을 이루었다.

Ambush marketing

흔히 매복마케팅이라 불려진다. 'bush'는 '덤불'이라는 뜻으로 'ambush'는 '덤불의 가운데에서'라는 라틴어에서 유래하였다. 현재는 '매복'의 의미로 자주 쓰이며, 1984년 LA올림픽 이후로 스포츠 마케팅 시장 안에서 매복마케팅이 부각되기 시작하면서 경제용어의 한 형태로 쓰이고 있다. Graham, Goldblatt 그리고 Delpy(1995)는 매복마케팅을 "권리가 없는 기업이 마치 공식 스폰서의 모습을 창조하기 위해 활용하는 전략"이라고 하였다. Performance Research(1992)는 매복 마케팅을 하는 기업들이 때때로 공식스폰서로 인식되거나 회상되기도 하며, 어떤 경우에는 공식 스폰서보다 더 좋은 반응을 보이기도 한다고 하였다. 결론적으로 'ambush marketing'이란 공식스폰서가 아닌 기업이 마치 공식스폰서인 것처럼 대중들을 현혹할 목적으로 스포츠 이벤트와 결부시켜 촉진 활동을 하는 것이다. 대회조직위원회는 스폰서를 보호하기 위해 기업들의 매복 마케팅 활동을 제도적으로 억제하고 있다. 그러나 매복자(ambusher)들의 수법이 매우 교묘하여 이를 근절하기 위해 고심하고 있다(김용만, 박세혁, 전호문, 2003).

이번 월드컵 기간 중 KT가 국내 대학생들에게 확실한 브랜드 이미지를 굳힌 것으로 나타났다. 12일 수원대학교 스포츠산업연구소가 서울·경기지역 대학생 615명을 대상으로 세 차례 설문조사를 실시한 결과 응답자의 88.3%가 15개 월드컵 공식후원사 중 KT를 인지도 면에서 1위로 꼽았다. 응답자의 85.4%는 코카콜라의 인지도를 2위로 평가했으며 81.7%는 현대자동차를 3위라고 답했다. 이밖에 4위는 아디다스, 5위는 후지필름, 6위는 후지 제록스, 7위는 도시바인 것으로 집계됐다. 한편 SKT는 **엠부싱 마케팅(매복 마케팅·공식후원사는 아니지만 관련규정을 피해가면서 광고효과를 노리는 전략)으로 재미를 톡톡히 봤던 것으로 파악**됐다. SKT의 인지도는 15개 공식후원사중 6위를 차지했던 후지 제록스보다 높아 붉은 악마를 이용한 광고가 성공적이었던 것으로 나타났다(예진수, 2002).

김상곤(2002)은 월드컵평가대토론회에서 2002년 한일월드컵대회의 한국측 최대 수혜자는 소수의 재벌과 IT기업들이라고 진단하였다. 삼성은 히딩크 감독을, SK는 붉은악마를, 현대는 공식지원사임을 주제로 적극적으로 광고하고, 거리응원시의 설비후원을 매개로 대중적 직접광고를 국내외로 실시함으로써 무형의 국제적 수익금을 획득하였다고 주장하였다. 또한 해당 기업의 구체적인 상업주의적 이데올로기 발현을 아래와 같이 제시하였다.

삼성은 6월 초에 벌써 대표 팀 성과의 핵심을 히딩크 감독으로 맞추고 그 성공요인을 히딩크 리더십으로 파악하여 기업경영에 활용하고자 준비하였음. SK는 붉은악마를 주제로 한 CF에 응원구호와 박수를 곁들임으로써 이미지 합일효과를 극대화하고자 함. 현대는 6월 중순에 'reds economy'라는 신조어를 만들어 국민적인 역동성이 경제성장의 원동력이 된다고 하면서 'reds economy'를 활성화시키기 위해서는 새로운 비전을 제시할 지도자가 필요하다고 함(김상곤, 2002).

김진동과 김남조(2003)는 2002년 한일월드컵대회의 영향분석 연구를 통해 '시민의식/사회현상 등(18.9%)', '거리응원의 국민적 열기와 열정 등(15.2%)', '월드컵 특수와 기업, 기타 경제 전반에 가져다주는 영향(12.8%)' 등에 편중되어 기사가 전개되었음을 지적하고 있다. 월드컵은 사회, 경제, 정치, 문화 등의 각 분야에서 두드러진 파장을 가져왔다. 특히 월드컵이 국가, 정치, 경제에 미친 영향은 신문의 내용분석에서도 여실히 나타났음을 강조하고, 월드컵의 의미가 국가적 실천의 과제로 추진될 때 시민사회와 국가적 역량을 통합하여 이를 바람직한 방향으로 촉진하고 재생산하는 기제로 활용될 수 있음을 제언하였다.

step 6. 상징의 해석 Ⅰ: 미디어, 국가, 자본은 길거리응원을 어떻게 흡수했는가?

이동연(2002)은 『카니발의 문화와 시민운동의 과제』라는 발표를 통해 월드컵 기간 동안 거리응원에서 드러난 사건들을 다양한 계열들로 나열시켜 분석을 시도하였다. 특히 붉은악마에서 분화된 거리응원이 어떻게 미디어, 국가, 자본에 의해 흡수되었는가를 사실적으로 묘사하고 있다.

첫째, 정부의 국가주의 프로젝트

2002년 4월 7일 서울시는 월드컵과 관련하여 노점상 정비방안을 발표했다. 서울시가 발표한 내용에 따르면, "버스정류소의 경우 안내표지판을 기준으로 전·후방 각각 3m, 11m 안에 노점이 들어설 수 없다. 또한 지하철역 출입구로부터 6m, 횡단보도, 육교, 택시 차대 등은 주변 5m, 공중전화 부수와 분전함 등 공공시설의 3m 안의 노점은 철거한다. 이 원칙에 따라 철거된 노점은 4,300여 개로 서울시는 이 가운데 250여 개를 10일까지 시범정비한 뒤 나머지 4,000 여 개는 다음 달까지 정비한다는 계획"이 포함되어 있다(황준범, 2002). '88서울올림픽 때보다는 나아졌다는 평가도 있지만 전체 노점상의 70%를 철거해야 한다는 점에서 사실상 기층노동자들의 생존권에 대한 탄압으로 여길 수밖에 없다. 국제규모의 스포츠가 개최되면 늘 한번쯤 겪는 홍역으로 여길 수 있지만, '98 프랑스월드컵 때의 도심환경정책이나 공동 개최국인 일본의 정책과는 다르게 현 정부와 서울시의 도시환경정책은 출발부터 기층노동자들을 배제시키는 정책으로 일관한다.

둘째, 미디어의 이중적 흡수전략

48년 만에 월드컵 첫 승의 전 국민적 감격이 빨갛게 달아올랐던 폴란드전의 들뜬 여운이 남아있던 6일, 미군이 관리하던 고압선에 감전된 건설노동자 전동록씨가 사망한 사건이 있었다. 전씨는 작년 7월에 고압선에 감전된 후 청력을 잃고 양팔을 절단하고 투병 중에 사망했는데, 온통 월드컵 소식만을 전했던 이날의 방송과 언론은 전씨의 사망소식을 거의 보도하지 않았다. 대부분의 매스컴은 다음 상대인 미국전을 위한 전력분석과 경기전망을 시간대별로 전달하고, 오는 6월 10일에 있을 경기를 보기 위해 거리로 몰려나온 시민들이 경기결과에 따라 반미시위로 이어질지 모른다는 우려 섞인 보도를 곁들였다. 그러나 감전사한 전씨에 대한 보도가 자칫, 시민들의 반미감정에 기름을 부은 꼴이 되지 않을까 우려했는지, 모든 사건을 죄다 미국전에 연결시키려는 보도국 제작진들의 뛰어난 상상력이 이 사건만큼은 애써 무시하려 한 듯하다.

월드컵이 진행되는 한 달 동안 방송과 언론은 주요한 사회 사건들을 축소 보도하면서 거의 모든 시간과 지면을 할애하여 월드컵과 관련된 모든 정보들을 쏟아 부으려는 물량공세를 펼치고 있다. 그 물량공세는 두 가지 전략을 가지고 있는데 하나가 시청률 선점경쟁이다. 한국의 방송 3사가 FIFA에 제공한 방송권료는 총 850억 원 정도가 된다. 한국이 16강에 탈락할 경우, 수 백 억의 적자가 예상되고 16강에 올라가면 약간의 흑자, 8강, 4강에 올라가면 대박을 터트린다는 분석을 하고 있었다. 방송사는 어쨌든 자신의 시간을 최대한 이용해서 월드컵 분위기를 띄우려고 하고, 이 과정에서 시청률 선점을 통한 안정적인 광고 수주를 얻어내려고 안간힘을 쓰고 있다. 따라서 축구중계시간이 아니더라도 뉴스시간, 연예오락프로그램 시간에도 월드컵을 계속해서 재생산하려는 쇼를 벌이게 된다.

또한 방송보도가 한국인을 하나로 통합하려는 이데올로기적 흡수 역할을 담당한다. 한국경기가 끝나고 나면 저녁뉴스는 1시간 이상을 할애해서 한국의 경기와 승전보를 다양한 형태로 연결시키는 초유의 편집게임을 벌인다. 이러한 뉴스 보도방식은 과거 올림픽에서 한국선수가 금메달을 획득했을 때 늘 통상적으로 하던 보도방식과 일치한다. 승리의 수훈가족과 인터뷰, 양로원, 복지원, 도서벽지, 군부대로 연결, 외신의 반응, 거리 응원전 표정 이외에 한국이 하나가 되었다고 말할 수 있는 가능한 모든 아이템들을 가동시킨다.

셋째, 기업의 흡수전략

월드컵을 기점으로 해서 한국의 기업도 기업이미지 상승전략을 위해서 많은 노력을 기울였다. 2002년 한일월드컵대회 자동차부문 공식 후원업체인 현대자동차는 약 900억 원 정도의 광고료를 FIFA에 지급하고 2조 원 이상의 광고효과를 보았다. 통신분야 후원사인 한국의 KT는 이번 대회를 위해 약 400억 원을 투입했지만 대회기간동안 800억 원 가량의 수익과 이 수익의 수 십 배가 넘는 기업홍보효과를 거둔 것으로 평가했다. 'Be the reds' 캠페인을 위해 붉은악마에게 홍보재원을 후원했던 SK텔레콤도 광고를 통한 마케팅으로 엄청난 광고와 인지도 향상을 가져왔고, 국내외 대표팀에게 500만 달러를 쏟아 부었던 LG전자도 대회기간 동안 디지털 TV특수와 함께 100배에 달하는 광고효과를 거뒀다.

SK텔레콤의 경우는 시청 앞의 거리응원 이벤트를 조직하여 'Speed 011' 이라는 문구를 독점사용하면서 국가프로젝트와 효과적으로 연계하여 광고효과를 보았다. 이렇듯 기업들은 월드컵과 거리응원을 이용하여 자사의 기업이미지를 혁신하려는 전략을 세우면서 대중들의 자발적인 참여의 에너지를 상품형식으로 흡수하고자 한다.

앞서 언급했듯이 정부와 서울시는 한국과 미국전이 열리는 날, 광화문의 인파를 분산시키기 위해 시청 앞을 거리응원 장소로 제공했다. 시청 앞의 거리응원이 의외로 한국 응원문화를 대표하는 장소로 소개되고, 각종 보도진들의 메인 데스크로 활용되면서 시청을 붉은악마 응원의 성지로 미화하는 작업들을 서둘렀다. 정부는 한국선수들의 4강 신화를 한국 국운융성 계기로 삼고자, 각종 포스트월드컵 정책대안을 제출하였다. 월드컵과 국가경쟁력 제고는 불가분의 관계로 제시되고, 정부는 시민들의 자발적인 참여에너지를 국운융성의 에너지로 의도적으로 오인하려는 전략을 제시한다.

결론적으로 기업, 미디어, 국가의 권력은 월드컵에서 보여준 시민들의 자발성을 독점과 지배의 전략으로 오인하려는 전력을 가지고 있었다. 따라서 국가적 헤게모니 추구와 자본가들의 이윤추구논리에 각색되는 월드컵은 민족주의와 상업주의에 연계된 작동원리가 내재되어 있으며, 행위주체로서 붉은악마와 대중은 민족주의와 상업주의 이데올로기로부터 자유롭지 못했다.

2. 승리주의적 이데올로기

step 1. 승리주의적 이데올로기의 진정성

스포츠와 관련된 이해당사자들은 현대스포츠에서 가장 심각한 문제를 승리지상주의로 환원시킨다. 현대스포츠의 구조적 모순이자 작동원리인 승리주의는 민족주의, 분리주의, 차별주의 등과 연계되어 이데올로기 출현의 단서를 제공한다.

2002년 한일월드컵대회 기간 동안 대표 팀의 계속된 승리는 길거리 응원과 붉은악마의 결집에 결정적인 역할을 담당했다. 사회 각계에서는 이러한 현상을 사회문화적 맥락에서 자기 식의 해석과 명분을 제공했다. <그림 6-4>에 제시된 바와 같이 붉은악마 현상의 확대 재생산 과정을 통해 국민적 공감대를 형성시킨 것은 일차적으로 국가대표팀의 계속된 승리에 기인한다는 것을 알 수 있다.

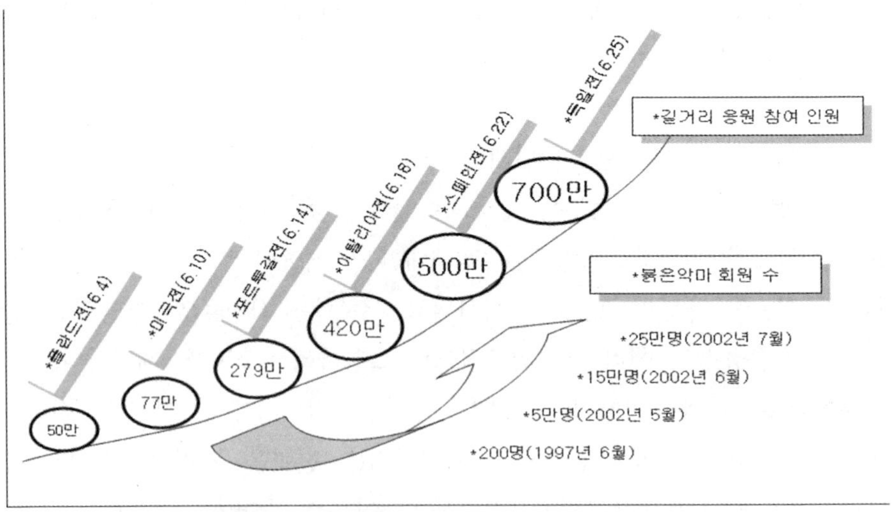

그림 6-4. 붉은악마 현상의 확대 재생산 과정

월드컵에 대한 군중의 팽창과 열기의 증폭은 마치 눈사태와 같은 것이었다. 무엇 때문에 이들은 거리로 뛰쳐나왔는가? 답은 간단하고 명료하다. 한국 팀의 승리행진이 계속되었기 때문이다. 길거리로 사람들을 불러내고 열광 속으로 몰아넣은 힘의 원천은 축구경기 자체, 그리고 승리였다. 대부분의 사회현상이 그렇듯이 실험적인 가정은 전혀 불가능하기 때문에 한국팀이 승리하지 않았을 경우, 즉 첫 승을 거두지도 못했고, 16강에도 진출하지 못했다면 어떠했을 지에 대해서는 불확실한 추측만이 가능하다. 그러나 응원군중의 규모와 열기는 매우 약했을 것이라는 데에는 동의할 만한 것이다(김종엽, 2002).

step 2. 미디어 동원에 의한 거대한 군중의 출현

미디어를 통해 전달되는 승리주의적 이데올로기의 엄숙한 상징성은 대표팀의 '국가대표팀 승리 = 국가적 승리 = 나의 승리'라는 등식을 성립시킴으로써 합리적인 가치를 부여한다. 즉 미디어의 동원은 거대한 군중의 피암시성과 몰개성화 등의 테제를 형성시킨다.

> **"이겼다" 전국 뒤흔든 함성/축구 한-일전 시민 표정**
> 5만여 일본 관중의 일방적인 응원 속에 28일 도쿄(동경)에서 치러진 '98월드컵축구 아시아 최종예선에서 '붉은전사'들이 극적인 역전승을 거두자 손에 땀을 쥐며 경기를 지켜보고 듣던 국민들은 일제히 환호했다(윤순환, 이동훈, 1997).

> 월드컵 2차 예선/**태극기 휘날리며…가자 독일로!**
> 이영표가 올리고 머리로 받아 넣고, 태극기 휘날리며… 다시 한번 한반도 전체가 감격적인 월드컵 4강의 추억에 흠뻑 젖었다. 움베르투 코엘류 감독이 이끄는 월드컵축구대표팀이 독일로 가는 첫 관문을 성공적으로 열어젖혔다.(전석운, 조상운, 2004)

> 오늘 오후7시 축구 한일전/ **"상암대첩" 준비는 끝났다**
> 오전 내내 '필승 전략'을 짜느라 침묵으로 일관했던 코엘류 감독도 연습 후 공식 기자회견에서 "모든 준비는 끝났다. 내일 한일전에서는 '진정한 의미의 좋은 축구'를 보여 주겠다"고 강조했다. 주장을 맡은 유상철(32·울산)은 "서로 말을 하지 않아도 선수들이 한일전의 중요성을 알고 있다. 최선을 다해 꼭 승리하겠다"고 말했다. 최태욱(22·울산)을 대신해 오른쪽 날개로 나선 최성국(20·울산)은 "98년 4월 이후 지켜온 선배들의 **'안방불패'** 신화를 이어 가겠다"고 소리 높였다(이종수, 박희정, 2003).

3. 권위주의적 이데올로기

step 1. 우리시대의 권위주의

> 2003년, 6월 대중의 욕망이 담겨지고 풀어지는 '난장 축제'를 이어 가자는 네트워크가 만들어지고 있다고 한다. 6월 항쟁의 정신을 계승하고자 하는 운동단체에서부터 문화단체, 시민단체, 자발적 NGO, 그리고 인터넷 커뮤니티와 무수한 동호회, 축구를 사랑하는 사람들과 개개인의 시민들이 함께 만드는 **'6월의 난장트기'를 준비하는 네트워크라고** 한다. 난장을 '튼다'함은 물꼬를 트듯이 막힌 벽을 터 소통케 하는 것이다. **30년이 훨씬 넘게 한국사회 구석구석에 뿌리박힌 권위주의의 견고한 시스템이 6월 대중의 난장으로 터지고 있다.** 2003년의 넥타이부대와 붉은악마는 어떤 모습으로 이 땅에서 그들의 난장을 틀 것인가? 이에 대한 **저항이 폭발적인 대중적 양상을 띠는 이유 또한 일제와 분단체제에서 이어지는 누적된 폭압정치 및 사회통제로부터 비롯**된다고 할 수 있다(박승현, 2003).

이화여대 한국학과 최준식 교수는 문화일보의 칼럼을 통해 우리의 사회문화를 유교의 효에서 파생한 '가부장적인 집단주의 문화'와 제(悌)에서 파생한 '서열을 중시하는 권위주의 문화'로 요약한 바 있다. 즉 혈연이나 지연중심의 집단주의 때문에 우리는 아직도 부정적인 의미에서 우리주의(weism) 혹은 패거리주의에 깊게 빠져 있다는 것이다. 특히 한국인들에게 중요한 것은 '우리'라고 하는 상대적으로 매우 작은 집합체뿐 더 큰 공동체에 대한 의식이 약하다는 것이다(문화일보, 2002. 12. 25).

한편, 고려대 아세아문제연구소장인 최창집 교수는 한국 민주주의의 현재성과 방향성에 대해 다음과 같이 진단한다. 큰 틀에서의 민주주의는 이룩했으나 하위체제에서는 여전히 권위주의가 팽배한 상황이며, 편협한 이념적 스펙트럼에서 벗어나 사회적 합의를 도출하고 건강한 리더십을 창출하기 위해 비판적 지식인이나 언론의 역할이 매우 중요함을 역설한다. 또한 한국의 민주주의는 개인의 인권을 보호하면서 이것이 갖는 한계, 즉 사회의 공동체적 결속력과 공공선을 보완하는 시민적 휴머니즘이 필요하다는 것이다. 특히 월드컵 기간 동안 붉은악마의 활동은 우리 시민사회가 공공의 문제에 대해 얼마나 결집된 역량을 보여줄 수 있는지 증명했다. 문제는 정치권이 시민사회의 요구를 얼마나 효율적으로 수렴할 수 있는지에 달려있다는 것이다(한윤정, 2002).

1987년 6월 대중을 '넥타이부대', 2002년 6월 대중을 '붉은악마'라 부른다. 누구도 6월 대중이 군부독재를 퇴각시키고, 즐거움의 욕망을 마음껏 펼쳐내는 '인간답게 살고 싶어 몸부림치는 삶의 광장'을 열 것이라고 상상하지 못했다. 무엇이 6월 대중으로 하여금 그토록 절박하게 '살아있는 광장'을 열망하도록 만들었는가? 1987년 6월 대중은 유신독재와 함께 본격적으로 추진된 '고도성장 신화'의 주인공들이다. 1972년 박정희는 한 손에는 근대화를 부르짖는 '새마을운동의 깃발'을 또 한 손엔 유신헌법을 공포하며 '독재정치의 칼'을 들었다. 15년 동안 이뤄낸 한강의 신화는 외형적인 한국 자본주의의 경제성장뿐 아니라 넥타이부대(화이트칼라 노동자)와 노동자 대투쟁의 주역(블루칼라 노동자)들도 함께 탄생시켰다. 유신독재에서 전두환 독재로 이어지는 한국의 정치체제에서 정작 삶의 풍요를 누려야 할 '생산의 주인공들'은 삶의 질을 거론하기는커녕 말조차 제대로 할 수 없는 폭압적인 사회의 통제 하에서 숨죽이며 고통스럽게 인간적 욕망을 억누르고 있었다.

시간적 이동을 통한 2002년 6월 대중은 직선제라는 '형식 민주주의'가 정착되고, 3저 호황으로 시작된. '단군 이래 최대 호황'이 빚어낸 소비자본주의의 주인공들이다. 시민사회의 개혁요구는 '권위주의 정치체제'인 위로부터의 포섭으로 결말지어지고, '세계화와 정보화의 깃발'은 거품경제와 경제개혁의 실종으로 귀착된다. IMF는 한국 자본주의가 세계 자본주의로 더욱 깊숙이 편입되도록 하고 정보기술을 전면 채택하도록 만들면서, 초고속 인터넷 세계 1위 보급이라는 정보통신 인프라의 빠른 구축을 이루는 계기가 된다.

그러나 사회 구석구석에 뿌리박힌 권위주의 정치통제 시스템은 또 다시 15년이 흘렀건만 여전히 지워지지 않고 있었다. 오히려 권위주의 사회통제와 소비사회 대중욕망과의 괴리는 점점 더 심각한 수준으로 나아가면서 양립 불가능한 지점에 이르고 있었다. 인터넷은 소비사회 대중욕망의 탈출구였다. 대중의 욕망은 인터넷을 타고 권위주의 사회통제의 미세한 균열을 파고들어 거대한 둑을 붕괴시키고 있었다. 6월 대중은 월드컵이라는 권위주의 사회통제가 제어할 수 없는 계기를 통해 현실화된 모습으로 터져 나왔을 뿐이다. 한국사회의 6월 대중인 넥타이부대와 붉은악마는 권위주의 정치통제 시스템에 저항하며, 인간다운 삶의 욕망을 추구하는 자유와 해방의 성격을 띠고 있다. 그것은 한국사회의 전근대적이고 권위주의적인 정치체계로부터 기인한 바 크다.

step 2. 2002년 6월 세대, 권위주의 해소의 가능성

1980년대 후반에 논의되기 시작한 시민사회가 이처럼 변화와 발전을 거듭한 데는 시민운동의 비약적인 성장이 그 배경을 이루고 있다. 금융실명제 제정, 소액주주운동, 낙천낙선운동, 성폭력방지법, 국민기초생활보장법, 부패방지법제정, 갯벌보존운동, 이동전화 요금인하운동 등 한국사회를 뒤흔들었던 이런 운동들은 1990년대 들어 급부상한 시민운동의 성과이다.

시민운동이 이처럼 개별사안으로 피부에 와 닿는 변화를 가져왔지만, 시민운동이 시민사회에 기여한 더 큰 공헌은 여론형성방식을 바꿔놓았다는 데서 찾을 수 있다. 시민운동단체의 등장은 그동안 '정부-정치권-기업-언론'의 담합으로 이뤄진 폐쇄적인 여론형성구조에 구멍을 냈다. 참여연대 등 시민단체들은 1998년부터 시행된 정보공개청구법을 적극적으로 활용해 정부와 지방자치단체, 공기업 등의 내부정보에 시민들이 접근할 수 있는 기회를 제공했다. 그 결과, 정부와 지방자치단체의 판공비 실태나 국세청의 표준소득률 산정근거 등 그동안 베일에 가려져 있던 국가운영의 실체들이 낱낱이 드러났다. 시민단체의 활동이 활발해지면서 시민단체도 1997년 2,914개에서 2003년 3,937개로 확산되었고, 회비 및 후원금 수입도 늘어나고 있다. 환경운동연합의 경우, 2002년 회비·후원금 수입이 12억 원을 넘어섰다. 1996년의 2억 8,000만 원에 비하면 7년 만에 4.3배가량 늘어난 셈이다. 회원 수 1만 3,000여 명의 참여연대 역시 지난해 회비수입만 10억 원을 넘어 회비에 의한 재정자립률이 83%에 이를 정도로 성장했다. 시민사회의 성장에 기여한 또 다른 공신은 '인터넷'이다. 90년대 말부터 급속히 보급된 인터넷은 새로운 '사이버 여론시장'을 만들었다. 보수적이고 권위주의적인 세력들이 일방적으로 하달했던 기존의 여론은 20~30대 네티즌들의 합리적이고 비판적인 토론을 거치며 새롭게 검증되고 재창조됐다(이상수, 2003).

인터넷 민주주의 세대의 부상

2030세대에게는 온라인무대라는 기성세대가 경험하지 못한 또 하나의 사회화 공간이 있다. 익명성의 특성상 기본적으로 권위주의가 발붙일 수 없는 사이버 공간에서 그들은 서로 소통하면서 각자의 견해에 대한 지지와 냉정한 평가, 그리고 그에 따른 행동을 자발적으로 결정했다. 2030세대가 주축인 네티즌들은 대선기간에 인터넷을 통해 유권자 운동을 펼치며 한국정치 문화의 지평을 송두리째 뒤바꿔 놓았다. 바로 **'넷크라시(net-cracy)'**다(김정호, 2002).

2002년 한일월드컵대회를 통해 우리 사회의 권위주의는 새로운 패러다임의 설정을 요구하게 되었다. 400여 만 명의 함성으로 가득 찬 전국 곳곳의 '축구 해방구'에는 온통 붉은 물결이 넘쳐나고 있고, 엄숙의 상징이던 태극기는 응원도구가 됐다. 순수 혈통주의를 중시하는 한민족이 벽안의 외국인 감독을 귀화시키자는 운동까지 벌이고 있다. '자발적 참여'로 뭉쳐진 대중의 힘은 단단한 벽 속에 갇혀 있던 터부를 밝은 세상으로 끌어내고 있다.

붉은악마에 무너진 레드 콤플렉스 = 'Be the Reds'

붉은 색은 그 동안 우리 사회에서 금기의 색깔로 통했다. 그러나 붉은악마의 등장으로 붉은 색에 대한 관념은 완전히 바뀌었다. 국가보안법에 저촉되는 일은 아니지만 젊은이들은 '빨갱이가 돼라'는 구호를 서슴없이 외치고 있다. **냉전시대와 군사독재 시대를 지배하던 '레드 콤플렉스'는 이제 점차 사라지고 있다.** 사람들은 거리마다 넘쳐나는 붉은 물결을 보며 붉은 색에 대한 경계와 두려움을 떨쳐냈다(구혜영, 이영표, 유영규, 2002).

한국청소년개발원 최원기 박사는 "붉은 색은 더 이상 공산당이나 레드 콤플렉스와 연결되지 않고, 한국 사회의 역동성을 상징하는 색깔로 자리잡았다."고 말한다. 일부에서는 붉은악마가 몰고 온 현상에 대한 과대평가는 주의해야 한다고 지적한다. 단지 축구에 대한 열정을 조직적이고 자발적으로 표현했을 뿐이지 사회의식과는 무관하다는 것이다. 붉은악마가 추구하는 '비정치·비사상'도 같은 맥락이다. 문화평론가 진중권은 "붉은악마가 붉은색에 대한 거부감을 누그러뜨리는 데는 상당히 기여했지만 우리 사회에 내재되어 있는 이데올로기가 사라졌다고 볼 수는 없다"고 지적했다.

'무너진 엄숙' 태극기의 반란 = 장롱 속에 파묻어 놓았다가 국경일에나 내

> 걸었던 태극기가 경기장과 거리를 뒤덮고 있다. 심지어 우리 응원단의 몸을 치장하거나 가리는 데도 쓰이는 응원도구 1호다. 태극기를 이용한 치마와 티셔츠, 스카프까지 등장했다. 한 국기관련 단체 관계자는 "양말로만 쓰여 지지 않았으면 좋겠다."고 말했다. 태극기는 이제 '국기에 대한 맹세'에서 느껴지는 엄숙하고 신성한 존재가 아니다. **태극기의 엄숙과 권위는 친근과 사랑으로 변화**했다. 길거리에 쏟아져 나온 시민들은 태극기라는 매개체를 통해 공동체로 결속된다. 상지대 홍성태(사회학과)교수는 **"예전에는 국기가 국가에 복종을 강요하는 것으로 인식됐지만 시민들의 애정의 대상으로 바뀌고 있다"면서 "국기에서 존엄성을 찾는다는 것은 파시즘적인 구태의연한 사고라는 것을 태극기의 물결이 보여주고 있다."** 고 설명했다(구혜영, 이영표, 유영규, 2002).

국위선양과 민족 자긍심 고양이라는 보람을 안겨 준 월드컵 승리의 이면에는 사심 없이 헌신적-과학적-효율적으로 철저히 준비하는 투철한 신념을 가진 지도자들과 개인기보다는 팀플레이의 중요성을 인식하고 협동정신을 발휘하여 뛰어준 선수들이 있었다. 또한 희생적인 지도자를 중심으로 수 백 만 명의 젊은이가 하나로 뭉쳐 애국심과 공동체적 협동정신을 마음껏 보여준 붉은악마의 자발적 정신과 질서의식에서 선진한국의 청신호를 읽었다.

서울대 명예교수이자, KDI국제정책대학원 초빙교수인 김경동 교수는 붉은악마의 의미생산과 사회적 변화를 바탕으로 진정한 선진국의 조건을 다음과 같이 제시하였다. 첫째, 기술개발 경영혁신 및 노사협조로 지속적인 경제성장을 이루어 국부를 쌓아야 한다. 둘째, 권위주의와 부조리 청산, 정치의 투명성과 효율성 제고, 선거와 정당 및 의회의 쇄신, 의식과 행동의 민주화, 갈등의 합리적 관리, 인치 대신 법치의 정착 등 혁신적 지도자와 깨어있는 국민이 함께 시민민주정치를 올바로 세워야 한다. 셋째, 억울한 사람 없이 서로 돕고 감싸 안는 자발적 참여와 봉사정신이 넘치는 정의롭고 푸근한 복지사회를 지향해야 한다. 넷째, 시민 상호간의 인격존중, 질서와 규칙 및 약속과 법의 준수, 남을 의식하는 공공정신 실천, 연고주의와 집단이기주의 청산, noblesse oblige(고위층의 도덕적 의무)와 공익정신 강화 등으로 부정부패 없는 깨끗하고 공정하며 건전한 상식이 통하는 도덕사회를 건설해야 함을 주장한다.

그러자면 우리 모두의 생각과 행동, 제도와 조직의 시스템을 합리화하고, 적당주의와 편법주의를 타파하여 책임지는 사회로 탈바꿈함으로써 불신을 극복하고, 신뢰를 회복하는 정상화에 힘써야 할 것이다. 이 같은 선진화의 과제는 결코 가볍게 볼 수 없으므로 제발 앞으로는 과거처럼 잘나갈 때 방만하게 행동하는 오류를 범하는 일이 재발하지 않도록 항상 미리 준비하며, 투자하고 노력하며 함께 뛰는 자세를 꾸준히 지켜 나가야 할 것이다(김경동, 2002).

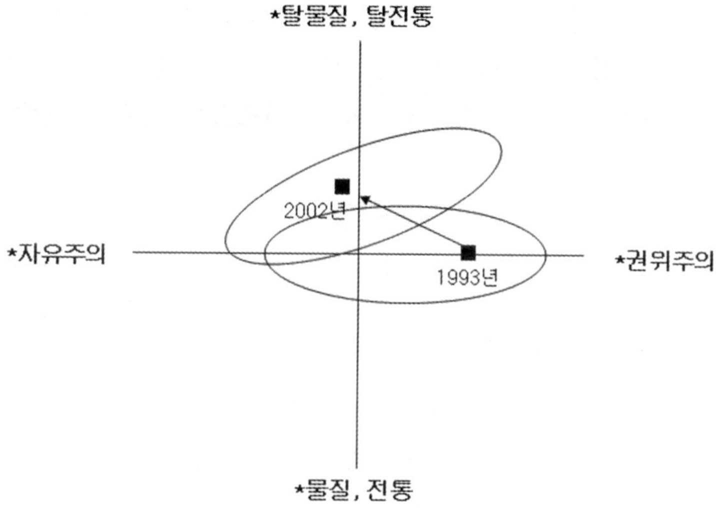

그림 6-5. 세대의 성향변화

step 3. 그래도 붉은악마는 특권주의로부터 자유롭지 못하다.

다양한 정보의 자유롭고 평등한 커뮤니케이션이 가능한 인터넷은 테크놀로지의 발달과 함께 민주주의의 새 시대를 열어줄 수 있는 신천지로 간주되어 왔다. 특히 우리나라는 PC통신 축구 동호회에서 출발한 붉은악마가 인터넷 커뮤니티 문화의 확산과 더불어 월드컵 열기를 폭발시켜 세계를 놀라게 하기도 했다.

그러나 익명성을 바탕으로 정보 접근과 확산이 자유로운 인터넷의 특성이 얼굴 없는 사이버 테러로 이어지는 것은 우리가 그토록 혐오하던 과거 권위주의 시대의 국가적 폭력과 다를 바 없다. 공통된 관심사를 찾아 어울리는 것이 인터넷 문화의 특징이지만, 자신과 의견이 다르다고 해서 무차별 공격을 감행하는 극단성 역시 군사문화와 차이 없는 정보화시대의 억압이자 독재이기 때문이다(동아일보, 2002. 12. 10).

한신대 사회학과 윤상철 교수는 월드컵을 세계축구연맹의 상업화 논리에 한국의 신자유주의, 자본주의, 민족주의 논리가 결합된 이벤트로 간주하면서 중심세력이었던 붉은악마의 정체성을 또 다른 시각에서 진단한다. 특히 한일월드컵대회 공동개최라는 특수한 상황은 양국의 경쟁심을 야기해 월드컵을 통한 이득을 창출하기 위해 국가적 프로젝트 설립의 당위성을 유도했다는 것이다. 국가가 주도하는 신자유주의적 자본주의 논리 앞에서 경제회생의 과정에서 희생되어 온 사회적 약자들에 대한 배려나 그에 입각한 경제개혁의 전망은 흐지부지되고 월드컵에 집중된 이데올로기를 강화하기 위한 작동장치를 가동시켰다.

우리 사회의 약자들에게 오! 대한민국은 여전히 억압적이고 권위적인 대상인 것이다. 이러한 상황에서 붉은악마는 등장하였다. 이들은 월드컵과 축구를 매개로 탈정치적이고 개인주의적 지향을 명확히 하면서 정보화에 의해 부양되고 경제성장에 의해 형성된 사회세력이었다. 시민사회의 조직화란 사회개혁의 과제를 중심으로 이루어지기 마련이다. 그 방향과 조직적 위계는 탈근대적 분화형태를 취하더라도 그 사회의 문제를 끌어안고, 이를 해결하기 위해 시민사회는 동원된다.

그러나 붉은악마는 우리 사회 안의 중요한 현상이라 할지라도 우리 사회에 착근하고 있다기보다는 외부로부터 주어지고 위로부터 주어진, 그리고 시기적으로나 내용적으로 제한된 목표를 향해 나아가고 있다. 즉 뚜렷한 목표가 없는 소비주의적 해소수단으로서 조직되었다고 볼 수 있다. 그들이 앞으로 얼마동안 오! 대한민국을 외칠 수 있을지, 그리고 앞으로 얼마나 많은 국민들이 지금처럼 지속적으로 화답할 수는 지켜볼 일이다.

붉은악마의 자율적이고 활발한 움직임을 핵으로 시민들이 결집되고, 한시적으로나마 화해와 타협의 지점을 확인할 수 있었던 것은 반드시 부정적이지 않다. 그들은 탈근대적 문화현상으로서 나타났지만 우리 사회는 여전히 근대적 과제가 미해결된 사회일 뿐이다. 또한 붉은악마의 내부적 문제로서 짧은 기간에 이룩한 성과는 그들의 정체성에 대한 의문과 문화적 정착과정에서 장악을 위한 새로운 갈등을 조장시킬 수밖에 없다. 새로운 하위문화의 생성과정에서 도출되는 문화주체와 사회적 집단 간의 저항과 융합의 단계를 거치기 때문이다. 특히 붉은악마의 지향성에 대해 붉은악마와 국내 프로축구팀의 서포터즈 간의 갈등은 반드시 야기될 수 있는 과제이다. 붉은악마가 주도하는 국가대표팀 경기에는 많은 관심과 열정이 표출되지만 이러한 열정과 희망은 국내 프로축구팀의 경기에는 흡수되지 못하고 있는 게 현실이다. 따라서 국내 프로축구팀 서포터즈는 붉은악마의 지향성에 의문을 제기하고 그들만의 개인주의를 토대로 한 집단주의 문화를 추구하고자 한다. 축구를 사랑하는 개인적 취향이 집단화되고 있는 상황에서 붉은악마는 특권주의나 권위주의로부터 자유롭지 못하다.

참고문헌

강신문(2001, 10월 15일). [SS취재석] 그라운드 폭력, 얼룩진 한국축구. 스포츠서울, 9쪽.

구혜영, 이영표, 유영규(2002, 6월 21일). [담론 2002월드컵] (2)무너진 금기·성역의 틀. 서울신문, 15면.

권순용, 김방출(2003). 붉은악마 현상의 재해석: 포스트 월드컵 담론 비판. 한국체육학회지, 42(6), 165-177.

김경동(2002, 7월 20일). [세상사는 이야기]월드컵교훈 깊이 새기자. 세계일보, 6면.

김동춘(1993). 한국노동자의 사회적 고립. 미간행 박사학위논문. 서울대학교 대학원.

김상곤(2002). 월드컵 평가 대토론회. 월드컵은 우리 사회에 무엇을 남겼나. 민주사회정책연구원/문 화개혁을 위한 시민연대/체육시민연대.

김상호(2002, 5월 22일). [12번째 선수가 뛴다-참가국 응원문화] (1) 포르투갈. 동아일보, 43면.

김상호(2002, 5월 27일). [12번째 선수가 뛴다-참가국 응원문화] (4) 터키. 동아일보, 47면.

김상호(2002, 5월 30일). [12번째 선수가 뛴다-참가국 응원문화] (7) 프랑스. 동아일보, 47면.

김신성, 안용성(2002, 7월 2일). '코리아신화' 계속 돼야한다 <5> 월드컵(R세대) 부상. 세계일보, 12면.

김영숙(1994). 하욱(Haug)의 이데올로기론과 이데올로기 개념에 관하여. 한국철학회, 42권, 385-402.

김영정(1985). 집합행동론. 서울: 진흥문화사.

김용만, 박세혁, 전호문(2003). 스포츠마케팅. 서울: 학현사.

김용식(2002, 5월 23일). 훌리건, 성난 군중서 정치세력화 모색. 한국일보, 10면.

김정호(2002, 12월 24일). 영파워 혁명 / 그들은 누구인가. 한국일보, 10면.

김종석(2002, 5월 23일). [12번째 선수가 뛴다-참가국 응원문화] (2) 브라질.

동아일보, 47면.
김종석(2002, 5월 28일). [12번째 선수가 뛴다-참가국 응원문화] (5) 덴마크. 동아일보, 44면.
김종석(2002, 5월 31일). [12번째 선수가 뛴다-참가국 응원문화] (8) 폴란드. 동아일보, 45면.
김진동, 김남조(2003). 2002년 한·일 월드컵의 영향 분석: 신문기사의 내용 분석을 중심으로. 관광학연구, 26(4), 57-75.
김한석(1999, 11월 2일). 격동의 그라운드 99프로축구(1회) -끝없는 사고-. 스포츠조선, 8쪽.
김한석(2001, 6월 27일). 프로축구연맹 '거꾸로 가는 징계' 대전 분노. 스포츠조선, 9쪽.
김한석(2002, 1월 17일). 부천-삼성전 부천 서포터들, 심판감금 판정 해명 요구. 스포츠조선, 10쪽.
김희경(1998년 6월 8일). 극장가 '월드컵 비상' 역이용전략 부심. 동아일보, 36면.
남태현, 장치혁(2002, 5월 2일). 부천-성남 서포터즈 화해 새 국면. 일간스포츠, 9쪽.
노주환(2001, 6월 25일). 24일 수원경기 또 그라운드 난동. 스포츠조선, 9쪽.
동아일보(2002. 12월 10일). [사설] '인터넷 권력'도 민주화해야. 45면.
류재구(1998, 11월 14일). '98시즌 테마별 결산(9회)-바람 잘날 없었던 그라운드-. 스포츠서울, 9쪽.
박승현(2003, 3월 19일). 칼럼 논단, '6월 대중'의 난장트기. 경향신문, 6면.
배진남(2002, 4월 3일). 데일리 포커스 <7> 훌리건. 일간스포츠, 8쪽.
브레이크뉴스(2002, 7월 2일). [희준크의 눈] CU@SEOUL.
삼성경제연구소(2002). 2002 월드컵과 사회·문화적 변화.
스포츠서울(1998, 6월 15일).
스포츠서울(1998, 9월 11일).
스포츠서울(2002, 8월 6일). [SS취재석], 올바른 관전문화 아쉽다. 9쪽.
스포츠조선(1999, 11월 2일).
스포츠투데이(2002, 5월 20일).

시사영어사(1993). 시사영어사·랜덤하우스, 영한대사전. 서울: 시사영어사
안민석, 손석정(1996). 월드컵의 사회학: 월드컵과 국가 · 시민사회 담론. 한국체육학회 제34회 학술발표회 논문집.
연합뉴스(2001, 7월 31일). 대전-수원 서포터스 화해…쌍방과실 인정.
예진수(2002년 7월 12일). KT `월드컵 인지도` 1위/대학생 615명 설문조사. 문화일보, 10면.
오마이뉴스(2002, 7월 2일). '발전적 해체'하되 '시민단체 세력화'.
월드컵문화시민(2002). 5월호.
유근직, 박장평(1999). 영국의 축구 Hooligan에 관한 역사적 연구(1). 강원대학교부설체육과학연구소논문집, 제23호, 15-26.
유인근(2001, 6월 26일). 대전 연맹제재 불복 법적 대응 불사 맹 반발. 스포츠서울, 10쪽.
윤덕중(1998). 현대 사회학. 서울: 형설출판사.
윤순환, 이동훈(1997, 9월 29일). "이겼다" 전국 뒤흔든 함성/축구 한-일전 시민 표정. 한국일보, 39면.
이 훈(1997, 10월 26일). 우리 축구팀 응원단 이름/"「붉은 악마」… 어떠세요. 동아일보, 27면.
이경상(2002). 월드컵 참여경험과 청소년 의식에 관한 실태조사. 한국청소년개발원세미나 자료집. 56.
이동연 외(1998). 스포츠, 어떻게 읽을 것인가. 서울: 삼인출판사.
이동연(2002). '붉은악마'와 서포터즈 문화. 당대비평. 19호.
이동연(2002, 6월 20일). 울트라 닛폰, J리그와 일심동체. 시사저널.
이동준, 유병률(1997, 10월 30일). 기업들 "축구 마케팅" 열기/응원용 붉은옷-손수건 무료제공. 한국일보, 39면.
이동현(2003, 9월 23일). 관중도 떠나고 선수도 떠난다. 일간스포츠, 30판.
이상수(2003, 5월 15일). 사회 변화상 /사회 · 문화 /깨끗한 세상 꿈꾸며 '날갯짓'. 한겨레, 45면.
이영석(2002). 노동계급, 축구, 국민정체성. 당대비평. 19호.
이인상(2001). 국제경기대회의 안전운영체제에 관한 연구-훌리건 정책을 중심으로-. 미간행 석사학위논문. 연세대학교 행정대학원.

이장영(2002). 한국축구와 훌리건. 전통과 현대. 여름호(통권 20호).

이장영, 강효민(2000). 집합행동으로서 경기장 관중폭력 행동에 관한 사례 연구: 스포츠 미디어 보도를 중심으로. 한국스포츠사회학회지, 13(2), 333-344.

이장영, 강효민(2001). 전자정보 공간에서 국가대표 축구팀 서포터 '붉은악마'의 공동체형성. 정보와 사회, 제3호, 124-140.

이종수(2003, 6월 2일). 붉은 신화가 부활했다. 한국일보, 48면.

이종수, 박희정(2003, 4월 16일). 오늘 오후7시 축구 한일전/"상암 대첩" 준비는 끝났다. 한국일보, 48면.

이형진(2004. 2월 26일). <이형진의 스포츠 해킹>유니폼 논란과 `나이키의 전략`. 문화일보, 21면.

일간스포츠(2003, 9월 23일).

임번장(1998). 스포츠사회학개론. 서울: 동화문화사.

임순만(1997, 11월 7일). 조선총독부… 레드데블스(임순만 칼럼/낮은 목소리). 국민일보, 5면.

전 창(2002, 5월 25일). [12번째 선수가 뛴다-참가국 응원문화] (3) 스페인. 동아일보, 35면.

전 창(2002, 5월 29일). [12번째 선수가 뛴다-참가국 응원문화] (6) 우루과이. 동아일보, 47면.

전석운, 조상운(2004, 2월 19일). 월드컵 2차예선 / 태극기 휘날리며…가자 독일로!. 국민일보, 14면.

정민아(1998). 축구팬 붉은악마의 팬덤현상에 관한 연구. 한국언론학회 추계학술대회.

정승원(2002, 4월 2일). [페어플레이를 합시다] 응원도 정정당당하게. 동아일보, 6면.

정윤수(2002, 4월 10일). [정윤수의 축구이야기] 그라운드 '지역주의' 없애자. 동아일보, 43면.

정지융(2000, 9월 5일). '훌리건' 남의 일이 아니다. 일간스포츠, 9쪽.

조선일보(1998, 6월 25일). "프로축구 팬클럽부터 뿌리내려야"/브라이언 매튜(한국에살아보니). 4면.

주강현(2002, 7월 2일). ['코리아신화' 계속 돼야한다] <5> 월드컵(R세대) 부상. 세계일보, 12면.

최승진(2000, 3월 26일). [현장메모] 서포터스 심판판정 항의. 일간스포츠, 8쪽.

최영균(2001, 10월 3일). 일간스포츠, 30판.

한광걸, 김동규(2001). 스포츠의 사회학적 이해. 경산: 영남대학교 출판부.

한윤정(2002, 7월 31일). 두 번째 '민주주의 특강'고려대 최장집 교수/ "정치권 변화 욕구 노풍으로 분출돼". 경향신문, 13면.

한창만(2001, 8월 18일). 프로축구팀 서포터스 폭력사태 관련 첫 구속. 한국일보, 22면.

함석진(1997, 10월 31일). '붉은악마' 상표등록 바람. 한겨레, 8면.

현승일(1990). 사회학. 서울: 박영사.

홍권희(2002, 7월 2일). 월드컵 / "가장 강렬했던 이미지 축구 아닌 한국민이었다". 동아일보, 10면.

황준범(2002, 4월 8일). 월드컵 도시 `노점상 갈등'. 한겨레, 15면.

Blumer, H.(1939). Collective behavior. In Robert E. Park(ed). An outline of the principle of sociology. NY: Barnes & Nobles.

Blumer, H.(1951). Collective behavior. In Alfred McClung Lee(ed). New outline of the principles of sociology, part four. NY: Barnes & Nobles Inc.

Blumer, H.(1969). Outline of collective behavior. In Robert R. Evans(ed.), Readings in collective behavior. Chicago: McNally.

Corrigan, P.(1977). The dialectics of doing nothing. New York: Macmillan.

Dunning, E.(1990). Sociological reflections on sport, violence and civilization. International Review for the Sociology of Sport, 25(1).

Dunning, E.(2000). Towards a sociological understanding of football hooliganism as a world phenomenon. European Journal on Criminal Policy and Research, Vol. 8.

Gaskell, G., & Pearton, R.(1979). Aggression and sport. in J. Goldstein(ed.), Sport, games and play. Hillsdale, NJ: Lawrence Erlbaum Associates.

Goldstein, J., & Arms, R.(1971). Effects of athletic contests on hostility. Sociometry, 34(1).

Harvey, J., & Houle, F.(1994). Sport, world economy, global culture, and new social movement. Sociology of Sport Journal, Vol. 11.

King, C. W.(1956). Social movement in the United States. New York: Random House.

King, A.(1990). Football hooliganism and the practical paradigm. Sociology of Sport Journal, 16(3).

Leonard, W. M.(1988). A sociological perspective of sport. New York: Macmillan Publishing Company.

Light Jr, D., & Keller, S.(1979). Sociology. New York: Alfred A. Knopf.

McPherson, B. D., Curtis, J., & Loy, J. W.(1989). The social significance of sport: An introduction to the sociology of sport. Champaign, Illinois. Human Kinetics Books.

Milgram, S., & Toch, E.(1968). Collective behavior: Crowds and social movement. G. Lindzey., & E. Aronson(ed.), The Handbook of social psychology, Vol. 4. California: Addison Wesley Publishing Co. Inc.

NCAA Manual.(1993～2002). NCAA manual information. NCAA.

Oxford Advanced Learner's(1984). Dictionary of current English.

Pearson, G.(1983). Hooligan: A history of respectable fears. London: Macmillan.

Pearton, R.(1986). Violence in sport and the special case of soccer hooliganism in the United Kingdom, in C. R. Rees(ed). Sport and social theory. Champaign Illinois. Human Kinetics Publishers.

Pilz, G. A.(1996). Social factors influencing sport and violence: On the problem of football hooliganism in Germany. International Review for the Sociology of Sport, 31(1).

Ross, E. A.(1908). Social psychology. New York: The MacMillian Co.

Russel, G. W., & Drewry, B. R.(1976). Crowd size and competitive aspects of aggression in ice hockey: An archival study. Human Relations, Vol. 29.

Sage, G.(1990). Power and ideology in American sport. IL: Human Kinetics.

Smith, M.(1978). Precipitant of crowd violence. Sociological Inquiry, 48(2).

Snyder, E., & Spreitzer, E.(1978). Social aspects of sport. Englewood Cliffs, NJ:

Prentice Hall.

Taylor, I.(1971). Football mad~a speculative sociology of football hooliganism. in E. Dunning(ed.), Sport: Readings from a sociological perspective Ⅰ. Toronto: University of Toronto Press.

Turner, E. T.(1968). The effects of viewing college football, basketball and wrestling on the elicited aggressive responses of male spectators. In G. S. Kenyon(ed.), Contemporary psychology of sport. Rome, Italy: Proceedings of International Society of Sport Psychology.

Turner, R., & Killian, L.(1972). Collective behavior(2rd ed). Englewood Cliffs, N. J: Prentice-Hall.

http://www.kfa.or.kr/k_league/k_league_intro.asp. K리그 소개.

http://www.soccerjournal.com. 영국의 훌리거니즘(3): 마약, 축구 그리고 살인.

http://terms.naver.com/item.php?d1id=8&docid=203. 네이버 용어사전.

http://100.naver.com/100.php?where=100&id=771356. 네이버 백과사전.

http://www.reddevil.or.kr. 국가대표 축구서포터즈 동호회 '붉은악마' 공식 홈페이지.

http://www.hoochoo.com(2002. 5. 8). [후추칼럼] 서포터스의 주먹.

http://100.naver.com/100.php?id=771527.

찾아보기 영문

A

ABA 57
Agon 26, 46
Alea 27
Altheide & Robert 137
Altius 146
Arms 272

B

Barthes 34
Bell 32, 48, 139
Birrell & Loy 118
Blumer 160, 162, 163, 166, 167, 175, 176, 184, 187, 188, 194, 265, 267
Bogart 137
Bourdieu 181, 242
Bril 137
Brill 128
Brissett 161
Bryant 108

C

Caillois 15, 16, 26
Carter 19
Castells 167
Citius 146
Cliff 137
Coakley 19, 43, 73
Coakly 137
Collective action 165
Collective behavior 161, 165
Corrigan 278
Curtis 194, 252
Curtis & Loy 129

D

Dahrendorf 57
De Fleur 119, 120
Derrida 34
Drewry 271
Drucker 32
Dunning 262, 276, 277, 279
Durkheim 190

E

Eitzen & Sage 44, 57
Elias 25
Elias & Dunning 128
Ellul 139
ESPN 125, 126
Evans 160, 163, 166

F

FA 208
Fielding 82
FIFA 234, 246
Foucault 34
Freud 162, 188, 194

G

Gaskell & Pearton 278
Gerth & Mills 128
Goffman 162
Goldstein 272
Goldstein & Arms 273
Great Hankuk Suppoters Club 234

Green Utopia 211
Guttman 120

H

Habermas 34
Hargreaves 74
Harvey & Houle 252, 253
Hegel 32
Herrington 195
Hoberman 67
Hoch 137
Huizinga 16, 146

I

Ilinx 26
Inglehart 210

J

Johnson 46

K

Kaempfer & Pacey 129
KBO 180, 205, 228
Keller 268
Kenyon 125
Killian 164, 166, 167, 177, 253, 259
King 253, 259, 262
Kornhauser 179
Kuhn 34

L

Lang & Lang 163, 166
Laslett 174
Le Bon 162, 178, 188, 194
Leonard 46, 167, 194, 252, 273
Lever & Wheeler 129
Light & Keller 181
Lipsky 167
Lowe 167
Lowry 173
Lowry & Rankin 173, 184
Loy 194, 252
Loy, McPherson & Kenyon 109, 125
Lyotard 34

M

Marcuse 34, 141
Marx 32, 190, 194, 282
McCarthy 167
McIntosh 19, 28
McLuhan 115, 116
McPherson 109, 120, 194, 252
McPherson, Curtis & Loy 129, 130, 185, 197, 268, 273
Meek 76
Mehl 14
Migram & Toch 161, 163, 166
Milgram 268
Miller 82
Mimicry 27, 28
Mullin 81

N

Naisbitt 150
NBA 57, 91
NCAA 254
NGO 180, 213, 215, 217, 231
Nixon 130

O

Ogburn 32
Oxford Advanced Learner's 276

P

Parson 192, 276
Pearton 208, 278
Pilz 262
Pitts 82
Porter 82
PR 182

R

Robinson 125
Ross 178, 265
Russel 271
Ryotard 34

S

Saeki 32
Sapir 170
Shecter 124, 129
Shibutani 172
Siedentop 21
Simmel 170
Smelser 160, 162, 163, 166, 167, 168, 192, 194
Smith 195, 273
Smith & Blackman 137
Snyder 129, 273
Sorokin 32
Sport Illustrated 44
Spreitzer 273

T

Taylor 279
Tilly 163, 165, 167, 191
Toch 268
Toffler 32, 49, 150
Turner 160, 163, 164, 166, 167, 177, 189, 190, 253, 259, 273
Turner & Killian 188

U

Ueberroth 41, 124
United Nations 215

W

Weber 190
Webster's Dictionary 19
Weiss 109
Winner 139

Y

Yaloris 14

Z

Zald 167

찾아보기 국문

ㄱ

가치 패러독스 147
가치지향적 운동 206
감각 몰입성 117
개인스포츠 31
개인차 이론 118
게임 15, 16, 18
경쟁성 18
고대올림픽 61
고령화 사회 150
공생적 관계 137
공식후원업체 93
공중 174, 234
공황 169
과정지향적 패러다임 39
구성주의이론 186
국제올림픽위원회 22, 61
군중 162, 174
군중심리 240, 265, 278
군중행동 165, 176
권력지향적 운동 206
규칙성 17
극복스포츠 29
극한스포츠 24, 25
기능스포츠 29
기술관련 스포츠 25, 35, 44
기표문화 284
기회의 조건 186

ㄴ

노동 25
노동운동 205
노동의 종말 152
놀이 15, 16, 18, 25

ㄷ

대인스포츠 31
대중 174, 178
대중스포츠 31
대중행동 179
대중화 48
대중히스테리 171
도락 170
동일화 63
두뇌스포츠 22

ㄹ

럭비스쿨 61
롤리건 287
리더적 관중 197, 198

ㅁ

마니아 문화 243
매복 마케팅 305
매스미디어 108, 122
메가트렌드 이론 150
문화규범 이론 120
문화변동 207, 242
문화변용 208, 275
미디어 이론 116
미래 스포츠 47, 50
민족주의 67, 296

ㅂ

발현적 규범이론 188, 194
방송중계권료 75
배타적 국수주의 67
부가가치이론 194, 197
분리성 16
불확실성 17

붉은악마 233, 252, 275, 280, 300
비교문화 275, 280
비생산성 17
비즈니스 74

ㅅ

사회문화적 관점 37
사회범주 이론 119
사회변동 32, 33, 42, 114
사회생물학적 관점 38
사회운동 160, 166, 167, 183, 204, 252
사회운동조직 213
사회이동 65
사회일탈 262
사회적 맥락성 21, 25, 139
사회통제 65, 273
사회통합 65, 114
사회화 65
상업주의 68, 133, 296
상징 62
상호작용론 188
생산지향적 패러다임 39
샤마추어 스포츠 30
서포터 236, 277
서포터즈 236, 243
선전 172, 182
세미프로페셔널 30
소요 168
수렴이론 189, 194, 195
스포츠 16, 19, 19, 20, 122
스포츠 서비스업 85
스포츠 집합행동 185, 194
스포츠 테크놀로지 145
스포츠마케팅 89
스포츠산업 41, 80
스포츠서비스업 84
스포츠선언 41
스포츠시설업 84, 85
스포츠용품업 84, 85
승리지상주의 36, 310
시민운동 218
신문화운동 242
신사회운동 209

ㅇ

아마추어 스포츠 30
아마추어리즘 74
약물복용 51
에이전트 92
엘리트스포츠 31, 226
여성스포츠 36
역사적-구조적 접근 186
올림피아 61
올림픽 반란 206
올림픽 표어 75
우연적 군중 175
유물론적 관점 37
유언비어 172
유행 170
율동적 무용체조 29
응원문화 233, 244, 252, 275, 285
이데올로기 296
이성적 관중 197, 198
이튼스쿨 61
2002 한일월드컵 79, 111
인쇄매체 115
인습적 군중 175
일탈행동 160

ㅈ

자원동원이론 186
자유계약선수제 228
자유성 16
전국체육교사모임 230
전염이론 162, 189, 194, 194

전자매체 115
정보화 사회 50, 140
정치 56
조작 63
집합행동 160, 184, 192, 252, 268

ㅊ

체육시민연대 229
추종자적 관중 197, 198
축구관중 265
축구전쟁 58, 60

ㅋ

쿨 미디어 117

ㅌ

탁월한 신체적 기량 18
테크놀로지 35, 39, 138
테크놀로지 사회 139
투쟁스포츠 29
트렌드 세팅 153
특권주의 317

ㅍ

패러다임 38
팬 277
팬덤 237
팬덤 문화 243
페미니즘 36
포스트모더니즘 34
프로스포츠 30, 91, 103
핑퐁외교 59

ㅎ

한국위원회 100
합리적 선택이론 186
핫 미디어 117
허구성 17
환경관련 스포츠 25, 35, 44, 46
활주스포츠 25
후기산업사회론 32
후기자본주의이론 32
훌리거니즘 252
훌리건 195, 208, 275, 277, 280
휴머니티 33